Kurbel
Software Engineering im Produktionsbereich

neue betriebswirtschaftliche forschung

Unter diesem Leitwort gibt GABLER jungen Wissenschaftlern die Möglichkeit, wichtige Arbeiten auf dem Gebiet der Betriebswirtschaftslehre in Buchform zu veröffentlichen. Dem interessierten Leser werden damit Monographien vorgestellt, die dem neuesten Stand der wissenschaftlichen Forschung entsprechen.

Band 1 Dr. André Bebié
Käuferverhalten und Marketing-Entscheidung

Band 2 Dr. Peter M. Rudhart
Stillegungsplanung

Band 3 Dr. Bernd Schauenberg
Zur Logik kollektiver Entscheidungen

Band 4 Doz. Dr. Dr. Christian Kirchner
Weltbilanzen

Band 5 Prof. Dr. Jörg Biethahn
Optimierung und Simulation

Band 6 Dr. Werner Eckert
Konsument und Einkaufszentren

Band 7 Prof. Dr. Wolfgang Ballwieser
Kassendisposition und Wertpapieranlage

Band 8 Dr. Christoph Lange
Umweltschutz und Unternehmensplanung

Band 9 Dr. Harald Schmidt
Bilanzierung und Bewertung

Band 10 Prof. Dr. Matthias Lehmann
Eigenfinanzierung und Aktienbewertung

Band 11 Prof. Dr. Helmut Schmalen
Marketing-Mix für neuartige Gebrauchsgüter

Band 12 Dr. Christoph Oltmanns
Personalleasing

Band 13 Prof. Dr. Laurenz Lachnit
Systemorientierte Jahresabschlußanalyse

Band 14 Dr. Gert Rehwinkel
Erfolgsorientierte Reihenfolgeplanung

Band 15 Dr. Rainer-Michael Maas
Absatzwege — Konzeptionen und Modelle

Band 16 Dr. Kurt Göllert
Sozialbilanzen —
Grundlagen im geltenden Recht

Band 17 Dr. Ulrich Krystek
Krisenbewältigungs-Management
und Unternehmungsplanung

Band 18 Prof. Dr. Reinhard H. Schmidt
Ökonomische Analyse des Insolvenzrechts

Band 19 Prof. Dr. Horst Glaser
Liquiditätsreserven und Zielfunktionen
in der kurzfristigen Finanzplanung

Band 20 Prof. Dr. Wolfgang von Zwehl/
Dr. Wolfgang Schmidt-Ewig
Wirtschaftlichkeitsrechnung bei
öffentlichen Investitionen

Band 21 Dr. Marion Kraus-Grünewald
Ertragsermittlung bei Unternehmensbewertung

Band 22 Dr. Heinz Kremeyer
Eigenfertigung und Fremdbezug unter
finanzwirtschaftlichen Aspekten

Band 23 Prof. Dr. Karl Kurbel
Software Engineering im Produktionsbereich

Band 24 Dr. Hjalmar Heinen
Ziele multinationaler Unternehmen

Band 25 Prof. Dr. Wulff Plinke
Erlösplanung im industriellen Anlagengeschäft

Prof. Dr. Karl Kurbel

Software Engineering im Produktionsbereich

CIP-Kurztitelaufnahme der Deutschen Bibliothek

Kurbel, Karl:
Software Engineering im Produktionsbereich / Karl
Kurbel. — Wiesbaden: Betriebswirtschaftlicher Verlag
Gabler, 1983.
(Neue betriebswirtschaftliche Forschung; 23)

ISBN-13: 978-3-409-34065-6   e-ISBN-13: 978-3-322-87956-1
DOI: 10.1007/978-3-322-87956-1

NE: GT

ISBN-13: 978-3-409-34065-6

Vorwort

Die Entstehung des Software Engineering war eine Reaktion auf den weltweiten, rapiden Anstieg der Softwarekosten. Die Ursachen dieses als „Softwarekrise" bezeichneten Phänomens lagen großenteils darin, daß die Softwareentwicklung eher von Intuition, Gewohnheiten und spontanen Einfällen als von einer systematischen Vorgehensweise bestimmt war.

Mit der Kostenexplosion wuchs die Einsicht, daß auch im Softwarebereich systematische, „ingenieurmäßige" Methoden erforderlich sind. Intensive Forschungsaktivitäten sowie zahlreiche Publikationen und Fachtagungen führten dazu, daß das Software Engineering heute als Teilgebiet der Informatik fest verankert ist. Die Forschungsergebnisse finden vor allem dort Berücksichtigung, wo Informatiker mit der Softwareentwicklung befaßt sind, z. B. im Bereich der Systemsoftware.

Dagegen ist im Bereich der Anwendungssoftware eine wesentlich geringere Verbreitung neuerer Erkenntnisse des Software Engineering zu beobachten. Insbesondere in die betriebliche Datenverarbeitung haben sie bislang kaum Eingang gefunden. Dort werden heute noch Maßstäbe angelegt, welche u. a. die Softwarekrise mitverursachen.

Ein Anliegen dieser Arbeit ist es deshalb, auch Wirtschaftsinformatikern und betrieblichen Anwendern die Ziele und Prinzipien des Software Engineering nahe zu bringen. Dazu wird das Gebiet der computergestützten Produktionsplanung herangezogen, welches in der Praxis zu den klassischen Einsatzgebieten der EDV zählt. Als Planungsansätze kommen sowohl sukzessive als auch simultane Methoden zur Anwendung.

In den ersten Kapiteln werden zunächst die wichtigsten Grundlagen der Produktionsplanung und des Software Engineering behandelt. Einen Schwerpunkt bilden die qualitativen Anforderungen, die an ein Softwaresystem zu richten sind, und ihre Beziehungen zu den Softwarekosten. Auf der Grundlage dieser Erörterung werden dann detaillierte Prinzipien für die Gestaltung von Softwaresystemen formuliert. Der wesentliche Ansatzpunkt ist die systematische Zerlegung großer Systeme, so daß Modularisierungsprinzipien eine zentrale Rolle spielen.

Anschließend wird die Anwendung der Prinzipien beim Entwurf konkreter Produktionsplanungssysteme dargelegt. Kapitel 5 beschreibt ein Softwaresystem, welches an dem in der Praxis üblichen Sukzessivplanungskonzept orientiert ist. Kapitel 6 zeigt auf, wie Qualitätsanforderungen und Softwareentwurfsprinzipien auch bei einem simultanen Operations-Research-Verfahren zur Produktionsplanung berücksichtigt werden können. Kapitel 7 greift den in praktisch eingesetzten Systemen meist vernachlässigten Bereich der Produktionsprogrammplanung auf und erörtert die Konzeption eines Softwaresystems auf der Grundlage der linearen Optimierung.

Die Systembeschreibungen berücksichtigen stets die Rahmenbedingungen, die der betrieblichen Datenverarbeitung gesetzt sind. Insbesondere werden Lösungsmöglichkeiten erläutert, welche nicht die Verwendung neuer, in der Praxis noch weitgehend unbekannter Programmiersprachen voraussetzen, sondern mit den gängigen Sprachen (Cobol, PI/1, Fortran u. ä.) realisiert werden können.

Das Anliegen dieser Arbeit soll nochmals hervorgehoben werden: Anwendung von Erkenntnissen des Software Engineering auf Planungssysteme im Produktionsbereich mit dem Ziel, Softwarekosten zu senken. Ich hoffe, dem Wirtschaftsinformatiker und dem betrieblichen EDV-Anwender hierzu eine gewisse Hilfestellung gegeben zu haben.

KARL KURBEL

Inhaltsverzeichnis

1 Problemstellung

Gegenstand dieser Arbeit sind Probleme der Softwaregestaltung, die bei der Entwicklung von Softwaresystemen zur Unterstützung der Produktionsplanung auftreten. Als Orientierung sollen in diesem einleitenden Kapitel die Gründe für die Auseinandersetzung mit dem Gebiet und die wichtigsten Schwerpunkte herausgestellt werden.

Zunächst erfolgt die Einordnung des Untersuchungsgegenstands. Dazu müssen die relevanten Aspekte des Anwendungsproblems Produktionsplanung, die im Rahmen der Computerunterstützung von Bedeutung sind, analysiert und abgegrenzt werden. Zum Verständnis der weiteren Argumentation ist es ferner erforderlich, zentrale Begriffe der Thematik hier zu erläutern.

Anschließend soll die Notwendigkeit verdeutlicht werden, Probleme der Softwaregestaltung für die Produktionsplanung zu untersuchen. Zu diesem Zweck wird der Forschungsstand auf den für den Untersuchungsgegenstand relevanten Gebieten aufgezeigt und die Situation in der Praxis der computergestützten Produktionsplanung dargestellt. Die dabei sichtbar werdenden Lücken zwischen Forschung und Praxis, aber auch zwischen den informatikbezogenen und den mehr betriebswirtschaftlich orientierten Forschungsaktivitäten, bilden den Ausgangspunkt der Untersuchung.

Aus diesen Überlegungen heraus wird die Zielsetzung der Arbeit begründet und die Vorgehensweise für die Behandlung des Themas abgeleitet.

1.1 Begriffsbestimmungen und Einordnung des Untersuchungsgegenstands

1.1.1 Zur Einteilung der Produktionsplanung

Die Produktionsplanung als Bestandteil der Unternehmensplanung beinhaltet die Festlegung des Produktionsgeschehens für einen zukünftigen Zeitraum. Sie umfaßt damit das Herausarbeiten von Handlungsalternativen, das Aufzeigen ihrer Konsequenzen sowie das Treffen von Entscheidungen zur Erreichung bestimmter produktionswirtschaftlicher Ziele[1].

Zur Erörterung der Probleme der Produktionsplanung müssen zunächst die wesentlichen Teilgebiete herausgearbeitet werden. In der Literatur sind sehr viele unterschiedliche Gliederungen der Produktionsplanung zu finden. Die wichtigsten Ansätze werden im folgenden kurz dargestellt.

1.1.1.1 Die "klassische" Gliederung der Produktionsplanung nach Gutenberg

Die am häufigsten verwendete Einteilung, die auch in neueren Veröffentlichungen meist zugrundegelegt wird[2], geht auf Gutenberg zurück. Dieser bildet zwei Schwerpunkte: die Produktionsprogrammplanung und die Vollzugsplanung[3].

Gegenstand der Programmplanung ist die Ermittlung der Produktarten und Produktmengen, die in dem betrachteten Zeitraum hergestellt werden sollen. Die Planung der Produktarten wird zum Teil als qualitative Programmplanung

---

1) Vgl. in diesem Sinne Jacob (1977), S. 15.
2) Vgl. z.B. Schirmer (1980), S. 28f.; Kayser (1978), S. 44f.
3) Vgl. Gutenberg (1976), S. 149.

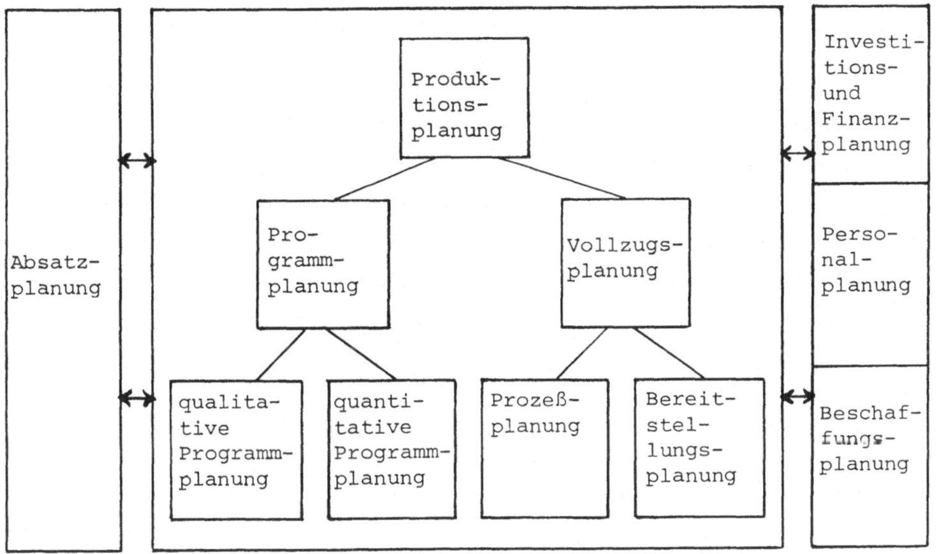

<u>Abb. 1-1:</u> Aspekte der Produktionsplanung in Anlehnung an Gutenberg

bezeichnet[1]; sie weist zahlreiche Beziehungen zur lang-
fristigen Absatzplanung auf. Quantitative Programmplanung
bezieht sich dagegen auf die Festlegung der Produktmengen
und steht in engem Zusammenhang mit der Planung der Absatzmengen.

Aufgabe der Vollzugsplanung ist es, die Voraussetzungen zur
Realisierung des Produktionsprogramms zu schaffen. Dies erfolgt in Form der Bereitstellungsplanung und der Prozeßplanung. Die Bereitstellungsplanung hat die benötigten
Produktionsfaktoren - Arbeitskräfte, Werkstoffe und Be-
triebsmittel - verfügbar zu machen. Sie berührt damit unmittelbar die Personalplanung, die Beschaffungsplanung
sowie die Investitions- und Finanzplanung. Als Prozeßplanung wird die Planung des eigentlichen Produktionsvorgangs

---

1) Vgl. z.B. Ellinger (1959), S. 15 ff.; Adam (1969),
   S. 23.

bezeichnet, die insbesondere die Zuordnung der Produktionsfaktoren zu bestimmten Produktionsaufgaben und den Entwurf
einer zeitlichen Ordnung umfaßt, in der die Produktion verlaufen soll.

Gutenbergs Systematik vermag einen Überblick über wesentliche Zusammenhänge bei der Produktionsplanung zu geben.
Für die computergestützte Planung ist sie jedoch nicht
operational, da bei der Abgrenzung der Zeitbezug der Teilbereiche fehlt. Zum Teil werden völlig unterschiedliche
Zeiträume angesprochen.

Die qualitative Programmplanung mit der Abgrenzung des
Produktfeldes, der Festlegung von Produktgruppen und der
Spezifizierung einzelner Produktarten ist lang- oder mittelfristiger Natur. Die quantitative Programmplanung weist
Berührungspunkte mit der lang- und mittelfristigen Planung
nur insoweit auf, als das geplante Produktionsvolumen
einen Rahmen für die Auslegung der Produktionskapazitäten
darstellt. Konkrete Entscheidungen über die herzustellenden Mengen der verschiedenen Erzeugnisarten haben dagegen
meist kurzfristigen Charakter.

Auch die Vollzugsplanung kann nicht insgesamt unter einem
einheitlichen Planungshorizont durchgeführt werden. Während die Planung der Bereitstellung von Arbeitskräften,
Betriebsmitteln und Werkstoffen sowohl längerfristige als
auch kurzfristige Aspekte aufweist, ist die Prozeßplanung
eindeutig kurzfristiger Natur. Die Strukturierung des
zeitlichen Ablaufs der Produktion und die Zuordnung der
Produktionsfaktoren zu Produktionsaufgaben müssen letztlich
mit einer Genauigkeit erfolgen, welche die konkrete Realisierung der Planung unmittelbar erlaubt.

Die zeitliche Differenzierung macht deutlich, daß den verschiedenen Teilplanungen ein völlig unterschiedlicher
Detaillierungsgrad zugrundeliegt. Wegen der Unsicherheit
bezüglich zukünftiger Daten müssen lang-und mittelfristige

Planungen auf einem hohen Aggregationsgrad erfolgen, der eine gewisse Flexibilität beinhaltet und spätere Planänderungen gestattet. Trotz der wechselseitigen Abhängigkeit kurz-, mittel- und langfristiger Entscheidungen ist die gleichzeitige Durchführung der Planung über verschiedene zeitliche Ebenen hinweg nicht oder nur unter äußerst restriktiven Prämissen möglich.

1.1.1.2 Gliederung der Produktionsplanung nach Zeitbezug und Funktionen

Die Mängel der Gliederung der Produktionsplanung im Gutenberg'schen Sinn vermeiden Einteilungen, welche den Zeitbezug stärker hervorheben. Hier werden lang-, mittel- und kurzfristige Aspekte unterschieden, wie sie in der Differenzierung nach strategischer, taktischer und operativer Produktionsplanung zum Ausdruck kommen[1].

Zu den Aufgaben der strategischen Planung gehören die Festlegung der generellen Produktfelder und der Produktionsorganisation, ferner die Auswahl der Fertigungsverfahren und die grundsätzliche Auslegung der Fertigungskapazitäten[2].

In der taktischen Planung werden die Produktfelder nach Arten und Qualitäten konkretisiert, die Breite und Tiefe des Produktionsprogramms abgesteckt und die Ausstattung mit Personal und Produktionsanlagen festgelegt[3].

---

1) Vgl. z.B. Zäpfel (1982), S. 34 ff.; Laßmann (1975), Sp. 3105, unterscheidet dagegen nur die langfristige (strategische) von der kurzfristigen Produktionsplanung.

2) Vgl. Zäpfel (1982), S. 35 f.; Laßmann (1975), Sp. 3106 ff.

3) Vgl. Zäpfel (1982), S. 36.

Im Rahmen der operativen Planung fallen dann Detailentscheidungen über die mengenmäßige Zusammensetzung des Produktionsprogramms und über die Durchführung des Produktionsprozesses innerhalb eines kurzfristigen Planungshorizonts.

Die operative Planung umfaßt im einzelnen folgende Teilbereiche:

(1) Die Produktionsprogrammplanung legt fest, welche Mengen welcher Produktarten in welchen Perioden herzustellen sind.

(2) Die Bedarfsplanung ermittelt diejenigen Mengen an Einzelteilen, Baugruppen, Halbfabrikaten oder anderen Zwischenprodukten sowie an Roh-, Hilfs- und Betriebsstoffen, die zur Fertigung des Produktionsprogramms benötigt werden. Dies beinhaltet u.a. den Abgleich mit Lagerbeständen und die Zusammenfassung von Einzelbedarfen zu Fertigungsaufträgen oder Losen (Lagerhaltungsplanung und Losgrößenplanung).

(3) Die Terminplanung gibt der Produktion ein Zeitgerüst, indem die Durchlaufzeiten der Fertigungsaufträge berechnet und die Belastung der Produktionsanlagen geplant werden (Durchlaufterminierung und Kapazitätsplanung).

(4) Die Maschinenbelegungsplanung legt detailliert fest, wann welche Fertigungsaufträge auf welchen Produktionsanlagen bearbeitet werden sollen.

1.1.1.3 Weitere Einteilungen

Neben den bislang beschriebenen Gliederungen findet man in der Literatur eine Reihe anderer Einteilungen der Produktionsplanung.

Zunächst ist die Differenzierung nach input-, throughput- und outputorientierter Planung zu erwähnen, die sich an die

entsprechende Unterscheidung von Produktionstypen an-
lehnt[1]. Auf den ersten Blick scheint diesem Ansatz eine
Objektgliederung zugrundezuliegen, im Gegensatz zu der
nach Funktionen gegliederten Einteilung des vorigen Abschnitts. Dieses Kriterium wird jedoch nicht konsequent
angewendet. Untersucht man z.B. auf der operativen Ebene
die input-, throughput- und outputbezogenen Planungsbereiche näher, so konkretisieren sie sich als Programm-, Be-
darfs-, Losgrößen-, Termin- und Maschinenbelegungsplanung[2].
Trotz der andersartigen Bezeichnungen handelt es sich
letztlich um eine funktionale Gliederung wie im vorigen
Abschnitt.

Ein interessanter Vorschlag zur Aufteilung der Produktionsplanung geht auf Hax und Meal zurück. Dort wird nach Pla-
nungsebenen mit verschiedenem Aggregationsgrad und verschiedenem Zeitbezug differenziert. Diese Kriterien liegen
zwar anderen Gliederungen ebenfalls zugrunde; bei dem als
hierarchische Produktionsplanung bezeichneten Ansatz von
Hax und Meal werden die Ebenen jedoch auch modellmäßig
verknüpft.

Die Bildung von Ebenen geht von einer produktorientierten
Unterscheidung aus. Hax und Meal nennen[3]:

- Endprodukte ("items"), die an Kunden ausgeliefert werden,
- Produktfamilien ("families"); das sind Gruppen von Endprodukten, die gemeinsam hergestellt werden können, so
  daß die Produktionsanlagen nur einmal eingerichtet werden müssen,
- Produkttypen ("types"), die jeweils aus Gruppen von Pro-

---

1) Vgl. zur Gliederung der Produktionstypen z.B. Hahn (1975),
   Sp. 3159 ff.
2) Vgl. z.B. die Ausführungen von Zäpfel (1982), dessen Buch
   nach der Orientierung am Input, Throughput und Output gegliedert ist.
3) Vgl. Hax, Meal (1975), S. 55 f.

duktfamilien mit ähnlichem saisonalen Absatzverlauf und ähnlichen Produktionskosten pro Zeiteinheit bestehen.

Auf der Grundlage dieser Klassifikation identifiziert Hax drei Ebenen[1]:

Auf der höchsten Aggregationsebene werden die Mengen der Produkttypen und die Zuordnung von Produktionskapazitäten zu Typen geplant. Als Planungszeitraum schlägt Hax ein Jahr vor.

Die nächsttiefere Ebene hat die Planung der Produktfamilien zum Gegenstand. Die Mengen jedes Typs werden in Familien aufgeteilt, was jedoch nur für die erste Teilperiode des Jahres erfolgt.

Auf der dritten Ebene findet schließlich die Disaggregation der Produktfamilien in die einzelnen Endprodukte statt.

Der Vorteil dieses Ansatzes liegt vor allem in der expliziten Integration der drei Ebenen. Die Vorgaben der höchsten Ebene werden nach unten schrittweise disaggregiert. Nach jeder Teilperiode wiederholt sich die Vorgehensweise im Sinne einer rollierenden Planung.

Allerdings muß bezweifelt werden, daß die Art der Aggregation nach Typen und Familien, die Hax und Meal für ein ganz spezielles Anwendungsproblem entwickelten, auf allgemeinere Produktionsstrukturen anwendbar ist. Ein entscheidender Mangel ist ferner darin zu sehen, daß die zeitliche Strukturierung des Produktionsablaufs völlig ausgeklammert bleibt. Auch fehlende Rückkopplungen von tieferen nach höheren Ebenen können die Wirkungsweise beeinträchtigen[2].

Auf die Darstellung weiterer Gliederungsmöglichkeiten der Produktionsplanung wird verzichtet. Zu erwähnen bleiben

---

1) Vgl. Hax (1977), S. 113; der ursprüngliche Ansatz von Hax und Meal enthielt zusätzlich eine vierte Ebene.
2) Vgl. Zäpfel (1982), S. 321f.

Einteilungen, die das Losgrößenproblem stark betonen und
z.T. als Grundlage für die Entwicklung von Operations-
Research-Modellen herangezogen werden[1]. Ferner muß darauf
hingewiesen werden, daß viele verschiedene Einteilungen nur
daraus resultieren, daß in der Literatur ein terminologi-
sches Chaos bezüglich des Sachverhalts herrscht, der hier
als Produktionsplanung bezeichnet wird[2].

1.1.1.4 Die für die computergestützte Planung
         benutzte Gliederung

Den Anforderungen, die an eine Aufteilung der Produktionsplanung in Teilbereiche zu stellen sind, liegt die Intention zugrunde, die Planung mit Computerunterstützung durchzuführen. Daraus folgt, daß die Gliederung nicht nur theoretisch befriedigend, sondern auch praktikabel sein muß.
An eine Aufteilung der Produktionsplanung in Teilgebiete
werden deshalb folgende Anforderungen gestellt:

---

1) Vgl. z.B. Adam (1972), S. 341; Oßwald (1979), S. 6 ff.

2) Bereits die Abgrenzung zwischen den Begriffen Planung
   und Steuerung ist verwirrend; teils wird Planung, teils
   Steuerung als Oberbegriff verwendet, teils werden die
   Begriffe auch gleichrangig interpretiert. Vgl. z.B.
   Wagner (1975), Sp. 3121 f.; REFA (1974), S. 10 ff.;
   Kunerth u.a. (1976), S. 25.

   Auch das Objekt der "Planung" bzw. "Steuerung" findet
   eine Vielzahl von Benennungen. Dies hat zur Folge, daß
   man statt des Begriffs Produktionsplanung nahezu beliebige Kombinationen von Wortteilen aus je einer der beiden Mengen

$$\left\{ \begin{array}{l} \text{Produktions-} \\ \text{Fertigungs-} \\ \text{Arbeits-} \end{array} \right\} \quad \text{und} \quad \left\{ \begin{array}{l} \text{-planung} \\ \text{-steuerung} \\ \text{-planung und -steuerung} \\ \text{-vorbereitung} \\ \text{-durchführungsplanung} \end{array} \right\}$$

   antrifft; vgl. Wagner (1979), Sp. 2156 f.
   Entsprechend vielfältig sind darauf aufbauende Unter-
   gliederungen!

(1) <u>Anwendbarkeit bei allgemeinen Fertigungsstrukturen</u>

Die Gliederung darf nicht auf spezielle Probleme ausgerichtet sein. Sie muß die Behandlung allgemeiner Fragestellungen unterstützen, die bei mehrstufiger Mehrproduktfertigung auftreten können.

(2) <u>Berücksichtigung der zeitlichen Prozeßstruktur</u>

Die Gestaltung des zeitlichen Ablaufs des Produktionsgeschehens muß explizit als Planungsaufgabe identifiziert werden.

Bezüglich der abgegrenzten Teilgebiete sollten insbesondere
die folgenden Kriterien erfüllt sein:

(3) <u>Einheitlicher Zeitbezug</u>

Die unter einen Teilbereich subsumierten Planungsprobleme müssen den gleichen Planungshorizont und den
gleichen Aggregationsgrad aufweisen. Für den Entwurf
eines computergestützten Planungssystems stellt der
einheitliche Zeitbezug eine zentrale Voraussetzung dar.

(4) <u>Abgeschlossenheit</u>

Die Teilbereiche sollen eigenständige Einheiten bilden
in dem Sinne, daß sie gegebenenfalls auch für sich
allein betrachtet werden können. Dieser Aspekt ist von
Bedeutung, weil computergestützte Planungssysteme in der
Praxis meist schrittweise oder nur in Teilen eingeführt
werden.

(5) <u>Integrierbarkeit</u>

Die Teilbereiche müssen sich miteinander verbinden lassen, d.h., es ist zu fordern, daß die Ergebnisse einer
Teilplanung in anderen Teilplanungen verwendet werden
können oder aber daß die gleichzeitige Einbeziehung
mehrerer Teilbereiche in einen Planungsansatz möglich
ist.

Die geschilderten Einteilungen der Produktionsplanung kommen diesen Forderungen in unterschiedlichem Maße nach.

Die klassische Gliederung von Gutenberg genügt zwar den Kriterien (1), (2) und (5), nicht aber dem besonders wichtigen Kriterium (3). Auf diesen Nachteil - die unterschiedliche zeitliche Dimension der Planungsprobleme bei Gutenberg - wurde bereits oben hingewiesen. Auch die Abgeschlossenheit der Teilbereiche ist nicht gegeben. Eine Durchführung der Prozeßplanung ohne gleichzeitige Bereitstellungsplanung dürfte kaum realisierbar sein.

Der hierarchische Planungsansatz von Hax und Meal erfüllt in hervorragender Weise die Kriterien (3) und (5), während die in Punkt (4) geforderte Abgeschlossenheit der Teilbereiche aufgrund der modellmäßigen Verknüpfung nicht oder nur sehr bedingt vorliegt. Vor allem verletzt der Ansatz aber die beiden ersten Forderungen. Er geht von ganz speziellen Produktstrukturen aus, bei denen u.a. keine Probleme mehrstufiger Fertigung auftreten, und klammert die zeitliche Ablaufplanung aus.

Dagegen genügt die Gliederung der Produktionsplanung nach Zeitbezug und Funktionen allen genannten Kriterien. (Das gleiche gilt für die input-, throughput- und outputbezogene Systematik, die sich nur als eine terminologische Variante hiervon erwies.) Die zeitlich und funktional abgegrenzten Teilbereiche stellen eine brauchbare Grundlage für einen computergestützten Planungsansatz dar. Da in dieser Arbeit operative Tatbestände im Vordergrund stehen, wird die Betrachtung auf die Produktionsprogrammplanung, Bedarfsplanung, Terminplanung und Maschinenbelegungsplanung begrenzt.

Auch hier sind die fünf genannten Kriterien erfüllt: Eine Einschränkung auf spezielle Fertigungsstrukturen liegt nicht vor. Die zeitliche Strukturierung der Produktionsprozesse ist explizit Gegenstand der Terminplanung. Den Punkten (3) bis (5) ist ebenfalls genüge getan. Vor allem die besonders

wichtige Forderung nach einheitlichem Zeitbezug innerhalb
der Teilgebiete ist erfüllt. Während die Programmplanung noch
einen größeren Zeitraum umfaßt, verkürzt sich der Planungshorizont bei den anderen Bereichen zunehmend bis zu einer
Spanne von mehreren Tagen bei der Maschinenbelegungsplanung[1].

1.1.2 Computerunterstützung

1.1.2.1 Software und Softwaresysteme

Der Begriff Software ist als Gegenstück zum Begriff Hardware entstanden, welcher die materiellen Bestandteile eines
Computers umfaßt. Während jedoch früher Software meist mit
dem Betriebssystem des Computers gleichgesetzt wurde, haben
sich mit der Zeit sehr viel weitere und zum Teil sehr unein-
heitliche Begriffsinhalte herausgebildet. In dieser Arbeit
wird Software, dem heutigen Sprachgebrauch der Informatik
folgend, als Sammelbegriff für alle Arten von Programmen
verwendet[2].

Unter den Softwarebegriff wird sowohl das Betriebssystem
(Systemsoftware) als auch die Anwendungssoftware subsumiert.
Im Gegensatz zur Systemsoftware liegen der Anwendungssoft-
ware spezielle Probleme des Computerbenutzers zugrunde, z.B.
Probleme der Produktionsplanung.

Die Übergänge zwischen System- und Anwendungssoftware sind
fließend. Wenngleich im weiteren stets der Aspekt der Anwendungssoftware im Vordergrund steht, besitzen die allgemeinen Ausführungen für beide Bereiche gleichermaßen Gültigkeit. Aus diesem Grund kann hier auf eine exakte Abgrenzung
verzichtet und verkürzt nur von Software gesprochen werden.

---

1) Am Rande sei darauf hingewiesen, daß in der Literatur zur
   computergestützten Produktionsplanung diese Bereiche
   meist den inhaltlichen Kern des Produktionsplanungsbe-
   griffs allgemein ausmachen! Vgl. z.B. Scheer (1980),S. 8ff.

2) Im weiteren Sinne werden oft die dazugehörigen Programmdokumentationen und Anwendungsregeln in den Begriff miteinbezogen; vgl. Gewald u.a. (1979), S. 23; Boehm (1976),S. 1226.

Ein Softwaresystem liegt vor, wenn mehrere, miteinander in Beziehung stehende Elemente zur Lösung eines bestimmten Problems zusammengefaßt sind. Elemente eines Softwaresystems können je nach Betrachtungsweise Programme oder Module sein.

Als Programm wird die Darstellung von Daten und Algorithmen in einer Programmiersprache bezeichnet. Es handelt sich also um einen programmiersprachenabhängigen Begriff.Er bezieht sich auf eine Gesamtheit von Anweisungen, die zusammen übersetzt und in der jeweiligen Sprache als Haupt- oder als Unterprogramm gekennzeichnet wird.

Demgegenüber bezeichnet der Begriff Modul eine konzeptionelle Einheit, die bei der Zerlegung eines Systems nach bestimmten Kriterien entsteht und zunächst unabhängig von einer Programmiersprache ist. Die Zerlegung kann nach unterschiedlichen Kriterien erfolgen, auf die in Kapitel 4 eingegangen wird.

In der Programmierungsphase werden Module meist als Programme realisiert. Dies gilt um so mehr, wenn in den klassischen Sprachen (z.B. PL/1, FORTRAN, COBOL, ALGOL) programmiert wird, die keine ausgeprägten Modulkonzepte besitzen. Die Begriffe Modul und Programm verwendet man deshalb sehr häufig synonym. Soweit die Unterscheidung ohne Bedeutung ist, wird dieser Praxis auch hier gefolgt. Zusammenfassend kann festgestellt werden, daß ein Softwaresystem aus konzeptioneller Sicht aus Modulen, programmierungstechnisch aus Programmen besteht.

1.1.2.2 Computergestützte Produktionsplanung

Die Bezeichnung computergestützte Produktionsplanung umreißt den Sachverhalt, daß als Hilfsmittel zur Lösung der Produktionsplanungsprobleme ein Computer herangezogen wird.Gleichbedeutend ist die Aussage, daß bei der Durchführung der Planung ein oder mehrere Softwaresysteme zum Einsatz kommen.

Die Gliederung der Produktionsplanung wurde oben bereits im Hinblick auf eine operationale Abgrenzung der Teilbereiche vorgenommen. Die Kriterien Zeitbezug und Funktion tragen dazu im starkem Maße bei. Bei der Planung des Softwaresystems ist nun zu entscheiden, auf welche Weise die so abgegrenzten Teilprobleme gelöst werden sollen.

Einmal ist die Frage zu klären, welche Planungsbereiche auf welche Weise erfaßt werden. Zum anderen muß entschieden werden, welcher Art die verwendeten Lösungsverfahren sein sollen. Dies führt auf die Festlegung der Planungsmodelle und -methoden.

Die Beschreibung eines Planungsproblems erfolgt in einem Modell. Das Modell stellt die homomorphe Abbildung eines Ausschnitts der Realität dar, die durch Abstraktion und Beschränkung auf die für den Erkenntniszweck relevanten Zusammenhänge gewonnen wird. Wenn das Modell nicht explizit formuliert wird, so liegen der Anwendung einer bestimmten Methode doch implizite Modellvorstellungen zugrunde.

In der Literatur ist zum Teil eine Verwischung der Begriffe Modell und Methode eingetreten. Die Begriffe müssen jedoch streng getrennt werden. Als Methode wird ein Verfahren zur Lösung der Klasse von Problemen bezeichnet, die der Modellbildung zugrundeliegen. Modelle und Methoden stehen also nur in einem mittelbaren Zusammenhang. Zu einem bestimmten Modell können verschiedene Lösungsverfahren existieren, während es umgekehrt eine Vielzahl von Modellen gibt, für die keine - oder zumindest keine praktikablen - Lösungsmethoden bekannt sind.

1.1.2.3   Planungsmodelle und -methoden

Zur Klassifikation von Modellen können viele verschiedene Kriterien herangezogen werden[1]. Wichtige Unterscheidungen

---

1) Vgl. z.B. Heinen (1980), S. 158ff.; Adam (1980), S. 122ff.; Krallmann u.a. (1980), S. 24ff.

sind vor allem:

- Total- und Partialmodelle

- deterministische und stochastische Modelle.

Totalmodelle erfassen die Gesamtheit der beeinflußbaren
Entscheidungstatbestände, während Partialmodelle sich auf
Teilbereiche beschränken. (Totalmodelle werden häufig auch
als Simultanmodelle bezeichnet, obwohl Simultaneität eigentlich einen Aspekt des Planungsverfahrens bezeichnet,
der unten behandelt wird.)

Die Einordnung eines Modells als Total- oder Partialmodell
hängt natürlich von der Betrachtungsweise ab. Wählt man
als Bezugsbasis das Gesamtunternehmen, so ist die Abbildung
der Probleme des Produktionsbereichs ein Partialmodell.
Legt man als Basis dagegen den Funktionskomplex Produktion
zugrunde, so kann die Gesamtdarstellung der produktionsbe-
zogenen Probleme als Totalmodell bezeichnet werden, während
Abbildungen der Teilprobleme als Partialmodelle aufzufassen
sind. Wegen der Kontextabhängigkeit der Begriffe wird bei
den später zu behandelnden Problemen einer expliziten Angabe, welche Teilbereiche in einem Modell berücksichtigt
sind, der Vorzug gegeben.

Ein deterministisches Modell liegt vor, wenn die Konsequenzen von Handlungsalternativen eindeutig vorhergesagt werden
können und Sicherheit bezüglich zukünftiger Entwicklungen
herrscht. Werden dagegen mehrdeutige Erwartungen bzw. Entwicklungen mit ihren Eintrittswahrscheinlichkeiten berücksichtigt, so handelt es sich um ein stochastisches Modell.

Gerade in der betrieblichen Produktionsplanung spielen un-
sichere Erwartungen eine bedeutende Rolle. Dennoch sind
die meisten praktisch verwendeten Modelle deterministischer
Natur. Stochastische Modelle werden nur in beschränktem
Umfang eingesetzt. Als Folge müssen die auf der Grundlage
deterministischer Modelle aufgestellten Pläne häufig

modifiziert und im Zeitablauf veränderten Umweltsituationen angepaßt werden.

Auch die Methoden, die zur Lösung von modellmäßig beschriebenen Planungsproblemen eingesetzt werden, lassen sich nach einer Vielzahl von Kriterien klassifizieren. Unterscheidungsmöglichkeiten sind vor allem

- der zeitliche Integrationsgrad des Planungsverfahrens
- die Beziehung zwischen Verfahren und angestrebten Lösungs-
  nieveau.

Der zeitliche Integrationsgrad kommt in der Differenzierung zwischen Simultan- und Sukzessivplanung zum Ausdruck. In einem simultanen Planungsverfahren werden alle Problemkreise eines Totalmodells gleichzeitig gelöst, während bei sukzessiver Planung die in Partialmodellen formulierten Teilprobleme zeitlich nacheinander erfaßt werden.

Die Forderung nach simultaner Planung resultiert aus der Notwendigkeit, Interdependenzen zwischen Teilbereichen zu berücksichtigen. Interdependenzen liegen nicht nur vor, wenn das Totalmodell die Gesamtunternehmung abbildet, etwa Interdependenzen zwischen den Funktionsbereichen Absatz, Produktion, Beschaffung etc. - sondern ebenso, wenn ein einzelner Funktionsbereich - z.B. der Produktionsbereich - zugrundegelegt wird, zwischen dessen Teilgebieten wechselseitige Abhängigkeiten bestehen können[1].

Das zweite Kriterium unterscheidet die Methoden danach, inwieweit das Anstreben einer optimalen Lösung Gegenstand der Methode ist. Hier lassen sich drei Gruppen bilden:

(1)   Optimierungsverfahren sind solche Verfahren, die mit Sicherheit eine Lösung erreichen, deren Optimalität bewiesen oder beweisbar ist - sofern überhaupt eine Lösung

---

1)   Vgl. zur Darstellung der Interdependenzen zwischen verschiedenen Teilgebieten der Produktionsplanung Kurbel (1978), S. 28 ff.

existiert. Sie werden verschiedentlich auch als analytische oder exakte Verfahren bezeichnet[1].

(2)   Heuristische Verfahren verwenden Entscheidungsregeln, die dazu dienen, Auswahlentscheidungen aus alternativen Handlungsmöglichkeiten aufgrund plausibel erscheinender Vorteilhaftigkeitskriterien zu treffen. Die Kriterien beruhen meist auf Erfahrungen oder Vermutungen. Die mit einem heuristischen Verfahren erzielte Lösung ist in der Regel nicht optimal, wenngleich dies nicht ausgeschlossen ist.

(3)   Simulationsmethoden dienen zur Entscheidungsvorbereitung. Sie produzieren nicht eine einzige, ausgezeichnete Lösung eines Problems. Sie erlauben vielmehr das Experimentieren mit einem Modell und liefern somit Entscheidungsgrundlagen, indem sie die Konsequenzen möglicher Handlungsalternativen aufzeigen.

Im Bereich der computergestützten Produktionsplanung kommen grundsätzlich alle drei Methoden zum Einsatz. Der Schwerpunkt liegt deutlich bei den heuristischen Verfahren. Die in den späteren Kapiteln dieser Arbeit angewendeten Methoden sind heuristische Verfahren und Optimierungsverfahren. Auf Simulationsmethoden wird nicht eingegangen[2].

---

1)   Vgl. z.B. Jacob (1977), S. 17; Adam (1980), S. 129 f.

2)   Simulationsmethoden werden z.B. für die Maschinenbelegungsplanung eingesetzt, wo man den Fertigungsbereich als ein System von Auftragswarteschlangen simulieren und diese mit Hilfe von Prioritätsregeln auf- bzw. abbauen kann. Vgl. z.B. Mertens (1978), S. 213.

1.2 Zur gegenwärtigen Situation von Forschung und Praxis

1.2.1 Stand der Forschung

Um den gegenwärtigen Erkenntnisstand auf dem Gebiet der computergestützten Produktionsplanung aufzeigen zu können, ist zunächst zwischen den Problemen der Produktionsplanung allgemein und den mit der Softwareunterstützung verbundenen Fragen zu trennen.

1.2.1.1 Zum Bereich Produktionsplanung

Der Produktionsbereich gehört traditionell zu den klassischen Untersuchungsobjekten der Betriebswirtschaftslehre. Dementsprechend zahlreich sind die Veröffentlichungen, die sich mit Aspekten der Planung auf diesem Gebiet auseinandersetzen. Besonders die Probleme, die in der Unternehmensforschung (Operations Research) behandelt werden, entstammen zu einem großen Teil dem Produktionsbereich. Bei der Literatur zur Produktionsplanung lassen sich drei wesentliche Gruppen identifizieren.

Einmal sind Veröffentlichungen zu nennen, bei denen die - meist verbale - Gesamtdarstellung der grundsätzlichen Probleme im Vordergrund steht. Zu dieser Gruppe gehören Abhandlungen, auf die bereits oben bei den möglichen Gliederungen der Produktionsplanung hingewiesen wurde; grundlegende Bedeutung kommt vor allem den Ausführungen von Gutenberg zu, an die sich viele andere Autoren anlehnen[1]. Ebenfalls hier zu erwähnen sind neuere Ansätze, den Inhalt des Produktionsbegriffs weiter zu fassen. Während Produktion früher explizit oder implizit im Sinne von Herstellung materieller Güter verwendet wurde, bezieht man

---

1) Vgl. Gutenberg (1976), S. 147ff.

den Begriff in letzter Zeit häufig auf allgemeinere Fragen
der Leistungserstellung, die sowohl bei der Erzeugung materieller Güter als auch immaterieller Güter (Dienstlei-
stungen) auftreten[1]. Entsprechend weiter gefaßte und allgemeinere Aufgaben werden dann auch der Produktionsplanung
zugewiesen[2].

Die zweite Gruppe bilden Arbeiten, in denen ausgewählte Ein-
zelprobleme der Produktionsplanung isoliert von benachbarten
Problemen und ohne Beachtung wechselseitiger Zusammenhänge
angegangen werden. Als Grundlage dienen - oft sehr eng abgegrenzte - Partialmodelle, so daß die Probleme teilweise
mit Optimierungsverfahren gelöst werden können. Typische
Beispiele für diese Vorgehensweise sind die zahlreichen Arbeiten auf dem Gebiet der Losgrößenrechnung und der Bestimmung von Reihenfolgen, in denen Fertigungsaufträge auf Produktionsanlagen abgearbeitet werden sollen[3].

Als dritte Gruppe sind schließlich Ansätze zu nennen, in
denen versucht wird, die Abhängigkeiten zwischen den Teilbereichen der Produktionsplanung zu berücksichtigen und die
interdependenten Teilprobleme simultan zu lösen. In den
sechziger Jahren wurden häufig Optimierungsverfahren (lineare Optimierung, Branch-and-Bound-Verfahren u.a.) vorgeschlagen[4]. Da diese bei realitätsnahen Größenordnungen nicht
eingesetzt bzw. für viele Problemstellungen auch nicht angegeben werden konnten, entstanden später verstärkt heuristische Verfahren, die sich eher auf praktische Probleme
anwenden lassen[5].

---

1) Vgl. Kern (1976), S. 762; Zäpfel (1978), S. 403f.; eine
   Untersuchung verschiedener Produktionsbegriffe nimmt
   Kruschwitz (1974) vor.
2) Vgl. Kern (1976), S. 766f.; Zäpfel (1978), S. 412.
3) Für einen Überblick über diese Ansätze wird auf Kurbel
   (1978), S. 39ff., verwiesen.
4) Vgl. z.B. Dinkelbach (1964), S. 58ff.; Haehling (1970),
   S. 105ff.; Adam (1969), S. 152ff.
5) Vgl. z.B. Schirmer (1980), S. 178ff.; Kurbel (1978),
   S. 149ff.

1.2.1.2 Zum Bereich Softwareentwicklung

Im nächsten Schritt soll versucht werden, den Forschungsstand auf dem Gebiet der Softwareentwicklung zu skizzieren.
Die wissenschaftliche Beschäftigung mit der Problematik von
Softwaresystemen nahm erst vor ca. 10 - 15 Jahren ihren Anfang. In den Jahren 1968 und 1969 wurde der Begriff "Software Engineering" geprägt, der zum ersten Mal im Titel
zweier Konferenzen auftauchte[1]; angesichts der rapide
wachsenden Softwarekosten sollte diese Begriffswahl die
Notwendigkeit zum Ausdruck bingen, daß eine Abkehr von der
bis dahin üblichen, unsystematischen Vorgehensweise bei der
Softwareentwicklung hin zu einer "ingenieurmäßigen" Durchführung erfolgen mußte.

Das Software Engineering stellt heute eine umfangreiche
Teildisziplin der Informatik dar, die in den letzten Jahren
einen gewaltigen Aufschwung genommen hat und ständig neue
Aspekte erschließt. Eine exakte Begriffsabgrenzung ist deshalb sehr schwierig, wie die Vielfältigkeit vorliegender
Definitionen zeigt[2]. Gegenstand des Software Engineering
sind in jedem Falle die mit der Entwicklung und dem Einsatz
vom Software verbundenen Probleme. Unter Software Engineering wird hier die theoretische Auseinandersetzung mit diesen Problemen und die praktische Anwendung wissenschaftli-
cher Erkenntnisse auf Softwareentwicklung und -einsatz ver-
standen.

Das zentrale Anliegen des Software Engineering ist die Bewältigung von Problemkomplexität. Dies gilt vor allem bei
großen Softwaresystemen, die ohne eine sinnvolle Zerlegung
in kleinere Komponenten nicht mehr zu überschauen sind. Da
die Struktur eines Softwaresystems und ein großer Teil seiner Eigenschaften bereits beim Entwurf festgelegt wird,

---

1) Vgl. Buxton, Randell (1970), S. 7.
2) Vgl. Boehm (1976), S. 1226; Kimm u.a. (1979), S. 15f.;
   Gewald u.a. (1979), S. 26.

bildet die Unterstützung der Entwurfsphase einen deutlichen Schwerpunkt des Forschungsinteresses. Jedoch sind auch darüber hinaus die Aktivitäten sehr breit gestreut. Als einige wesentliche Untersuchungsschwerpunkte lassen sich nennen:

- Qualitätsanforderungen, die an Software zu stellen sind[1],
- Entwurfsprinzipien und -methoden für Softwaresysteme, Module und Programme[2],
- sog. Software-Tools; darunter versteht man ganz allgemein Software, die dem Computerbenutzer als Werkzeug zur Verfügung gestellt wird (z.B. Test-, Diagnosesysteme, Editoren u.a.)[3],
- quantitative Softwareanalyse, d.h. quantitative Erfassung und Auswertung bestimmter Softwaremerkmale[4],
- Korrektheitsaspekte (Testen und Verifizieren von Software)[5]
- Projektmanagement (Organisation und Abwicklung von Softwareprojekten)[6].

Die Aufzählung kann nur Anhaltspunkte geben und bei weitem nicht als erschöpfend angesehen werden, da das Software Engineering in einer ständigen Weiterentwicklung begriffen ist. Dabei ist festzustellen, daß die bisherigen Erkenntnisse zwar in der Informatik fest verankert sind und von Informatikern angewendet werden, daß sie aber bei anderen Softwareherstellern und -anwendern noch kaum Verbreitung gefunden haben. Dies gilt insbesondere auch für den Bereich der computergestützten Produktionsplanung, auf den nun einzugehen ist.

---

1) Vgl. z.B. Boehm u.a. (1978).
2) Vgl. Parnas (1979); Denert (1979);Horning (1976); Parnas (1972b).
3) Vgl. z.B. Molzberger (1980).
4) Vgl. Halstead (1979); Voges (1981).
5) Vgl. Myers (1976), S. 169 ff.; Gerhart (1977); Wegbreit (1977).
6) Vgl. Gewald u.a. (1979), S. 233 ff.; Schnupp, Floyd (1979), S. 208 ff.

1.2.1.3   Zum Bereich computergestützte Produktionsplanung

In der Literatur zur computergestützten Produktionsplanung
sind mehrere Tendenzen zu beobachten. Vor allem unterscheiden sich Ansätze aus betriebswirtschaftlicher Sicht von
mehr technisch und ingenieurwissenschaftlich ausgerichteten
Darstellungen.

Bei den betriebswirtschaftlich orientierten Arbeiten wird
meist eine Gliederung der Produktionsplanung in Teilbereiche nach den Kriterien Zeitbezug und Funktion zugrundegelegt. Dies führt, wie oben erläutert, zu der Einteilung in
Produktionsprogramm-, Bedarfs-, Termin- und Maschinenbelegungsplanung[1]. Häufig bleibt die Programmplanung ausgeklammert. Dagegen werden oft Aspekte der Plandurchführung
einbezogen; trotzdem wird dort noch von Planung gesprochen[2]!
Andererseits subsumiert man die Planungsaktivitäten teilweise unter dem Begriff Produktions- (oder Fertigungs-)
-steuerung[3], während manche Autoren auch korrekt von Produktionsplanung und -steuerung sprechen[4].

Veröffentlichungen in diesem Bereich weisen zwei Schwerpunkte auf. Einerseits stehen die betriebswirtschaftlichen
Funktionen im Vordergrund. Ausgehend von der Abgrenzung und
Erläuterung der Funktionen wird aufgezeigt, wie die Realisierung in einem Softwaresystem grundsätzlich aussieht bzw.
aussehen könnte. Häufig wird auf existierende Systeme Bezug
genommen; Mertens stellt dagegen eine eigene Konzeption dar[5].

---

1) Für diese Sachverhalte werden auch andere Begriffe verwendet, deren inhaltliche Abgrenzung sich aber nicht oder nur
   unwesentlich unterscheidet.
2) Vgl. z.B. Mertens (1978), S. 147 ff.;
3) Vgl. z.B. Wiese (1979), S. 8 ff.; Wagner (1979), Sp. 2165
   ff.; Kernler (1972), S. 10 f.;
4) Vgl. z.B. Ellinger, Wildemann (1978), S.15 f.; Zimmermann
   (1979), S. 84;
5) Vgl. Mertens (1978), S. 147 ff.; ferner Kayser (1978) S.
   75 ff.; Kauffmann (1981), S. 30 ff.

Bei der anderen Gruppe bildet die datenverarbeitungstechnische Realisierung eines Systems den Ausgangspunkt. Die funktionale Gliederung, die in den meisten Systemen ziemlich einheitlich ist, wird als gegeben vorausgesetzt. Im Mittelpunkt stehen dann Erläuterungen der benutzten Dateien bzw. der Datenbank und der Programme, Module oder Systeme, welche die Daten bearbeiten[1]. Besonders extrem ausgeprägt ist diese Richtung in Veröffentlichungen über kommerziell vertriebene Softwaresysteme, wo häufig nur der Aufbau eines oder mehrerer Systeme unkritisch wiedergegeben wird[2].

Betrachtet man als zweite große Gruppe die technisch und ingenieurwissenschaftlich orientierten Arbeiten zur computergestützten Produktionsplanung, so fällt zunächst die im betriebswirtschaftlichen Bereich unübliche Abgrenzung zwischen Planung und Steuerung auf. Es wird nämlich eine produktartbezogene Unterscheidung getroffen: Produktionsplanung beinhaltet die für eine Erzeugnisart einmalig durchzuführenden, Produktionssteuerung dagegen die sich wiederholenden Aktivitäten zur Gestaltung des Produktionsgeschehens[3].

Die meisten der betriebswirtschaftlichen Planungsfunktionen fallen damit in den Bereich der "Steuerung". In dem so definierten Gebiet Produktionsplanung und -steuerung werden die ingenieurwissenschaftlichen Planungsaufgaben stark herausgestellt: Konstruktion, Entwurf von Fertigungsunterlagen

---

1) In diesen Veröffentlichungen fällt das Begriffswirrwarr bezüglich der Begriffe Programm, Modul und System auf. Zum Teil ist auch von Modularprogrammen, Programm-Moduln Modularprogrammsystemen und anderen Wortschöpfungen die Rede!

2) Vgl. Heß-Kinzer (1976), Grupp (1973), Hammer (1970); ferner Roschmann (1979), Sp. 1298 ff.

3) Vgl. Warnecke u.a. (1978), S. 547 f.; Kunerth u.a. (1976) S. 23, S. 30.

   Nichtsdestoweniger wird dort gleichzeitig behauptet, Planung stelle einen Teil der Steuerung dar! Dies steht im Einklang mit der im REFA-Bereich üblichen Verwendung der Begriffe; vgl. REFA (1974), S. 10 ff.

(Stücklisten, Arbeitspläne), Arbeitsplatzgestaltung, Fertigungsmethoden u.a.[1]. Als neuere Fertigungstechnologien, die in diesen Bereichen entwickelt werden, sind vor allem CAD/CAM ("computer aided design"/"computer aided manufacturing")[2], die Fortentwicklung der NC-Technik ("numerical control") und flexible Fertigungssysteme zu nennen[3]. Da diese Technologien ohnehin nur mit Computerunterstützung realisierbar sind, wird versucht, die betriebswirtschaftlichen und die ingenieurwissenschaftlichen Funktionen zu integrieren. Neueste Forschungsbemühungen gehen dahin, umfassende betriebliche Kommunikationssysteme zu entwickeln.

Wenn man den Stand der Forschung auf dem Gebiet der computergestützten Produktionsplanung resümiert, so ergibt sich also, daß sowohl aus betriebswirtschaftlicher als auch aus technisch-ingenieurwissenschaftlicher Sicht ein starkes Interesse besteht. Die Veröffentlichungen orientieren sich jedoch in beiden Bereichen vornehmlich an den jeweils fachspezifischen Funktionen.

Dagegen sind keine Arbeiten bekannt, die sich mit Fragen der Softwareentwicklung auseinandersetzen. Wenn überhaupt auf Software eingegangen wird, so erfolgt dies beschreibend; Kriterien für die Gestaltung von Produktionsplanungssystemen werden meist nicht angegeben[4]. Insbesondere findet man keine Veröffentlichungen, in denen neuere Ansätze des Software Engineering zu erkennen wären.

---

1) Vgl. Warnecke u.a. (1978), S. 548; Kunerth u.a.(1976), S. 23ff.

2) Vgl. Krallmann (1979), S. 341ff.

3) Vgl. Diebold (1980), S. 1ff.; Warnecke u.a. (1976), S. 22ff.

4) Eine Ausnahme bildet Mertens, der seine Konzeption kurz erläutert; vgl. Mertens (1978), S. 20f.

   Als ein besonderer Gestaltungsaspekt ist die Abwendung von der bisher üblichen Form der Stapelverarbeitung hin zur Dialogverarbeitung in manchen Bereichen zu erwähnen. Diese Bemühungen werden sowohl von betriebswirtschaftlichen als auch von ingenieurwissenschaftlichen Interessenten getragen. Auch hier steht jedoch die benutzerorientierte Unterstützung bestimmter Funktionen im Vordergrund. Vgl. dazu Scheer (1979).

1.2.2 Praxis der computergestützten Produktionsplanung

1.2.2.1 Die Notwendigkeit der Computerunterstützung

Die aus der zunehmenden Umweltdynamik und aus strukturellen Veränderungen resultierende Notwendigkeit einer Verbesserung der Unternehmensplanung hat vor allem im Produktionsbereich die Einsicht gefördert, computergestützte Planungssysteme einzusetzen.

Die teilweise verstärkte Konkurrenzsituation, die Knappheit von Ressourcen und steigende Personalkosten begünstigten die Entwicklung kapitalintensiver Fertigungsverfahren. Die technischen Möglichkeiten gestatten zudem einen immer weiter gehenden Automatisierungsgrad, so daß die Betriebsmittelkosten ständig zunehmen. Angesichts der Höhe der Kosten und der Schnelligkeit des technischen Fortschritts ergibt sich für das einzelne Unternehmen die Notwendigkeit, die kapitalintensiven Produktionsanlagen optimal auszunutzen und die Kapitalbindung in der Materialwirtschaft möglichst niedrig zu halten[1].

Die Schwachstellen des Produktionsbereichs liegen, wie Warnecke u.a. am Fall der Maschinenbauindustrie zeigen, vor allem bei der Bedarfsplanung, im Lagerbereich sowie bei der Terminierung und Kapazitätsplanung[2]. Durch bessere Planungssysteme können hier erhebliche Kosteneinsparungen realisiert werden.

Aufgrund des enormen Datenvolumens und des damit verbundenen Verarbeitungsaufwands stellt die Computerunterstützung häufig eine unabdingbare Voraussetzung für die Durchführung der Produktionsplanung dar. Die Daten des Produktionsbereichs weisen meist einen Umfang auf, bei dem sich die Speicherung sowie die notwendigen schnellen Zugriffs- und Änderungsmög-

---

1) Vgl. Kayser (1978), S. 64.
2) Vgl. Warnecke u.a. (1979), S. 13.

lichkeiten manuell kaum noch bewältigen lassen. Typische
Verhältnisse in einem mittleren Fertigungsbetrieb liegen
bereits in der Größenordnung, daß

- die Produktionsprogrammplanung 100 Endprodukte umfaßt,
- die Bedarfsplanung für 10.000 Eigenfertigungsteile durchgeführt wird (bei insgesamt 40.000 Teilen)[1],
- die Terminplanung 140.000 Arbeitsgänge berücksichtigen
  muß, welche
- in der Kapazitäts- bzw. Maschinenbelegungsplanung auf
  200 Betriebsmittelgruppen bzw. 1.000 Betriebsmitteln
  eingeplant werden[2].

Die Notwendigkeit der computergestützten Planung ergibt
sich nicht zuletzt aus der Forderung nach Aktualität der
Planungsergebnisse. Die hohe Verarbeitungsgeschwindigkeit
der Hardware erlaubt es, den Planungsvorgang selbst trotz
großer Datenmengen zeitlich zu verkürzen. Dadurch wird es
möglich, den Planungsprozeß häufiger durchzuführen und
Pläne kurzfristig zu aktualisieren oder revidieren. Das
Unternehmen kann schneller reagieren und neueren Entwicklungen Rechnung tragen.

Angesichts der Komplexität der Betriebsstrukturen und der
starken Umweltabhängigkeit ist dies vor allem beim Auftreten von Störungen erforderlich. Wesentliche Bedingung für
die Reaktionsfähigkeit ist die Transparenz des Planungssystems, die durch den Computereinsatz gefördert wird.
Dafür sind zwei Gründe ausschlaggebend. Einerseits entsteht
ein Zwang zur Systematisierung der Planung, da der Entwurf
eines Planungssystems einen gewissen Formalisierungsgrad
voraussetzt. Zum anderen verlangt die Anwendung eines computergestützten Systems, daß die für die Planung relevanten
Daten erfaßt werden. Damit werden auch Informationen ver-

---

1) Die Bezeichnung "Teil" wird hier, wie in der computergestützten Produktionsplanung üblich, als Oberbegriff
   für Einzelteile, Baugruppen und Endprodukte verwendet.

2) Angaben nach Scheer (1980), S. 8.

fügbar und zugänglich gemacht, deren Existenz bei manueller
Planung nicht oder nur unzureichend bekannt ist.

Eine Verbesserung der Produktionsplanung verlangt weiterhin
die Aufhebung der isolierten Planung der Teilbereiche. Daten, die in verschiedenen Teilplänen benötigt oder ermittelt werden, müssen auch anderen Bereichen aktuell zur Verfügung stehen. Eine stärkere Integration ist aufgrund des
zusätzlich zu bewältigenden Datenvolumens aber nur mit
Rechnerunterstützung zu realisieren.

Als ein wesentlicher Bestimmungsfaktor für die Notwendigkeit des Computereinsatzes muß schließlich der Rechenaufwand angeführt werden, der von den Algorithmen, in besonderem Maße von Operations-Research-Methoden, verursacht
wird. Die Produktionsplanung hat insgesamt ein komplexes
Optimierungsproblem zu lösen. Mit abnehmendem Simultanei-
tätsgrad der Planung verringert sich zwar der Aufwand für
die Algorithmen; aber selbst einfachere Algorithmen, die
bei sukzessiver Planung zur Anwendung kommen und für sich
betrachtet relativ einfach sind, führen angesichts des
Umfangs der Daten zu einem erheblichen Gesamtaufwand.

1.2.2.2 Gegenwärtiger Stand der Computerunterstützung

Die Bedeutung der Computerunterstützung im Produktionsbereich kommt u.a. in dem hohen Anteil an den EDV-Kosten zum
Ausdruck, der auf produktionsbezogene Aufgaben entfällt.
In einer Umfrage der Diebold GmbH bei 85 Industriebetrieben zeigt sich, daß der Produktionsbereich 16% der gesamten EDV-Leistungen in Anspruch nimmt und damit bereits an
dritter Stelle der betrieblichen Funktionsbereiche steht,
nach dem Vertrieb mit 23% und dem Rechnungswesen mit 17%[1].

---

1) Vgl. Diebold (1979), S. 4. De Micheli (1976), S. 80,
   gibt als Richtwerte 24% bzw. 23% bzw. 35% für die o.g.
   Bereiche an.

Daß auf die Computerunterstützung zumindest in größeren Be-
trieben nicht mehr verzichtet werden kann, haben Kunerth
u.a. in einer Erhebung ermittelt[1]; danach liegt die Verbreitung des EDV-Einsatzes in Unternehmen mit

- mehr als 1.000 Mitarbeitern bei 98%,
- 500 bis 1.000 Mitarbeitern bei 73%,
- weniger als 500 Mitarbeitern bei 42%.

Da nicht immer vollständige Produktionsplanungssysteme implementiert sind, lassen sich gewisse Anwendungsschwerpunkte
identifizieren. Nach Kunerth u.a. sind deutliche Schwerpunkte bei der

- Verwaltung der Datenbasis,
- Bedarfsermittlung und Lagerbestandsführung,
- Durchlaufterminierung und Kapazitätsbelastungsübersicht

anzutreffen, deren Automatisierung bereits von mehr als 90%
der EDV-Anwender realisiert oder geplant war[2]. Ähnliche
Schwerpunkte traten bei einer Umfrage auf, die 1979 unter
Teilnehmern einer Tagung über Produktionsplanung und
-steuerung durchgeführt wurde[3]. Starkes Gewicht besitzt
auch die Computerunterstützung bei der Plandurchführung
(Überwachung des Fertigungsfortschritts, Prüfung der Verfügbarkeit von Material und Werkzeugen, Erstellen von Werk-
stattdokumenten u.a.).

---

1) Vgl. Kunerth u.a. (1976), S. 22.
2) Vgl. ebenda, S. 33ff.
3) Vgl. Brendel u.a. (1979), S. 54.

Zur Lösung der Produktionsplanungsprobleme existieren kommerziell vertriebene Standardsoftwaresysteme, die großenteils von Hardwareherstellern, daneben aber auch von Softwarehäusern angeboten werden[1]. Die Zahl der angebotenen Systeme ist relativ groß; der ISIS Software Report führte im Dezember 1980 insgesamt 72 Systeme auf[2]. Obwohl in der Literatur zur computergestützten Produktionsplanung Standardsoftware eine dominierende Stellung einnimmt und dort die gesamte Terminologie beeinflußt, ist ihre Verbreitung erstaunlich gering. Die oben genannte Befragung von Tagungsteilnehmern ergab beispielsweise, daß nur ca. 27% der Anwender Standardsoftware einsetzen[3]. Auch eine Auswertung des ISIS Software Reports weist auf die geringe Verbreitung hin; teilweise sind dort minimale Installationshäufigkeiten genannt, die die Bezeichnung Standardsoftware fragwürdig erscheinen lassen. Abbildung 1-2 zeigt die Verteilung der Installationshäufigkeiten.

Die geringe Verbreitung von Standardsoftware ist in erster Linie darin begründet, daß die Anforderungen potentieller Anwender aufgrund betriebsspezifischer Eigenschaften stark divergieren und von den Systemen oft nicht angemessen berücksichtigt werden können. Zum Teil sind Funktionen enthalten, die ein bestimmter Betrieb gar nicht benötigt, oder es

---

1) Nach einer Untersuchung der Diebold GmbH zur generellen Anbieterstruktur auf dem Softwaremarkt, die alle Arten von Standardsoftware umfaßte, werden ca. 78% von Hardwareherstellern und ca. 22% von Softwarehäusern angeboten; vgl. Diebold (1978), S. 1.

2) Vgl. Nomina (1980), S. 2282ff. Die angegebene Zahl ist insofern etwas überhöht, als verschiedentlich Teilkomplexe eines Gesamtsystems getrennt angeboten werden und deshalb einzeln aufgeführt sind.

3) Vgl. Brendel u.a. (1979), S. 56. Diese Zahl liegt immerhin deutlich über der Verbreitung von Standardsoftware allgemein, die nach der Diebold-Erhebung nur ca. 4% des gesamten Softwarevolumens ausmacht; vgl. Diebold (1978), S. 1.

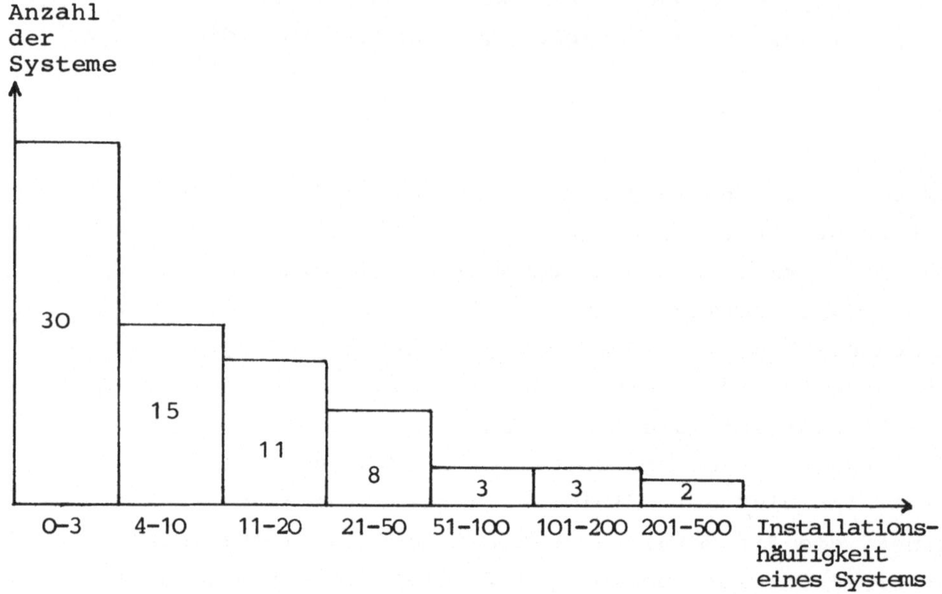

Abb. 1-2: Häufigkeitsverteilung der Verbreitung von Standardsoftware (weltweit), die im deutschsprachigen Raum
angeboten wird.

fehlen Funktionen, die im konkreten Fall gebraucht werden.
Dies macht Anpassungsmaßnahmen und Erweiterungen der Systeme
erforderlich, so daß häufig die Eigenerstellung kostengün-
stiger ist[1]. Auch die mangelnde Flexibilität der Systeme in
Bezug auf bestehende Organisationsstrukturen erschweren den
Einsatz von Standardsoftware. Die existierenden Systeme er-
zwingen oft erhebliche Änderungen der Aufbau- und Ablauf-
organisation und eine Zentralisierung von Entscheidungskompetenzen[2].

---

1) Der Diebold Management Report nennt als Erfahrungswert
   20-30% des Kaufpreises, die zur Anpassung an die individuellen Erfordernisse aufgewendet werden müssen; vgl.
   Diebold (1978), S. 3. In Einzelfällen werden jedoch auch
   sehr viel höhere Zahlen genannt. Besonders drastisch weist
   Geitner (1982), S. 67f., auf die Nachteile von Standardsoftware hin.

2) Vgl. Warnecke u.a. (1979), S. 15. Scheer (1982), S. 43f.,
   sieht dies allerdings als Vorteil an.

Aufgrund dieser Nachteile ist zu erwarten, daß Eigenentwicklungen auch in der Zukunft ein starkes Gewicht behalten und den größten Teil der Produktionsplanungssysteme darstellen werden.

1.2.2.3 Aufbau von Produktionsplanungssystemen

Bei der praktisch eingesetzten Produktionsplanungssoftware können grundsätzlich sog. Insellösungen von integrierten Systemen unterschieden werden.

Insellösungen erfassen nur einen bestimmten Planungsbereich; häufig findet man eine Abgrenzung nach mengenorientierten oder nach zeitorientierten Aspekten, so daß nur Funktionen der Bedarfsplanung oder der Termin- und Maschinenbelegungsplanung einbezogen sind[1]. Insellösungen waren vor allem in den Anfängen der computergestützten Produktionsplanung verbreitet. Sie weisen den Nachteil auf, daß zwar isolierte Lösungen für Teilbereiche geschaffen werden, diese aber nicht auf die Anforderungen der anderen Teilbereiche abgestimmt sind.

Deshalb wurden im vergangenen Jahrzehnt verstärkt Systeme entwickelt, in welchen die verschiedenen Teilbereiche der Produktionsplanung integriert sind[2]. Die meisten Systeme weisen unabhängig davon, ob es sich um Standardsoftware oder Eigenentwicklungen handelt, ähnliche Strukturen auf. Hauptbestandteile sind Programme für die

---

1) Bekannte und heute noch verbreitete Systeme für den Terminplanungsbereich sind z.B. CAPOSS-E, vgl. IBM (1976), und KATERM, vgl. Siemens (o.J.b). Einen Überblick geben Hahn, Wagner (1979), Sp. 787ff.

2) Einige der bekannteren integrierten Systeme sind: COPICS, vgl. IBM (1980); ISI, vgl. Siemens (1979), S. 10ff.; UNIS, vgl. Kauffmann (1981) und Sperry Rand (1974a); SIMAS, vgl. Siemens (o.J.a); MAS II, vgl. IBM (o.J.b); MIACS, vgl. Rothweiler, Joop (1973).

- Verwaltung der Datenbasis
- Bedarfsplanung
- Terminplanung
- Maschinenbelegungsplanung
- Unterstützung der Plandurchführung und -überwachung.

Dabei fällt auf, daß die Produktionsprogrammplanung entweder ganz fehlt oder nur durch Absatz- bzw. Auftragseingangsprognosen unterstützt wird[1]. Dies stellt einen entscheidenden Mangel dar. Dagegen werden andere, angrenzende Bereiche oft in die Systeme miteinbezogen, z.B.[2]:

- Kundenauftragsverwaltung
- Einkauf und Wareneingang
- Nachkalkulation
- Konstruktionsdatenverwaltung

Den integrierten Systemen ist - trotz zahlreicher Interdependenzen zwischen den Teilbereichen der Produktionsplanung, auf die in der betriebswirtschaftlichen Literatur ausführlich hingewiesen wird - die stufenweise Vorgehensweise einer Sukzessivplanung gemeinsam. Die Teilgebiete werden mit abnehmendem Planungshorizont und zunehmendem Detaillierungsgrad weitgehend unabhängig voneinander geplant, wobei Lösungen vorgelagerter Bereiche jeweils als Vorgaben für die nachgelagerten Bereiche dienen. Auf optimale Lösungen wird bis auf wenige, lokal begrenzte Fälle (z.B. bei der Losgrößenbildung) verzichtet. Praktisch eingesetzte, simultane Optimierungsverfahren sind nicht bekannt. Operations-Research-Methoden gelangen nur in äußerst beschränktem Maße zur Anwendung und sind meist heuristischer Natur[3].

Betrachtet man die gängigen Systeme näher, so sucht man vergeblich nach Merkmalen, die den neueren Forschungsstand des

---

1) Vgl. Scheer (1980), S. 8.

2) Vgl. z.B. IBM (o.J.b); Siemens (1979), S. 14ff.; IBM (1981b).

3) Scheer (1980), S. 6ff., untersucht den Einsatz von OR-modellen in Produktionsplanungssystemen und stellt die wenigen, dort integrierten Modelle dar.

Software Engineering widerspiegeln. Der Grund dürfte einerseits darin liegen, daß die Entwicklung und Einführung eines Softwaresystems für die Produktionsplanung einen jahrelangen Prozeß darstellen. Viele der oben zitierten Systeme sind bereits seit 7 - 12 Jahren im Einsatz, seit einer Zeit also, zu der das Software Engineering noch in den ersten Anfängen lag.

Andererseits ist zu beobachten, daß die Erkenntnisse des Software Engineering zwar den wissenschaftlichen Bereich stark durchdringen, daß sie aber in die Praxis der betrieblichen Datenverarbeitung bisher kaum Eingang gefunden haben. Dort werden heute noch Maßstäbe angelegt, die längst als überholt gelten.

Insbesondere das zentrale Anliegen des Software Engineering, die Reduktion der Problemkomplexität, wird z.T. völlig auf den Kopf gestellt. Beispielsweise führt eine Beschreibung der Konzeption des Systems ISI als Vorteil auf, daß das System aus wenigen - dafür großen - Programmen und Dateien besteht[1]; außerdem ist ISI, wie viele andere Systeme auch, in ASSEMBLER geschrieben[2]. Welche negativen Auswirkungen dies auf softwaretechnische Qualitätsanforderungen hat, wird im einzelnen in Kapitel 3 dargelegt.

1.3 Ziel und Aufbau der Arbeit

1.3.1 Zielsetzung

In den vorausgehenden Abschnitten wurde der Stand der Forschung und der praktischen Anwendungen im Bereich der computergestützten Produktionsplanung aufgezeigt. Die Ausführungen lassen einerseits die Bedeutung erkennen, die der

---

1) Vgl. Blanke, Zimmermann (o.J), S. 5ff.
2) Vgl. ebenda, S. 6; Hahn, Wagner (1979), Sp. 787ff.

Computerunterstützung im Produktionsbereich beigemessen
wird. Sie machen andererseits aber deutlich, daß die intensive Forschung auf dem Gebiet des Software Engineering
noch keine nennenswerten Auswirkungen auf die Entwicklung
von betrieblicher Anwendungssoftware und speziell von Produktionsplanungssystemen hatte.

Eine Auseinandersetzung mit Problemen der Softwareentwicklung im betrieblichen Bereich ist dringend erforderlich,
weil die mit der Entwicklung und dem Einsatz von Softwaresystemen verbundenen Kosten ständig wachsen. Die Hardwarekosten stellen dagegen keine einschneidende Restriktion
mehr dar; aufgrund sinkender Hardwarepreise und steigender
Leistungsfähigkeit verbessert sich das Preis-Leistungsverhältnis der Hardware zunehmend[1].

Die Softwarekosten sind jedoch kontinuierlich im Steigen
begriffen[2]. Die Softwaretechnologie konnte mit den raschen
Fortschritten der Hardwaretechnologie nicht Schritt halten,
und die Entwicklung im Bereich betrieblicher Anwendungssoftware hinkt noch weiter hinterher. Gerade in diesem Bereich
sind bei Programmierern und Systemanalytikern unsystematische, auf Gewohnheiten oder Intuition beruhende Vorgehensweisen bei der Softwareentwicklung noch stark verwurzelt[3].

Mit zunehmendem Umfang der zu lösenden Aufgaben werden auch
die Softwaresysteme immer größer. Bei einer unsystematischen
Vorgehensweise ist es dann kaum noch möglich, die Problemkomplexität zu kontrollieren. Die Entwicklung oder Änderung
eines Softwaresystems wird erheblich erschwert, erfordert

---

1) Vgl. dazu Stahlknecht (1980), S. 133ff.

2) Vgl. ebenda, S. 138; Boehm (1976), S. 1227.

3) Dieser Zustand ist z.T. damit zu erklären, daß noch keine
   breite Vermittlung von Lehrinhalten des Software Engineering erfolgt. Er reflektiert insofern den Ausbildungsstand an betrieblichen und außerbetrieblichen Ausbildungsstätten, großenteils auch in wirtschaftswissenschaftlichen Studiengängen der Universitäten.

höheren Personaleinsatz und damit höhere Personalkosten.
Diese weltweit zu beobachtende Entwicklung wurde auch als
"Softwarekrise" apostrophiert[1].

Deshalb scheint es dringend geboten, ein ausgeprägtes Be-
wußtsein für Qualitätsmerkmale von Software zu schaffen.
Der Softwareerstellung müssen systematische Entwurfsprinzipien zugrundegelgt werden, die auf anderen Gebieten, etwa
im Bereich der Systemsoftware, bereits wesentlich weiter
verbreitet sind.

Ziel dieser Arbeit ist es einerseits, die Qualitätsanforderungen zu untersuchen, die an die Entwicklung von Anwendungssoftware zu stellen sind, und ihre Auswirkungen auf
die Softwarekosten aufzuzeigen. Daraus sollen konkrete
Prinzipien abgeleitet werden, die dem Entwurf eines Softwaresystems zugrundezulegen sind. Andererseits soll untersucht und aufgezeigt werden, auf welche Weise bei der Entwicklung von Softwaresystemen für die Produktionsplanung
die aus den Qualitätsanforderungen abgeleiteten Entwurfsprinzipien angewendet werden können.

Bei den Ausführungen steht der Aspekt der Softwaregestaltung im Vordergrund. Der Aufbau der Arbeit orientiert sich
in erster Linie an Fragen der Softwareentwicklung. Daneben
wird jedoch versucht, auch inhaltliche Verbesserungen gegenüber den derzeit verwendeten Modellen und Methoden der
Produktionsplanung zu realisieren.

Einmal soll demonstriert werden, wie die Anwendung der
Softwareentwurfsprinzipien bei einem System erfolgen kann,
das sowohl von den in das Modell einbezogenen Teilbereichen
her als auch von der Lösungsmethode die Merkmale praktisch
eingesetzter Produktionsplanungssysteme aufweist.

---

1) Vgl. Schnupp, Floyd (1979), S. 12; Scheer (1982), S. 42.

Zweitens soll aufgezeigt werden, daß sich die Entwurfsprinzipien auch bei Planungsmodellen anwenden lassen, die dem Operations-Research-Bereich entstammen und kompliziertere Lösungsalgorithmen verwenden. Dies wird anhand eines heuristischen, simultanen Planungsverfahren und anhand eines Optimierungsverfahrens dargestellt.

Eine weitere inhaltliche Verbesserung soll schließlich dadurch vorgenommen werden, daß die in praktischen Systemen vernachlässigte Produktionsprogrammplanung als Grundlage für ein Planungsmodell gewählt wird.

1.3.2 Vorgehensweise

Zur Behandlung der genannten Fragestellungen wird folgende Vorgehensweise gewählt:

Kapitel 2 stellt die verschiedenen Teilbereiche der Produktionsplanung im Zusammenhang dar. Die hier erörterten Planungsprobleme bilden die Grundlage für die in den Kapiteln 5-7 zu entwickelnden Softwaresysteme. Dort werden jeweils einer oder mehrere der oben nach den Kriterien Zeitbezug und Funktion abgegrenzten Teilbereiche in die Planungsmodelle einbezogen; zur Lösung kommen dann verschiedene Methoden zum Einsatz. Die zu betrachtenden Teilbereiche sind:

- Produktionsprogrammplanung
- Bedarfsplanung
- Terminplanung
- Maschinenbelegungsplanung

Wegen seiner Bedeutung für die Aktualisierung der Planungsparameter wird darüberhinaus der Komplex Auftragsverwaltung kurz erläutert.

An die Darstellung des Anwendungsproblems Produktionsplanung schließt sich die Auseinandersetzung mit den Problemen der Entwicklung von Anwendungssoftware an.

Die an ein Softwaresystem zu stellenden Anforderungen werden in Kapitel 3 untersucht. Den Ausgangspunkt bildet eine Analyse der Softwarekosten, deren ständiges Anwachsen ursächlich die Entwicklung und Anwendung neuer Ansätze der Softwaretechnologie bewirkte. Zur Operationalisierung des Ziels, die Softwarekosten zu minimieren, ist es erforderlich, konkretere Vorgaben für die Softwareentwicklung abzuleiten. Dies wird wie folgt durchgeführt.

Zunächst werden die Qualitätsmerkmale eines Softwaresystems untersucht, die als Ziele für die Softwareentwicklung interpretiert werden können (softwaretechnische Ziele). Im nächsten Schritt erfolgt eine Analyse der Beziehungen zwischen den softwaretechnischen Zielen, die sich teils als komplementär, teils als konkurrierend oder indifferent erweisen. Anschließend wird untersucht, welche Beziehungen zwischen den softwaretechnischen Zielen und den Softwarekosten bestehen.

Zweck der Beziehungsanalyse ist es, aufzuzeigen, welche Auswirkungen die Betonung verschiedener softwaretechnischer Ziele auf die Schwerpunkte der Kostenverursachung hat. Aus dieser Erörterung können Prioritäten abgeleitet und die softwaretechnischen Ziele gemäß ihrer Bedeutung für die Kostenminimierung in eine Rangfolge gebracht werden.

Auf der Grundlage dieser Gewichtung der softwaretechnischen Ziele werden in Kapitel 4 detailliert Prinzipien für die Gestaltung von Softwaresystemen formuliert (Entwurfsprinzipien). Der wesentliche Ansatzpunkt hierfür ist die Reduktion von Problemkomplexität durch systematische Zerlegung großer Systeme in kleine Komponenten. Fragen der Modularisierung nehmen deshalb die zentrale Rolle ein.

Zunächst werden verschiedene Typen von Modulen untersucht
und die Möglichkeiten aufgezeigt, Beziehungen zwischen den
Modulen eines Softwaresystems zu gestalten. Dies umfaßt
die Anordnung der Module und die Kommunikation zwischen
ihnen und führt zur Strukturierung eines Softwaresystems
in Form einer Hierarchie von Modulen oder Abstraktionsebenen. Anschließend werden konkrete Entwurfsprinzipien als
Regeln für die Abgrenzung der einzelnen Module diskutiert,
wobei das Schwergewicht vor allem auf den Prinzipien der
Datenabstraktion und des Information Hiding liegt.

Nachdem die softwaretechnischen Grundlagen herausgearbeitet
sind, kann in den Kapiteln 5-7 nun auf die Softwareentwicklung für die am Anfang erläuterten Planungsprobleme in den
Teilbereichen der Produktionsplanung eingegangen werden.
Diese Kapitel stellen Konzeptionen für die Gestaltung verschiedener Softwaresysteme zur Lösung der Produktionsplanungsprobleme dar. Die Softwaresysteme sollen den Qualitätsanforderungen genügen, welche Inhalte der softwaretechnischen Ziele sind, und werden unter Anwendung der in Kapitel 4 abgeleiteten Entwurfsprinzipien konstruiert.

Dem System des Kapitels 5 liegt das Modell eines Betriebs
mit mehrstufiger Mehrproduktfertigung zugrunde. Wie bei den
meisten typischen Produktionsplanungssystemen wird von einem
vorgegebenen Produktionsprogramm ausgegangen. Die erfaßten
Teilbereiche sind einmal die Bedarfsplanung, bei der die Bedarfsmengen aller Teile auf allen Fertigungsstufen ermittelt
und die Lösgrößen der Fertigungsaufträge berechnet werden,
sowie die Terminplanung, bei der die zeitliche Einplanung
der Fertigungsaufträge und die Planung der Kapazitätsbelastung erfolgt. Als Voraussetzung wird darüberhinaus die Generierung der für die Bedarfs- und Terminplanung erforderlichen Datenbasis einbezogen.

Die Planungsmethode ist heuristisch. Sie folgt dem in der
Praxis und in den bekannten Produktionsplanungssystemen
üblichen Sukzessivplanungskonzept; dabei wird aber versucht,

eine stärkere Integration der Teilbereiche durch entsprechend konstruierte Datenstrukturen zu erreichen. Das beschriebene Softwaresystem ist nach Abstraktionsebenen gegliedert, wobei die Module nach den zuvor erläuterten Prinzipien gebildet wurden.

In Kapitel 6 soll aufgezeigt werden, wie sich die Qualitätsanforderungen und Entwurfsprinzipien auch bei einem simultanen Operations-Research-Verfahren für die Produktionsplanung berücksichtigen lassen. Für das Modell gelten die gleichen Rahmenbedingungen wie eben, d.h. mehrstufige Mehrproduktfertigung und vorgegebenes Produktionsprogramm. Nun werden aber nicht nur die Teilbereiche Bedarfs- und Terminplanung, sondern auch die Maschinenbelegungsplanung in dem Modellansatz einbezogen.

Zur Lösung des so formulierten Problems kommt eine simultane Planungsmethode zum Einsatz. Sie ist als ein typisches, heuristisches Operations-Research-Verfahren zu klassifizieren, was äußerlich bereits in der mathematischen Notation in Erscheinung tritt. In diesem Kapitel wird anhand der Konzeption eines simultanen Planungssystems demonstriert, wie auch aus der formalen Darstellung eines Verfahrens Module herauskristallisiert und Abstraktionsebenen identifiziert werden können.

Gegenstand des Kapitels 7 ist schließlich die Planung des Produktionsprogramms. Dieser Planungsbereich, der in den beiden vorhergehenden Kapiteln ausgeklammert blieb, wird in den bekannten Softwaresystemen nur unzureichend oder gar nicht unterstützt. Das Fehlen einer aktiven Programmplanung ist als entscheidender Mangel anzusehen, da durch die Festlegung des Produktionsprogramms wichtige Rahmenbedingungen für weitere Planungen gesetzt und insbesondere die Kapazitätsauslastung und Kapitalbindung auf längere Sicht zu einem Großteil determiniert werden.

Als Methode zur Planung des Produktionsprogramms kommt die

lineare Optimierung zur Anwendung. Nach der Darstellung des Modellansatzes wird auf die Probleme beim Einsatz der linearen Optimierung eingegangen, insbesondere unter dem Aspekt der Realisierbarkeit allgemeiner Softwarequalitätsmerkmale und Entwurfsprinzipien. Hier erweist es sich als schwierig, a priori Abstraktionsebenen zu identifizieren, so daß ein anderer Strukturierungsansatz gewählt werden muß. Dagegen liegt die Anwendbarkeit des Datenabstraktionsprinzips unmittelbar nahe. Dies steht in Zusammenhang mit der bei praktischen Größenordnungen sehr dünnen Besetzung der Matrizen und Vektoren und wird später im einzelnen erörtert. Den algorithmischen Komponenten des darzustellenden Softwaresystems liegt - aus demselben Grund - die revidierte Simplexmethode mit LU-Zerlegung der Inversen zugrunde.

Kapitel 8 faßt schließlich die wesentlichen Ergebnisse der Arbeit zusammen, gibt einen Ausblick auf weitere Integrationsmöglichkeiten von Produktionsplanungssystemen und weist auf wichtige Entwicklungstendenzen hin.

2 Teilbereiche der Produktionsplanung

Die Teilbereiche der Produktionsplanung werden nun im Gesamtzusammenhang dargestellt. Dieses Kapitel gibt einen Überblick über die wichtigsten Planungsprobleme, die später die Grundlage für die Entwicklung von Softwaresystemen bilden. Der Begriff Produktionsplanung wird hier, wie eingangs erörtert, mit einem kurzfristigen Begrifsinhalt verwendet. Die behandelten Teilbereiche Produktionsprogramm-, Bedarfs-, Termin- und Maschinenbelegungsplanung sind also der operativen Planung zuzurechnen.

2.1 Produktionsprogrammplanung

Die Planung des Produktionsprogramms hat bei der kurzfristigen Betrachtungsweise den von der strategischen und taktischen Planung gesetzten Rahmen auszufüllen. Insbesondere sind die herzustellenden Produktarten sowie die Ausstattung des Betriebs mit Produktionsanlagen vorgegeben. Innerhalb dieser Rahmenbedingungen besteht die Aufgabe der Produktionsprogrammplanung darin, festzulegen, welche Mengen der verschiedenen Erzeugnisarten in den einzelnen Teilperioden produziert werden sollen.

Die Länge des anzusetzenden Planungszeitraums hängt von strukturellen Gegebenheiten ab. Eine besondere Bedeutung kommt der Vorhersehbarkeit zukünftiger Entwicklungen und der Sicherheit der Daten zu; je nach Branche, Produktarten und Fertigungsorganisation sind Planungszeiträume von 3 bis 12 Monaten üblich[1].

Der Begriff Produktionsprogramm ist meist auf Enderzeugnisse bezogen; zum Teil werden auch marktfähige Baugruppen und Einzelteile darunter gefaßt. Bei stark differenzierenden Planungsansätzen kann es aber durchaus sinnvoll sein, den Begriff auf alle in der Fertigung entstehenden Zwischenprodukte auszudehnen[2]. In Übereinstimmung mit der Terminologie der computergestützten Produktionsplanung werden im folgenden nur Endprodukte und verkaufsfähige Zwischenprodukte in den Begriff des Produktionsprogramms einbezogen.

In der anwendungsorientierten Literatur ist eine verwirrende Vielfalt von Umschreibungen für den hier als Produktionsprogrammplanung bezeichneten Sachverhalt anzutreffen. Verschiedentlich wird von Primärbedarfsplanung oder von der Erstellung eines Produktionsplans gesprochen[3]. Als Synonyme dienen häufig auch Planung des Liefer-, Verkaufs- oder Absatzprogramms[4]. Vor allem die letzteren Begriffe sind auf die enge Verflechtung zwischen der Planung des Absatzprogramms und der Planung des Produktionsprogramms zurückzuführen; manche Standardsoftwaresysteme zur Produktionsplanung bringen die Verflechtung unter anderem dadurch zum Ausdruck, daß sie die Bestimmung des Produktionsprogramms durch Absatzprognosen unterstützen.

Angesichts des Begriffswirrwarrs muß beachtet werden, daß das Absatzprogramm nur dann mit dem Produktionsprogramm identisch ist, wenn in jeder Teilperiode die produzierten gleich den abgesetzten Mengen sind. Der Produktionsverlauf muß sich also unmittelbar der Absatzplanung anpassen, so

---

1) Scheer (1980), S. 8, gibt als untere und obere Grenze sogar sechs Wochen bzw. zwei Jahre an.

2) Vgl. Kern (1979), Sp. 1566; Kurbel (1978), S. 3.

3) Vgl. z.B. IBM (o.J.a), S. 2440; Siemens (o.J.a), S. 13; Ruetz, Schliep (o.J.), S. 15; Mertens (1978), S. 148.

4) Vgl. Zimmermann (1979), S. 85ff.; Scheer (1980), S. 8.

daß keine Endlagerbestände entstehen. Diese als Synchroni-
sation bezeichnete Produktionsweise läßt sich nur bei relativ konstanter Absatzgeschwindigkeit anwenden, da ständige
kurzfristige Anpassungen der Produktionskapazität meist nicht
realisiert werden können oder unwirtschaftlich sind.

Bei stark unterschiedlicher Nachfrage, vor allem bei saisonalen Abhängigkeiten, ist es dagegen sinnvoll, die Planung
der Produktionsmengen von der Planung der Absatzmengen zu
trennen, um Nachfrageschwankungen nicht auf den Produktionsbereich zu übertragen. Zur gleichmäßigeren Auslastung
der Produktionskapazitäten werden die Absatzmengen auf
verschiedene Perioden verteilt und bis zum Verkaufszeit-
punkt gelagert[1].

Die Festlegung des Produktionsprogramms kann durch zwei
grundsätzlich unterschiedliche Vorgehensweisen gekennzeichnet sein. Während auf dem Markt befindliche Softwaresysteme
sich i.d.R. noch auf Prognosemethoden beschränken, werden
in der betriebswirtschaftlichen Literatur seit längerer
Zeit Planungsmodelle vorgeschlagen.

Prognoseverfahren können für die Programmplanung angewendet
werden, wenn die Fertigung nicht ausschließlich auftragsbe-
zogen durchgeführt wird. Die Vorhersage bezieht sich i.d.R.
auf Absatzmengen. Bei starken Schwankungen muß also gegebenenfalls noch eine zeitliche Verteilung auf Produktionspe-
rioden erfolgen.

Mit Hilfe der Zeitreihenanalyse werden zunächst generelle
Merkmale des bisherigen Absatzverlaufs herausgearbeitet[2].
Auf der Grundlage der Vergangenheitswerte können dann

---

1) Die Abstimmung des Produktions- und Absatzverlaufs wird
   auch als Emanzipationsplanung bezeichnet. Vgl. Adam
   (1969), S. 137 ff.; Kilger (1973), S. 34 ff.
2) Die Vorgehensweise ist z.B. bei Kernler (1972), S. 62ff.,
   und Schröder (1973), S. 29ff., beschrieben.

Vorhersagen über den zukünftigen Absatz abgeleitet werden.
Dabei kommen Prognosemethoden zum Einsatz, die relativ einfach zu handhaben sind, z.B.[1]:

- Extrapolationsrechnung
- Methode der gleitenden Durchschnitte
- exponentielle Glättung erster oder zweiter Ordnung

Aus betriebswirtschaftlicher Sicht ist der Nachteil von
Prognosemethoden vor allem darin zu sehen, daß sich die
unternehmerische Aktivität auf ein adaptives Verhalten reduziert. Planung im eigentlichen Sinne findet nicht statt,
obwohl von der mengenmäßigen Zusammensetzung des Produktionsprogramm entscheidende Auswirkungen auf die Erreichung
betrieblicher Ziele ausgehen.

Deshalb wird die Forderung erhoben, auch die Festlegung der
Produktmengen explizit unter Zielsetzungen durchzuführen,
die sich aus übergeordneten Unternehmenszielen ableiten[2].
Da man im Rahmen der operativen Planung von einer gegebenen
Ausstattung des Produktionsbereichs ausgeht, wird als Zielsetzung häufig Maximierung der Deckungsbeiträge der Produktarten unterstellt[3].

Als wesentlichste Einflußfaktoren müssen bei einer aktiven
Gestaltung des Produktionsprogramms beachtet werden:

(1) Absatzmöglichkeiten

Bei der Berücksichtigung der potentiellen Absatzmengen ist
zu unterscheiden, ob eine auftragsorientierte oder markt-
orientierte Fertigungsweise vorherrscht. Bei auftragsorientierter Fertigung ergeben sich die Absatzmöglichkeiten

---

1) Vgl. zur Darstellung der Methoden Kernler (1972), S. 67
   ff.; Schröder (1973), S. 35 ff. Das Prognosemodell von
   Winters, das bei saisonalem Nachfrageverlauf zum Einsatz
   kommt, ist bei Schläger (1973), S. 75 ff., beschrieben.

2) Vgl. Scheer (1980), S. 8.
3) Vgl. z.B. Zäpfel (1982), S. 92 ff.; Kilger (1973), S. 99
   ff.

weitgehend aus vorliegenden oder erwarteten Kundenaufträgen, bei denen gegebenenfalls spezielle Kundenwünsche zu erfüllen sind. Bei marktorientierter Fertigung wird dagegen für zunächst anonyme Abnehmer auf Lager produziert, so daß insbesondere Lagerhaltungskosten in die Betrachtung einbezogen werden müssen.

(2) Beschaffungsmöglichkeiten

Auswirkungen auf die Produktionsmengen gehen ferner von den Möglichkeiten der Materialbeschaffung aus, die maßgeblich von den Beschaffungswegen, der Lieferantenstruktur, den Beschaffungspreisen und der gewählten Lagerhaltungspolitik bestimmt werden[1]. Diese Faktoren beeinflussen sowohl die Beschaffung von Roh-, Hilfs- und Betriebsstoffen als auch die Beschaffung von fremdbezogenen Einzelteilen, Baugruppen und Endprodukten.

(3) Produktionskapazität

Die im Planungszeitraum zur Verfügung stehende Produktionskapazität kann besonders restriktiv auf die Festlegung des Produktionsprogramms wirken. Exakte Angaben sind im voraus allerdings schwer zu gewinnen; dazu müßte im Prinzip eine detaillierte Maschinenbelegungsplanung einschließlich aller Wartungs-, Ausfall- und ablaufbedingten Stillstandszeiten durchgeführt werden. Diese Sachverhalte liegen aber auf einer ganz anderen zeitlichen Ebene als die Programmplanung und sind aufgrund der Datenunsicherheit für den Planungshorizont der Programmplanung nicht exakt erfaßbar. Die Produktionsprogrammplanung kann deshalb nicht auf detaillierte Kapazitätsdaten zurückgreifen und ist auf Schätzwerte angewiesen. Annahmen über die zur Verfügung stehende Kapazität haben meist einen höheren Aggregationsgrad und beziehen sich auf organisatorische Teileinheiten wie Maschinengruppen, Werkstätten oder Fertigungsstufen.

---

1) Vgl. Schwarz (1979), Sp. 1218ff.

2.2 Bedarfsplanung

Die industrielle Fertigung ist in der Regel mehrstufig; die
Endprodukte setzen sich aus verschiedenen Baugruppen und
Einzelteilen zusammen, wie Abbildung 2-1 anhand der Erzeugnisstrukturen zweier Endproduktarten X und Y verdeutlicht.
Die Knoten stellen Teile dar, die Zahlen an den Kanten
sind Mengeneinheiten. Die Bezeichnung "Teil" wird bei der
computergestützten Produktionsplanung einheitlich als Oberbegriff für Endprodukte, Baugruppen und Einzelteile verwendet. Gegenstand der Bedarfsplanung ist die Ermittlung
derjenigen Teilemengen, die auf allen untergeordneten Fertigungsstufen zur Herstellung des Produktionsprogramms benötigt werden.

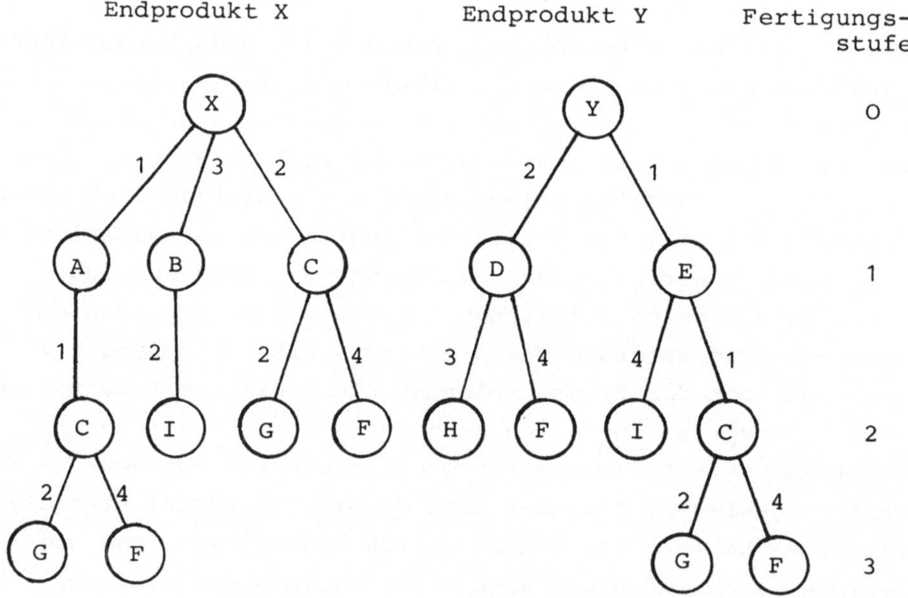

Abb. 2-1: Darstellung von Erzeugnisstrukturen nach Fertigungsstufen

Die Bedarfsplanung kann auf zwei grundsätzlich unterschiedliche Arten erfolgen. Werden die Mengen aufgrund von früheren Verbrauchswerten prognostiziert, so liegt eine stochastische oder verbrauchsgesteuerte Disposition vor;
führt man dagegen eine exakte Berechnung auf der Basis des
mengenmäßigen Produktionsprogramms und der Erzeugnisstrukturen durch, so spricht man von deterministischer, bedarfs-
gesteuerter oder programmgebundener Disposition.

Die stochastische Bedarfsermittlung bedient sich im wesentlichen der gleichen Verfahren, die auch für Absatzvorher-
sagen eingesetzt werden, und schätzt den zukünftigen Bedarf
anhand von Vergangenheitsdaten[1]. Sie ist erheblich einfacher als die deterministische Disposition, weist aber den
allen Prognosen immanenten Nachteil auf, den tatsächlichen
Bedarf nicht exakt angeben zu können. Um den Fertigungsablauf nicht zu gefährden, müssen sicherheitshalber Lagerbestände geführt werden, die aber eine höhere Kapitalbindung
implizieren. Deshalb wird die stochastische Bedarfsplanung
nur bei solchen Teilen angewendet, die einen geringen Wert
repräsentieren; höherwertige und für den Fertigungsablauf
kritische Teile werden dagegen bedarfsgesteuert disponiert.

Zur Klassifizierung der Teile nach ihrem Wert dient häufig
die ABC-Analyse; mit Hilfe einer Lorenzkurve werden die
Teile entsprechend ihrem mit Herstellkosten oder Einstands-
preisen bewerteten Jahresverbrauch in drei Gruppen eingeordnet: A-Teile, B-Teile und C-Teile[2]. Typische Ergebnisse
einer ABC-Analyse besagen, daß ein kleiner Prozentsatz, etwa 10% aller Teile, ungefähr 70% des Gesamtverbrauchswertes
repräsentiert, während ein sehr großer Prozentsatz der Teile, etwa 60%, nur 10% des Gesamtverbrauchswertes ausmacht[3].
Aufgrund einer solchen Klassifikation erfolgt dann die Bedarfsplanung für die geringwertigen C-Teile meist nach sto-

---

1) Vgl. Abschnitt 2.1 ; ferner Glaser (1979), Sp. 1203ff.
2) Vgl. Haupt (1979), Sp. 2f.
3) Vgl. z.B. Kernler (1972), S. 18f.

chastischen, für die höherwertigen A- und B-Teile nach deterministischen Verfahren.

Die deterministische Bedarfsermittlung geht von den in der Programmplanung festgelegten Endproduktmengen (bzw. Mengen anderer verkaufsfähiger Teile) aus und berechnet anhand der konstruktiven Zusammensetzung der Produkte exakt die Bedarfsmengen tieferer Fertigungsstufen. Die aus der Programmplanung vorgegebenen Mengen werden auch als Primärbedarf, die aus den Erzeugnisstrukturen abgeleiteten Mengen als Sekundärbedarf bezeichnet.

Bei der deterministischen Bedarfsermittlung steht die mengenmäßige Fixierung des Sekundärbedarfs im Vordergrund. Der Zeitaspekt findet nur insoweit Berücksichtigung, als die Sekundärbedarfe unter grober Abschätzung der Fertigungszeiten nach Perioden eingeordnet werden. Der Planungshorizont beträgt üblicherweise mehrere Monate bis ein Jahr, wobei als Periodeneinteilung z.B. Monate, bei stark verfeinerter Betrachtung auch Wochen oder andere Zeiträume, gewählt werden.

Von den verschiedenen, zum Einsatz gelangenden Verfahren besitzt die analytische Bedarfsauflösung nach Dispositionsstufen die größte Bedeutung[1]. Die Erzeugnisstrukturen werden hierzu in der Weise reorganisiert, daß gleiche Teile in verschiedenen Zweigen oder Bäumen nur noch auf einer einzigen Fertigungsstufe - der jeweils niedrigsten - auftreten. Diese Stufe bezeichnet man als Dispositionsstufe des Teils. Für die Erzeugnisstrukturen der Abbildung 2-1 bedeutet dies, daß die Kante von X nach C und die Kante von D nach F soweit verlängert werden, daß C nur noch auf Stufe 2, G und F

---

1) Das Attribut "analytisch" wird in der Literatur für Verfahren verwendet, bei denen die Bedarfsermittlung von der höchsten Fertigungsstufe ausgeht. Verfahren, bei denen die Berechnung auf der Stufe der Einzelteile ansetzt, werden demgegenüber als "synthetisch" bezeichnet; vgl. z.B. Mertens (1978), S. 166f. Synthetische Verfahren besitzen nur untergeordnete Bedeutung.

nur noch auf Stufe 3 vorkommen. Abbildung 2-2 zeigt die auseinandergezogenen Strukturen.

Die Organisation der Erzeugnisstrukturen nach Dispositionsstufen wird bei der Ableitung der Sekundärbedarfe vor allem deshalb gewählt, um Baugruppen, die in verschiedenen Fertigungsstufen auftreten, nicht jedesmal von neuem in ihre Bestandteile aufzulösen. Neben unnötigem Rechenaufwand werden dadurch auch Fehldispositionen bei der Zuordnung von Lagerbeständen vermieden. Führt man nämlich die Bedarfsrechnung nach Fertigungsstufen durch, so besteht die Gefahr, daß im Rahmen der Nettobedarfsrechnung für ein bestimmtes Teil Lagerbestände zur Deckung des Bruttobedarfs auf einer höheren Fertigungsstufe herangezogen werden; tritt das Teil auf tieferen Stufen, die bei der Fertigung <u>früher</u> durchlaufen werden, noch einmal auf, so käme möglicherweise ein Bedarf zum Ausweis, obwohl zum Fertigungszeitpunkt noch Lagerbestand vorhanden ist. Unnötige Lagerkosten wären die Folge.

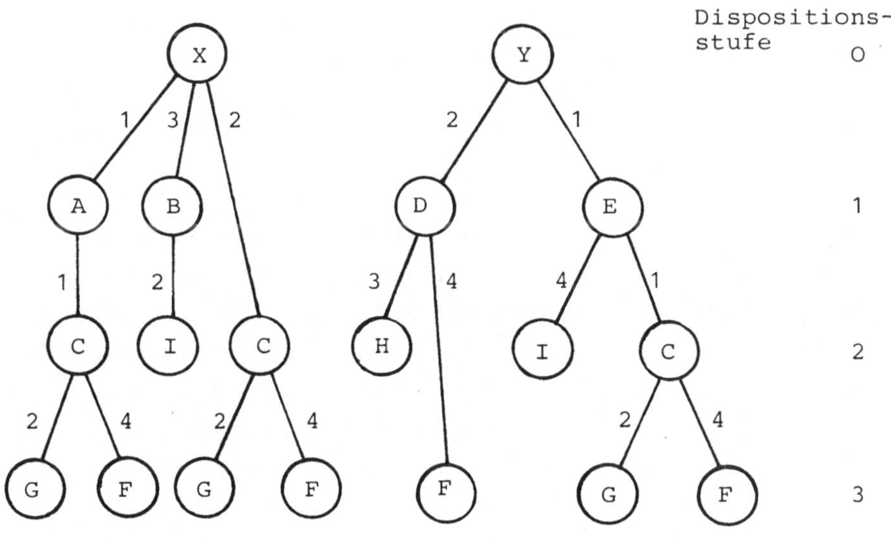

Abb. 2-2: Darstellung von Erzeugnisstrukturen nach Dispositionsstufen

Bei der Bedarfsermittlung nach Dispositionsstufen werden
die Erzeugnisstrukturbäume nicht einzeln traversiert; vielmehr arbeitet man jeweils alle Teile einer Dispositionsstufe ab und berechnet den Sekundärbedarf an Teilen tieferer
Stufen, bevor man zur nächsten Dispositionsstufe übergeht.
Auf den verschiedenen Stufen sind dabei die Teilaufgaben
Nettobedarfsermittlung, Losbildung, Sekundärbedarfsermittlung und Vorlaufverschiebung zu berücksichtigen, die im
folgenden erläutert werden.

2.2.1 Nettobedarfsermittlung

Zu den vorgegebenen Primärbedarfsmengen und den determi-
nistisch abgeleiteten Sekundärbedarfsmengen können im Einzelfall weitere Komponenten hinzutreten, die insgesamt den
Bruttobedarf eines Teils ergeben[1]. Beim Sekundärbedarf
ist dies z.B. der Fall, wenn ein Teil nicht ausschließlich
bedarfsgesteuert disponiert wird, so daß evtl. prognostizierte Mengen hinzuaddiert werden müssen; ferner kann ein
zusätzlicher Primärbedarf zu beachten sein, wenn es sich
um ein Ersatzteil oder ein anderes marktfähiges Teil handelt. Bei Mengenangaben in kontinuierlichen Maßeinheiten
(Kilogramm, Liter etc.) ist es z.T. erforderlich, Ungenau-
igkeiten durch Zuschläge abzufangen.

Um den Nettobedarf zu erhalten, wird der so berechnete
Bruttobedarf um den zu erwartenden Ausschußanteil erhöht und
um den verfügbaren Lagerbestand vermindert. Die Verfügbarkeit muß dabei nach den gleichen Zeitmaßstäben wie die gesamte Bedarfsplanung differenziert werden, z.B. nach Perioden. Je nach Organisation des Lagerwesens ergibt sich der
zur Disposition offenstehende Bestand aus den im Lager physisch vorhandenen Mengen, den in Werkstätten geführten Be-
ständen sowie erwarteten Lagerzugängen unter Berücksichtigung eventueller Sicherheitsbestände und Reservierungen,

---

1) Vgl. Mertens (1978), S. 171f.

```
Sekundärbedarf

    +  verbrauchsgesteuerter Bedarf
    +  Primärbedarf
    +  Zuschlag für Ungenauigkeiten
    ________________________

Bruttobedarf

    Lagerbestand

    +  Werkstattbestand
    +  offene Bestellungen
    -  reservierter Bestand
    -  Sicherheitsbestand
    ________________________


    -  disponierbarer Lagerbestand

    +  Zusatzbedarf für Ausschuß
    ________________________

Nettobedarf
```

Abb. 2-3:   Einflußgrößen der Nettobedarfsermittlung

die bereits für bestimmte Fertigungsaufträge eingeplant
wurden[1]. Abbildung 2-3 zeigt schematisch die zu erfassen-
den Einflußgrößen.

Nach der Ermittlung des Nettobedarfs müssen Maßnahmen zur
Bedarfsdeckung ergriffen werden. Bei fremdbezogenen Teilen
bedeutet dies, daß Bestellungen zu veranlassen sind, während bei selbsterstellten Teilen Fertigungsaufträge gebildet werden müssen. Auf die Problematik des Fremdbezugs wird
hier nicht eingegangen[2]. Die weiteren Ausführungen beschränken sich auf den Fall der Eigenerstellung.

---

1) Vgl. zu den verschiedenen Bestandsarten Kernler (1972),
   S. 31ff. Eine ausführliche, nach Perioden aufgeschlüs-
   selte Darstellung von Einflußfaktoren der Brutto- und
   Nettobedarfsrechnung gibt Mertens (1978), S. 173ff.

2) Vgl. dazu z.B. Jacob (1972), S. 206ff.; Mertens (1978),
   S. 101ff.

2.2.2 Losgrößenplanung

Bei intermittierender Fertigungsweise ist es meistens unwirtschaftlich, genau die Mengen in den einzelnen Planperioden herzustellen, die als Sekundärbedarfe in der Bedarfsplanung abgeleitet werden bzw. als Primärbedarfe aus der Programmplanung vorgegeben sind[1]. Da zur Fertigung der verschiedenen Teile prinzipiell die gleichen Produktionsanlagen zum Einsatz kommen können, würde dies nämlich bedeuten, daß die Anlagen ständig umgerüstet werden müssen. Deshalb faßt man Einzelbedarfsmengen zu größeren fertigungstechnischen Einheiten zusammen; diese werden als Lose oder Fertigungsaufträge bezeichnet.

2.2.2.1 Beeinflußbare Kosten bei der Losgrößenplanung

Die Entscheidung, wieviele Mengeneinheiten einer Teileart jeweils ein Los bilden sollen, hat Auswirkungen auf die Höhe der Kosten. Die Losgrößenplanung kann grundsätzlich

- losfixe Kosten
- Lagerhaltungskosten
- Fehlmengenkosten

beeinflussen. Wegen ihrer Rolle als Bezugsmaßstab für die Lagerhaltungskosten sind außerdem die Produktionskosten kurz zu erläutern.

(1) Losfixe Kosten

Verschiedene Kosten entstehen nur dann, wenn ein neues Fertigungslos aufgelegt wird; sie sind unabhängig von der produzierten Menge. Hierunter fallen alle mit der Vorbereitung

---

1) Zum Begriff der intermittierenden Fertigung vgl. Gutenberg (1976), S. 203.

eines Fertigungsauftrags einhergehenden Kosten, etwa für
die Arbeitsvorbereitung, Bereitstellung von Fertigungsunterlagen (Arbeitsplänen, Zeichnungen etc.), Beschaffung
von Material und Werkzeugen, Einarbeitung des Personals
etc. Einen wesentlichen Teil der Kosten verursachen Ein-
richtungs- und Umbauarbeiten an den maschinellen Anlagen,
das Anbringen von Werkzeugen und Vorrichtungen, Reinigung
u.a. Vereinfachend werden die losfixen Kosten deshalb häufig als Rüstkosten bezeichnet. Wegen der anfangs geringeren
Produktivität können ferner Anlaufkosten anfallen, die sich
z.B. in höherem Werkstoffverbrauch und größerem Ausschuß
niederschlagen[1].

Die Höhe der gesamten losfixen Kosten hängt einerseits von
der Anzahl der Fertigungslose ab. Da die Bedarfsmengen aufgrund des Produktionsprogramms determiniert sind, ist die
Minimierung der Auflegungshäufigkeiten gleichbedeutend mit
der Forderung, möglichst große Lose zu bilden. Häufig sind
die losfixen Kosten auch von der Reihenfolge abhängig, in
der die Lose verschiedener Teilearten aufgelegt werden[2];
sie lassen sich dann durch eine günstige Losfolge verringern (Sortenschaltungsproblem).

(2) Lagerhaltungskosten

Die zu einem Los zusammengefaßten Bedarfsmengen werden tendenziell verfrüht produziert und müssen bis zum Bedarfszeit-
punkt gelagert werden. Für die Lagerhaltung sind Kosten zu
berücksichtigen, die sich proportional zur Lagerdauer und
zum Wert bzw. zur Menge der gelagerten Güter verhalten.

Wert- und zeitproportionale Kosten setzen sich zum größten
Teil aus Zinsen auf das im Lager gebundene Kapital zusam-

---

1) Eine detaillierte Beschreibung der physischen Produk-
tionsvorbereitung gibt Bergner (1979), Sp. 2174ff.

2) Beispielsweise dauern Reinigungsvorgänge bei Färbepro-
zessen länger, wenn von dunkleren auf hellere Farben um-
gestellt wird als umgekehrt. Reihenfolgeabhängige Rüst-
werden auch in dem Modell des Kapitels 6 berücksichtigt.

men; daneben sind auch Versicherungsprämien, anteilige Gewerbekapital- und Vermögenssteuer, Wertminderung durch Schwund, Verderb, Veralterung etc. zu beachten. Mengen- und zeitproportionale Kosten spielen eine untergeordnete Rolle; sie treten beispielsweise dann auf, wenn Lagerbestände einer gewissen Pflege bedürfen, etwa bewegt, umgeschichtet werden müssen etc. [1].

Die Lagerhaltungskosten, die - bei gegebenen Wertansätzen - zur Lagermenge und Lagerzeit proportional sind, lassen sich minimieren, wenn möglichst kleine Lose aufgelegt werden.

(3) <u>Fehlmengenkosten</u>

Wenn aufgrund von Produktionsverzögerungen der Primär- oder Sekundärbedarf nicht termingerecht befriedigt werden kann, entstehen Fehlmengen- oder Verzugskosten.

Bei Endprodukten liegen ihnen z.B. Konventionalstrafen oder Kosten für beschleunigte Nachlieferung zugrunde, sofern die Kunden mit der verspäteten Lieferung einverstanden sind. Sonst muß der Gewinnentgang berücksichtigt werden. Wandern unzufriedene Kunden ganz zur Konkurrenz ab, müßten als Fehlmengenkosten strenggenommen alle durch zukünftig geringeren Auftragseingang eingebüßten Gewinne erfaßt werden. Die mangelnde Quantifizierbarkeit dieser Einbußen wie auch des Verlustes an "good-will" etc. machen die Berechnung von Fehlmengenkosten äußerst problematisch.

Auf der Stufe des Sekundärbedarfs führen Fehlmengen zu Stockungen des Produktionsablaufs, deren Kosten ebenfalls sehr schwierig zu ermitteln sind, da sie im Extremfall Auswirkungen auf den ganzen Betriebsprozeß haben. Die beschleunigte Bearbeitung des unmittelbar betroffenen Auftrags kann zusätzliche Rüstkosten, Personalkosten und andere, durch zeitliche, quantitative oder intensitätsmäßige Anpassung hervorgerufene Kosten bedingen[2].

---

1) Vgl. Kilger (1973), S. 390.

2) Vgl. zur Analyse der Fehlmengenkosten Brunnberg (1970),
   S. 138ff.

(4) Produktionskosten

Zu den Produktionskosten zählen die Materialeinzel- und
-gemeinkosten, die Fertigungseinzellöhne, Fertigungsgemein-
kosten sowie Sondereinzelkosten der Fertigung. Sie sind bei
der Losgrößenplanung insofern von Bedeutung, als ihre variablen Bestandteile meist als Bezugsbasis für das im Lager
gebundene Kapital dienen und damit in die Berechnung der
Lagerhaltungskosten eingehen[1].

2.2.2.2 Methoden der Losgrößenrechnung

Unter Prämisse eines gegebenen Produktionsprogramms sinken
die gesamten losfixen Kosten, wenn möglichst selten neue
Lose aufgelegt werden; dagegen steigen aber die Lagerhaltungskosten. Die Hauptaufgabe der Losgrößenplanung besteht
darin, unter Beachtung dieser gegenläufigen Kostenbeziehun-
gen wirtschaftliche Losgrößen für alle Fertigungsaufträge
zu bestimmen.

Die Fehlmengenkosten werden bei den praktisch eingesetzten
Methoden meist nicht explizit berücksichtigt. Formal wäre
es zwar möglich, auch Fehlmengen bewußt einzuplanen; dies
wurde z.B. als Erweiterung der unten darzustellenden Andler-
Formel vorgeschlagen[2]. Die tatsächliche Anwendung scheitert
jedoch an der Ermittlung eines entsprechenden Bewertungsan-
satzes. Statt dessen wird explizit oder implizit verlangt,
daß Fehlmengenkosten nicht auftreten dürfen, Fehlmengen also
zu vermeiden sind und der Bedarf befriedigt werden muß.

In der Praxis der computergestützten Produktionsplanung
kommen verschiedene Verfahren und heuristische Regeln zum
Einsatz, die hier kurz erläutert und in den späteren Kapiteln zur Losgrößenrechnung herangezogen werden[3].

---

1) Vgl. Kilger (1973), S. 389.

2) Vgl. Brunnberg (1970), S. 144ff.

3) Vgl. z.B. Skutta (o.J.), S. 35, und IBM (1980), S. 43ff.,
   zu den in ISI bzw. COPICS vorgesehenen Methoden.

(1) Feste Losgröße
____

Als Losgröße wird eine bestimmte Menge vorgegeben, die aufgrund von Erfahrungswerten oder technischen Restriktionen festliegt.

(2) Feste Periodenzahl
____

Die Losgröße wird so berechnet, daß sie den Bedarf einer bestimmten Anzahl von Perioden deckt.

(3) Andler-Formel
____

In dem von Andler bzw. Harris und Wilson entwickelten klassischen Modell wird die optimale Losgröße durch Minimierung einer Kostenfunktion ermittelt, in der die losfixen und die losgrößenabhängigen Kosten enthalten sind. Bezeichnet man mit

K^l die gesamten losgrößenabhängigen Kosten im Planungszeitraum

K^r die gesamten losfixen Kosten im Planungszeitraum

k^l losgrößenabhängige Kosten pro Mengen- und Zeiteinheit

k^r losfixe Kosten pro Umrüstvorgang

a   Auflegungshäufigkeit im Planungszeitraum

T   Länge des Planungszeitraums

x   Losgröße

y   Gesamtbedarf im Planungszeitraum,

so gilt zunächst

$$K^r = a \, k^r = \frac{y}{x} \, k^r$$

und

$$K^l = \frac{x}{2} \, k^l \, T,$$

wobei $\frac{x}{2}$ den durchschnittlichen Lagerbestand repräsentiert. Die gesamten entscheidungsrelevanten Kosten K sind dann

$$K(x) = K^r + K^l = \frac{y}{x} k^r + \frac{x}{2} k^l T$$

Das Minimum dieser Funktion liegt bei

$$x = \sqrt{\frac{2 \, k^r \, y}{k^l \, T}} \; .$$

x wird als optimale Losgröße bezeichnet; sie muß im Planungszeitraum insgesamt a-mal aufgelegt werden[1]. Die Auflegungshäufigkeit a erhält man aus

$$a = \frac{y}{x} \qquad \text{als} \qquad a = \sqrt{\frac{y \, k^l \, T}{2 \, k^r}} \; .$$

Die Optimalität der Losgröße x gilt aber nur unter Prämissen, die in der Realität praktisch nicht gegeben sind[2]. Besonders kritisch ist die Annahme, daß der Bedarf in allen Perioden die gleiche Höhe aufweist und Lagerentnahmen über den ganzen Planungszeitraum hinweg - mit konstanter Lagerabgangsgeschwindigkeit - erfolgen.

(4) Gleitende wirtschaftliche Losgröße

Das Verfahren der gleitenden wirtschaftlichen Losgröße hebt die Restriktion konstanten, kontinuierlichen Bedarfs auf und läßt diskrete Bedarfsmengen y_j in den einzelnen Perioden j zu. Eine in Periode i gefertigte und in Periode j benötigte Menge muß j-i Perioden gelagert werden (j≥i); die Lagerhaltungskosten für einen einzelnen Bedarf y_j betragen also

$$k^l \, y_j \, (j-i),$$

wobei k^l wieder die Lagerkosten pro Mengeneinheit und Periode bezeichnet. Werden die Bedarfe der Perioden i bis t in

---

1) Vgl. Zur Ableitung des Modells z.B. Mertens (1978), S. 109ff.

2) Vgl. Zur Kritik des klassischen Modells z.B. Adam (1972), S. 449ff.

einem Los gefertigt, so entstehen Lagerhaltungskosten in
Höhe von

$$k^l \sum_{j=i}^{t} y_j \ (j-i).$$

Die gesamten, von der Losgrößenrechnung beeinflußbaren Kosten in den Perioden i bis t ergeben sich als

$$K_{it} = k^r + k^l \cdot \sum_{j=i}^{t} y_j \ (j-i).$$

Die Bedarfe y_j werden iterativ solange zusammengefaßt, bis
die auf eine Mengeneinheit bezogenen Kosten

$$k_{it} = \frac{K_{it}}{\sum_{j=i}^{t} y_j}$$

minimal sind. Da k_{it} eine monoton fallende Funktion von t
darstellt, ist das Minimum erreicht, wenn man durch Hinzunahme eines weiteren Bedarfs y_{t+1}

$$k_{it} \leq k_{i,t+1}$$

erhält. Die sog. gleitende wirtschaftliche Losgröße beläuft
sich dann auf

$$x = \sum_{j=i}^{t} y_j \ ;$$

sie gibt i.d.R. aber nur ein Suboptimum an, da die Zielsetzung Stückkostenminimierung höchstens zufällig zum Minimum
der Gesamtkosten im Planungszeitraum führt[1].

---

1) Die Minimierung der Gesamtkosten kann mit Hilfe der
   dynamischen Programmierung durchgeführt werden; vgl. dazu den Algorithmus von Wagner, Whitin (1958), S. 89ff.

(5) Stück-Perioden-Ausgleich

Als Näherungsverfahren zur Gesamtkostenminimierung kommt
der Stück-Perioden-Ausgleich (part-period-algorithm) von
DeMatteis zum Einsatz[1]. Er basiert auf einer bestimmten
Eigenschaft von Losgrößen im klassischen Andlermodell, daß
nämlich im Optimum Lagerhaltungs- und Rüstkosten gleich
sind. Dies sieht man unmittelbar, wenn die erste Ableitung
der dort zugrundegelegten Kostenfunktion

$$K(x) = \frac{Y}{x} k^r + \frac{x}{2} k^l T$$

gebildet und null gesetzt wird. Man erhält

$$\frac{Y}{x} k^r = \frac{x}{2} k^l T.$$

Die linke Seite der Gleichung gibt die Rüstkosten, die
rechte Seite die Lagerhaltungskosten wieder.

Überträgt man den Grundgedanken auf eine diskrete Betrachtungsweise, so wird das Optimum näherungsweise an der Stel
le erreicht, wo

$$k^r \approx k^l \sum_{j=i}^{t} y_j (j-i)$$

bzw.

$$\frac{k^r}{k^l} \approx \sum_{j=i}^{t} y_j (j-i).$$

Die Bezeichnung "Stück-Perioden-Ausgleich" resultiert im
übrigen daher, daß die Dimension bei der zweiten Schreibweise
"Stück x Perioden" lautet. Wegen der Monotonie der rechten
Seite kann die Berechnung wieder iterativ durchgeführt werden. Zu einem Los wird solange jeweils ein weiterer Bedarf
y_{t+1} hinzugefügt, bis

---

1) Vgl. DeMatteis (1968), S. 30ff.

$$k^r \geq k^l \sum_{j=i}^{t} y_j (j-i).$$

Das Los umfaßt dann die Bedarfe der Perioden i bis t:

$$x = \sum_{j=i}^{t} y_j.$$

Von den hier beschriebenen Methoden ist der Stück-Perioden-Ausgleich den praktischen Erfordernissen am ehesten angemessen. Aus theoretischer Sicht haften aber allen Verfahren entscheidende Mängel an. Abgesehen von einschränkenden Prämissen (Proportionalität der Herstell- und Lagerhaltungskosten, Vernachlässigung der Produktionszeit, Verbot von Fehlmengen u.a.) liegt die gemeinsame Problematik darin, daß die Losgrößen der verschiedenen Teile unabhängig voneinander ermittelt werden.

Da die Fertigung auf denselben Produktionsanlagen erfolgt, ist es möglich, daß die von den Losgrößen implizierten Auflegungstermine zu Überschneidungen in der Maschinenbelegung führen und nicht realisierbar sind. Die Lose müssen nachträglich verändert und zeitlich verschoben werden. Derartige Modifikationen können auch erforderlich werden, weil zunächst keine Lager- und Produktionskapazitäten beachtet wurden. Damit sind die bei der Losgrößenberechnung angenommenen Prämissen nicht mehr erfüllt, so daß die näherungsweise erreichten Optimalitätseigenschaften verlorengehen.

Schließlich ist auf die mit dem Ansatz von Umrüstkosten verbundene Problematik hinzuweisen. Diese Kosten hängen einerseits von der konkreten Maschine ab, auf der ein Teil gefertigt wird; zum Zeitpunkt der Bedarfsplanung ist die Maschine häufig aber noch gar nicht spezifiziert. Andererseits kann die Höhe der Umrüstkosten oft entscheidend von der Reihenfolge beeinflußt werden, in der die Lose auf einer Maschine bearbeitet werden. Die Bearbeitungsreihenfolge ist

aber erst nach Durchführung einer Maschinenbelegungsplanung
bekannt.

Die Berücksichtigung aller Einflußfaktoren ist nur möglich,
wenn die Losgrößen aller Teile simultan berechnet und dabei
gleichzeitig die Fertigungstermine und -reihenfolgen auf
den verschiedenen Maschinen festgelegt werden. Aufgrund der
unterschiedlichen zeitlichen Dimensionen dieser Planungsbereiche läßt sich das Problem im allgemeinen nur lösen,
wenn hinreichende Sicherheit bezüglich der Zukunftsdaten
herrscht.

Die Abweichung von theoretisch optimalen Losgrößen, die
sich bei Anwendung der skizzierten Verfahren ergibt, kann
unter praktischen Gesichtspunkten durchaus hingenommen
werden. Die durch die Losgrößenrechnung beeinflußbaren Kosten reagieren nicht besonders sensibel auf Änderungen.
Legt man beispielsweise das klassische Modell zugrunde, so
führt eine Erhöhung der Losgröße um die Hälfte bzw. eine
Verringerung um ein Drittel nur zu ca. 8% höheren Kosten[1].
Der Einsatz von Näherungsverfahren scheint deshalb gerechtfertigt.

2.2.3 Sekundärbedarfsermittlung und Vorlaufverschiebung

Aus den - zu Losen zusammengefaßten - Bedarfsmengen eines
Endprodukts oder einer Baugruppe werden bei deterministischer Bedarfsplanung diejenigen Mengen untergeordneter Teile abgeleitet, die zur Herstellung des Endprodukts bzw. der
Baugruppe erforderlich sind. Die Ableitung von Teilemengen

---

1) Die exakte Ableitung dieser Angaben führt Kilger (1973),
   S. 444f., durch.

der nächsttieferen Fertigungsstufe wird als Sekundärbedarfsermittlung bezeichnet.

Legt man die in Abbildung 2-2 gezeigten Erzeugnisstrukturen
zugrunde und nimmt man an, die Losgrößenplanung für die
Baugruppe D habe drei Lose von 1.500, 1.000 bzw. 1.500 Mengeneinheiten berechnet, so ergeben sich daraus Sekundärbedarfe des Teils H auf Dispositionsstufe 2 in Höhe von
4.500, 3.000 bzw. 4.500 Mengeneinheiten und Sekundärbedarfe
des Teils F auf Dispositionsstufe 3 in Höhe von 6.000,
4.000 bzw. 6.000 Mengeneinheiten.

Zur Abbildung der Terminstruktur des Produktionsprozesses
ist zu beachten, daß die Sekundärbedarfsmengen bereits eine gewisse Zeitspanne vor den Ablieferungsterminen der Lose vorliegen müssen, aus denen sie sich ableiten. Werden
alle Teile bereits zu Beginn der Fertigung des übergeordneten Loses benötigt, so muß diese Zeitspanne jeweils
mindestens so groß wie die Durchlaufzeit des Loses sein,
die sich als Differenz zwischen dem geplanten Ablieferungstermin und dem geplanten Auflegungszeitpunkt ergibt; andern-
falls können unterschiedlich große Zeitspannen Berücksicht-
gung finden.

Aufgabe der Vorlaufverschiebung ist es, ein entsprechendes
Termingerüst der Bedarfsplanung zu erstellen. Je nach Genauigkeit der Planung kann dies in detaillierter oder in
grober Form erfolgen. Bei hinreichender Sicherheit bezüglich der zukünftigen Daten läßt sich die Durchlaufzeit relativ exakt berechnen. Bezeichnet man mit

t^o Operationszeit eines Loses (Rüst- und Bearbeitungszeit)

t^w ablaufbedingte Wartezeit

t^t Transportzeit zum entsprechenden Arbeitsplatz

t^r Rüstzeit

t^b Bearbeitungszeit pro Mengeneinheit

x Losgröße,

so erhält man die Durchlaufzeit d eines Auftrags als

$$d = t^O + t^W + t^t.$$

Die Operationszeit t^O ergibt sich aus

$$t^O = t^r + x\, t^b.$$

Die Summe aus Warte- und Transportzeit

$$t^{\ddot u} = t^W + t^t,$$

eventuell erweitert um Kontrollzeiten, prozeßbedingte Liege-
zeiten etc., wird in der Praxis der Produktionsplanung als
Übergangszeit bezeichnet[1].

Wenn ein Fertigungslos auf mehreren Maschinen (bzw. in mehreren Arbeitsgängen) bearbeitet wird, berechnet sich die
Durchlaufzeit d entsprechend als

$$d = \sum_{j \in J} (t_j^O + t_j^W + t_j^t),$$

wobei J die Indexmenge der Maschinen (bzw. der Arbeitsgänge) darstellt.

Da die Bedarfsplanung sich über einen wesentlich größeren
Zeitraum als die unmittelbare Vorbereitung des Produktionsprozesses erstreckt, ist es oft nicht möglich oder nicht
sinnvoll, die Vorlaufverschiebung in Stunden- oder Tagesge-
nauigkeit zu erfassen. Die Bedarfsplanung wird häufig nach
Perioden durchgeführt, so daß auch die Durchlaufzeiten auf
volle Perioden auf- oder abgerundet werden müssen; dies
kann tendenziell zu verfrühter Fertigung und damit höheren
Lagerhaltungskosten bzw. zu zeitlichen Verzögerungen führen.
Oft werden auch Erfahrungswerte oder pauschale Vorlaufzeiten angesetzt, die wegen der Abhängigkeit der Bearbeitungszeit von der Menge jedoch nur dann unproblematisch sind,
wenn die Losgrößen im Zeitverlauf gleichbleiben.

---

1) Vgl. Mertens (1978), S. 197. Dabei wird meist vereinfachend Unabhängigkeit der Übergangszeit von der Losgröße
   unterstellt!

Periode	1	2	3	4	5	6	7	8	9	10
Baugruppe D	-	-	-	1.500	-	-	1.000	-	-	1.500
Einzelteil H	4.500	-	-	-	3.000	-	4.500	-	-	-
Einzelteil F	6.000	-	-	-	4.000	-	6.000	-	-	-

Abb. 2-4: Mengen- und zeitmäßige Ableitung des Sekundärbedarfs aus einer Baugruppe

Führt man in dem Beispiel der Baugruppe D die Vorlaufverschiebung durch, so ergeben sich - bei Durchlaufzeiten von
2 bzw. 3 Perioden für ein Los von 1.000 bzw. 1.500 Mengeneinheiten - die in Abbbildung 2-4 dargestellten Bedarfs-
perioden für die Teile H und F.

2.3 Terminplanung

Bei der Bedarfsplanung steht die Berechnung der Produktionsmengen aller Teile auf allen Dispositionsstufen im Vordergrund. Der Mengenaspekt dominiert, während der Zeitaspekt
nur eine untergeordnete Rolle spielt.

Aufgabe der Terminplanung ist es dagegen, dem Produktionsablauf ein detaillierteres Zeitgerüst aufzuerlegen. Zum einen beinhaltet dies die Festlegung von Start- und Endterminen für die Fertigungsaufträge, die in der Losgrößenplanung
ermittelt wurden. Zum andern muß die Realisierbarkeit der
Fertigungstermine anhand der verfügbaren Produktionskapazitäten überprüft und gegebenenfalls hergestellt werden. Die
beiden Teilbereiche der Terminplanung werden als Durchlaufterminierung und Kapazitätsplanung bezeichnet.

Da die Terminplanung einen höheren zeitlichen Detaillierungsgrad als die mengenmäßige Bedarfsplanung aufweist,
können spätere Änderungen, die nicht vorherzusehen waren,
erhebliche Auswirkungen auf die Einhaltung des Zeitgerüsts
haben. Deshalb liegt der Terminplanung häufig ein kürzerer,
besser überschaubarer Planungszeitraum zugrunde.

2.3.1 Durchlaufterminierung

2.3.1.1 Retrograde und progressive Terminierung

Gegenstand der Durchlaufterminierung ist es, zeitliche Zusammenhänge zwischen den Fertigungsaufträgen herzustellen. Durch Aneinanderreihung von Fertigungsaufträgen, die aufgrund der Erzeugnisstrukturen miteinander in Beziehung stehen, wird ein Netzplan erstellt, der die gegenseitigen Abhängigkeiten zum Ausdruck bringt. Die zeitliche Strukturierung des Fertigungsprozesses, die auch schon in Form der Vorlaufverschiebung bei der Sekundärbedarfsermittlung erfolgt, wird hier mit einem höheren Genauigkeitsgrad durchgeführt.

Bei der Erstellung des Zeitgerüsts und der weiteren Terminplanung muß die Vernetzung der Fertigungsaufträge beachtet werden, die aus den Erzeugnisstrukturen resultiert. Dies bedeutet insbesondere, daß ein bestimmter Fertigungsauftrag prinzipiell mehrere Vorgänger haben kann, d.h., von mehreren, zeitlich früher zu fertigenden Aufträgen abhängig ist. Ebenso kann ein Fertigungsauftrag mehrere Nachfolger haben; dieser Fall liegt vor, wenn ein Fertigungsauftrag sich aus Sekundärbedarfsmengen zusammensetzt, die aus verschiedenen Aufträgen höherer Fertigungsstufen abgeleitet und bei der Losgrößenrechnung zusammengefaßt wurden.

Die Durchlaufterminierung kann grundsätzlich zwischen zwei verschiedenen Ausgangspunkten wählen. Beginnt die Erstellung des Netzplans mit den vorgesehenen Endterminen von Aufträgen der höchsten Fertigungsstufe, so wird das Verfahren als retrograd bezeichnet (Rückwärtsterminierung); setzt das Verfahren dagegen am Anfang des Planungszeitraums mit den Aufträgen der untersten Fertigungsstufe ein, so spricht man von einer progressiven Vorgehensweise (Vorwärtsterminierung[1].

---

1) Vgl. Mertens (1978), S. 192f.

Bei der Rückwärtsterminierung werden, mit dem Endprodukt beginnend, die Arbeitsgänge der verschiedenen Fertigungsaufträge zeitlich aneinandergereiht. Dabei geht man von der höchsten zur niedrigsten Fertigungsstufe rückwärtsschreitend vor. Die sich ergebenden Auflegungszeitpunkte besitzen den Charakter von spätest zulässigen Startterminen, so daß Störungen im Produktionsablauf leicht zu Terminverzug führen können.

Betreibt man eine Vorwärtsterminierung, die von der untersten Fertigungsstufe ausgeht, so werden alle Aufträge zum jeweils frühest möglichen Zeitpunkt eingeplant; die Arbeitsgänge werden, in Richtung auf das Endprodukt fortschreitend, hintereinander angeordnet. Dadurch verringert sich die Gefahr von Terminüberschreitungen, jedoch muß tendenziell eine höhere Kapitalbindung in Kauf genommen werden.

In Abbildung 2-5 ist zur Verdeutlichung ein Netzplan skizziert, der bei einer Rückwärtsterminierung entstehen könnte. Dem Beispiel liegen zwei Fertigungsaufträge für die Endprodukte X und Y zugrunde, deren Erzeugnisstrukturen in Abbildung 2-1 dargestellt waren. Dabei ist der oben erwähnte, allgemeine Fall berücksichtigt, daß ein Fertigungsauftrag prinzipiell mehrere Vorgänger und mehrere Nachfolger haben kann.

2.3.1.2 Durchlaufzeitverkürzung

Ergeben sich bei der Durchlaufterminierung unerlaubte Start- oder Endtermine, so muß die Zulässigkeit hergestellt werden. Dieser Fall tritt ein, wenn die progressive Methode Endtermine erzeugt, die hinter den geplanten Lieferterminen liegen, oder wenn bei der retrograden Vorgehensweise Starttermine vor Beginn des Planungszeitraums ermittelt werden. (Der letztere Fall ist in Abbildung 2-5 gegeben.) In der Praxis wird dann versucht, die Durchlaufzeiten der Fertigungsaufträge zu verkürzen. Dabei kommen die folgenden Ver-

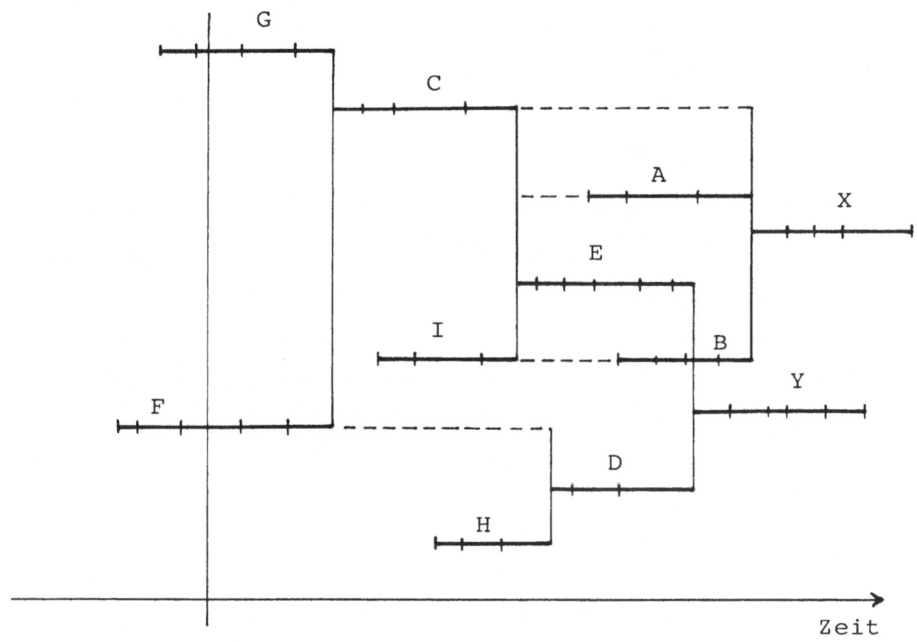

├──┼──┼──┤   Arbeitsgänge für einen Fertigungsauftrag
             der Teileart X (hier: 4 Arbeitsgänge)

----------   Liegezeit von Teilen eines Fertigungsauf-
             trags bis zum Bedarfszeitpunkt

<u>Abb. 2-5:</u> Terminnetzplan bei Rückwärtsterminierung

fahren zum Einsatz[1]:

(1) <u>Übergangszeitreduktion</u>

Die Durchlaufzeit eines Fertigungsauftrags durch eine Fertigungsstufe setzt sich aus dem eigentlichen Zeitbedarf für
die Arbeitsgänge und den Übergangszeiten zwischen den Arbeitsgängen zusammen. Da die Dauer der einzelnen Arbeitsgänge nur einen kleinen Teil der gesamten Durchlaufzeit
ausmacht, z.B. 10-20%[2], liegt es nahe, die Übergangszeiten

---

1) Vgl. z.B. IBM (1973a), S. 36ff.; Mertens (1978), S.
   197ff.; Sperry Rand (1974b), S. 25ff.
2) Vgl. IBM (1973a), S. 26.

eingehender zu untersuchen. Komponenten der Übergangszeit
sind vor allem[1]:

- Wartezeit (vor Beginn eines Arbeitsgangs, vor der Kontrolle, vor dem Transport)

- fertigungsbedingte Liegezeit vor und nach der Bearbeitung
  (z.B. Anheizen, Abkühlen)

- Kontrollzeit
- Nachbearbeitungszeit
- Transportzeit (Transport zum nächsten Arbeitsplatz)

Diese Zeiten werden häufig als pauschale Erfahrungswerte
angesetzt und üben Pufferfunktionen aus[2]. Bei Termineng-
pässen können sie zum Teil reduziert werden. Je nachdem,
mit welchem Detaillierungsgrad die Übergangszeiten gespeichert sind, stehen einzelne Komponenten bzw. nur die Übergangszeit als ganze der Verkürzung offen. Dabei ist es prinzipiell denkbar, solange Übergangszeiten zwischen aufeinanderfolgenden Arbeitsgängen um einen maximal erlaubten Faktor zu verringern, bis die Zulässigkeit des Terminnetzplans
hergestellt ist, oder alle Übergangszeiten eines Fertigungsauftrags gleichmäßig zu reduzieren[3].

(2) Überlappung

Eine Verkürzung der Durchlaufzeit läßt sich auch dadurch
erzielen, daß aufeinanderfolgende Arbeitsgänge überlappt

---

1) Vgl. z.B. Sperry Rand (1974b), S. 23ff.; IBM (1973a),
   S. 26ff.

2) In dem System UNIS/90 werden zusätzlich Pufferzeiten dadurch ermittelt, daß im Anschluß an eine Rückwärtsterminierung die Aufträge bei maximaler Übergangszeitreduktion vorwärtsterminiert werden. Die Differenz zwischen
   den frühest und spätest möglichen Terminen steht dann
   der Durchlaufterminierung als Spielraum offen; vgl.
   Sperry Rand (1974b),S. 21f. Eine ähnliche Vorgehensweise
   liegt der Pufferzeitberechnung in dem System ISI zugrunde; vgl. Siemens (1973), S. 60ff.

3) Diese Wahlmöglichkeit ist in COPICS vorgesehen; vgl. IBM
   (1973a),S. 36f.

ausgeführt werden. Wenn die Weitergabe eines Fertigungsauftrags zum nächsten Arbeitsgang nicht aus produktions- oder transporttechnischen Gründen in ganzen Losen erfolgen muß, können schon fertigbearbeitete Teile - unter Beachtung eventueller Restriktionen wie Mindestweitergabemenge, Mindestvorlaufzeit etc. - weitertransportiert und dem nächsten Arbeitsgang zugeführt werden, bevor das gesamte Los fertiggestellt ist.

(3) Splittung

Wenn zur Fertigung eines bestimmten Teils mehrere funktionsgleiche Maschinen zur Verfügung stehen und die benötigten Arbeitskräfte sowie Werkzeuge vorhanden sind, kann durch Parallelarbeit die Bearbeitungszeit eines Loses verkürzt werden. Bei gleichzeitigem Einsatz von n Maschinen reduziert sich der Zeitbedarf auf 1/n der ursprünglichen Bearbeitungszeit.

Die Einsparung wird aber mit einer Vervielfachung der Rüstkosten erkauft, da nun n Maschinen statt einer gerüstet werden müssen. Dadurch werden die aufgrund der Losgrößenrechnung erzielten Vorteile wieder weitgehend zunichte gemacht, da die zugrundegelegten losfixen Kosten nicht mehr mit den tatsächlichen Kosten übereinstimmen! Die Verkürzung der Durchlaufzeit muß deshalb gegen die erhöhten Kosten abgewogen werden.

2.3.2 Kapazitätsplanung

Neben der zeitlichen Vernetzung der Fertigungsaufträge beinhaltet die Terminplanung als zweiten Aspekt die Abstimmung des Kapazitätsbedarfs, der durch den Auftragsbestand verursacht wird, mit den verfügbaren Produktionskapazitäten. Führt man die Durchlaufterminierung ohne Beachtung von Kapazitätsrestriktionen durch, so besteht insbesondere keine Gewißheit, daß die ermittelten Fertigungstermine auch realisiert werden können.

2.3.2.1 Kapazitätsbelastungsübersichten

Eine verbreitete Vorgehensweise zur Kapazitätsabstimmung erstellt zunächst Belastungsübersichten für die einzelnen Kapazitätseinheiten. Diese lassen sich als Nebenprodukt der Durchlaufterminierung erzeugen, indem bei der Einplanung eines Fertigungsauftrags gleichzeitig der Kapazitätsbedarf bei den betroffenen Kapazitätseinheiten kumuliert wird[1]. Als Kapazitätseinheiten können je nach Detaillierungsgrad der Planung Arbeitsplatzgruppen oder Einzelarbeitsplätze (bzw. Maschinengruppen oder Einzelmaschinen) zugrundegelegt werden.

In Abbildung 2-6 ist die Belastungsübersicht für eine Kapazitätseinheit in Form eines sog. Kapazitätsgebirges graphisch dargestellt, dessen Säulen den Kapazitätsbedarf in den einzelnen Perioden repräsentieren. An einem Kapazitätsgebirge können grundsätzlich drei Belastungszustände auftreten:

- tendenzielle Überbelastung
- tendenzielle Unterbelastung
- Über- und Unterbelastungszustände in verschiedenen Perioden.

Weist ein Kapazitätsgebirge generell Überbelastungen aus, so muß entweder das Kapazitätsangebot erhöht oder der Kapazitätsbedarf gesenkt werden. Letzteres läßt sich in erster Linie erreichen, wenn Fertigungslose auf andere Arbeitsplätze (Ausweich- oder Ersatzarbeitsplätze) ausgelagert werden. Diese Möglichkeit, die in den meisten Softwaresystemen vorgesehen ist[2], kann aber mit einer Kostensteigerung verbunden sein, wenn etwa der Ausweichmaschine ein höherer Maschinenstundensatz zugeordnet ist. Eine Senkung des Kapazitätsbedarfs läßt sich ferner erzielen, wenn die Möglichkeit besteht, Fertigungsaufträge auswärts zu vergeben.

---

1) So z.B. in UNIS/90; vgl. Kauffmann (1981), S. 38f.
2) Vgl. z.B. IBM (1978), S. 3.105; Sperry Rand (1974b), S. 31.

Kapazität

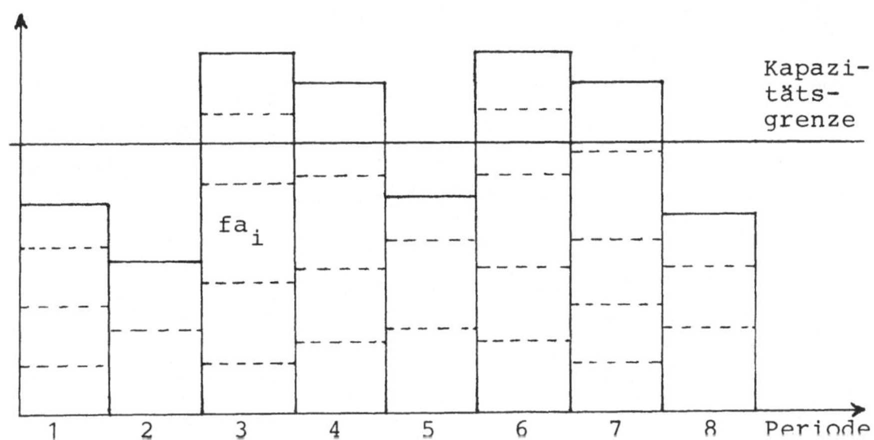

fa_i = Kapazitätsbedarf, der durch Fertigungsauftrag i
verursacht wird

<u>Abb. 2-6:</u> Kapazitätsgebirge

Maßnahmen zur Erhöhung des Kapazitätsangebots erfordern bei
andauernder Überbelastung in langfristiger Sicht Erweiterungsinvestitionen. Im Rahmen der operativen Planung stehen
jedoch nur kurzfristige Anpassungsmaßnahmen offen, vor allem die zeitliche Anpassung durch Überstunden oder Einführung zusätzlicher Schichten; daneben ist auch eine quantitative Anpassung denkbar, wenn Reservekapazitäten in Betrieb genommen und Arbeitskräfte eingestellt oder aus anderen Bereichen abgezogen werden können[1].

Im Falle einer generellen Unterbelastung ist es möglich,
analoge Maßnahmen anzuwenden, um das Kapazitätsangebot dem
Kapazitätsbedarf anzugleichen. Quantitative Anpassungsmaßnahmen beinhalten insbesondere die Stillegung von Aggrega-
ten, während die zeitliche Anpassung zu einer Verkürzung
der Arbeitszeit führt.

---

1) Vgl. Brankamp (1979), Sp. 884; Heß-Kinzer (1979), Sp.
   1889f. Für eine grundlegende Diskussion von Anpassungsmaßnahmen wird auf Gutenberg (1976), S. 354ff., verwiesen.

2.3.2.2 Kapazitätsausgleichsverfahren

Wenn bei einer Kapazitätseinheit wie in Abbildung 2-6 sowohl Über- als auch Unterbelastungen auftreten, ist es grundsätzlich denkbar, in jeder Periode das Kapazitätsangebot dem Kapazitätsbedarf anzupassen. Aus organisatorischen Gründen läßt sich eine solche Strategie aber meist nicht realisieren; sinnvoller erscheint es deshalb, einen zeitlichen Ausgleich zwischen den Perioden dergestalt durchzuführen, daß das Kapazitätsgebirge geglättet wird.

Eine einfache Strategie könnte etwa darin bestehen, Überbelastungen jeweils in die nächste Periode zu verschieben[1]. Besser fundiert ist ein Ausgleichsverfahren, welches Über- und Unterbelastungen durch Verlagerung von Aufträgen sowohl in frühere als auch in spätere Perioden abbaut. Die Entscheidung über die Verlagerungsrichtung wird bei den bekannten Verfahren davon abhängig gemacht, ob bis zu der betreffenden Periode insgesamt eine Über- oder Unterbelastung vorherrscht[2].

Bei der zeitlichen Verschiebung von Losen können erhebliche Schwierigkeiten auftreten, wenn die Auswirkungen auf andere Lose berücksichtigt werden müssen, die aufgrund der erzeugnisstrukturellen Vernetzung Vorgänger oder Nachfolger darstellen. Eine Verschiebung ist nur so lange unproblematisch, wie sie durch Zeitpuffer abgefangen werden kann. Darüber hinausgehende Verschiebungen haben zur Folge, daß auch Vorgänger oder Nachfolger mitverlagert werden müssen, was sich letztlich bis zu den Lieferterminen der Endprodukte auswirken kann. Zur Auswahl eines zu verschiebenden Auftrags werden deshalb Prioritätsregeln herangezogen, so daß hauptsächlich solche Aufträge betroffen sind, bei denen Terminände-

---

1) Diese Strategie ist in UNIS/90 vorgesehen; vgl. Kauffmann (1981), S. 39.

2) Vgl. Brankamp (1973), S. 115ff.

rungen ohne weiterreichende Folgen bleiben[1].

Aufgrund der Vernetzung der Aufträge und der möglicherweise sehr großen Zahl von Kapazitätsgebirgen kann der automatische Kapazitätsausgleich mit erheblichem Aufwand verbunden sein. In vielen Softwaresystemen kommen deshalb nur sehr einfache Heuristiken zum Einsatz, wenn nicht sogar ganz auf einen Ausgleichsalgorithmus verzichtet wird[2]. Da die menschliche Fähigkeit, strukturelle Zusammenhänge zu erkennen, oft bessere Ergebnisse zu erzielen vermag, scheinen hier auch manuelle Eingriffsmöglichkeiten im Mensch-Maschine-Dialog sinnvoll.

2.4 Maschinenbelegungsplanung

Die Terminplanung erstreckt sich meist auf einen Zeitraum von mehreren Wochen oder Monaten und weist noch die Merkmale einer Grobplanung auf. Als Voraussetzung für die Durchführung der Fertigungsaufträge muß sie dahingehend detailliert werden, daß der Fertigungsablauf definitiv festgelegt wird. Diese als Maschinenbelegungsplanung oder Terminfeinplanung bezeichnete Konkretisierung umfaßt in der Praxis einen Zeitraum, der im Einzelfall zwischen mehreren Tagen und ca. zwei Wochen schwanken kann.

Der Maschinenbelegungsplanung werden unterschiedliche Aufgaben zugerechnet:

- Zuordnung von Fertigungsaufträgen zu Einzelmaschinen, wenn die Kapazitätsplanung bezüglich Maschinengruppen erfolgt

- Kontrolle der Verfügbarkeit aller benötigten Teile, Rohmaterialien, Werkzeuge etc.

---

1) Das Problem der Verschiebung von Aufträgen in Terminnetzen wird in Kapitel 6 eingehend behandelt.

2) Dies ist z.B. in dem System ISI der Fall; vgl. Bacher, Goldrian (o.J.), S. 23f.

- Festlegung der Reihenfolgen, in denen Fertigungsaufträge
  auf den einzelnen Maschinen des Produktionsbereichs bearbeitet werden sollen.

Besonders das letzte Problem weist einen erheblichen
Schwierigkeitsgrad auf. Zur Lösung sind in der Operations-
Research-Literatur zahlreiche Ansätze vorgeschlagen worden,
die von mehr oder weniger restriktiven Prämissen ausgehen[1].
Den Operations-Research-Modellen ist gemeinsam, daß sie angesichts praktischer Größenordnungen meist nicht praktikabel sind. Dies gilt insbesondere für Optimierungsmethoden,
die auf Branch-and-Bound-Verfahren, begrenzter Enumeration
oder ganzzahliger linearer Programmierung aufbauen. Heuristische Methoden versprechen hier eher Erfolg.

In der Praxis kommt oft eine heuristische Vorgehensweise zur
Anwendung, bei der der Fertigungsbereich als ein System von
Auftragswarteschlangen aufgefaßt wird. Die Warteschlangen,
die sich vor den einzelnen Maschinen bilden, werden nach
bestimmten Prioritätsregeln aufgebaut und abgearbeitet.
Prioritätsregeln sind Kriterien, nach denen der jeweils
nächste auf einer Maschine zu bearbeitende Auftrag aus der
Warteschlange ausgewählt wird. Dies kann z.B. der Auftrag
sein, welcher die kürzeste Bearbeitungszeit, die höchste
Kapitalbindung, die größte Zahl noch bevorstehender Arbeitsgänge oder die kleinste Schlupfzeit (Pufferzeit) bis zum
geplanten Fertigstellungstermin etc. aufweist[2].

In Prioritätsregeln kommen unterschiedliche Zielvorstellungen zum Ausdruck, z.B. Minimierung der Durchlaufzeiten der
Fertigungsaufträge oder Minimierung von Terminüberschrei-

---

1) Vgl. zu verschiedenen Ablaufplanungsmodellen Kurbel
   (1978), S. 66ff.

2) Je nach Zielsetzung lassen sich beliebige Prioritätsregeln bilden. Berg (1979), Sp. 1427f., gibt 13 Regeln
   an; Mertens (1978), S. 210f., führt 18 verschiedene
   Regeln auf.

tungen, Maschinenstillstandszeiten, Kapitalbindung u.a.[1]. Durch die Kombination einfacher Prioritätsregeln kann auch eine Gewichtung konkurrierender Ziele realisiert werden. Zielkonflikte können z.B. zwischen der Minimierung der Durchlaufzeiten und der Minimierung der Stillstandszeiten auftreten. Diese Möglichkeit wurde in der Literatur ausführlich unter dem Schlagwort "Dilemma der Ablaufplanung" diskutiert[2]. Da der Maschinenbelegungsplanung in der Realität meist mehrere Ziele zugrundeliegen, sind auch die in Produktionsplanungssystemen verwendeten Prioritätsregeln im allgemeinen aus mehreren Komponenten zusammengesetzt[3].

Exkurs: Auftragsverwaltung

In dem Komplex Auftragsverwaltung werden Funktionen zusammengefaßt, die großenteils nicht mehr der Planung des Produktionsgeschehens zuzurechnen sind, sondern den mit der Durchführung des Plans verbundenen Aktivitäten. Die Auftragsverwaltung soll hier dennoch kurz behandelt werden, da sie eine wichtige Aktualisierungsfunktion für die Planung ausübt, indem sie die Planungsparameter laufend auf den neuesten Stand bringt.

---

1) Die Auswirkungen verschiedener Prioritätsregeln auf diese Ziele wurden in zahlreichen Simulationsexperimenten getestet; vgl. z.B. Conway, Maxwell (1962), S. 51ff.; Baker, Dzielinski (1960), S. 311ff.; Rowe (1960), S. 125ff.; Conway u.a. (1967), S. 282ff.
2) Vgl. Gutenberg (1976), S. 216; Mensch (1972), S. 82ff.; Schweitzer (1967), S. 293; Muscati (1967), S. 299ff.; Günther (1971), S. 45ff.
   Eine kombinierte Regel zur Beseitigung des Dilemmas schlägt Hoss (1965), S. 167ff., vor.
3) Vgl. Sperry Rand (1974b), S. 33; Siemens (1976) S. 2-10f.; Mertens (1978), S. 212, gibt ebenfalls eine kombinierte Prioritätsregel an.

Gegenstand der Auftragsverwaltung ist es, die terminierten Fertigungsaufträge in den Produktionsprozeß einzusteuern und den Produktionsfortschritt zu überwachen. Dies beinhaltet hauptsächlich die Bereiche Auftragsfreigabe und Fortschrittskontrolle.

Durch den Komplex Auftragsfreigabe wird die Fertigung der unmittelbar bevorstehenden Aufträge veranlaßt. Während die Maschinenbelegungsplanung im praktischen Fall meist Aufträge für einen Zeitraum von einigen Tagen bis zu zwei Wochen erfaßt, kommen nun organisatorische Maßnahmen für die in den nächsten ein oder zwei Tagen zu bearbeitenden Aufträge zur Ausführung. Dabei werden die mit einem Auftrag zusammenhängenden Dokumente erstellt. Im einzelnen kann es sich um folgende Papiere handeln[1]:

- Auftragsbegleitschein
- Lohn-, Materialentnahme-, Transport-, Lagerzugangsscheine
- Bereitstellungsmeldungen
- Arbeitsplan
- evtl. spezielle Rückmeldeformulare

Verschiedentlich werden auch endgültige Belegungsübersichten der Maschinen, Maschinenfolgen der Aufträge oder andere Übersichten ausgegeben[2].

Der Komplex Fortschrittskontrolle hat demgegenüber die Aufgabe, ständig die Termineinhaltung und den Produktionsfortschritt der freigegebenen Aufträge zu überwachen. Bei zeitlichen Verzögerungen müssen Mahnungen veranlaßt und eventuelle Konsequenzen für andere, zeitlich nachgelagerte Lose überprüft werden.

---

1) Die meisten Softwaresysteme erzeugen ähnliche Dokumente; vgl. z.B. die in SIMAS oder MAS II vorgesehen Papiere, die in Siemens (o.J.a), S. 15, und IBM (o.J.b), S. 28f., angegeben sind.

2) Vgl. z.B. die bei Siemens (o.J.a), S. 15, beschriebenen Möglichkeiten, die das System SIMAS bietet.

Durch Auswertung von Rückmeldungen aus der Produktion kann
die Aktualisierung der Planungsparameter erfolgen. Dazu werden laufend Informationen benötigt, aus denen der gegenwär-
tige Bearbeitungsort und Bearbeitungszustand eines Auftrags,
der voraussichtliche Fertigstellungstermin etc. hervorgehen. Die Organisation der Rückmeldungen kann unterschiedlich geregelt sein. Im Off-line-Betrieb übernehmen auf-
tragsbegleitende Dokumente wie Lohn-, Materialentnahme-,
Lagerzugangsscheine oder aber spezielle Rückmeldepapiere
diese Funktionen[1]. Bei On-line-Lösungen werden Rückmeldungen unmittelbar an Datenstationen im Fertigungsbereich eingegeben[2].

Die Rückmeldungen bringen z.B. die bei der Nettobedarfsermittlung benötigten Lagerbestände durch tatsächliche oder
erwartete Lagerbewegungen auf den neusten Stand. In der
Terminplanung kann die verfügbare Maschinenkapazität der
neuesten Entwicklung angepaßt werden. Die Maschinenbelegungsplanung erhält Informationen über die voraussichtliche
Belegung der Produktionsanlagen; u.U. werden die Fertigstellungstermine auch zur Berechnung von Auftragsprioritäten und
zur Reorganisation der Warteschlangen benötigt. Die Fortschrittskontrolle leistet damit einen wesentlichen Beitrag,
Rückwirkungen des Fertigungsvollzugs auf die Teilbereiche
der Produktionsplanung zu erfassen.

---

1) Vgl. Kernler (1972), S. 206ff.; Mertens (1978), S. 222ff.
2) Vgl. z. B. zur Realisierung in COPICS IBM (1981a), S. 3f.;
   ferner Mertens (1978), S. 227f., der auch auf Vor- und
   Nachteile von On-line-Lösungen eingeht.

3 Ziele für die Softwaregestaltung

Die Entwicklung von Softwaresystemen zur Lösung der im letzten Kapitel aufgezeigten Probleme der Produktionsplanung muß sich an bestimmten Zielvorstellungen orientieren, auf die nun einzugehen ist. Ein Softwaresystem stellt ein Produkt dar, das hergestellt wird, dem bestimmte Qualitätseigenschaften innewohnen und das Kosten verursacht. Die mit der Entwicklung und der späteren Verwendung von Software verbundenen Kosten werden als Softwarekosten bezeichnet.

Das rapide Anwachsen der Softwarekosten ist der Inhalt des Schlagworts "Softwarekrise"[1]. Es wird hauptsächlich darauf zurückgeführt, daß mit zunehmendem Aufgabenumfang auch die Softwaresysteme immer größer wurden und keine Mittel verfügbar waren, die gestiegene Problemkomplexität sinnvoll zu kontrollieren. Die sog. Softwarekrise stellt den Ansatzpunkt für die Bestrebungen dar, die Softwarekosten zu senken.

Im folgenden werden zunächst die bei der Entwicklung und dem Einsatz eines Softwaresystems relevanten Kosten einer Untersuchung unterzogen. Die Verwirklichung des Ziels, diese Kosten zu minimieren, setzt voraus, daß operationale Zielvorgaben für die Softwareproduktion formuliert werden. Deshalb sind im weiteren qualitative Merkmale von Software zu analysieren, die als Zielgrößen für die Softwareentwicklung dienen können; sie seien als softwaretechnische Ziele oder Qualitätsziele bezeichnet.

---

1) Vgl. Scheer (1982), S. 42; Schnupp, Floyd (1979), S. 12f.

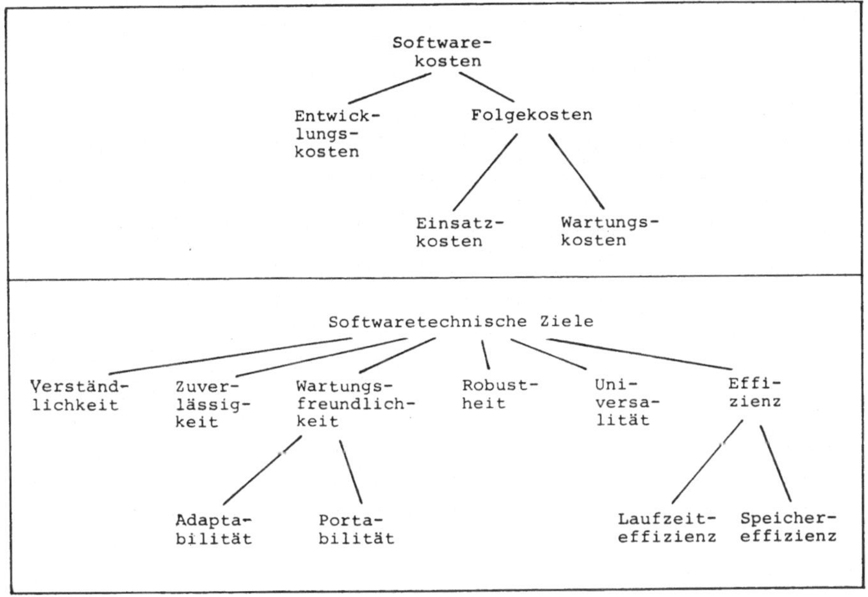

Abb. 3-1: Softwarekosten und softwaretechnische Ziele

Anschließend wird herausgearbeitet, in welchen Beziehungen
die softwaretechnischen Ziele zueinander stehen, welche
Auswirkungen die Verfolgung einzelner Ziele auf die Softwarekosten hat und welche Konsequenzen daraus für die Gewichtung der Ziele zu ziehen sind. Abbildung 3-1 gibt einen
Überblick über die zu behandelnden Kosten und die softwaretechnischen Ziele.

3.1 Softwarekosten

3.1.1 Bestandteile eines EDV-Budgets

Hinweise auf die Schwerpunkte der durch die Computerunterstützung verursachten Kosten lassen sich gewinnen, wenn
man die Aufteilung typischer EDV-Budgets in Unternehmen
näher betrachtet. Dort findet man meist ähnliche Auffä-
cherungen der Kosten. In der Literatur über EDV-Kosten
werden die Bestandteile eines EDV-Budgets übereinstimmend
als Kostenarten bezeichnet[1], obgleich die Einteilung
nicht den sonst in der Kostenrechnung verwendeten Kriterien genügt.

Als wichtigste Bestandteile eines EDV-Budgets sind die
folgenden zu nennen[2]:

(1) Personalkosten

Zu den Personalkosten zählen Löhne, Gehälter sowie Lohn-
und Gehaltsnebenkosten für das gesamte Personal, welches
mit Softwareprodukten in Berührung kommt: Systemanalytiker, EDV-Organisatoren, Programmierer, Operateure, Schreib-
kräfte, das Datenerfassungspersonal sowie Anwender in den
Abteilungen des Betriebs, welche die Softwareprodukte benutzen bzw. Anforderungen für die Entwicklung formulieren.
Die Personalkosten sind, wie in anderen Bereichen, ständig
im Steigen begriffen.

(2) Betriebsmittelkosten

Die Betriebsmittelkosten umfassen in erster Linie Abschrei-
bungen, Fremdkapitalzinsen, Miet-, Wartungs- und Versiche-
rungskosten für die Computerhardware, ferner für Zusatzein-
richtungen wie Datenerfassungsgeräte und die zur Sicherung
der Arbeitstemperatur erforderliche Klimaanlage. Aufgrund

---

1) Vgl. z.B. Kargl (1976), S. 540f.; Zimmermann (1980),
   S. 349f.; Koreimann (1978), S. 117f.

2) Eine detaillierte Aufschlüsselung in einzelne Komponenten nimmt z.B. Kargl (1976), S. 540ff., vor.

der immensen Geschwindigkeit des technischen Fortschritts
weisen die Hardwarekosten eine stark fallende Tendenz auf.

(3) <u>Werkstoffkosten</u>

Da bei der Entwicklung und dem Einsatz von Software keine
Rohstoffe verbraucht werden, spielen die Materialkosten ge-
genüber den anderen Kostenarten nur eine untergeordnete
Rolle. Zu berücksichtigen sind Kosten für Druckerpapier,
Lochkarten , Büromaterial u.ä. sowie Kosten für das Betrei-
ben des Computers und der Klimaanlage (Strom etc.).

(4) <u>Fremdleistungskosten</u>

Kosten für externe Beratung und Unterstützung bei der Softwareentwicklung, gegebenenfalls für die Inanspruchnahme von
Service-Rechenzentren etc.

(5) <u>Datenübertragungskosten</u>

Kosten für die Benutzung öffentlicher und eigener Übertra-
gungswege.

(6) <u>Aus- und Weiterbildungskosten</u>

Kosten für die Teilnahme an internen und externen Lehrver-
anstaltungen, Ausstellungsbesuche etc.

Da die mit der Softwareentwicklung und -anwendung verbundenen Kosten größtenteils Kosten für menschliche Arbeit sind,
trennt man sie häufig von den reinen Hardwarekosten. Vereinfachend und meist nicht weiter erläutert werden dann die
Personalkosten - evtl. zuzüglich weiterer Posten der EDV-
Budgets wie Fremdleistungs-, Aus- und Weiterbildungskosten
und abzüglich der Personalkosten für die unmittelbare Maschinenbedienung - mit den Softwarekosten gleichgesetzt[1].

Obwohl auf eine exakte Abgrenzung der Softwarekosten meist

---

1) Vgl. z.B. Boehm (1975), S. 3.

verzichtet wird, lassen sich gewisse Proportionen und Tendenzen erkennen. Die bekannteste Trenddarstellung geht auf Boehm zurück, der 1973 über Softwareentwicklungen im militärischen Bereich berichtete. Danach gab die US Air Force im Jahre 1972 knapp 500 Millionen Dollar für Hardware und zwischen 1 und 1,5 Milliarden Dollar für Software aus, was ungefähr einem Verhältnis von 1:2,5 entspricht[1]. Aufgrund seiner Erfahrungen mit größeren Softwareprojekten prognostizierte Boehm bis 1985 eine weitere Veränderung der Kostenrelation auf ca. 1:9; Abbildung 3-2 zeigt die Entwicklung in graphischer Form.

Boehm argumentiert allerdings mit Großprojekten, deren Gesamtkosten jeweils bei 100 Millionen Dollar und darüber liegen, so daß seine Aussagen sicherlich nicht undifferenziert auf Softwaresysteme für einen betrieblichen Teilbereich übertragen werden können. Dagegen sprechen auch empirische Daten, wonach die Hardwarekosten gegenwärtig noch mehr als ein Drittel der Gesamtkosten ausmachen[2].

Die Untersuchung von Boehm veranschaulicht immerhin die zunehmende Verschiebung des Kostenschwerpunkts vom Hardware- in den Softwarebereich. Diese Tendenz wird sich mit dem ständigen Anstieg der Personalkosten und den enormen Fortschritten der Hardwaretechnologie noch verstärken.

Dabei ist insbesondere auf neue Speicherungsformen und auf die Weiterentwicklung der VLSI-Technik (Very Large Scale Integration) hinzuweisen. Während es 1978 möglich war, bis zu 10 logische Schaltungen auf einem Chip von weniger als 1 cm^2 Größe zu speichern, werden für 1985 bereits 100-1000 Schaltungen pro Chip prognostiziert[3]. Da die Chips in Mas-

---

1) Vgl. Boehm (1973), S. 48f.

2) Stahlknecht zitiert in diesem Zusammenhang eine Expertenbefragung, bei der für 1978-1980 eine Hardware-Software-Kostenrelation von 40:60 erwartet wurde; vgl. Stahlknecht (1980), S. 138.

3) Vgl. Stahlknecht (1980), S. 133f.

Prozent der
Gesamtkosten

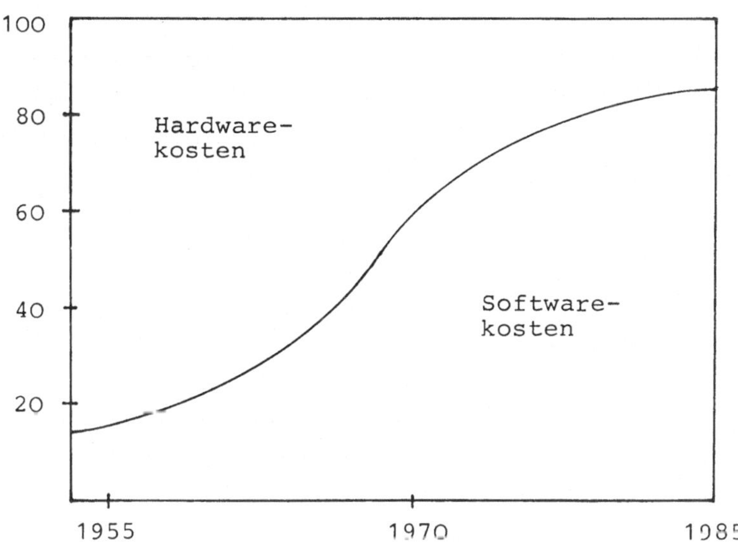

<u>Abb. 3-2:</u> Entwicklung des Verhältnisses von Hardware- und
Softwarekosten[1]

senproduktion und weitestgehend automatisch gefertigt werden, sind ihre Herstellkosten relativ niedrig. Dadurch sinken nicht nur die Kosten für die Hardware. Ebenso wird es
möglich, größere und leistungsfähigere Computer zu bauen.
Für die Zukunft werden Verschiebungen der Schalt- und Zy-
kluszeiten aus dem Nanosekundenbereich (10^{-9} sec) in den
Picosekundenbereich (10^{-12} sec) erwartet; ebenso dürfte die
Speicherkapazität von Großanlagen aus dem Bereich von Megabytes (10^6 Bytes) in den Gigabereich (10^9 Bytes) ansteigen[2].

Die Ausführungen verdeutlichen, daß in Zukunft die Hardware
als Kostenfaktor immer weiter zurücktritt und das Augenmerk
verstärkt auf die Softwareentwicklung zu richten ist.

---

1) Vgl. Boehm (1973), S. 49.
2) Vgl. Steinke (1980), S. 2f.

3.1.2   Kostenverursachung im Software Life Cycle

Zur Vorgabe operationaler Ziele für die Softwareentwicklung
müssen die Ursachen der Kostenentstehung genauer lokalisiert
werden. Aus diesem Grund erscheint es sinnvoll, die Kosten
nach ihrem zeitlichen Anfall im Lebenszyklus eines Softwareprodukts (Software Life Cycle) zu untersuchen. Hiernach lassen sich Kosten für die Entwicklung und Kosten bei der Anwendung unterscheiden.

3.1.2.1   Entwicklungskosten

Die Entwicklungskosten eines Softwareprodukts stellen zum
größten Teil Personalkosten dar; Hardwarekosten machen nur
etwa 20-25% aus[1]. Sie können den folgenden Phasen zugeordnet werden:

- Problemanalyse (vollständige Erfassung der Anforderungen,
  Durchführbarkeitsstudie)

- Systementwurf (Spezifikation, Modularisierung des Softwaresystems, Definition der Schnittstellen)

- Programmierung (Programmentwurf, Codierung)
- Testen (Programm- und Systemtest)
- Dokumentation der Programme und des Gesamtsystems.

Empirische Untersuchungen, die von Boehm, Wolverton und
Daly veröffentlicht wurden, zeigen, daß der größte Aufwand
während der Testphase entsteht; Abbildung 3-3 gibt die Verteilung des Zeitaufwands bei der Entwicklung eines Softwareprodukts wieder[2]. Um die Vergleichbarkeit der drei Untersuchungen herzustellen, wurden die Phasen Problemanalyse
und Systementwurf zusammengefaßt.

---

1) Dieser von Wolverton (1977), S. 170, genannte Erfahrungs-
   satz stellt allerdings nur einen groben Richtwert dar, da
   die Anforderungen an die Entwurfsphase (und damit die Personalkosten) stark von Aufgaben und Umfang des Softwareprodukts abhängen; vgl. im einzelnen Brooks (1975), S. 4ff.

2) Vgl. Boehm (1973), S. 52; Wolverton (1977), S. 170f.;
   Daly (1977), S. 292f.

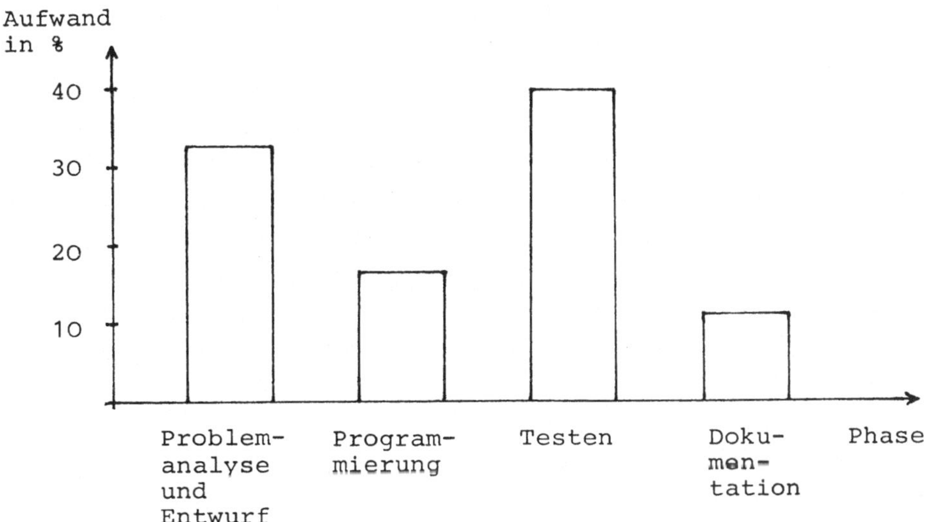

<u>Abb. 3-3:</u> Verteilung des Zeitaufwands in der Entwicklungs-
phase

Die Höhe des Aufwands für Programmierung und Test hängt in
entscheidendem Maße von der Güte des Systementwurfs ab. Diese jedem Systemanalytiker bekannte Kausalität verdeutlicht
die Notwendigkeit, den Schwerpunkt der Softwareentwicklung
auf die Entwurfsphase zu legen.

3.1.2.2 Folgekosten

Die infolge der Anwendung des Softwareprodukts entstehenden
Kosten seien als Folgekosten bezeichnet. Hier können zwei
Arten unterschieden werden:

(1) Einsatzkosten

Die unmittelbar durch den Einsatz eines Softwareprodukts
hervorgerufenen Kosten stellen in erster Linie Kosten der
Hardwarenutzung dar. Ferner sind die Personalkosten hinzu-
zurechnen, die durch die Maschinenbedienung im Rechenzentrum bzw. durch die Benutzung des Softwareprodukts in der
Anwenderabteilung (z.B. im Produktionsbereich) verursacht
werden. Im weiteren Sinne können auch die Kosten für Daten-

erfassung zu den Einsatzkosten gezählt werden.

(2) <u>Wartungskosten</u>

Unter dem Begriff Wartung faßt man alle Maßnahmen der nachträglichen Änderung eines Softwareprodukts zusammen. Dies sind einerseits Maßnahmen zur Behebung von Fehlern, die in der Testphase unentdeckt blieben und erst beim praktischen Einsatz des Softwareprodukts erkannt werden. Andererseits ergibt sich aufgrund geänderter Umweltbedingungen im Zeitablauf meist die Notwendigkeit, ein Softwareprodukt zu modifizieren.

Neue Anforderungen an ein Softwareprodukt können verschiedene Ursachen haben:

a) Erweiterung oder Veränderung der Aufgabenstellung
b) Realisierung eines anderen Lösungswegs
c) Übertragung des Softwareprodukts in eine andere Umgebung.

<u>ad a)</u>: Änderungen bzw. Erweiterungen der Aufgabenstellung entspringen der Umwelt des Softwareprodukts; neue Anforderungen ergeben sich aus den Bedürfnissen der Benutzer, technischen Änderungen oder rechtlichen Rahmenbedingungen (Gesetzgebung, Tarifverträge etc.). Nicht zu unterschätzende Einflüsse gehen auch von der Gewichtung der Unternehmensziele aus. Bei Liquiditätsproblemen könnte die Produktionsplanung beispielsweise versuchen, der Minimierung des in Zwischenlagerbeständen gebundenen Kapitals den Vorrang vor möglichst großer Kapazitätsauslastung oder Termintreue zu geben. Für ein auf Prioritätsbasis arbeitendes Maschinenbelegungssystem hat dies zur Folge, daß andere Prioritätsregeln zur Abarbeitung der Auftragswarteschlangen realisiert werden müssen.

<u>ad b)</u>: Die Verwendung eines neuen Lösungswegs kann durch die Entwicklung effizienterer Verfahren erforderlich werden, wie es auf dem Gebiet des Operations Research häufig der Fall ist. Auch ein wachsender Problemumfang verlangt unter Umständen andere Methoden, etwa den Übergang von der Opti-

mierung zu einer heuristischen Vorgehensweise, und läßt andere Techniken der Datenspeicherung vorteilhaft erscheinen.

<u>ad c)</u>: Wenn Softwareprodukte nicht nur kurzfristig für begrenzte Zeit auf einer bestimmten Rechenanlage eingesetzt werden sollen, muß die Verwendungsmöglichkeit auf einer anderen Anlage bzw. unter einem anderen Betriebssystem berücksichtigt werden. Dies ist vor allem bei umfangreichen Softwarepaketen - wie etwa einem Produktionsplanungssystem - von Bedeutung, deren Lebensdauer von betriebsorganisatorischen Faktoren bestimmt wird und nicht willkürlich von datenverarbeitungstechnischen Ersatz- oder Erweiterungsinvestitionen im Hardware- oder Systemsoftwarebereich beendet werden kann.

Exkurs: Folgen versteckter Softwaremängel

In der Phase des praktischen Einsatzes eines Softwareprodukts werden Kosten häufig deshalb verursacht, weil das Softwareprodukt Fehler enthält, die bis dahin nicht entdeckt oder nicht beseitigt wurden. Diese Nebenwirkungen versteckter Softwaremängel treten hauptsächlich bei folgenden Anlässen auf[1]:

- Ausfälle des Softwaresystems bewirken, daß Aufgaben nicht oder nur mit starker Verzögerung gelöst werden können. Die daraus resultierenden Folgen fallen insbesondere bei zeitkritischen Aktivitäten ins Gewicht, wie sich etwa am Ausfall eines kurzfristigen Dispositions- und Kontrollsystems für die Werkstattsteuerung oder eines im Real-Time-Betrieb arbeitenden Prozeßsteuerungssystems ermessen läßt.

- Durch Softwarefehler können Datenbestände zerstört oder unbrauchbar werden, was im günstigsten Fall eine evtl. speicher- und laufzeitaufwendige Wiederholung des Erstellungsvorgangs verursacht, in schlimmeren Fällen eine er-

---

1) Vgl. auch Gewald u.a. (1979), S. 46f.

neute manuelle Datenerfassung erfordert. Schließlich kann
die Lösung betrieblicher Aufgaben verhindert werden, wenn
man beispielsweise an die Konsequenzen einer zerstörten
oder unrichtigen Stücklistendatenbasis für die gesamte
Produktionsplanung denkt.

- Fehlerhafte Ergebnisse, die zunächst unerkannt bleiben,
können zu Fehldispositionen und falschen Entscheidungen
führen. Dabei mögen die Auswirkungen einer falschen oder
ungünstigen Maschinenbelegung auf die Terminplanung relativ harmlos erscheinen gegenüber Fehlern in einem medi-
zinischen Softwaresystem oder in einem Flugüberwachungs-
system, die in Katastrophen enden.

3.1.3 Schwerpunkte der Kostenverursachung

Die Aktivitäten in den einzelnen Phasen des Software Life
Cycle sollen nun auf ihre Kostenwirkungen hin untersucht
werden. Auf die explizite Berücksichtigung von Kosten, die
aufgrund versteckter Mängel entstehen, muß verzichtet werden, da generelle Aussagen über ihre Höhe kaum möglich
sind. Je nach Aufgabengebiet fallen die Softwarefehler
stärker ins Gewicht. Die oben genannten Beispiele verdeut-
lichen, daß sie im Einzelfall gravierende Folgen haben und
entsprechend hohe Kosten verursachen können.

Über das Verhältnis von Entwicklungskosten zu Wartungskosten werden in der Literatur eine Reihe von Angaben gemacht,
die sich auf Erfahrungen mit großen Softwareprojekten stüt-
zen. Boehm ermittelte aufgrund von Daten aus fünf großen
US-Organisationen ein durchschnittliches Verhältnis von
30:70[1]. Myers zitiert verschiedene Projekte, bei denen die
Wartungskosten 60-76% betrugen[2]. Auch Daly's empirische
Auswertung dreier großer Real-Time-Systeme (in der Größen-

---

1) Vgl. Boehm (1976), S. 1236.
2) Vgl. Myers (1976), S. 12.

ordnung von 110.000-160.000 Programmanweisungen) unterstützt
diese Angaben; Daly ermittelte Wartungskosten von 46%, die
mit zunehmender Einsatzdauer auf etwa 60% anwachsen[1].

Legt man ferner einen Anteil von ca. 35% Hardwarekosten an
den Gesamtkosten zugrunde, so erhält man daraus ungefähr ein
Verhältnis von

$$\text{Entwicklungs-kosten} : \text{Einsatz-kosten} : \text{Wartungs-kosten} = 20 : 35 : 45.$$

Geht man dagegen von Boehms Prognose über die Hardware- und
Softwareentwicklung aus, so verteilen sich die Anteile etwa

$$25 : 15 : 60.$$

Diese Relationen sind in den beiden letzten Zeilen der Abbildung 3-4 enthalten[2].

Verschiedene Kostenschwerpunkte können anhand typischer
EDV-Budgets abgeschätzt werden. Danach bilden die Personalkosten mit 50-60% den überwiegenden Anteil der Gesamtkosten[3]. Hardwarekosten belaufen sich auf ca. 30-40%, während die restlichen Bestandteile - bis auf die Werkstoffko-
sten mit 5-10% - ohne besondere Bedeutung sind. Die rechte
Spalte der Abbildung 3-4 gibt diese Größenverhältnisse wieder[4].

---

1) Vgl. Daly (1977), S. 293.

2) Die Angaben stellen nur grobe Schätzwerte dar. Da aus den
   zitierten Untersuchungen keine exakten Daten über die
   zeitliche Verteilung einzelner Kostenarten hervorgehen,
   wurden die Zahlen unter stark vereinfachenden Prämissen
   abgeleitet. Sie dienen hier ausschließlich dazu, Tendenzen der schwerpunktmäßigen Kostenverursachung aufzuzeigen.

3) In der Diebold-Erhebung wurden Personalkosten in Höhe von
   49,4% der Gesamtkosten ermittelt. Dabei handelt es sich
   nur um die Personalkosten des Rechenzentrums. Kosten in
   den Anwenderabteilungen sind nicht enthalten; vgl. Diebold (1979), S. 5. Nach Koreimann (1978), S. 117, umfaßt
   der Personaletat ca. 57% eines typischen EDV-Budgets.

4) Auch diese Angaben können nur als Anhaltspunkte dienen,
   die sich im Einzelfall stark unterscheiden, wie z.B. die
   völlig unterschiedliche Gewichtung der Sachkosten in den
   beiden zitierten Quellen zeigt.

	Entwicklungs-kosten	Einsatzkosten	Wartungskosten	Anteil
Personal-kosten	Problemanalyse Systementwurf Programmierung Test Dokumentation	Maschinenbedie-nung Softwarebenut-zung durch den Anwender (Datenerfassung)	Fehleranalyse bzw. Problem-analyse Softwareände-rung (Fehler-behebung bzw. Anpassung)	50-60%
Betriebs-mittel-kosten	Programmtest Systemtest	Belegung der Anlage durch Softwareein-satz (Pro-grammausfüh-rung, Daten-speicherung)	Programmtest u.U. System-test	30-40%
Werk-stoff-kosten	Verwendung von Druckerpapier und anderer Daten-träger, Büromaterial, Strom etc.			5-10%
Anteil	ca. 20%	ca. 35%	ca. 45%	
Anteil (Boehm)	ca. 25%	ca. 15%	ca. 60%	

Abb. 3-4: Kostenverursachung im Software Life Cycle

In der Abbildung sind die kostenverursachenden Aktivitäten im Software Life Cycle dargestellt. Die hervorgehobenen Kästchen verweisen auf die Kostenschwerpunkte. Sie verdeut-lichen insbesondere, daß die bei der Entwicklung und Wartung von Software entstehenden Kosten in erster Linie Personal-kosten sind, während Hardwarekosten nur beim laufenden Ein-satz eines Softwareprodukts eine beachtliche Rolle spielen.

3.2 Softwaretechnische Ziele

Die im vorigen Abschnitt dargestellten Ergebnisse zeigen deutlich die Entwicklungstendenzen der Kostenverursachung auf. Die Verlagerung der Kosten aus dem Hardware- in den Softwarebereich führt dazu, daß das Augenmerk verstärkt

auf die Softwarekosten gerichtet wird. Bei den Kosten der
Entwicklung und Wartung von Software verschieben sich die
Schwerpunkte immer mehr auf die Wartungskosten.

Im folgenden sollen nun operationale Unterziele erörtert
werden, die in einem direkten oder indirekten Zusammenhang
mit diesen Kostenschwerpunkten stehen. Dabei wird ein Softwaresystem wie ein anderes Investitionsgut als ein Produkt
betrachtet. Die Softwareentwicklung stellt einen Prozeß dar,
in dem Produktionsfaktoren kombiniert werden. Das Ergebnis
des Produktionsprozesses ist ein Produkt, dessen Qualität
anhand bestimmter Eigenschaften beurteilt werden kann.

Die Wartungs-, Einsatz- und großenteils auch die Entwicklungskosten hängen entscheidend von den angestrebten Qualitätseigenschaften eines Softwareprodukts ab. Die softwaretechnischen Ziele haben deshalb Merkmale zum Inhalt, welche
Softwarequalität repräsentieren.

Zunächst werden die einzelnen Qualitätsziele behandelt; anschließend werden die Beziehungen zwischen den Qualitätszielen untersucht. Auf dieser Grundlage lassen sich Mit-
tel-Zweck-Relationen zwischen den Zielen der Softwarequalität und den übergeordneten Kostenzielen identifizieren.

Zur Operationalisierung des Oberziels, die mit der Softwareentwicklung und -anwendung einhergehenden Kosten zu minimieren, werden die softwaretechnischen Ziele bezüglich ihrer
Kostenwirkungen gewichtet. Die daraus abgeleiteten Zielpri-
oritäten dienen in Kapitel 4 dazu, konkrete Richtlinien und
Kriterien zur Gestaltung eines Softwareprodukts zu formulieren, die schließlich auf die Softwareentwicklung für
Probleme der Produktionsplanung angewendet werden können.

3.2.1 Verständlichkeit

Verständlichkeit ist ein grundlegendes Qualitätsmerkmal, das sich auf die strukturellen Zusammenhänge innerhalb eines Softwaresystems und auf die Transparenz der Algorithmen erstreckt. Verständlichkeit ist eine wichtige Voraussetzung zur Erreichung verschiedener anderer Qualitätsziele. Sie wird von mehreren Faktoren beeinflußt:

(1) Konzeptionelle Klarheit der Systemstruktur

Das Softwaresystem zur Lösung eines komplexen Problems muß nach konsistenten Kriterien in Komponenten (Module) zerlegt werden, denen Teilaufgaben zugeordnet sind. Die Abgrenzung der Module und ihre Beziehungen zueinander müssen konzeptionell klar und verständlich sein.

(2) Transparenz der Programmstrukturen

Innerhalb der Systemkomponenten (Module bzw. Programme[1]) muß Transparenz herrschen, so daß die Lösungsalgorithmen erkennbar und nachvollziehbar sind. Starken Einfluß übt eine übersichtliche Programmgliederung aus, die von den Methoden der Top-down-Programmentwicklung, schrittweisen Verfeinerung und strukturierten Programmierung unterstützt wird[2].

Die Forderung nach klarer Programmstruktur ist letztlich eine Forderung an den Algorithmenentwurf, die dort häufig vernachlässigt wird. Insbesondere bei Operations-Research-Verfahren genügt die Darstellungsform von Algorithmen selten den Forderungen nach Übersichtlichkeit und Verständlichkeit, wie das Studium einschlägiger Veröffentlichungen beweist.

---

1) Eine genaue terminologische Abgrenzung der Begriffe ist hier ohne Bedeutung; sie werden deshalb vereinfachend als Synonyme verwendet. Vgl. auch Abschnitt 1.1.2.1.

2) Vgl. dazu Kurbel (1979), S. 49ff., S. 64ff.

(3) Lesbarkeit des Programmtextes

In Zusammenhang mit der Transparenz der Programmstrukturen
stellt die Lesbarkeit des Programmtextes eine unabdingbare
Voraussetzung für die Verständlichkeit dar. Der Programmtext
sollte selbstdokumentierend in dem Sinne sein, daß aus Anweisungen, Daten- und Prozedurnamen unmittelbar ihre Bedeutung hervorgeht und daß erläuternde Kommentare eingefügt
sind. Da die menschliche Wahrnehmungsfähigkeit stark auf optischen Eindrücken beruht, ist ein übersichtliches Programm-
Layout mit Absätzen, Leerzeilen, Einrücken zusammengehörender Befehlsfolgen etc. anzustreben. Ein besonders weit ge-
hender Vorschlag stammt von Roberts, der sogar empfiehlt,
ein Programm in Analogie zu einem mathematischen Lehrbuch
aufzubauen, mit Vorwort bzw. Zusammenfassung, Kapiteln, Abschnitten, Überschriften, Numerierung von Gleichungen etc.[1].

(4) Möglichkeiten der Programmiersprache

Die bisher erörterten Aspekte der Verständlichkeit werden in
starkem Maße von den Möglichkeiten beeinflußt, welche die verwendete Programmiersprache bietet. Die im Bereich der Produktionsplanung am weitesten verbreiteten Sprachen - COBOL,
PL/1 sowie FORTRAN für quantitative Methoden - besitzen,
allerdings in unterschiedlichem Ausmaß, Sprachelemente zur
Modularisierung eines Softwaresystems. Dagegen sind die
Strukturierungsmöglichkeit und die Lesbarkeit des Programmtextes unterschiedlich zu beurteilen. Während COBOL und PL/1
eine extensive Verbalisierung erlauben und COBOL besonders
die Top-down-Programmentwicklung unterstützt, ist FORTRAN
als äußerst transparenzfeindlich einzustufen. Die Sprache
besitzt nur dürftige Möglichkeiten der Programmstrukturierung und behindert die Lesbarkeit wegen rigoroser Beschrän-
kungen der Namensvergabe erheblich[2].

---

1) Vgl. Roberts (1972), S. 502ff.
2) Am Rande sei darauf hingewiesen, daß die von Programmierern aus Bequemlichkeit geschätzte FORTRAN-Konvention,
   Variablennamen bei Verwendung bestimmter Anfangsbuchsta-

Zur Minderung der Nachteile von FORTRAN wird in der wissenschaftlichen Praxis oft der Weg eingeschlagen, die Sprache
um Elemente zu erweitern, welche zur Erhöhung der Verständlichkeit notwendig sind[1]. Diese Sprachelemente werden von
einem Precompiler in normale FORTRAN-Sprachelemente umgewandelt, die dann wie andere Anweisungen von einem FORTRAN-Com-
piler übersetzt werden können.

3.2.2   Zuverlässigkeit

Software wird in dem Maße als zuverlässig betrachtet, wie
sie ihre beabsichtigte Funktion richtig erfüllt. Diese aus
dem täglichen Sprachgebrauch entlehnte Umschreibung verweist
auf Eigenschaften, die man auch mit der Zuverlässigkeit eines Menschen oder eines technischen Systems assoziert. Für
quantitative Analysen und Zuverlässigkeitsmodelle ist allerdings eine Präzisierung erforderlich. Zuverlässigkeit wird
hierzu definiert als die Wahrscheinlichkeit, daß ein Softwareprodukt für eine bestimmte Zahl von Anwendungsfällen
fehlerfrei funktioniert[2].

Da Fehler von unterschiedlicher Schwere und Tragweite sein
können, sprechen Thayer u.a. nur dann von fehlerhaftem Verhalten, wenn spezifizierte Toleranzschwellen überschritten
werden, während Myers in seiner Definition die Wahrscheinlichkeit mit den Kosten gewichten will, die dem Anwender bei
fehlerhafter Ausführung entstehen[3]. Wegen der Schwierigkei-

---

ben implizit einen bestimmten Datentyp zuzuordnen, sinn-
entstellende Namensbildungen fördert und der Lesbarkeit
abträglich ist.

1) Vgl. z.B. die Vorschläge von Hull, Hofbauer (1974),
   S. 3ff.

2) Häufig wird die Fehlerfreiheit innerhalb einer vorgegebenen Zeitspanne gefordert; vgl. z.B. Thayer u.a. (1978),
   S. 206f., und Myers (1976), S. 7. Eine derartige Definition ist insofern unbefriedigend, als die Einsatzhäufig-
   keit der Software unberücksichtigt bleibt, und mag höchstens für Real-Time-Systeme sinnvoll sein.

3) Vgl. Thayer u.a. (1978), S. 206; Myers (1976), S. 7.

ten, die Auswirkungen versteckter Softwaremängel zu bewerten - darauf wurde oben hingewiesen -, dürfte dieser theoretisch sicher richtige Ansatz jedoch kaum praktikabel sein.

In jedem Falle ist die Definition der Zuverlässigkeit an den Begriff des Fehlers gebunden, der sich als ein relativ zu einer Bezugsbasis stehender Begriff erweist. Es liegt nahe, als Fehler ein von der Aufgabenspezifikation abweichendes Verhalten der Software zu bezeichnen. Damit stellt sich sofort die Frage, ob tatsächlich Fehlerfreiheit vorliegt, wenn zwar die spezifizierte Aufgabe gelöst wird, die Spezifikation selbst jedoch Fehler aufweist, z.B. unvollständig ist oder Sonderfälle nicht erfaßt.

Als Beispiel sei die Spezifikation eines Kapazitätsausgleichsmoduls genannt, die vereinfacht etwa lauten könnte: "Glättung der Kapazitätsbelastungsprofile aller Arbeitsplätze". Bei vielen Kapazitätsausgleichsalgorithmen kann es vorkommen, daß zwar die Kapazitätsgebirge zufriedenstellend geglättet werden. Wenn jedoch die terminliche Vernetzung der Fertigungsaufträge nicht berücksichtigt wird, entsteht dadurch ein Terminplan, der wegen Überschneidungen nicht realisiert werden kann.

Das Beispiel, in dem zwar die Übereinstimmung zwischen Softwareverhalten und Aufgabenspezifikation gegeben ist, verdeutlicht, daß die Aufgabe selbst zur Beurteilung herangezogen werden muß. In einer pragmatischen Abgrenzung wird deshalb von einem Fehler gesprochen, wenn die Software nicht das leistet, was der Benutzer vernünftigerweise von ihr erwarten kann[1].

Die in einem Softwareprodukt enthaltenen Fehler lassen sich nach verschiedenen Kriterien unterscheiden[2]. Wenn man Methoden zur Erhöhung der Zuverlässigkeit betrachtet, ist es

---

1) Vgl. Myers (1976), S. 6f.

2) Für eine umfassendere Kategorisierung der Fehlerarten wird auf Thayer u.a. (1978), S. 25ff., verwiesen.

sinnvoll, Fehler nach ihren Ursachen zu differenzieren und
im Prozeß der Softwareentwicklung zu lokalisieren:

- Fehler bei der Problemanalyse schlagen sich in mangelhaf-
  ten oder unvollständigen Spezifikationen nieder und bewirken, daß das eigentliche Problem nicht gelöst wird.

- Systementwurfsfehler treten bei der Abgrenzung von Teilaufgaben auf. Sie stellen den Großteil aller Fehler dar,
  wie eine von Boehm wiedergegebene Auswertung von Fehler-
  ursachen zeigt. Danach liegt das Verhältnis von System-
  entwurfsfehlern zu Programmierungsfehlern, d.h. Programm-
  entwurfs- und Codierungsfehlern, bei 60:40[1].

- Programmentwurfsfehler werden bei der Algorithmenentwick-
  lung für die Teilaufgaben begangen.

- Codierungsfehler entstehen beim Überführen der Algorithmen
  in die Programmiersprache.

Unter dem Aspekt der Fehlererkennung und Fehlerbehebung wird
zwischen internen und externen Fehlern unterschieden. Als
externer Fehler wird der Sachverhalt bezeichnet, daß fehlerhaftes Verhalten der Software sichtbar zutage tritt. Der be-
obachtbare Fehler braucht jedoch nicht notwendig die Ursache
des Fehlverhaltens zu manifestieren; diese kann an einer
ganz anderen Stelle liegen[2]. Erst wenn sich ein solcher
Fehler fortgepflanzt hat, kann er von außen wahrgenommen
werden.

Die Überprüfung der Zuverlässigkeit eines Softwareprodukts
und die Fehlererkennung muß deshalb von externen Fehlern
ausgehen. Methoden zur Vermeidung und Behebung der Fehler-
ursachen konzentrieren sich dagegen auf interne Fehler. Die
Zuverlässigkeit von Software wird insoweit gefördert, wie
es gelingt, interne Fehler auch extern zu erkennen.

Zur Beurteilung der Qualität eines fertigen Softwareproduk-

---

1) Vgl. Boehm (1976), S. 1231.
2) Vgl. Kopetz (1976), S. 28f.

tes ist es erforderlich, die Fehlerarten an ihren Auswirkungen für den Benutzer zu messen, da sie meist von unterschiedlichem Gewicht sind. Folgende Kategorien lassen sich
unterscheiden:

- Fehler, welche die Problemlösung unmöglich machen, weil
  sie zum Zusammenbruch eines Programms oder des Gesamtsystems führen. Es werden entweder keine Ergebnisse oder
  nur Teilergebnisse erzielt.

- Fehler, welche die Programmausführung nicht verhindern,
  aber falsche Ergebnisse verursachen.

- Fehler, welche die Lösung der Aufgabe nicht oder nur unwesentlich beeinträchtigen. Solche Fehler werden oft als
  "Schönheitsfehler" apostrophiert. Beispiele sind verscho-
  bene oder unübersichtliche Druckbilder oder Rechenunge-
  nauigkeiten, die gewisse Toleranzschwellen nicht überschreiten.

Besonders gravierend sind hier die Fehler der zweiten Kategorie, weil die Unrichtigkeit außerhalb des Systems, also
vom Benutzer, festgestellt werden muß. Bei den Größenordnungen in der betrieblichen Produktionsplanung ist dies häufig gar nicht möglich, weil Problemlösungen aufgrund des
Datenvolumens nicht nachvollzogen werden können, so daß
Fehler unentdeckt bleiben.

Bezüglich der Tragweite eines Fehlers ist es hilfreich, zwischen primären und sekundären Funktionen zu unterscheiden[1].
Primäre Funktionen haben die eigentliche Aufgabe zum Gegenstand, während sekundäre Funktionen zusätzliche Aufgaben
und Hilfsaufgaben ausüben. Bei der Maschinenbelegung sind
beispielsweise primäre Funktionen mit der exakten zeitlichen Zuordnung von Fertigungsaufträgen zu einzelnen Maschinen befaßt; zusätzlich können sekundäre Funktionen existieren, welche die Kapazitätsauslastungsdaten sammeln und später Ex-post-Belastungsübersichten drucken. Fehler in primä-

---

1) Vgl. Kopetz (1976), S. 29ff.

ren Funktionen sind meist erheblich schwerwiegender als Fehler in sekundären Funktionen.

Ein spezieller Aspekt fehlerhafter Ergebnisse ist bei der Implementierung quantitativer Methoden zu beachten, die umfangreiche Berechnungen erfordern und unter der beschränkten Rechengenauigkeit des Computers leiden. Da nur eine begrenzte Anzahl der Ziffern einer Zahl gespeichert werden kann, müssen oft Stellen abgeschnitten oder aufgrund vorgegebener Vorschriften gerundet werden. Die zunächst unbedeutenden Abweichungen pflanzen sich fort und können in manchen Fällen zu stark verzerrten oder völlig falschen Ergebnissen führen. Bei rechenintensiven Verfahren wie etwa der linearen Optimierung stellt dies ein erhebliches Problem dar; in Kapitel 7 werden deshalb Darstellungsformen der grundlegenden Datenstrukturen erörtert, mit denen die Rundungsfehler beschränkt werden können.

Das Feststellen der Fehlerfreiheit eines Softwareproduktes erweist sich in praktischen Fällen als ein äußerst schwieriges Problem. Da die Überprüfbarkeit in starkem Maße von dem Aufbau der Software abhängt, müssen die hieraus resultierenden Anforderungen bereits in der Entwurfsphase Berücksichtigung finden.

Die Überprüfung wird traditionell durch Testen vollzogen. Das Testen dient dem Ziel, fehlerhaftes Verhalten der Software zu erkennen und festzustellen, ob die gewünschten Funktionen erfüllt werden[1]. Die Lokalisierung und Behebung der Fehler selbst wird als Debugging bezeichnet.

Testen kann als manueller Schreibtischtest durch Analyse der Programmlisten und Dokumentationen (Code Inspection) oder durch Nachvollziehen der Programmabläufe (Walk Through) bei verschiedenen Konstellationen der Eingabedaten erfolgen. Eine gebräuchliche Vorgehensweise ist die Durchführung von

---

1) Eine eingehende Schilderung von Teststrategien gibt Myers (1976), S. 169ff.

Programmläufen auf dem Computer mit Hilfe verschiedener
Testdaten.

Die Auswahl geeigneter Testdaten bleibt meist der Intuition
der Softwareentwickler überlassen. Der Vorschlag, die Auswahl so zu treffen, daß jeder mögliche Programmpfad mindestens einmal durchlaufen wird, stellt angesichts der kom-
binatorischen Vielfalt von Möglichkeiten keine operationale
Handlungsvorschrift dar. Abbildung 3-5 zeigt dies am Beispiel des Steuerflusses in einem kurzen Programmabschnitt;
wollte man mögliche Fehlerquellen durch Überprüfung aller
denkbaren Programmpfade aufspüren, so müßten insgesamt 10^{30}
Pfade durchlaufen werden. (Selbst ein Computer würde bei
einer Rechenzeit von 1 Nanosekunde pro Pfad dafür ca. 32
Billionen Jahre benötigen!) Darüberhinaus wäre selbst bei
Durchlaufen sämtlicher Programmpfade immer noch nicht gewährleistet, daß die Aufgabenspezifikation tatsächlich erfüllt wird[1]!

Wie die Erfahrung beweist, läßt sich vollständige Fehlerfreiheit bei großen Softwareprodukten praktisch nicht erzielen. Auch bestehen die Nebeneffekte einer Fehlerkorrektur
häufig in der Erzeugung neuer Fehler. Ein eklatantes Beispiel für das Unvermögen, Fehlerfreiheit herzustellen, ist
das Betriebssystem OS/360, bei dem jede neue Version ungefähr 1.000 neue Softwarefehler enthielt[2].

Das mit dem Testen verfolgte Ziel der Fehlererkennung weist
zugleich auf die Schwächen hin, die Dijkstra deutlich genannt hat: Testen kann nur die Anwesenheit, nicht die Ab-
wesenheit von Fehlern zeigen[3]. In neuerer Zeit werden deshalb formale Methoden des Korrektheitsbeweises diskutiert[4].

---

1) Vgl. Kimm u.a. (1979), S. 263; Myers (1976), S. 177.

2) Vgl. Boehm (1973), S. 57.

3) Vgl. Dijkstra (1972), S. 6.

4) Einen zusammenfassenden Überblick geben Gerhart (1977),
   S. 84ff., und Wegbreit (1977), S. 399ff.; vgl. ferner
   Kimm u.a. (1979), S. 238ff.; Myers (1976), S. 310ff.

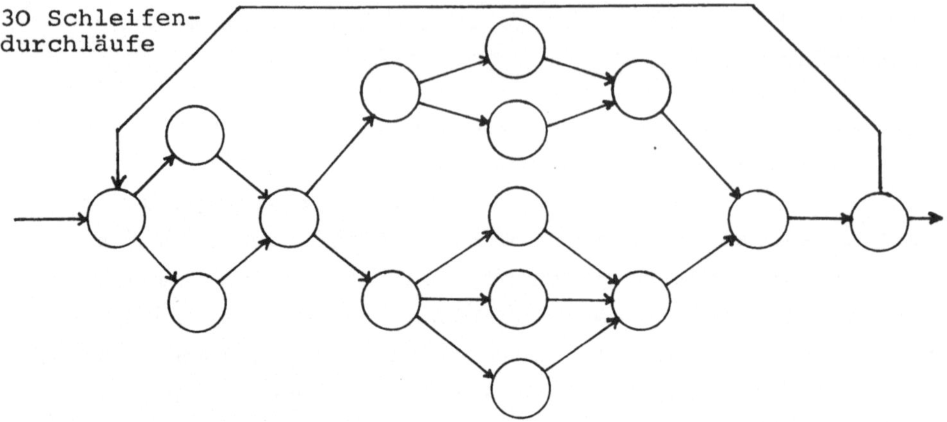

Abb. 3-5: Programmpfade in einem Programmausschnitt

Diese Methoden bedienen sich häufig der Prädikatenlogik. An verschiedenen Stellen eines Programms werden Aussagen über Programmzustände gemacht und ihre Richtigkeit mit Hilfe von Transformationsregeln bewiesen. Wenn aus einer am Programmbeginn gültigen Aussage eine Aussage abgeleitet werden kann, die am Ende des Programms gelten soll, dann ist die Korrektheit des Programms bewiesen.

Korrektheitsbeweise können nur die formale Richtigkeit eines Programms zeigen. Sie sind sehr aufwendig und nach dem heutigen Stand noch kaum auf praktische Probleme anwendbar. Insbesondere erweist es sich als äußerst schwierig, beliebige Programmstrukturen zu verifizieren. Dagegen sind Programme, die nach strengen Regeln konstruiert werden, eher einem Korrektheitsbeweis zugänglich. Da solche Regeln generell zu übersichtlicheren und klarer strukturierten Programmen führen, sind sie für den Programmentwurf durchaus zu empfehlen. (Am Rande sei darauf hingewiesen, daß Dijkstras Initiativen für die strukturierte Programmierung in starkem Maße von Korrektheitsbetrachtungen motiviert waren[1].)

---

1) Vgl. Dijkstra (1972), S. 5.

Wegen des sowohl beim Testen als auch beim Korrektheitsbeweis hohen Aufwandes zur Feststellung der Fehlerfreiheit bzw. zum Erkennen von Fehlern liegt es nahe, diese Tätigkeiten zu automatisieren. Methoden des automatischen Korrektheitsbeweises sind noch wenig entwickelt; dagegen befinden sich verschiedene maschinelle Testhilfen im praktischen Einsatz[1].

3.2.3 Wartungsfreundlichkeit

Aus dem hohen Anteil der Wartungskosten an den gesamten Softwarekosten leitet sich die Forderung nach Wartungsfreundlichkeit ab. Ein Softwareprodukt muß so beschaffen sein, daß Änderungen und Fehlerkorrekturen in der Einsatzphase möglichst leicht durchzuführen sind. Wartungsfreundlichkeit ist unter den Gesichtspunkten Adaptabilität und Portabilität zu beurteilen. Während Adaptabilität generell die Änderbarkeit hinsichtlich der Benutzeranforderungen beinhaltet, wird als Portabilität die Übertragbarkeit des Softwareprodukts in eine andere Hardware- oder Betriebssystemumgebung bezeichnet.

Nachträgliche Änderungen sind für den Lebenszyklus der meisten großen Softwaresysteme charakteristisch; Boehm nennt Fälle, in denen bis zu 67% eines Systems im Laufe der Zeit neu geschrieben werden mußten[2]. Dies verdeutlicht die Notwendigkeit, Softwaresysteme so auszulegen, daß spätere Änderungen so weit als möglich antizipiert werden. Da es andererseits sicher unrealistisch ist, sämtliche potentiellen Änderungen vorhersehen zu wollen, muß der Entwurf bereits nach allgemeinen Prinzipien erfolgen, welche die Adaptabilität steigern. Zu nennen sind vor allem:

- Modularisierung in einer Weise, daß die Beziehungen zwi-

---

1) Eine Übersicht über die Vielzahl von Testhilfen bietet Miller (1977), S. 185ff.

2) Vgl. Boehm (1973), S. 57.

schen den Modulen minimiert werden und weitgehend unabhängige Module entstehen. Änderungsanfällige Komponenten
(Ein-/Ausgabe, Dateiorganisation, Fehlerbehandlung etc.)
sollten in einzelnen Modulen lokal konzentriert werden,
so daß sie leicht modifizierbar und auswechselbar sind.
Das Hinzufügen zusätzlicher bzw. das Entfernen nicht mehr
benötigter Module muß problemlos möglich sein[1].

- Verständlicher und selbsterläuternder Programmtext, be-
  gleitet von ausführlichen Programmdokumentationen.

- Vermeidung von Konstanten im Programm durch Parametrisierung.

- Sparsame Verwendung von Ressourcen (z.B. Speicherberei-
  chen) in dem Sinne, daß potentielle Erweiterungen nicht
  von vornherein durch Vollausnutzung der Kapazität verei-
  telt werden[2].

Einen speziellen Aspekt der Wartungsfreundlichkeit eines
Softwareprodukts bezeichnet die Übertragbarkeit in eine andere Hardware- und/oder Betriebssystemkonfiguration (Portabilität). Sie ist hoch, wenn der Übertragungsaufwand wesentlich geringer als der Aufwand für eine komplette Neuerstel-
lung ist[3].

Ein besonders starkes Interesse an portabler Software haben
naturgemäß die Benutzer großer Systeme sowie solche Soft-
wareersteller, die eine möglichst weite Verbreitung ihrer
Produkte über Anlagen- und Systemgrenzen hinweg anstreben,
z.B. kommerzielle Softwarehäuser oder wissenschaftliche
Institutionen. Dagegen scheinen Computerhersteller, die
ebenfalls große Anwendungssysteme produzieren, nur mäßiges
Interesse für Portabilität zu zeigen; je geringer die Portabilität ihrer Erzeugnisse ist, desto enger sind die Be-

---

1) Auf die Bedeutung diese Gesichtspunktes zur Effizienzsteigerung weist Parnas (1979), S. 128ff., hin.

2) Vgl. Boehm u.a. (1978), S. 3-10.

3) Vgl. Poole, Waite (1973), S. 183.

nutzer bei Ersatzinvestitionen im Hardwarebereich an einen
bestimmten Hersteller gebunden[1].

Portabilitätsprobleme verringern sich tendenziell mit zunehmender Entfernung von der Maschinenebene. Für die Programmierung ist deshalb die Verwendung höherer, maschinen-
unabhängiger Programmiersprachen zu empfehlen. Das Attribut
"maschinenunabhängig" bezeichnet allerdings einen Idealfall,
der nur dann vorliegt, wenn eine allgemein akzeptierte
Sprachdefinition existiert und die Compiler auf verschiedenen Anlagen genau den Sprachstandard einhalten.

Da Compiler für die in der betrieblichen Praxis verbreiteten Sprachen in der Regel von den Hardwareherstellern produziert werden, verwundert es nicht, daß der Idealfall nir-
gends anzutreffen ist. Zwar existieren Sprachstandards des
American National Standards Institute und anderer Normungs-
organisationen für diese Sprachen[2]; die Standards werden
aber meist von den Übersetzern nicht eingehalten, oder sie
lassen bestimmte Möglichkeiten offen. So werden oft Einschränkungen vorgenommen, weil manche Sprachelemente für
einen Hersteller schwierig zu realisieren sind. Andererseits sind vielfach Erweiterungen anzutreffen, weil Sprachelemente, die für manche Anwendungen benötigt werden, standardmäßig nicht vorgesehen sind[3].

Die Einhaltung des Standards bzw. die Beschränkung auf eine
portable Teilmenge der Standardsprache hat dennoch Vorteile.
Eine pragmatische Vorgehensweise hat sich vor allem beim
Einsatz von FORTRAN durchgesetzt, wo wissenschaftliche Anwender oft nur eine Teilmenge der Sprache benutzen, die von

---

1) Auf diesen Grund für geringe Softwareportabilität weist
   bereits Buxton deutlich hin; vgl. Buxton, Randell (1970),
   S. 33f.

2) Vgl. die in ANSI (1974), ANSI (1976) und ANSI (1978) veröffentlichten Sprachstandards des American National Standards Institute für COBOL, PL/1 bzw. FORTRAN.

3) Ein typisches Beispiel ist die fehlende Dateiendebehand-
   lung in ANS-FORTRAN, die die einzelnen Hersteller zu unterschiedlichen Spracherweiterungen veranlaßte!

einer bestimmten Anzahl von Übersetzern akzeptiert wird[1].
Die Notwendigkeit, Spracherweiterungen vorzunehmen, kann
dahingehend Berücksichtigung finden, daß diese von einem
Precompiler in die portable Teilmenge übersetzt werden[2].
Notwendige Voraussetzung für ihre Portabilität ist aller-
dings, daß der Precompiler selbst portabel ist.

Einen anderen Ansatz zur Portabilität von bereits existierenden FORTRAN-Programmsystemen schlagen Aird u.a. vor[3].
Der Sprachumfang selbst wird nicht beschränkt; statt dessen
wird ein "FORTRAN Converter" verwendet, welcher Programme
aus einem herstellergebundenen FORTRAN-Dialekt in den Sprach-
dialekt eines anderen Herstellers konvertiert. Die Konver-
tierung zwischen sieben verschiedenen FORTRAN-Versionen
konnte auf diese Weise bereits erreicht werden.

Portabilitätsprobleme treten nicht nur hinsichtlich der Programmiersprachen, sondern auch in anderen Bereichen auf.
Maschinencharakteristika können vor allem die Portabilität
von Software für numerische Methoden beeinträchtigen. Die
computerinterne Zahlendarstellung ist stark hardwareabhän-
gig; insbesondere unterscheidet sich der realisierbare Zahlenbereich erheblich. Bei der Speicherung reeller Zahlen in
Gleitkommaform sind unterschiedliche Schranken für die Größe des Exponenten und für die Genauigkeit der Mantisse zu
beachten u.a.[4].

Die Verwaltung von Datenbeständen, Operationen mit Dateien
und Ein-/Ausgabeoperationen können bei der Übertragung ei-

---

1) Traub (1971), S. 136, erwähnt bereits ein solches "Inter-
   section FORTRAN". Eine portable Teilmenge von ANS-FORTRAN
   ist PFORT ("Portable FORTRAN"), die weitgehend akzeptiert
   wird; vgl. Ryder (1974), S. 363ff.

2) Vgl. z.B. die Erweiterungen in RATFOR, die Kernighan
   (1975), S. 395ff., beschreibt, und die in PFORT übersetzt
   werden.

3) Vgl. Aird u.a. (1977), S. 113ff.

4) Auf einer Anlage vom Typ PDP-11 liegt die größte darstell-
   bare Zahl beispielsweise bei 10^{39}, während eine CDC Cyber
   Werte bis 10^{322} zuläßt; vgl Tanenbaum u.a. (1978), S. 685.

nes Softwareprodukts große Schwierigkeiten bereiten, da diese Funktionen nahezu von jedem Betriebssystem anders realisiert werden. Restriktionen bezüglich Satzlängen, Satzformaten und Blockgrößen werden meist unterschiedlich gehandhabt. Vor allem sind index-sequentielle und gestreute Formen der Dateiorganisation portabilitätsfeindlich[1]. Operationen auf sequentiellen Dateien bringen i.d.R. geringere Probleme mit sich. Da die Dateiverwaltung in besonderem Maße hardware- und betriebssystemabhängig ist, sollte sie zur Erhöhung der Portabilität auf jeden Fall in einzelnen Modulen isoliert werden.

Schwierigkeiten können schließlich beim Vorgang der physischen Datenübertragung auftreten. Als Übertragungsmedien kommen bei kleineren Programmen Lochkarten, bei größeren Softwareprodukten vor allem Magnetbänder in Betracht. Die Lochkartencodes bzw. die Art der Magnetisierung unterscheiden sich zum Teil, so daß ein Datenträger nicht ohne weiteres auf einer anderen Anlage gelesen werden kann. Auf diesem Gebiet sind allerdings Standardisierungsfortschritte zu beobachten, die sowohl die physischen Datenträger als auch die verwendeten Codes erreichen.

3.2.4   Benutzerfreundlichkeit

Benutzer eines Produktionsplanungssystems sind in erster Linie Mitarbeiter in den betrieblichen Fachabteilungen (Arbeitsvorbereitung, Materialdisposition, Terminplanung u.a.), die an ihrem Arbeitsplatz mit dem System direkt oder indirekt in Kontakt kommen.

Als zweite Gruppe sind die Operateure im Rechenzentrum zu nennen, die das System bedienen und seine hardwaremäßigen Anforderungen behandeln. Auch Programmierer und Systemanalytiker, die ein bereits existierendes System erweitern, ändern

---

1) Vgl. zu diesen Begriffen Wedekind (1975), S. 58ff., S. 84ff.

oder bestimmte Funktionen für andere Problemlösungen verwenden, stellen Benutzer dar. Diese Tätigkeiten treten insbesondere beim Einsatz von Standardsoftwarepaketen auf, die im konkreten Anwendungsfall um benutzerindividuelle Module erweitert werden müssen.

Im weiteren Sinne zu den Benutzern zu rechnen sind schließlich Manager und Wissenschaftler, welche mit dem softwaremäßig abgebildeten Modell des Produktionsbetriebs arbeiten, Ergebnisse für Planungs- und Forschungszwecke auswerten u.a.

Ein Softwareprodukt wird als benutzerfreundlich bezeichnet, wenn es den Anforderungen der jeweiligen Benutzerkategorie gerecht wird. Dies beinhaltet im einzelnen, daß das Softwareprodukt leicht zu handhaben ist und sich den Erwartungen der Benutzer entsprechend verhält. Die Kommunikation mit dem Softwareprodukt muß der jeweiligen Gruppe von Benutzern angepaßt sein. Diesem Aspekt kommt angesichts der zunehmenden Dezentralisierung und Dialogorientierung von Produktionsplanungssystemen eine immer stärkere Bedeutung zu.

Kommunikation vollzieht sich aus der Sicht des Softwareprodukts hauptsächlich in Form von Eingabe- und Ausgabevorgängen. Die Kommunikationssprache muß der Intention und der Vorbildung der verschiedenen Benutzerkategorien Rechnung tragen. Ein Sachbearbeiter sollte also nicht zu Parametereingaben in einer ihm nicht verständlichen, hexadezimalen Codierung gezwungen werden oder an rigorose Eingabeformate gebunden sein.

Auch die Ausgaben des Systems müssen der sprachlichen Ebene des Benutzers angemessen sein. Ergebnisse ebenso wie Vollzugs- und Fehlermeldungen sollten auf der Sprachebene derjenigen Benutzer liegen, welche die Meldung interpretieren bzw. den Fehler beheben können, und gegebenenfalls Hinweise auf Art und Auftreten des Fehlers sowie eventuelle Abhilfemöglichkeiten enthalten. Dem Terminjäger, der an seinem Datensichtgerät den aktuellen Stand eines Fertigungsauftrags im Betrieb feststellen will, ist kaum geholfen, wenn er er-

fährt, daß ein "addressing error at location 2AO5 from entry-
point" aufgetreten ist; dagegen kann er eher reagieren, wenn
ihm mitgeteilt wird, daß er eine fehlerhafte Auftragsnummer
eingegeben hat.

Die Kommunikation wird erheblich durch eine Dokumentation erleichtert, welche dem Benutzer in einer ihm verständlichen
Sprache die Systemfunktionen erläutert, die für ihn relevant
sind, und Beschreibungen seiner Handlungs- und Reaktionsmög-
lichkeiten gibt.

Ein wichtiger Aspekt der Benutzerfreundlichkeit ist die Voll-
ständigkeit des Softwareprodukts bezüglich der Funktionen,
die der Benutzer benötigt. Ein Produktionsplanungssystem,
das etwa keine Hilfestellung zum Abbau von Kapazitätsüber-
lastungen gibt, muß als ebenso benutzerunfreundlich bezeichnet werden wie ein System zur linearen Optimierung, welches
keine Unterstützung der Modellgenerierung vorsieht.

Einen interessanten Vorschlag hat Gernert für die Entwicklung einer speziellen, benutzernahen Programmiersprache gemacht, in der Operations-Research-Probleme einfach zu formulieren und zu lösen sind[1]. Der Benutzer braucht sein Problem nur zu beschreiben und durch Anweisungen wie MINIMIZE,
SOLVE etc. die Lösung zu veranlassen. Je nach Problemstruk-
tur wird dann automatisch ein Lösungsalgorithmus ausgewählt
und ausgeführt. Auf diese Weise läßt sich ein hohes Maß an
Benutzerfreundlichkeit erreichen, da Sprachbarrieren abgebaut werden; die Anwendung von Operations-Research-Verfahren
wird dadurch auch Benutzern in der Produktionsplanung zugänglich, die sich sonst von mathematischem Formalismus und Abstraktionsgrad abschrecken lassen.

Der Begriff Benutzerfreundlichkeit umfaßt in einem weiteren
Sinne auch Aspekte, die über das Kommunikationsverhalten und
den Bedienungskomfort hinausgehen. Neben der softwaremäßigen
Ausgestaltung eines Systems werden zum Teil die Arbeitsin-

---

1) Vgl. Gernert (1976), S. 481ff.

halte der Benutzer und ihre individuellen Handlungs- und
Entscheidungsspielräume mitberücksichtigt, so daß die Benutzerfreundlichkeit in einer allgemeineren Betrachtungsweise der Humanisierung des Arbeitslebens zuzuordnen ist[1].
Aus dieser Sicht werden auch ergonomische Gesichtspunkte einbezogen, z.B. die physische und geistige Belastung durch die
Arbeit mit einem Softwaresystem im Dialogbetrieb.

Der Begriff des Benutzers kann ebenfalls weiter gefaßt werden. Neben dem Benutzer als dem an seinem Arbeitsplatz Betroffenen repräsentiert dann auch der "Nutzer" eines Softwaresystems, d.h. derjenige, der ideellen oder wirtschaftlichen Nutzen aus dem Softwareeinsatz zieht, eine bestimmte
Kategorie von Benutzern. Insbesondere geht von dieser Benutzerkategorie meist der Anstoß zur Entwicklung und zum
Einsatz eines großen Softwareprodukts wie etwa eines Produktionsplanungssystems aus. Da völlige Interessengleichheit
der verschiedenen Benutzerkategorien im allgemeinen nicht
gegeben ist, wird zur Vermeidung von Konflikten vorgeschlagen, alle Arten von Benutzern beim Entwurf, der Gestaltung
und der Implementierung eines Softwaresystems zu beteiligen
(partizipative Systementwicklung)[2].

3.2.5 Robustheit

Im Gegensatz zur Zuverlässigkeit, die anhand der immanenten
Fehler eines Softwareprodukts beurteilt wird, ist die Robustheit ein Maßstab dafür, inwieweit fehlerhaftes Verhalten der Umwelt des Softwareprodukts seine Funktionsweise beeinträchtigt; solche Fehler sollen erkannt und in einer definierten Weise behandelt werden.

Fehler der Umwelt sind einmal Fehler, die in den Eingabedaten liegen. Für eine bestimmte Aufgabe ist in der Regel ei-

---

1) Vgl. Essig (1981), S. 52.
2) Vgl. ebenda, S.51f.

ne Menge möglicher Eingaben vorgesehen (z.B. numerische Daten, Arbeitsgangnummern zwischen 1000 und 9999 oder andere); sie stellt den Definitionsbereich der Aufgabe dar. Werden nun versehentlich Daten zur Verarbeitung gereicht, die
außerhalb des Definitionsbereiches liegen (z.B. eine fehlerhafte Arbeitsgangnummer, die alphabetische Zeichen enthält
oder größer als 9999 ist), so sollten keine Fehlreaktio-
nen entstehen.

Ein verwandtes Problem sind Überlauffehler, die mit der begrenzten Anzahl von speicherbaren Ziffern einer Zahl zusam-
menhängen. Ein Überlauf entsteht, wenn die Daten eines Be-
rechnungsvorganges zu Zwischen- oder Endergebnissen führen,
die größer als die maximal zulässige Ziffernzahl sind. Einen
Sonderfall von Eingabefehlern stellt die falsche Bedienung
des Softwareproduktes durch den Operateur oder den Anwender
dar, da ja die Kommunikation mit dem Softwareprodukt in
Form von Eingaben (und Ausgaben) erfolgt.

Das Qualitätsmerkmal Robustheit verlangt, daß alle diese
Fehlerfälle erkannt und in vernünftiger Weise behandelt werden. Das Erkennen von Eingabefehlern kann in gewissen Grenzen durch Plausibilitätsprüfungen erfolgen[1]. Robustheit
wird in dem Maße erreicht, wie die Fehlererkennung gelingt
und angemessene Programmreaktionen vorgesehen sind.

Zur fehleranfälligen Umwelt eines Softwareprodukts ist
schließlich auch der Hardwarebereich zu rechnen. Software
sollte deshalb so konstruiert werden, daß Ausfälle des Hard-
waresystems keine schwerwiegenden Folgen haben. Für umfangreiche und zeitaufwendige Softwaresysteme bedeutet dies insbesondere, daß Daten- und Programmzustände in bestimmten Ab-
ständen gesichert und Wiederanlaufpunkte vorgesehen werden,
so daß bei Auftreten von Hardwarefehlern nicht alle bis dahin ausgeführten Teilaufgaben wiederholt werden müssen.

---

1) Vgl. Zimmermann (1977), S. 217.

3.2.6 Universalität

Da nachträgliche Änderungen vor allem bei großen, unübersichtlichen Softwaresystemen einen erheblichen Aufwand verursachen, liegt es nahe, bereits von vorneherein ein möglichst breites Einsatzspektrum anzustreben. Im Gegensatz zur Adaptabilität, die spätere Modifikationen erleichtern soll, kommt in dem Universalitätsziel der Wunsch zum Ausdruck, Änderungen weitestgehend zu vermeiden.

Besondere Bedeutung besitzt die Universalität bei Softwareprodukten, deren Anwendung nicht auf eine bestimmte Situation beschränkt ist. In einem Produktionsplanungssystem sollten beispielsweise verschiedene Verfahren der Losgrößenberechnung oder der Prioritätssteuerung von Fertigungsaufträgen vorgesehen sein, die der Benutzer durch Festlegung von Parametern auswählen kann.

Wenn man Universalität erreichen will, müssen beim Softwareentwurf nicht nur die Funktionen Berücksichtigung finden, die zum Entwurfszeitpunkt benötigt werden, sondern auch solche, deren Notwendigkeit sich erst später ergibt. Die Schwierigkeit, alle potentiellen Benutzerwünsche vorherzusagen, ist offensichtlich. Dies gilt um so mehr, als der schnelle Fortschritt der Fertigungs- und Informationsverarbeitungstechnologien neue Möglichkeiten eröffnet, die sich schwer abschätzen lassen. Die Abgrenzung des Funktionsumfangs kann sich deshalb im konkreten Fall als sehr problematisch erweisen.

3.2.7 Effizienz

Die Minimierung der Betriebsmittelkosten verlangt eine optimale Hardwareauslastung. Für das einzelne Softwareprodukt leitet sich daraus die Forderung nach minimaler Inanspruchnahme der Hardwareressourcen ab. Traditionell wird die Effizienz eines Softwareprodukts anhand der Programmlaufzeiten

und des Arbeitsspeicherbedarfs beurteilt; daneben werden
auch speziellere Kriterien herangezogen, z.B. der Bedarf an
externen Speichern und Peripheriegeräten, Antwortzeiten
(bei Real-Time-Systemen), Wiederanlaufzeiten nach Systemzu-
sammenbruch oder der Zeitbedarf zur Datensicherung[1].

Effizienz wurde früher als wichtigstes, wenn nicht gar ein-
ziges Qualitätsmerkmal betrachtet. Die Gründe lagen einerseits in der - an heutigen Maßstäben gemessen - relativ
langsamen Arbeitsgeschwindigkeit der Prozessoren; auch die
Unzuverlässigkeit der Hardware motivierte dazu, geringe Programmlaufzeiten zu erzielen, damit die Programmausführung
möglichst vor dem nächsten Hardwareausfall beendet war[2].

Andererseits wurde der Programmierer häufig zu maximaler
Speicherplatzeinsparung gezwungen, da die Arbeitsspeicher
aufgrund ihrer hohen Herstellungskosten nur geringe Kapazität hatten und somit einen erheblichen Engpaßfaktor darstell-
ten. Bestimmte Programmierungstechniken können zur Effizienzsteigerung beitragen, z.B. der weitgehende Verzicht auf Unterprogramme oder die direkte Manipulation von Bitstrukturen
im Maschinencode.

Effizienz ist ein stark maschinenabhängiges Merkmal. Programme, die beispielsweise auf einer Bytemaschine optimal
arbeiten, werden mit hoher Wahrscheinlichkeit auf einer
Wortmaschine weniger effizient sein. Effizienz verlangt, daß
die speziellen Charakteristika einer Rechenanlage optimal
ausgenutzt werden. Dies ist besonders bei Programmierung in
maschinenorientierten Sprachen wie dem ASSEMBLER der Fall,
die gerade in der betrieblichen Datenverarbeitung noch eine
weite Verbreitung besitzen.

Das Effizienzmerkmal wird seit geraumer Zeit sehr kritisch
beurteilt, da sich die einseitige Ausrichtung auf die Minimierung der unmittelbar mit dem Softwareeinsatz verbundenen

---

1) Vgl. Zimmermann (1978), S. 301.
2) Myers (1976), S. 55, stellt diesen Aspekt in den Vordergrund.

Hardwarekosten als zu eng erwies. Die Überbetonung verführte oft zu trickreicher Programmierung und gab dieser einen kreativen und künstlerischen Anstrich, mit der Folge, daß niemand - ausgenommen vielleicht der jeweilige Autor - das Kunstwerk durchschaute. Die negativen Auswirkungen treten vor allem bei der Wartung zutage. Änderungen werden erschwert und haben darüberhinaus zur Folge, daß die Konsequenzen nicht vollständig überblickt werden können, so daß unerwünschte Nebeneffekte oder Fehler entstehen.

Bei manchen Anwendungsgebieten im Produktionsbereich spielen Laufzeit- und Speichereffizienz allerdings nach wie vor eine Rolle.

Einmal sind quantitative Planungsmethoden wie die lineare Optimierung oder Branch-and-Bound-Verfahren zu nennen, bei denen der Zeitfaktor wegen des erheblichen Rechenaufwands nicht vernachlässigt werden kann; darin mag der Grund liegen, daß im Bereich des Operations Research die Algorithmen fast ausschließlich nach ihren Programmlaufzeiten beurteilt werden[1].

Auch in Real-Time-Systemen kann die Ausführungsgeschwindigkeit von Bedeutung sein, wenn kurze Reaktionszeiten erforderlich sind, z.B. bei der Prozeßsteuerung oder zur Beauskunftung. Ferner ist auf die zunehmende Verbreitung von kleinen und mittelgroßen Rechenanlagen hinzuweisen. Dadurch eröffnet sich auch Klein- und Mittelbetrieben die Möglichkeit der Computerunterstützung in der Produktionsplanung. Wegen der begrenzten Anlagenkapazität kann hier die Minimierung von Laufzeiten und Speicherbedarf eine wichtige Rolle spielen.

---

1) Eine von Crowder und Saunders 1979 durchgeführte Umfrage zeigte beispielsweise, daß Anwender der mathematischen Programmierung der CPU-Zeit die größte Bedeutung beimessen; vgl. Crowder, Saunders (1980), S. 3f. Auch einschlägige Veröffentlichungen stellen diesen Aspekt in den Vordergrund; vgl. z.B. Pape (1974), S.212ff.; Suhl (1978), S. 505f.

Im allgemeinen sollten Effizienzbetrachtungen jedoch eher
in die Entwicklung der Lösungsverfahren als in ihre soft-
waremäßige Umsetzung eingehen. Dies gilt in besonderem Maße
für die genannten Operations-Research-Anwendungen, wo mit
Laufzeiteffizienz häufig andere Qualitätsmängel entschul-
digt werden. Zur Optimierung der Algorithmen selbst können
folgende Überlegungen beitragen:

- Entwicklung von "besseren" Algorithmen, d.h. Algorithmen,
  die schneller konvergieren, weniger Iterationen und Berechnungen erfordern etc.

- Auswahl eines problemadäquateren Verfahrens, wenn verschiedene Methoden zur Verfügung stehen

- Ersetzung von Optimierungsverfahren durch heuristische
  Verfahren, wenn nur geringe Auswirkungen auf die Güte der
  Lösung zu erwarten sind.

Hervorzuheben ist vor allem der letzte Fall, da die geringe
Sensitivität vieler Optimallösungen es in vielen Fällen
ohnehin fragwürdig erscheinen läßt, den erhöhten Rechenaufwand für ein Optimierungsverfahren in Kauf zu nehmen.

Mit dem Aufkommen optimierender Compiler tritt das Effizienzziel für die Anwendungsprogrammierung weiter in den Hin-
tergrund, da solche Compiler automatisch Programmoptimie-
rungen durchführen; in vielen Fällen wird ein besserer Maschinencode erzeugt als durch manuelle Effizienzsteigerun-
gen.

In denjenigen Fällen, in denen die optimale Hardwarenutzung
unverzichtbar erscheint, kann eine Nachoptimierung des Softwareprodukts vorgenommen werden. Erfahrungsgemäß verursacht
ein sehr kleiner Teil des Programmtexts - ca. 3 - 10% - den
überwiegenden Anteil an der Programmlaufzeit[1]. Wenn sich
derartige Stellen identifizieren lassen, können lokale Optimierungen bereits die Effizienz stark verbessern; eine lokale Verdoppelung der Ausführungsgeschwindigkeit kann zur

---

1) Vgl. Knuth (1974), S. 267; Palme (1976), S. 287.

3.3 Untersuchung der Zielbeziehungen

3.3.1 Vorgehensweise

Um die Bedeutung herausarbeiten zu können, die den einzelnen softwaretechnischen Zielen bei der Entwicklung eines Softwaresystems beigemessen werden sollte, ist zunächst auf die Beziehungen einzugehen, die zwischen den Zielen bestehen.

Zielbeziehungen können komplementär, konkurrierend oder indifferent sein[1]. Im Vordergrund der Untersuchung stehen Komplementaritäts- und Konkurrenzbeziehungen. Die Komplementarität zweier Ziele braucht nicht wechselseitig zu sein. Wenn die Verfolgung eines Ziels Z_1 auch das Ziel Z_2 unterstützt, die Verfolgung von Z_2 aber nicht notwendig zur Erreichung von Z_1 beiträgt, dann liegt eine einseitige Komplementarität vor[2].

Die Komplementarität oder Konkurrenz zwischen zwei Zielen muß nicht unbedingt für alle denkbaren Situationen gelten. Vielmehr kann sie auch nur partiell gegeben sein[3]. Dies gilt ebenfalls für eine einseitige Komplementarität oder Konkurrenz; d.h., die Verfolgung eines Ziels Z_1 kann die Erreichung eines Ziels Z_2 teilweise unterstützen, teilweise aber auch beeinträchtigen.

Bei der folgenden Beziehungsanalyse stehen einseitige Komplementaritäts- und Konkurrenzbeziehungen im Mittelpunkt des Interesses. Dies ist der Fall, weil es hauptsächlich darum geht, aufzuzeigen, welche Auswirkungen auf andere Qualitätsziele zu erwarten sind, wenn bestimmte Qualitätsziele bei der Softwareentwicklung besonders betont werden.

---

1) Vgl. zu den Beziehungstypen Heinen (1966), S. 94ff.; Bidlingmaier (1968), S. 43ff.

2) Vgl. Bidlingmaier (1968), S. 45; Schneider (1973), S. 23.

3) Vgl. Heinen (1966), S. 99ff.

Da die Qualitätsziele nur Unterziele in Bezug auf die übergeordneten Softwarekosten darstellen, soll anschließend der
Versuch unternommen werden, Mittel-Zweck-Beziehungen zwischen den softwaretechnischen Zielen und den Softwarekosten
aufzuzeigen[1]. Dabei wird insbesondere zu untersuchen sein,
welche softwaretechnischen Ziele zur Senkung der Entwick-
lungs-, Einsatz- und Wartungskosten beitragen können und
welche Konsequenzen für die Gewichtung der softwaretechnischen Ziele als Zielvorgaben daraus zu ziehen sind.

Für die Untersuchung von Zielbeziehungen findet man in der
Literatur verschiedene Vorgehensweisen. Wenn ein bestimmter
Beziehungstyp zwischen zwei Zielen nicht einfach als gegeben oder empirisch beobachtet konstatiert wird, erfolgt die
Analyse häufig beschreibend, indem die Auswirkungen der
Verfolgung eines Ziels auf ein anderes Ziel skizziert werden. Exaktere Aussagen gewinnt man dagegen durch definitionslogische Ableitungen und durch Simulationsexperimente,
die in bestimmten Fällen zur Anwendung gelangen können.

Definitionslogische Zielbeziehungsanalysen werden durchgeführt, um aus Oberzielen deduktiv Unterziele abzuleiten
oder umgekehrt aus Unterzielen induktiv Oberziele zu gewinnen[2]. Diese Vorgehensweise ist vor allem bei Nominalzielen
anzutreffen. Zum Beispiel werden Kennzahlensysteme deduktiv
entwickelt, indem aus einem Oberziel schrittweise Unterziele formuliert werden, die sich aus der Definition des jeweiligen Oberziels ergeben[3]. Definitionslogische Analysen
dienen zur Erstellung von Zielhierarchien. Sie setzen voraus, daß bereits gewisse Vorstellungen existieren, was als
Oberziel und was als Unterziel zu betrachten ist.

---

1) Vgl. zu der Diskussion der Mittel-Zweck-Problematik von
   Zielen Schneider (1978), S. 1ff.; Heinen (1966), S. 103ff.

2) Vgl. Schneider (1978), S. 8ff.; Heinen (1966), S. 126ff.

3) Aus dem Oberziel "Gesamtkapitalrentabilität" werden z.B.
   die Unterziele "Umsatzbruttorentabilität" und "Kapital-
   umschlag" deduziert, da das erstere als Produkt der beiden letzteren definiert ist; vgl. Heinen (1966), S. 128f.

Bei der Untersuchung des softwaretechnischen Zielsystems können solche Über-/Unterordnungsrelationen jedoch a priori nicht angegeben werden, da alle Ziele zunächst wünschenswerte Qualitätsanforderungen an ein Softwareprodukt beinhalten. Zweck der Beziehungsanalyse ist es hier nicht, eine definitionslogische Hierarchie von Ober- und Unterzielen zu entwickeln, sondern vielmehr Auswirkungen der Verfolgung einzelner Ziele aufzuzeigen. Deshalb ist diese Vorgehensweise hier untauglich[1].

Als zweiter denkbarer Ansatz zur Untersuchung der Zielbeziehungen könnte die Simulation in Erwägung gezogen werden. Simulationsexperimente kommen verschiedentlich zur Anwendung, um Aussagen über Komplementarität, Konkurrenz oder Indifferenz von Zielen abzuleiten. Dabei führt man für unterschiedliche Datenkonstellationen Simulationsläufe durch und mißt jeweils die Zielerreichungsgrade der verschiedenen Ziele. Auf der Grundlage der Ergebnisse wird dann versucht, generelle Aussagen über die Beziehung der Ziele zueinander zu gewinnen. Diese Vorgehensweise wurde z.B. bei Zielen angewendet, die in Zusammenhang mit der Maschinenbelegung und der Terminierung von Fertigungsaufträgen stehen sowie bei Zielen im Bereich der Investitionstheorie[2].

---

1) Dies wird auch unmittelbar klar, wenn man etwa versuchen wollte, ein softwaretechnisches Ziel wie "Adaptabilität" durch die Begriffe "Verständlichkeit" und "Zuverlässigkeit" zu definieren!

2) Seelbach (1976), S. 18ff., berichtet z.B. über Simulationsexperimente, bei denen u.a. die Ziele Gesamtbelegungszeit aller Maschinen und Gesamtdurchlaufzeit aller Fertigungsaufträge in Abhängigkeit von verschiedenen Bearbeitungsreihenfolgen der Fertigungsaufträge getestet wurden.

   Kruschwitz, Fischer (1978), S. 771ff., untersuchen mit Hilfe der Simulation, ob und mit welcher Wahrscheinlichkeit bei Investitionsentscheidungen Zielkonflikte zwischen den Zielen Endwert- und Entnahmemaximierung auftreten können.

Voraussetzung für die Anwendung der Simulation als Analyse-
instrument ist die Meßbarkeit der Zielgrößen. Deshalb soll
kurz untersucht werden, inwieweit diese Voraussetzung bei
den softwaretechnischen Zielen vorliegt.

Unmittelbar gemessen werden können nur die Ausprägungen der
Effizienz (Laufzeit und Speicherbedarf). In neuester Zeit
entstand jedoch ein Zweig des Software Engineering, der
sich u.a. mit der Quantifizierung von Softwarequalität be-
schäftigt. Dieser als "Software Science" oder "Software
Physics" bezeichnete Zweig versucht, meßbare Merkmale von
Software zu erarbeiten, die als Maßstäbe für Qualitätsanforderungen verwendet werden könnten. Solche Merkmale sind
z.B. die Anzahl der Programmzeilen, die Anzahl verschiedener Operatoren oder Operanden, ferner Merkmale, die aus
solchen einfachen Größen zusammengesetzt werden, wie z.B.
das sog. Vokabular oder das Volumen eines Programms[1].

Zur Analyse der Beziehungen zwischen den Qualitätszielen
wäre demnach der folgende hypothetische Weg denkbar: Für
jedes Qualitätziel müßten meßbare Merkmale entwickelt
werden. Sodann wären für den interessierenden Anwendungs-
bereich repräsentative Softwaresysteme zu erstellen. In
diesen Systemen müßten dann simulativ einzelne Merkmale
verändert und jeweils die Konsequenzen für andere Merkmale
festgehalten werden. Daraus ließen sich dann quantitative
Angaben über die Beziehungen zwischen den zugrundeliegenden
Qualitätszielen gewinnen.

Daß auch dieser Weg nicht gangbar ist, zeigt ein Blick auf
den Stand der Forschung, die noch in den Anfängen liegt.
Es werden zwar verschiedene Maßgrößen diskutiert, die in
einem vermuteten Zusammenhang zur Softwarequalität allgemein stehen. Eine Zuordnung der Maßgrößen zu einzelnen
Qualitätszielen findet aber nicht statt; die diskutierten

---

1) Vgl. Halstead (1979), S. 119ff.; van der Knijff (1978),
   S. 82ff.

Größen lassen einen unmittelbaren Zusammenhang höchstens
mit Verständlichkeit und Zuverlässigkeit erkennen[1]. Selbst
bei Vorliegen eindeutig zurechenbarer Meßgrößen scheint der
Weg der Simulation nicht praktikabel, da die Durchführung aus-
sagefähiger Simulationsexperimente einen Aufwand erfordern
würde, der auch bei kleineren Testsystemen etliche Mannjahre
in Anspruch nehmen dürfte.

Da weder definitionslogische Ableitungen noch die Simulation sich im Rahmen dieser Arbeit als geeignet erweisen,
muß auf die dritte Möglichkeit, Zielbeziehungen zu untersuchen, zurückgegriffen werden. Die Beziehungen zwischen
den softwaretechnischen Zielen werden im folgenden beschreibend analysiert, indem die Auswirkungen aufgezeigt
werden, die die Verfolgung eines softwaretechnischen Ziels
auf andere softwaretechnische Ziele hat.

3.3.2 Beziehungen zwischen softwaretechnischen Zielen

Das Überprüfen der Konsequenzen für andere Ziele bedeutet, daß
Komplementaritäts- oder Konkurrenzbeziehungen jeweils in eine Richtung zu untersuchen sind[2]. Bei 8 verschiedenen Zielen beinhaltet dies 56 mögliche Relationen. Ein Großteil
dieser Beziehungen ist indifferent oder besitzt im Hinblick
auf das Oberziel Minimierung der Softwarekosten keine Bedeutung[3]. Da später Softwareentwurfsprinzipien abgeleitet
werden sollen, die letzlich zur Kostensenkung beitragen,

---

1) Vgl. z.B. die Maßgrößen bei Voges (1981), S. 133; Halstead (1979), S. 119 ff.

2) Die schließt nicht aus, daß im Einzelfall auch wechselseitige Beziehungen existieren können.

3) Als Beispiel für eine Indifferenzbeziehung sei das Verhältnis zwischen Verständlichkeit und Robustheit genannt. Durch größere Robustheit gewinnt ein Softwareprodukt nicht mehr oder weniger Verständlichkeit; umgekehrt steigt oder sinkt die Robustheit nicht, wenn das
   Softwareprodukt besser zu verstehen ist. Deshalb braucht
   diese Beziehung hier nicht berücksichtigt zu werden.

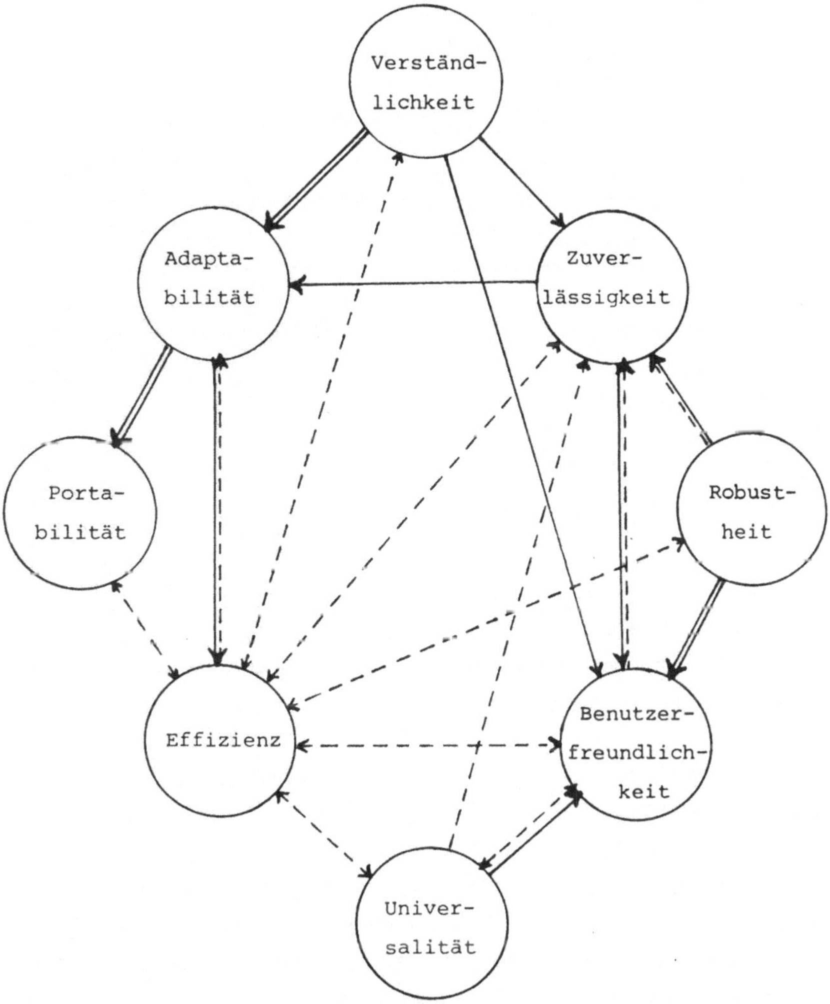

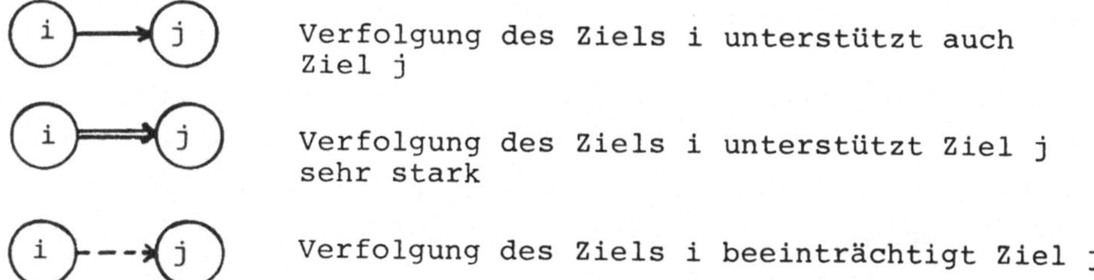

i → j	Verfolgung des Ziels i unterstützt auch Ziel j
i ⇒ j	Verfolgung des Ziels i unterstützt Ziel j sehr stark
i ⤍ j	Verfolgung des Ziels i beeinträchtigt Ziel j

<u>Abb. 3-6:</u> Zielbeziehungen zwischen softwaretechnischen Zielen

werden im folgenden nur die hierfür relevanten Beziehungen
erörtert. Zur Verdeutlichung der Ausführungen sind die Ziele und die zu untersuchenden Relationen in Abbildung 3-6
dargestellt.

3.3.2.1 Auswirkungen des Strebens nach Verständlichkeit und Zuverlässigkeit

Als ein grundlegendes Qualitätsziel, das die Erreichung anderer Ziele unterstützt, erweist sich die *Verständlichkeit*
eines Softwareprodukts.

Verständlichkeit erhöht vor allem die *Adaptabilität* sehr
stark. Anpassungen und Erweiterungen sind einfacher durchzuführen, wenn ein System übersichtlich und nach konsistenten Kriterien modularisiert ist, so daß die zu ändernden
Komponenten problemlos identifiziert werden können. Änderungen des Programmtextes werden erleichtert, wenn dieser
selbstdokumentierend und klar strukturiert ist.

Auch die *Zuverlässigkeit* eines Systems wird durch seine Verständlichkeit gefördert. Beim Entwurf entstehen dann exakt
abgegrenzte Teilaufgaben. Dadurch ist es eher möglich, interne Fehler an ihrem Entstehungsort zu lokalisieren und zu
beheben, so daß die Fehlerfreiheit unterstützt wird. Ist
die klare Abgrenzung von Teilaufgaben nicht vorhanden, bereitet die Fehlererkennung wesentlich größere Schwierigkeiten; Fehler werden erst dann erkannt, wenn sie sich fortgepflanzt haben und extern sichtbar werden.

Positive Auswirkungen sind ferner hinsichtlich der *Benutzerfreundlichkeit* zu erwarten, da ein verständlich aufgebautes
Softwaresystem in der Regel leichter zu handhaben ist. Der
Benutzer besitzt einen besseren Überblick über Funktionen
und Zusammenhänge des Systems, so daß er Folgen seiner Handlungsalternativen und die Reaktionen des Systems abschätzen
und interpretieren kann.

Zwischen den Zielen *Zuverlässigkeit* und *Adaptabilität* besteht eine einseitige Komplementarität, da ein zuverlässiges Softwareprodukt generell leichter zu ändern ist. Die Auswirkungen einer Änderung können abgegrenzt werden, so daß unerwünschte Seiteneffekte unterbleiben, die in einem unzuverlässigen System oft nicht kontrollierbar sind. Maßnahmen zur Unterstützung der Zuverlässigkeit - insbesondere Maßnahmen, welche die Verständlichkeit fördern - erhöhen meist gleichzeitig die Adaptabilität.

Die Beziehung zwischen *Zuverlässigkeit* und *Benutzerfreundlichkeit* ist zum Teil ebenfalls komplementär. Ein Softwareprodukt, das in bestimmten Situationen undefiniert reagiert, kann sicher nicht als benutzerfreundlich bezeichnet werden, so daß Zuverlässigkeit eine unabdingbare Voraussetzung darstellt. Die Durchführung und Überwachung einer komfortablen Kommunikation vergrößert aber zwangsläufig den Systemumfang; damit steigt tendenziell die Fehleranfälligkeit, so daß auch partielle Zielkonkurrenz zu erkennen ist.

3.3.2.2 Beziehungen zwischen Effizienz und den anderen Zielen

Das Effizienzziel konkurriert mit allen anderen softwaretechnischen Zielen, da diese regelmäßig mit größerem Laufzeit- und Speicherplatzbedarf verbunden sind. Es besteht also ein Konflikt mit der Forderung nach minimaler Inanspruchnahme der Hardwareressourcen.

Verständlichkeit steht in Gegensatz zu *Effizienz*, weil die optimale Ausnutzung der Hardwareeigenschaften den Programmierer zu unübersichtlichen und trickreichen Konstruktionen verführt, die schwer zu verstehen sind. Prinzipien, welche zur Verständlichkeit eines Softwareproduktes beitragen, implizieren andererseits, daß größere, hierarchisch strukturierte Systeme mit selbstdokumentierenden, längeren Program-

men entstehen, die im Hinblick auf Speicher- und Laufzeitbedarf ineffizient sind.

Die *Zuverlässigkeit* wird negativ beeinflußt, weil die vom
Effizienzstreben verursachte Unübersichtlichkeit der System-
und Programmstrukturen zwangsläufig eine größere Fehlergefahr darstellt und die Wahrscheinlichkeit erhöht, daß bei
der Fehlerbeseitigung unbeabsichtigte Folgefehler entstehen. Während ein ineffizientes Softwareprodukt durchaus zuverlässig sein kann, läßt sich einem unzuverlässigen System,
das in bestimmten Situationen fehlerhaft arbeitet oder ausfällt, kaum Effizienz bescheinigen!

Der Konflikt zwischen Effizienz und *Portabilität* ist offensichtlich. Effizienz beinhaltet, daß eine ganz bestimmte
Hardwarekonfiguration optimal ausgenutzt wird, während Portabilität die weitgehende Unabhängigkeit von Hardware und
Betriebssystem fordert. Portabilität kann in der Regel nur
auf Kosten der Effizienz verfolgt werden. Darin liegt ein
besonderes Problem für die Verbreitung numerischer Software,
bei der eine Minimierung des Aufwandes an Rechenzeit oft
von herausragender Bedeutung ist.

Das *Robustheitsziel* verlangt, daß möglichst viele Fehlerquellen vorhergesehen und softwaremäßig in einer definierten Weise behandelt werden. Die Anzahl potentieller Fehlerquellen ist jedoch praktisch unbegrenzt. Je mehr Kontroll-
und Fehlerbehandlungsfunktionen realisiert werden, desto
stärker wird das Softwareprodukt aufgebläht und der Spei-
cher- und Laufzeitbedarf erhöht.

Aus dem gleichen Grunde kann ein *benutzerfreundliches* System sehr umfangreich werden. Kommunikationskomfort beinhaltet, daß Eingriffsmöglichkeiten und Hinweise an den Benutzer vorgesehen sowie die benötigten und erwarteten Funktionen vollständig vorhanden sind. Beide Aspekte implizieren eine verstärkte Inanspruchnahme der Hardwareressourcen.

Ein *universell* einsetzbares Softwareprodukt ist durch größeren Laufzeit- und vor allem Speicherbedarf gekennzeichnet als ein Softwareprodukt, welches nur die für eine spezielle Anwendung benötigten Funktionen enthält. Ein typisches Beispiel aus dem Bereich der Produktionsplanung ist die Speicherung von Erzeugnisstrukturen. Häufig ist hier die Möglichkeit von Erzeugnisvarianten vorgesehen, für welche Speicherplatz reserviert und Verarbeitungsfunktionen bereitgestellt werden. Für einen konkreten Benutzer, der keine Variantenfertigung betreibt, wäre ein vereinfachter Stücklistenprozessor effizienter.

Als zweites Beispiel sei die Möglichkeit genannt, bei der linearen Optimierung verschiedene Darstellungsformen der Basisinversen zu realisieren; in Abhängigkeit von der Größe und der Besetzungsdichte der Matrix kann automatisch die am besten geeignete Repräsentation ausgewählt werden. Wenn im konkreten Anwendungsfall ohnehin nur Matrizen eines bestimmten Typs auftreten, könnte man jedoch auf die Überprüfung der Matrix verzichten und so eine Laufzeitreduktion erzielen[1].

Das *Effizienzziel* steht mit fast allen Zielen ausschließlich in Konkurrenz. Eine partielle, einseitige Komplementarität mit der *Adaptabilität* kann jedoch unter dem Aspekt der Nachoptimierung gegeben sein. Nachoptimierung beinhaltet das Auffinden und Ändern kritischer Systemkomponenten und stellt einen Spezialfall nachträglicher Änderungen dar. Durch Adaptabilität des Softwareprodukts werden diese Maßnahmen zur Effizienzsteigerung unterstützt.

Abgesehen von dem Aspekt der Nachoptimierung besteht jedoch Konkurrenz. Vor allem wegen der negativen Seiteneffekte der Effizienz auf die Verständlichkeit sowie auf die Lokalisierbarkeit und Abgrenzbarkeit von Komponenten werden Änderungen

---

1) Eine automatische Wahl der Darstellungsform der Inversen ist z.B. in dem System MPSX vorgesehen; vgl. Bénichou u.a. (1977), S. 300f.

und Fehlerbeseitigung erschwert. Adaptabilität setzt neben verständlicher, selbstdokumentierender Programmgestaltung eine ausgeprägte Modularisierung voraus, die einen erhöhten Speicher- und Zeitaufwand impliziert (sog. procedure call overhead[1]). Beide Voraussetzungen verringern die Effizienz.

3.3.2.3 Weitere Beziehungen

Bestimmte Auswirkungen, die beim Entwurf eines Softwareprodukts beachtet werden müssen, gehen auch von dem Streben nach Adaptabilität, Robustheit und Universalität aus. Die wichtigsten Zusammenhänge sollen deshalb kurz erläutert werden. Zur Verdeutlichung sei nochmals auf Abbildung 3-6 verwiesen.

(1) Auswirkungen des Adaptabilitätsstrebens

Adaptabilität ist ihrerseits unabdingbare Voraussetzung für die *Portabilität* eines Softwareprodukts. Da vollständige Portabilität in dem Sinne, daß das Softwareprodukt unverändert in eine andere Umgebung übertragen werden kann, praktisch nicht existiert, sind stets Änderungen von hardware- bzw. betriebssystemabhängigen Komponenten erforderlich. Dem Benutzer steht in den seltensten Fällen die komfortable Möglichkeit der automatisierten Übertragung zur Verfügung[2], so daß Anpassungen an eine neue Hardware- bzw. Betriebssystemkonfiguration meist manuell vorgenommen werden müssen. Adaptabilität fördert also in starkem Umfang auch die Portabilität eines Softwareprodukts.

---

1) Camp und Jensen kommen in einer empirischen Studie groser Softwareprojekte zu dem Schluß, daß der erhöhte Laufzeitbedarf 10 - 15% und der erhöhte Speicherbedarf 20 - 25% höhere Kosten der Hardwarenutzung verursachen; vgl. Camp, Jensen (1976), S. 220ff.

2) Vgl. etwa den Converter-Ansatz für FORTRAN-Programme bei Aird u.a. (1977), S. 113ff.

(2) Auswirkungen des Strebens nach Robustheit

Partiell geltende Beziehungen lassen sich zwischen der
Robustheit und der *Zuverlässigkeit* eines Softwareprodukts
identifizieren. Zuverlässigkeit beinhaltet die korrekte Auf-
gabenerfüllung. Ein besonders krasser Fall der Nichterfül-
lung liegt vor, wenn fehlerhafte Eingaben unentdeckt bleiben und undefinierte Ergebnisse verursachen, deren Auswirkungen sich erst später zeigen. Als Beispiel sei die Ein-
steuerung eines Eilauftrags in der Phase der Maschinenbelegungsplanung genannt, bei dem versehentlich eine Stückzahl
von 5000 statt 500 eingetippt wurde. Der Tippfehler kann
zu erheblichen Stockungen des Produktionsablaufs führen.

Diese negativen Folgen für die Zuverlässigkeit werden vermieden, wenn beim Entwurf das Robustheitsziel Berücksichtigung findet. Robustheit fördert also die Zuverlässigkeit.
Andererseits wächst mit der Überprüfung und Behandlung vieler Fehlerquellen der Umfang und die Komplexität des Systems. Die damit verbundene, zunehmende Fehlergefahr kann
die Zuverlässigkeit beeinträchtigen, so daß partiell auch
Konkurrenz vorliegt.

Benutzerfreundlichkeit verlangt u.a., daß das Kommunikationsverhalten des Benutzers überprüft, durch entsprechende
Meldungen verfolgt und eventuelles Fehlverhalten entdeckt
wird. *Robustheit* stellt somit eine besonders wichtige Voraussetzung dar. Benutzerfreundlichkeit beinhaltet außerdem,
daß bei einem Hardwarezusammenbruch keine Daten verlorengehen. Ein robustes System führt von Zeit zu Zeit eine Datensicherung durch und beugt der Zerstörung von Datenbeständen
vor. Die Verfolgung des Robustheitsziels unterstützt die
Benutzerfreundlichkeit ganz erheblich.

(3) Auswirkungen des Universalitätsstrebens

Beim Streben nach Universalität eines Softwareprodukts sind
Konsequenzen für die Zuverlässigkeit und die Benutzer-

freundlichkeit zu beachten.

Die Beziehungen zwischen *Universalität* und *Benutzerfreundlichkeit* weisen partiell sowohl komplementäre als auch konkurrierende Aspekte auf.

Einerseits bietet ein universelles Softwaresystem ein breites Spektrum von Funktionen und kommt insofern der Forderung nach, dem Benutzer alle Funktionen zur Verfügung zu stellen, die er erwartet. Von Bedeutung ist dies vor allem bei Systemen, bei denen eine weite Verbreitung angestrebt wird, z.B. bei kommerziell vertriebenen Produktionsplanungssystemen, oder die unter rasch wandelnden Umgebungsbedingungen eingesetzt und unterschiedlichen Unternehmenszielen gerecht werden müssen.

Andererseits tritt jedoch ein partieller Zielkonflikt auf. Ein Softwareprodukt ist natürlich um so benutzerfreundlicher, je genauer es auf einen speziellen Benutzer zugeschnitten ist, während das Universalitätspostulat unter Umständen zu Funktionen führt, welche im konkreten Anwendungsfall nicht benötigt werden. Diese müssen entweder stets - überflüssigerweise - ausgeführt oder aber über Parameter desaktiviert werden. In letzterem Fall wird die Kommunikation mit dem speziellen Benutzer über Probleme geführt, die ihn gar nicht betreffen.

Ein Zielkonflikt kann sich auch zwischen *Zuverlässigkeit* und *Universalität* ergeben; Universalität erweitert wie Robustheit und Benutzerfreundlichkeit den Systemumfang, so daß die Fehlergefahr anwächst. Das Streben nach Universalität beeinträchtigt also die Zuverlässigkeit.

3.3.3 Beziehungen zwischen den Softwarekosten und softwaretechnischen Zielen

Die vorangegangenen Ausführungen stellten die Beziehungen der softwaretechnischen Ziele untereinander heraus. Im folden soll nun erörtert werden, in welchem Verhältnis die softwaretechnischen Ziele zu den Softwarekosten stehen.

Für die Minimierung der Softwarekosten sind die softwaretechnischen Ziele als Unterziele zu betrachten. Gegenstand dieses Abschnitts ist es, aufzuzeigen, welche Ziele besonders zur Senkung der übergeordneten Softwarekosten beitragen können, und daraus die Bedeutung der einzelnen Qualitätsziele für den Softwareentwurf zu ermitteln.

3.3.3.1 Darstellung der Beziehungen

Die Auswirkungen der Verfolgung verschiedener Qualitätsziele müssen im Hinblick auf die Kosten im Software Life Cycle, d.h. auf die

    a) Entwicklungskosten
    b) Einsatzkosten
    c) Wartungskosten

überprüft werden. Die Zusammenhänge zwischen den Qualitätszielen und der

    d) Wahrscheinlichkeit versteckter Softwaremängel

werden wegen der weitreichenden Konsequenzen, die die Einsatzfähigkeit eines Softwareprodukts entscheidend beeinträchtigen können, ebenfalls in die Diskussion einbezogen.

ad a): Wie oben gezeigt wurde, stellen die Entwicklungskosten eines Softwareprodukts größtenteils Personalkosten dar. Tendenziell tragen damit alle Maßnahmen zur Kostensteigerung bei, welche die Entwicklungsphase verlängern:

(1)   Maßnahmen, welche den Umfang eines Softwareprodukts erhöhen; dies ist vor allem bei Verfolgung der Ziele Verständlichkeit, Robustheit, Universalität und Benutzerfreundlichkeit der Fall.

(2)   Maßnahmen, welche sich aus anspruchsvolleren Anforde-

rungen an den Softwareentwurf ableiten und insbesondere der Zuverlässigkeit, Verständlichkeit, Adaptabilität oder Portabilität dienen.

(3)   Maßnahmen der expliziten Effizienzsteigerung und der Nachoptimierung.

Der Trend zur Erhöhung der Entwicklungskosten ist also bei allen Qualitätszielen gegeben. Prinzipiell ließen sich die Kosten durch Verringerung der Qualität senken. Wegen der negativen Folgen für die Einsatz- und Wartungskosten ist dies jedoch abzulehnen. Bei einer differenzierenden Betrachtungsweise können dennoch kostensenkende Einflüsse identifiziert werden.

Nach den in Abschnitt 3.1.2 wiedergegebenen Untersuchungen beträgt der Anteil der Testphase ca. 40% der gesamten Entwicklungsdauer eines Softwareprodukts. Der Testaufwand umfaßt die Fehlersuche und Fehlerbeseitigung, die durch kleine, verständliche und lesbare Programme (Module) erleichtert werden. Die Auswirkungen des Verständlichkeitsstrebens sind deshalb zweifach zu beurteilen. Verständlichkeit verkürzt die Testphase, verlängert aber unter Umständen die Entwurfsphase; Belford u.a. kamen in einer empirischen Studie zu dem Schluß, daß bei weitgehender Modularisierung - viele kleine Module mit weniger als 50 Befehlen - die Entwicklungskosten steigen können[1].

Auch das Streben nach Zuverlässigkeit und nach Adaptabilität ist unter zwei Gesichtspunkten zu beurteilen. Einerseits werden höhere Anforderungen an den Entwurf gerichtet, wodurch sich die Entwurfsphase verlängert. Die Fehlerbeseitigung stellt aber den Spezialfall einer Änderung dar und wird folglich durch Adaptabilität des Softwareprodukts vereinfacht. Die Testphase verkürzt sich ferner, weil die Wahrscheinlichkeit für das Auftreten von Folgefehlern mit wachsender Zuverlässigkeit sinkt.

---

1) Vgl. Belford u.a. (1979), S. 90.

<u>ad b)</u>: Da die Einsatzkosten hauptsächlich durch die Inanspruchnahme der Hardwareressourcen entstehen, wirken alle Maßnahmen kostensenkend, welche den Bedarf an Hardwarekapazität verringern; dies ist explizit Inhalt des Effizienzziels. Die mit dem Einsatz verbundenen Personalkosten für Anlagenbedienung und Benutzung des Softwareprodukts können in gewissem Maße durch Benutzerfreundlichkeit, Robustheit und Zuverlässigkeit beeinflußt werden; dies gilt besonders für Absicherungsmaßnahmen gegen fehlerhafte Bedienung und Benutzung.

Die Einsatzkosten werden durch alle Maßnahmen erhöht, die eine stärkere Inanspruchnahme der Hardware beinhalten. Dazu tragen speziell die den Umfang steigernden Qualitätsmerkmale Universalität, Robustheit, Benutzerfreundlichkeit und Verständlichkeit bei. Portabilität ist insofern zu nennen, als sie explizit auf die optimale Ausnutzung anlagenspezifischer Merkmale verzichtet.

<u>ad c)</u>: Die Wartungskosten können reduziert werden, wenn die Möglichkeit nachträglicher Änderungen und Fehlerbehebungen bereits beim Entwurf des Softwareprodukts eingeplant wurde. Aus der Forderung nach Wartungsfreundlichkeit leiten sich unmittelbar die Qualitätsmerkmale Adaptabilität und Portabilität ab. Verständlichkeit unterstützt diese Ziele sehr stark, so daß sie ebenfalls die Minimierung des Wartungsaufwands fördert.

Großen Einfluß auf die Wartungskosten hat das Zuverlässigkeitsziel. Vor allem die Kosten der Fehlerbehebung steigen mit zunehmender Lebensdauer des Softwareprodukts an; das Auffinden und das Beseitigen von Fehlern - ohne unerwünschte Nebeneffekte - wird im Laufe der Zeit immer schwieriger, weil die Entwickler mit Details der Software nicht mehr vertraut sind oder das Entwicklungs- und Wartungspersonal nicht identisch sind. Aus drei von Boehm wiedergegebenen Studien in Großunternehmen geht hervor, daß der Anteil der Fehlerbehebungskosten an den gesamten Softwarekosten exponentiell

von ca. 0,5% während der Entwurfsphase auf ca. 20% während
der Einsatzphase anwächst, in Einzelfällen sogar auf über
50%[1]. Da Zuverlässigkeit und Verständlichkeit entscheidend
zur Minimierung der Fehlerwahrscheinlichkeit und zur Vereinfachung der Fehlerkorrektur beitragen, stellen sie unabdingbare Voraussetzungen zur Senkung der Wartungskosten dar.

Die Wartung eines Softwareprodukts wird von Programmierern,
Systemanalytikern etc. durchgeführt, die an ihm arbeiten
und davon profitieren, wenn es leicht handhabbar ist. Sie
sind im weiteren Sinne zu den Benutzern zu rechnen. Benutzerfreundlichkeit, unterstützt von Robustheit, kann somit
ebenfalls die Wartungskosten reduzieren.

Zu höheren Kosten führen demgegenüber alle Maßnahmen, welche die Wartung erschweren. Dies gilt vor allem bezüglich
der negativen Auswirkungen des Effizienzstrebens auf Adaptabilität, Portabilität, Verständlichkeit und Zuverlässigkeit. Auch Maßnahmen, welche den Umfang eines Systems ver-
größern, können die Wartungstätigkeit verlängern. Kostenerhöhende Einflüsse gehen also tendenziell auch von der Verfolgung der Ziele Universalität, Robustheit, Benutzerfreundlichkeit und Verständlichkeit aus.

ad d): Die Wahrscheinlichkeit, daß versteckte Softwaremängel
enthalten sind, sinkt, wenn beim Softwareentwurf generell
Maßnahmen zur Fehlervermeidung getroffen werden. Inhalt des
Zuverlässigkeitsstrebens ist es, Softwareprodukte so zu gestalten, daß sie fehlerfrei arbeiten und sich auch in Aus-
nahmesituationen definiert verhalten. Zuverlässigkeit ist
also die zentrale Voraussetzung zur Vermeidung versteckter
Mängel. Positive Einflüsse gehen ferner von dem Streben
nach Verständlichkeit sowie nach Benutzerfreundlichkeit und
Robustheit aus; das Softwareprodukt soll in allen Situationen mit den Erwartungen des Benutzers konform gehen und
Fehlverhalten entsprechend aufspüren.

---

1) Vgl. Boehm (1976), S. 1227f.

Kosten / software-technische Ziele	Entwicklungskosten	Einsatzkosten	Wartungskosten	Wahrscheinlichkeit versteckter Softwaremängel
Zuverlässigkeit	+ −	−−	−−	−−−
Robustheit	++	+ −−	+ −	−
Verständlichkeit	+ −	+	+ −−	−
Adaptabilität	+ −		−−−	
Portabilität	+	+	−−−	
Benutzerfreundlichkeit	+	+ −−	+ −	−
Universalität	++	+	+	
Effizienz	+	−−−	+++	++

Erläuterung:

Die jeweiligen Kosten bzw. die Wahrscheinlichkeit versteckter Softwaremängel werden durch Verfolgung des software-technischen Ziels

+	erhöht
++	stark erhöht
+++	sehr stark erhöht
−	gesenkt
−−	stark gesenkt
−−−	sehr stark gesenkt

Abb. 3-7: Konsequenzen der softwaretechnischen Ziele für die Softwarekosten und das Auftreten versteckter Softwaremängel

Die Fehlerwahrscheinlichkeit wächst andererseits durch alle
Maßnahmen, die der Zuverlässigkeit entgegenstehen. Auch an
dieser Stelle muß auf die negativen Begleiterscheinungen
des Effizienzstrebens hingewiesen werden.

Die Beziehungen zwischen den softwaretechnischen Zielen und
den Softwarekosten sind in Abbildung 3-7 zusammengefaßt.

3.3.3.2 Zielprioritäten

Die Untersuchung der kostenverursachenden Aktivitäten im
Software Life Cycle führte oben zu dem Ergebnis, daß die
Wartungskosten den größten Teil der Softwarekosten ausmachen
und hauptsächlich aus Personalkosten bestehen, die ständig
im Steigen begriffen sind. Personalkostenintensiv ist ebenfalls die Entwicklungsphase, in der die mit dem Testen einhergehenden Tätigkeiten den stärksten Zeitaufwand verursachen.

Auf der Grundlage der Beziehungen zwischen den softwaretechnischen Zielen und den Softwarekosten lassen sich Schluß-
folgerungen über die relative Gewichtung der softwaretechnischen Ziele aufstellen, die später zur Ableitung von Softwareentwurfsprinzipien herangezogen werden. Die Darstellungsform der Abbildung 3-7 wie auch die Beschreibung der Zielbeziehungen soll jedoch nicht den Schein der Objektivität er-
wecken, zumal die Bedeutung der Softwarequalitätsmerkmale
und ihre Kostenwirkungen stark von der Art der Aufgaben und
der konkreten Anwendungssituation abhängig sind. Die nachfolgenden Aussagen sollen deshalb in erster Linie Tendenzen
aufzeigen.

Aufgrund des hohen Anteils der Wartungskosten und der un-
übersehbaren, versteckten Folgen fehlerhafter Software wird
der Minimierung der Wartungskosten und der Mängelvermeidung
größtes Gewicht beimessen. Daraus ergibt sich, daß die Zuverlässigkeit als wichtigstes Qualitätsmerkmal zu betrachten

ist; ein Softwareprodukt, welches seine Aufgaben nicht oder
fehlerhaft oder nur manchmal löst, ist für den Benutzer von
geringem Wert.

Adaptabilität und Portabilität sind wesentliche Eigenschaften von Softwareprodukten, die über lange Zeit hinweg eingesetzt werden und nicht an eine bestimmte Umgebungssituation
gebunden sein sollen. Angesichts der Konsequenzen für die
gesamte Betriebsorganisation ist eine hohe Lebensdauer gerade für Produktionsplanungssysteme von besonderer Bedeutung.

Verständlichkeit stellt eine unabdingbare Voraussetzung für
Adaptabilität und Portabilität dar. Da Verständlichkeit auch
die Zuverlässigkeit und Benutzerfreundlichkeit unterstützt,
wird sie gleichrangig mit Adaptabilität und Portabilität
auf der zweiten Ebene eingestuft.

Benutzerfreundlichkeit kommt vor allem in der Einsatzphase
zum Tragen; sie gewinnt an Bedeutung, wenn viele, softwaretechnisch ungeübte Benutzer mit dem Softwareprodukt arbeiten,
wie es bei der Produktionsplanung der Fall ist (Disponenten,
Terminplaner, Werkstattmeister etc.). Robustheit ist hierfür
als Voraussetzung zu fordern. Robustheit und Benutzerfreundlichkeit tragen zudem zur Vermeidung von Softwaremängeln bei;
sie werden auf der dritten Stufe angesiedelt.

Die Einordnung der Universalität ist insofern problematisch,
als von ihr nur kostenerhöhende Wirkungen in Bezug auf die
oben diskutierten Kosten ausgehen. Die Kostenwirkungen der
Universalität müßten eigentlich in einem umfassenderen Zusammenhang erörtert werden: Mangelnde Universalität kann bedeuten, daß für manche Anwendungssituationen das Softwareprodukt geändert, erweitert oder durch ein anderes ersetzt
werden muß. Die dabei entstehenden Kosten wären den Kosten
der Universalität gegenüberzustellen. Universalität ist also
eine Eigenschaft, deren Ausmaß bereits bei der Aufgabendefi-
nition festgelegt werden muß. In dem hier diskutierten Zusammenhang wird die Universalität nur unter dem Aspekt eingestuft, daß sie ex definitione spätere Änderungen vermeiden

und damit Wartungskosten senken hilft sowie teilweise die
Benutzerfreundlichkeit fördert.

Die Effizienz eines Softwareprodukts kann die Kosten während
der Einsatzphase erheblich reduzieren. Da die Einsatzkosten
jedoch zum größten Teil Hardwarekosten sind, die nur einen
geringen, ständig abnehmenden Teil der Gesamtkosten ausmachen, kann der Effizienz nur noch bei wenigen Anwendungen
eine dominierende Rolle beigemessen werden. Dies ist insbesondere im Bereich mathematischer Methoden der Fall, wie
z.B. aus einer jüngsten Umfrage von Crowder und Saunders bei
Anwendern der mathematischen Programmierung hervorgeht[1].
Allerdings räumen auch heute noch Anwender auf anderen Gebieten der Softwareentwicklung dem Effizienzstreben eine hohe Priorität ein.

Im Gegensatz zu diesen früher weit verbreiteten Bewertungen
wird hier jedoch die Position vertreten, daß die negativen
Begleiterscheinungen des Effizienzstrebens - Erhöhung der
Wartungskosten und der Wahrscheinlichkeit versteckter Män-
gel - es geboten erscheinen lassen, Effizienz der untersten
Stufe zuzuweisen. Abbildung 3-8 gibt die entsprechende
Rangfolge der softwaretechnischen Ziele wieder.

1. Ebene	Zuverlässigkeit
2. Ebene	Verständlichkeit, Adaptabilität, Portabilität
3. Ebene	Robustheit, Benutzerfreundlichkeit, Universalität
4. Ebene	Effizienz

Abb. 3-8: Rangfolge der softwaretechnischen Ziele

---

1) Vgl. Crowder, Saunders (1980), S. 3f.

4 Prinzipien zur Gestaltung von Softwaresystemen

Die softwaretechnischen Ziele wurden als Mittel zur Senkung
der mit der Entwicklung, dem Einsatz und der Wartung von
Software verbundenen Kosten interpretiert. Diese Kosten sind
zum größten Teil Kosten für das mit der Softwareentwicklung
und -wartung befaßte Personal (Systemanalytiker, Programmierer und Mitarbeiter mit ähnlichen Funktionen).

Im folgenden soll nun auf konkrete Entwurfsrichtlinien eingegangen werden, die diesen Personenkreis bei der Verfolgung der softwaretechnischen Ziele unterstützen können.
Dabei stehen Prinzipien im Vordergrund, welche sich an den
für die Kostensenkung wichtigsten Zielen orientieren. Dies
sind, wie oben abgeleitet, die Ziele Zuverlässigkeit, Verständlichkeit und Wartungsfreundlichkeit (Adaptabilität und
Portabilität).

Die zu diskutierenden Prinzipien besitzen in einem allgemeineren Rahmen Gültigkeit und sind nicht auf spezielle
Problemkreise ausgerichtet. Sie werden hier jedoch unter
dem Aspekt der Anwendungssoftware betrachtet, da sie anschließend zur Softwareentwicklung für Probleme der Produktionsplanung herangezogen werden sollen.

Das wichtigste, übergreifende Prinzip ist die Reduktion der
Komplexität des Gesamtproblems. Die Realisierung des Prin-
zips kann angesichts des Aufgabenumfangs und der daraus resultierenden Größe von Softwaresystemen erhebliche Schwierigkeiten bereiten.

Die Reduktion der Problemkomplexität erfolgt grundsätzlich durch Aufspaltung des Gesamtproblems in Teilprobleme, die überschaubar sind und für sich allein, möglichst unabhängig voneinander, gelöst werden können. Die Zerlegung in Teilprobleme von geringerer Komplexität bezeichnet man als Modularisierung.

Durch Modularisierung steigt prinzipiell die Verständlichkeit und Wartungsfreundlichkeit eines Softwaresystems; da sich zudem die Fehlerfreiheit kleinerer Systemkomponenten leichter herstellen bzw. überprüfen läßt, wächst auch die Zuverlässigkeit des Gesamtsystems. Das Ausmaß, in dem diese Ziele erreicht werden, hängt jedoch entscheidend von der Güte der Modularisierung ab. Eine schlechte Modularisierung mit unübersichtlichen Modulbeziehungen kann sogar die Qualitätsziele äußerst negativ beeinflussen. Die Modularisierungsgüte läßt sich anhand der Kriterien beurteilen, welche der Modularisierung zugrundegelegt wurden.

Im folgenden werden zunächst verschiedene Arten von Modulen beschrieben. An die Klassifikation der Module schließt sich eine Erörterung der wichtigsten Entwurfsprinzipien an, die man zur Modulbildung heranziehen kann. Ergänzend werden modularisierungsunabhängige Prinzipien erläutert, welche ebenfalls zur Erreichung der softwaretechnischen Ziele beitragen.

4.1   Modultypen

4.1.1   Zum Modulbegriff

Die bei der Zerlegung eines Gesamtproblems entstehenden Teilprobleme werden einzelnen Komponenten eines Softwaresystems zugeordnet, die man im allgemeinen als Module bezeichnet. Eine einheitliche Definition des Modulbegriffs existiert allerdings nicht.

Das Gebilde, das sich bei der Modularisierung eines Systems als ein Modul ergibt, hängt unmittelbar von den Kriterien ab,

nach denen die Zerlegung durchgeführt wird. Da verschiedene
Autoren meist unterschiedliche Kriterien präferieren, muß
eine Begriffsdefinition entweder relativ inhaltslos bleiben
oder aber explizit auf die Kriterien der Modularisierung Bezug nehmen. Während manche Autoren deshalb ganz auf eine Definition verzichten, geben andere recht unterschiedliche Be-
griffsabgrenzungen an[1]. Da sich eine Definition nur pragma-
tisch vornehmen läßt, wird auch hier der Modulbegriff zunächst nicht weiter abgegrenzt, sondern als Synonym für eine
nach bestimmten Kriterien gebildete Komponente eines Softwaresystems verwendet.

Zur Reduktion der Problemkomplexität ist es erforderlich,
die Module weitestmöglich unabhängig voneinander zu gestalten. Modulunabhängigkeit wird in dem Maße unterstützt, wie
es gelingt, die Bindungen innerhalb der Module zu verstärken und die Kommunikation zwischen Modulen klar zu kontrollieren. Diese Konzepte, die man als innere Festigkeit bzw.
als Kopplung von Modulen bezeichnet, werden im folgenden erläutert.

4.1.2   Innere Festigkeit eines Moduls

Die Stärke der Zusammenhänge zwischen den Elementen eines
Moduls läßt sich anhand der inneren Festigkeit beurteilen.
Nach Myers können sieben Abstufungen der Modulfestigkeit
unterschieden werden[2]:

(1) _Funktionale Festigkeit_ ist die engste Form der Bindung
innerhalb eines Moduls. Sie liegt vor, wenn ein Modul genau
eine einzige, spezifizierte Funktion realisiert.

(2) _Informative Festigkeit_ ist gegeben, wenn in einem Modul
mehrere Funktionen zusammengefaßt sind, die auf derselben

---

1) Vgl. z.B. die Modulbegriffe bei Myers (1976), S. 89; Denert
   (1979), S. 207; Dennis (1973), S. 130; Melekian (1976), S. 147.
2) Vgl. Myers (1976), S. 90ff.

Datenstruktur arbeiten. Die Funktionen haben eindeutige, separate Einsprungspunkte, so daß bei einem Aufruf genau eine Funktion ausgeführt wird. Ein Modul mit informativer Festigkeit kann auch als physische Gruppierung von Modulen interpretiert werden, die selbst funktionale Festigkeit besitzen.

(3) <u>Kommunikative Festigkeit</u> liegt vor, wenn bei einem Aufruf des Moduls nacheinander mehrere Funktionen ausgeführt werden, welche dieselbe Datenmenge behandeln oder Daten untereinander weiterreichen, so daß Ausgabedaten einer Funktion Eingabedaten für eine andere Funktion darstellen. Ein Beispiel für diese Form der Datenkommunikation ist etwa ein Dateifortschreibungsmodul mit den Funktionen Lesen, Aktualisieren und Zurückschreiben eines Datensatzes.

(4) <u>Prozedurale Festigkeit</u> weist eine gewisse Ähnlichkeit mit der kommunikativen Festigkeit auf. Auch bei einem Modul dieses Typs kommen mehrere Funktionen zur Ausführung, die aber nicht unter dem Aspekt gemeinsamer Daten aneinander gebunden werden. Vielmehr ergibt sich die Zusammenfassung der Funktionen ausschließlich aus der algorithmischen Lösung eines Problems. Module mit prozeduraler Festigkeit sind typischerweise bei einer ablauforientierten Modularisierung und Programmentwicklung anzutreffen.

(5) <u>Klassische Festigkeit</u> ist gegeben, wenn ein Modul aus mehreren Funktionen gebildet wird, die nur in einem zeitlichen Zusammenhang stehen; d.h., die Bindung zwischen den Funktionen basiert nur darauf, daß sie sequentiell hintereinander ausgeführt werden. Diese Form der Festigkeit ist relativ locker und behindert die Modulunabhängigkeit, da häufig - explizit oder implizit - enge Beziehungen zu anderen Modulen hergestellt werden müssen[1].

(6) <u>Logische Festigkeit</u> ist eine noch losere Art der Bindung innerhalb eines Moduls. Mehrere, logisch verwandte Funktionen werden in ein Modul aufgenommen. Die gewünschte Funktion

---

1) Gewald u.a. (1979), S. 74, bezeichnen diese Abstufung der Festigkeit als "ausführungsorientiert".

kann beim Aufruf aber nur über einen Funktionscode ausgewählt werden. Dies bedeutet, daß eine einzige Modulschnittstelle allen Funktionen Rechnung tragen muß. Darüberhinaus
besteht bei Modulen dieses Typs die Gefahr, daß der Programmtext verschiedener Funktionen miteinander vermengt wird, was
die Wartungsfreundlichkeit und Zuverlässigekeit erheblich
beeinträchtigen kann[1].

(7) <u>Zufällige Festigkeit</u> als loseste Bindungsform weisen Module auf, die nicht nach den anderen Kriterien, sondern willkürlich gebildet wurden. Dies ist etwa der Fall, wenn ein um-
fangreicheres Modul nachträglich aufgespalten wird, um die
Modulgröße an Speicherrestriktionen anzupassen. Module mit
zufälliger Festigkeit sind bezüglich der Qualitätsmerkmale
Zuverlässigkeit, Verständlichkeit und Wartungsfreundlichkeit
als besonders negativ einzordnen.

In der Abstufung nach verschiedenen Festigkeitsarten kommt
das Ausmaß, in dem Modulunabhängigkeit unterstützt wird, zum
Ausdruck. Die engste Bindung innerhalb eines Moduls herrscht
bei funktionaler Festigkeit vor. Die starke Datenorientierung,
die nicht nur bei Produktionsplanungssystemen gegeben ist,
läßt es jedoch nicht praktikabel erscheinen, ausschließlich
dieses Extrem anzustreben. Die Bearbeitung vieler, unterschiedlicher Datenstrukturen legt es unmittelbar nahe, weitgehend Module mit informativer Festigkeit zu bilden.

Die Möglichkeit, eine Zerlegung in informativ feste Module
vorzunehmen, hängt allerdings stark von den Ausdrucksmitteln
der verwendeten Programmiersprache ab. Wenn die Sprache die
Formulierung verschiedener, getrennter Funktionen mit unterschiedlichen Einsprung- (und Rücksprung-)Stellen nicht unterstützt, ist man oft gezwungen, auf Funktionscodes zurückzu-
greifen und die erheblich geringere Bindungsstärke innerhalb
des Moduls in Kauf zu nehmen; statt informativer liegt dann
nur noch logische Festigkeit vor. Als eine krasse Fehlent-
wicklung ist aus dieser Sicht beispielsweise der COBOL-Stan-

---

1) Vgl. Gewald u.a. (1979), S. 74.

dard des American National Standards Institute von 1974 zu
beurteilen, welcher die in den meisten Compilern verfügbaren
Sprachmittel zur Formulierung sekundärer Moduleinsprung-
stellen (Entries) nicht enthält[1]. Compiler, welche den Standard implementieren, zwingen den Programmierer, eine große
Modulschnittstelle vorzusehen und die gewünschten Funktionen über Schalter anzusteuern.

4.1.3   Externe Modulmerkmale

Für die Benutzung eines Moduls sind vor allem inhaltliche
Eigenschaften bezüglich der Arten von Funktionen interessant,
die das Modul enthält. Die inhaltliche Beschreibung kommt
auch in der Spezifikation der Aufgaben eines Moduls zum Ausdruck. Eine auf die externe Spezifikation und den konzeptio-
nellen Gebrauch eines Moduls abzielende Typologie geht auf
Goos und Kastens zurück. Die beiden Autoren beschränken ihre
Kategorien zwar auf Module, die alle zur Lösung ihrer Aufgaben notwendigen Daten und Funktionen vollständig enthalten;
solche Module werden als funktional abgeschlossene Module bezeichnet[2]. Es scheint aber durchaus zulässig, die prinzi-
pielle Unterscheidung auch auf andere Modultypen anzuwenden.
Goos und Kastens bilden fünf Kategorien[3]:

(1)   Module der ersten Kategorie bestehen aus genau einer
Funktion. Verschiedene Aufrufe sind völlig unabhängig voneinander; es werden also keine permanenten Daten benutzt.
Typische Beispiele sind mathematische Funktionen; aber auch
andere Funktionen, deren Ergebnisse nur von der Eingabe abhängen, gehören in diese Klasse, z.B. vollständige Hauptprogramme zur Lösung einer bestimmten Aufgabe. Module dieses

---

1) Vgl. ANSI (1974).

2) Vgl. Goos, Kastens (1977), S. 157. Damit werden z.B. Module ausgeschlossen, die durch globale Daten und Funktionen gekoppelt sind; vgl. dazu Abschnitt 4.2.1.

3) Vgl. ebenda, S. 157f.

Typs besitzen funktionale Festigkeit.

(2) Module der zweiten Kategorie enthalten ebenfalls eine einzige Funktion, deren Ergebnisse aber von früheren Aufrufen abhängen. Es werden also Zustandsvariable geführt, deren Werte auch zwischen verschiedenen Aufrufen erhalten bleiben, wie es etwa bei Zufallszahlengeneratoren der Fall ist.

(3) Module der dritten Kategorie sind dadurch gekennzeichnet, daß sie mehrere Funktionen umfassen, die auf einer gemeinsamen Datenstruktur arbeiten. Die Ergebnisse einer Funktion können von vorhergehenden Aufrufen anderer Funktionen abhängig sein. Solche Module verwalten eine Datenstruktur und stellen nach außen Zugriffsfunktionen zur Verfügung. Aufgrund der Bindung über die Datenstruktur besitzen sie informative Festigkeit.

(4) Module der vierten Kategorie ähneln denen der dritten, stellen aber den Datenaspekt stärker in den Vordergrund. Sie unterscheiden sich vor allem darin, daß gleichzeitig mehrere identische Exemplare dieses Typs existieren können, während vom Typ (3) nur jeweils eine Version vorliegt.

(5) Module der fünften Kategorie implementieren einen Datentyp, für den implizit Zugriffsfunktionen definiert sind, d.h., nicht mehr vom Modulverfasser geschrieben zu werden brauchen. Hierzu gehören die Möglichkeiten der Datenvereinbarung, die höhere Programmiersprachen bieten.

Für die Entwicklung von Anwendungssoftware besitzen vor allem die ersten drei Kategorien Bedeutung. Die Möglichkeit, Modultypen der fünften Kategorie zu bilden, ist durch die Programmiersprache bereits als Datum vorgegeben. Module der vierten Kategorie lassen sich in den gängigen Programmiersprachen unmittelbar nur mit Schwierigkeiten implementieren, es sei denn, sie werden durch einen Preprozessor unterstützt[1].

---

[1] Preprozessoren, die Erweiterungen von FORTRAN bzw. PL/1 zur Bildung dieser Modulkategorie verarbeiten, haben Burton (1978), S. 307ff., bzw. Schwabe, Lucena (1977), S. 709ff., beschrieben.

Während Module der ersten und zweiten Kategorie eher mit traditionellen Denkweisen in Einklang zu bringen sind, erfordern Module der dritten Kategorie völlig andere Modularisierungsansätze. Wegen der hohen Festigkeit - solche Module besitzen informative Festigkeit - wird ihnen besonderes Gewicht beigemessen. Im Lauf dieses Kapitels werden deshalb eingehend Modularisierungsprinzipien erörtert, die zur Bildung von Modulen der dritten Kategorie dienen und die in den weiteren Kapiteln der Modularisierung von Softwaresystemen zur Produktionsplanung zugrundeliegen.

4.2 Modulbeziehungen

4.2.1 Modulkommunikation

Die Unabhängigkeit der Module eines Softwaresystems wird durch Minimierung der Modulkopplung gefördert. Die Kopplung ist ein Maßstab für die Enge des Zusammenhangs zwischen verschiedenen Modulen. Sie bezieht sich vor allem darauf, auf welche Weise und durch welche Art von Daten die Kommunikation zwischen den Modulen erfolgt. Angestrebt wird eine Form der Kopplung, bei der ein möglichst einfacher oder gar kein Datentransfer zwischen Modulen vorkommt. In der Realität lassen sich verschiedene Abstufungen der Modulkopplung unterscheiden[1]:

(1)   Die Kopplung über <u>Datenelemente</u> ist die einfachste und loseste Kopplungsart. Informationen werden zwischen Modulen durch einfache Datenelemente (keine Datenstrukturen) transferiert, die explizit als Parameter übergegeben werden. Gekoppelt sind dann nur Module, die einander direkt aufrufen.

(2)   Module sind durch <u>Datenstrukturen</u> gekoppelt, wenn sie auf denselben Datenstrukturen arbeiten, die als Parameter weitergereicht werden. Die Kopplung ist stärker als bei Da-

---

1) Vgl. Myers (1976), S. 92ff.

tenelementen, da Änderungen in einer Datenstruktur Änderungen in allen Modulen nach sich ziehen, welche die Datenstruktur behandeln. Vermeiden läßt sich diese Form der Kopplung unter anderem dadurch, daß alle Operationen auf der Datenstruktur zu einem Modul zusammengefaßt werden, das dann informative Festigkeit aufweist.

(3) Eine Kopplung durch <u>Kontrolldaten</u> liegt vor, wenn ein Modul an ein anderes Elemente wie Funktionscodes oder Schalter übergibt, die dort zur Steuerung des Programmablaufs verwendet werden. Da das aufrufende Modul die Ausführung des anderen - dieses besitzt gewöhnlich logische Festigkeit - direkt beeinflussen will, benötigt es meist zusätzliche Informationen über dessen internen Aufbau, was die Unabhängigkeit der Module verringert.

(4) <u>Globale Datenelemente</u> koppeln Module aneinander, die auf dasselbe, extern vereinbarte Datenelement Bezug nehmen. Änderungen in einem Modul können unerwünschte Auswirkungen in anderen Modulen haben.

(5) <u>Globale Datenstrukturen</u> stellen einen sehr engen Kopplungsmechanismus dar. Zu den Problemen, die bereits bei Verwendung global bekannter Datenelemente entstehen, treten weitere Probleme hinzu, die aus der physischen Anordnung der Daten resultieren. Jedes Modul, das eine globale Datenstruktur benutzt, muß die Anordnung ihrer Elemente kennen und muß folglich bei einer Änderung der Datenstruktur ebenfalls geändert werden. Umgekehrt können algorithmische Änderungen in einem Modul, die globale Daten tangieren, unerwünschte Seiteneffekte in anderen Modulen hervorrufen.

(6) Die Kopplung über den <u>Modulinhalt</u> ist die schlimmste und unübersichtlichste Form der Kopplung. Sie ist gegeben, wenn in einem Modul direkt auf Inhalte eines anderen Moduls Bezug genommen wird, z.B. Adressen oder Anweisungen des Moduls geändert werden. Dies ist meist nur in Assembler-Sprachen möglich; bei Verwendung höherer Programmiersprachen ist die Gefahr der inhaltlichen Kopplung relativ gering.

Die Kopplung über einfache Datenelemente stellt die angemessenste Form dar, um Modulunabhängigkeit zu erzielen. Aus Gründen der Praktikabilität läßt sie sich jedoch häufig nicht in letzter Konsequenz realisieren, ebensowenig wie der Idealfall erreichbar ist, ausschließlich Module mit funktionaler Festigkeit zu bilden. Dennoch können diese Konzepte als Grundlage für die Ableitung konkreter Modularisierungsprinzipien dienen.

4.2.2 Hierarchische Systemstruktur

Will man Aussagen über formale oder inhaltliche Beziehungen zwischen Modulen machen bzw. Grundsätze zur Ausgestaltung der Modulkommunikation formulieren, so muß zunächst klargestellt werden, was unter einer Beziehung von ·Modulen zu verstehen ist. In der Literatur sind sehr viele, unterschiedliche Kriterien für Modulbeziehungen eingeführt worden, welche den darauf aufbauenden Begriff der Modulhierarchie mittlerweile zu einem wenig aussagekräftigen Schlagwort degradiert haben[1].

Ein Kriterium, das der konzeptionell klaren Kontrolle der Abhängigkeiten zwischen Modulen am ehesten gerecht wird, ist die Benutzt-Relation ("uses relation"), die auf Parnas zurückgeht[2]:

Ein Modul A benutzt ein Modul B, wenn die korrekte Ausführung von B Voraussetzung dafür sein kann, daß A die als seine Aufgabe spezifizierte Funktion erfüllt. (Die Formulierung "kann" läßt die Möglichkeit zu, daß B nicht unbedingt für jede Ausführung von A auch tatsächlich benötigt wird.)

---

1) In einem Aufsatz mit dem bezeichnenden Titel "On a 'Buzzword': Hierarchical Structure" beschreibt Parnas (1974), S. 336ff., eine Vielzahl von Beziehungsarten, die dem Entwurf verschiedener Softwaresysteme zugrundegelegt wurden.

2) Vgl. Parnas (1979), S. 131f.; Parnas (1972b), S. 1057.

Unter Verwendung der Benutzt-Relation läßt sich dann eine
Modulhierarchie mit folgenden Eigenschaften definieren[1]:

(1)   Ein Modul der untersten hierarchischen Stufe (Stufe 1)
benutzt kein anderes Modul.

(2) Ein Modul einer höheren Stufe i (i > 1) benutzt mindestens ein Modul der Stufe i-1 und kein Modul einer Stufe
größer als i-1.

Die Definition von Parnas ist besonders geeignet, auch indi-
rekte Abhängigkeiten zwischen Modulen zu erfassen. Ein Modul
A "benutzt" nämlich alle diejenigen anderen Module, von denen eine korrekte Version vorhanden sein muß, wenn A ausgeführt werden soll!

Als Grundlage für den Entwurf eines Softwaresystems ist es
hilfreich, die obige Definition zu präzisieren und zwischen
einer direkten und einer indirekten Benutzt-Relation zu unterscheiden:

Ein Modul A benutzt ein Modul B <u>direkt</u>, wenn Namen von B in
A bekannt sein müssen.

Der direkten Benutzt-Relation kommt vor allem Bedeutung zu,
wenn Entscheidungen über den Entwurf von Modulschnittstellen
und -aufrufen getroffen werden. Wenn man von der direkten
Benutzt-Relation ausgeht und die zusätzliche Einschränkung
macht, daß ein Modul der Stufe i kein Modul einer Stufe
k < i-1 direkt benutzt, dann ist eine strenge Hierarchie
erzwungen. Abbildung 4-1 verdeutlicht diesen Fall an einem
Beispiel von acht Modulen M_1 ... M_8. Die Pfeile drücken direkte Benutzung aus. M_2 benutzt z.B. M_4 und M_5 direkt und
M_8 indirekt.

---

1) Vgl. Parnas (1979), S. 132.

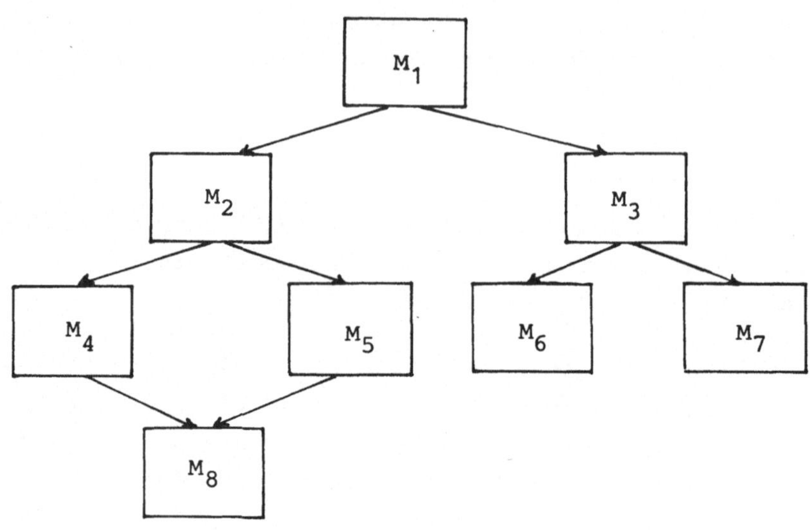

Abb. 4-1: Strenge Modulhierarchie

4.2.3 Abstraktionsebenen

Eine hierarchische Systemstruktur auf der Basis der Benutzt-
Relation beschreibt nur die formalen Zusammenhänge zwischen
den Systemkomponenten. Zwar kann bereits die Hierarchisierung - vor allem in Form einer strengen Hierarchie - zur
Übersichtlichkeit und Verständlichkeit eines Softwaresystems
beitragen; als alleinige Entwurfsrichtlinie ist sie jedoch
unzureichend. Vielmehr müssen inhaltliche Kriterien hinzutreten, nach denen die Hierarchiestufen gebildet werden.

Zu diesem Zweck kann man Module nach ihrem Abstraktionsgrad
verschiedenen Ebenen zuordnen. Der Bildung von Abstraktionsebenen liegt die unterschiedliche gedankliche Entfernung vom
Anwendungsproblem einerseits bzw. von der hardwaremäßigen
Realisierung der Lösung andererseits zugrunde. Module höherer Ebenen abstrahieren von der konkreten Realisierung bestimmter Daten- oder Algorithmenkonstrukte und setzen voraus, daß Implementationen dieser Konstrukte auf tieferen
Ebenen existieren.

Beispielsweise könnte ein Modul im Rahmen der Terminplanung
das abstrakte Datenkonstrukt "Kapazitätsgebirge" benutzen
und Operationen wie "Einfügen (bzw. Entfernen) eines Fertigungsauftrags" auf dem Kapazitätsgebirge durchführen, ohne
sich darum kümmern zu müssen, durch welche Datenstrukturen
und welche Algorithmen das Konstrukt implementiert wird. Die
Implementation ist einer tieferen Ebene vorbehalten. Das Modul "Kapazitätsgebirge" könnte seinerseits auf die Existenz
bestimmter Dateizugriffsalgorithmen angewiesen sein etc.

Jede Ebene besitzt also ein bestimmtes Abstraktionsniveau.
Bei Übergang zur nächsthöheren Ebene gehen Detailinformatio-
nen über die Implementierung von Operationen der tieferen
Ebene verloren, was Parnas und Siewiorek als "Verlust von
Transparenz" bezeichnen[1]. Dieser Transparenzverlust ist jedoch erwünscht, da die Module der höheren Ebene so konstruiert werden sollen, daß sie die Implementierung auf tieferen
Ebenen nicht zu kennen brauchen. Der Transparenzverlust
trägt somit zur Vereinfachung und Verständlichkeit bei.

In Abbildung 4-2 ist beispielhaft die Anordnung von neun Modulen nach Abstraktionsebenen dargestellt.

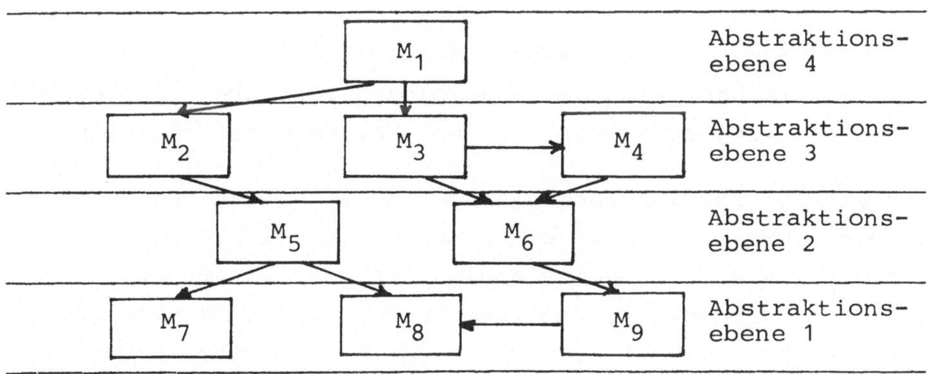

Abb. 4-2: Systemstruktur nach Abstraktionsebenen

---

1) Vgl. Parnas, Siewiorek (1975), S. 402.

Die Abbildung verdeutlicht, daß sich Abstraktionsebenen im allgemeinen nicht mit einer strengen Benutzt-Hierarchie in Einklang bringen lassen. Während Parnas den Abstraktionsgesichtspunkt ganz aus dem Hierarchieentwurf verbannt[1], schlägt Koster als modifizierten Ansatz ein kontrolliertes Chaos vor; die Hierarchie von Modulen wird durch eine Hierarchie von Schichten ersetzt[2]. Die Module einer Schicht gehören derselben Abstraktionsebene an. Innerhalb einer Schicht herrscht Chaos in dem Sinne, daß ein Modul prinzipiell jedes andere Modul der Schicht benutzen darf. In Abbildung 4-2 treten deshalb direkte Benutzt-Relationen zwischen Modulen derselben und benachbarter Abstraktionsebenen auf.

Beim Entwurf von mittelgroßen Systemen im Bereich der Anwendungssoftware erweist sich meist eine Differenzierung nach ca. drei bis fünf Abstraktionsebenen als zweckmäßig. So werden etwa die in den beiden folgenden Kapiteln darzustellenden Produktionsplanungssysteme in vier Schichten gegliedert. Abstraktionsebenen lassen sich jedoch nur dann als Entwurfsrichtlinien vorgeben, wenn bei dem zugrundeliegenden Problemlösungsverfahren tatsächlich unterschiedliche Abstraktionsniveaus herauskristallisiert werden können. Dies erweist sich vor allem bei mathematischen Algorithmen als schwierig, bei denen die einzelnen Verfahrensschritte sehr stark miteinander verflochten sind und auf denselben Variablen arbeiten. In Kapitel 7, das ein solches Verfahren zum Gegenstand hat, wird auf diese Schwierigkeiten näher eingegangen.

Wenn man Abstraktionsebenen in der Weise bildet, daß kein Modul einer Ebene i Module einer Ebene k < i-1 benutzt, dann kann die Ebene i als vollständige Abstraktion der Ebene i-1 betrachtet werden. Zwischen den Ebenen existiert eine strenge Hierarchie. Dieser Struktur liegt der Gedanke zugrunde, Abstraktionsebenen als Schichten von virtuellen Maschinen aufzufassen. Jede Schicht stellt prinzipiell alle Elemente bereit, die zur Problemlösung notwendig sind; sie abstrahiert

---

1) Vgl. Parnas (1979), S. 136.
2) Vgl. Koster (1976), S. 182ff.

von bestimmten Implementierungsdetails, die in der nächsttieferen Schicht verborgen werden.

Die Konstruktion der Ebenen im Sinne einer vollständigen Abstraktion der jeweils nächsttieferen Ebene läßt sich im Bereich der Anwendungssoftware nicht ohne weiteres verwirklichen. Deshalb wird meist auf die strenge Schichtenhierarchie
verzichtet. Module einer Ebene i dürfen dann grundsätzlich
auch Module tieferer Ebenen als i-1 benutzen (aber natürlich
keine Module von Ebenen größer als i). Abbildung 4-3 verdeutlicht die starke und die schwache Hierarchie zwischen Abstraktionsebenen.

Die Reihenfolge, in der die Module verschiedener Abstraktionsebenen entworfen werden, kann grundsätzlich durch zwei unterschiedliche Ansatzpunkte charakterisiert werden.

Beim Top-down-Entwurf geht man von der Beschreibung des Anwendungsproblems aus und entwickelt zunächst eine abstrakte
Lösung auf der höchsten Abstraktionsebene. Die dort ange-
sprochenen abstrakten Konstrukte werden auf einer tieferen
Ebene durch elementarere Konstrukte implementiert. Die zunehmende Detaillierung abstrakter Konstrukte führt letztlich
zur konkreten Realisierung elementarer binärer Operationen
auf dem zugrundeliegenden Hardwaresystem.

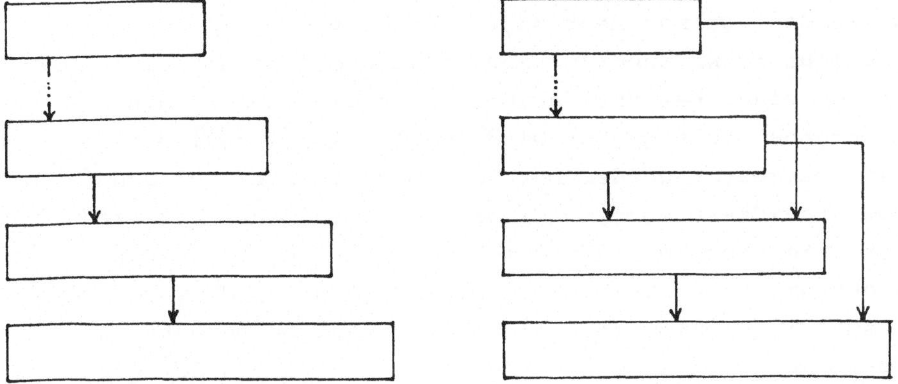

Abb. 4-3: Hierarchien von Abstraktionsebenen

Bei der Entwicklung von Anwendungssoftware braucht die Konkretisierung natürlich nicht bis auf diese Stufe vorange-
trieben zu werden. Welche Ebene die unterste Ebene darstellt,
hängt von den zur Verfügung stehenden Softwareressourcen ab.
Das Top-down-Vorgehen endet auf einer höheren Ebene, wenn bereits Module für elementare Daten- und Algorithmenkonstrukte
bereitgestellt werden, als wenn diese selbst entwickelt werden müssen. Die tiefste Stufe ist spätestens dann erreicht,
wenn alle benutzten Datenstrukturen und Algorithmen unmittelbar durch die Ausdrucksmittel der Programmiersprache implementiert sind.

Beim <u>Bottom-up-Entwurf</u> geht man andererseits von der Ebene
der Programmiersprache bzw. der verfügbaren Konstrukte aus
und kombiniert elementarere Konstrukte zu komplexeren, die
den höheren Abstraktionsebenen zur Verfügung gestellt werden.
Auf diese Weise wird jeweils eine höhere Abstraktionsebene
gebildet, bis schließlich die dem Anwendungsproblem nächste
Ebene erreicht ist.

Für den Entwurf großer Softwareprodukte ist weder die Top-
down- noch die Bottom-up-Vorgehensweise in reiner Form praktikabel.

Bei einem reinen Bottom-up-Entwurf läßt sich die Möglichkeit
nicht ausschließen, daß das entstehende Softwareprodukt Funktionen enthält, die letztlich zur Problemlösung gar nicht benötigt werden. Da man mehr oder weniger von Vermutungen ausgeht, welche Funktionen zur Bewältigung der Gesamtaufgabe erforderlich sind, besteht darüberhinaus die Gefahr, daß die
Gesamtaufgabe nicht gelöst wird, weil beispielsweise eine
Funktion vergessen wurde. Der Bottom-up-Entwurf muß dann
top-down revidiert werden. Allerdings bringt das Ansetzen
auf der untersten Abstraktionsebene mit sich, daß ein breites Spektrum von Funktionen entworfen wird, deren Verwendung
nicht auf ein bestimmtes Anwendungsproblem beschränkt ist.
Bottom-up entworfene Module können meist allgemeiner eingesetzt werden als top-down entworfene und fördern deshalb ten-

denziell die Universalität des Systems.

Bei einem ausschließlichen Top-down-Vorgehen kann sich her-
ausstellen, daß Entwurfsentscheidungen höherer Ebenen Implementierungen von bestimmten abstrakten Konstrukten erfordern,
die schwierig zur realisieren sind oder offensichtliche Ineffizienz in das System tragen. Auch nicht genügend präzise
definierte oder nicht endgültig festgelegte Anforderungen an
das System erschweren einen sinnvollen Top-down-Enwurf; bei
jeder Änderung der Aufgabenbeschreibung besteht dann die Gefahr, daß der ganze Entwurf geändert werden muß.

Als ein praktikabler Lösungsansatz wird deshalb eine Kombination zwischen der Top-down- und der Bottom-up-Reihenfolge
empfohlen. Goos schlägt beispielsweise als generelle Ent-
wurfsmethodik einen iterierenden Top-down-/Bottom-up-Prozeß
vor, der solange andauert, bis ein befriedigender Kompromiß
zwischen den Anforderungen der Implementierung und des Anwendungsproblems erzielt ist[1]. Bei einem Produktionsplanungssystem, das stark datenorientiert ist, werden bottom-
up hauptsächlich Module zur Datenverwaltung entwickelt, während sich die algorithmischen Komponenten zur Lösung der einzelnen Teilprobleme der Produktionsplanung aus dem Top-down-
Ansatz ergeben.

4.3   Modularisierungsprinzipien

4.3.1   Schnittstellenminimalität und Information Hiding

Als konkretes Gestaltungsprinzip für die Abgrenzung von Modulen dient in erster Linie das Prinzip der Schnittstellenminimalität, welches sich aus der Forderung nach Minimierung
der Modulkopplung ableitet. Das Prinzip verlangt, daß die Modulschnittstellen möglichst klein und möglichst einfach gehalten werden.

---

1) Vgl. Goos (1973), S. 38ff.

Eine Schnittstelle umfaßt im weitesten Sinne alle Informationen über ein Modul, die nach außen hin bekannt sind. Sie erstreckt sich somit auch auf sämtliche Annahmen, die bei den verschiedenen Formen der Kopplung andere Module über das Modul machen und die nur teilweise explizit hervortreten. Dazu zählen alle Arten von Annahmen über Namen, Darstellung und Typ der Daten in anderen Modulen, über externe Speicherungsformen und Ein-/Ausgabeformate etc. Ebenso gehören dazu natürlich die Namen der anderen Module bzw. der in ihnen enthaltenen Funktionen, die Arbeitsweise ihrer Algorithmen, ferner Informationen, welche weiteren Module sie benutzen u.ä.

Die Interdependenz der Module steigt mit dem Ausmaß und der Detailliertheit der Annahmen, welche die Module übereinander machen; um so schwieriger wird es, Module unabhängig voneinander zu entwickeln oder zu ändern. Die Module sind deshalb so zu gestalten, daß sich die verschiedenen Annahmen auf ein Mindestmaß beschränken. Diese Forderung muß bereits in der Entwurfsphase berücksichtigt werden. Der Programmierer, der für die Entwicklung eines Moduls zuständig ist, sollte von vorneherein gar keine Informationen über andere Module erhalten als die, die er unbedingt benötigt.

Auf die negativen Folgen einer zu weit gehenden Verfügbarkeit von Informationen weist Parnas ausdrücklich hin[1]: Der Programmierer, dem Informationen über den Inhalt anderer Module zugänglich sind, neigt dazu, von ihnen auch Gebrauch zu machen. Dadurch kann die Interdependenz zwischen den Modulen eines Softwaresystems katastrophal erhöht werden. Parnas fordert sogar, daß kein Modul bzw. kein Entwickler eines Moduls zu wissen brauche, won welchen und von wievielen anderen Modulen das Modul benutzt wird[2].

Ein Modul sollte generell möglichst wenig Informationen über andere Module benötigen und nur über exakt abgegrenzte

---

1) Vgl. Parnas (1972a), S. 342.
2) Vgl. Parnas (1979), S. 131.

Schnittstellen mit anderen Modulen kommunizieren. Die Modulschnittstelle legt dann genau diejenigen Informationen über
ein Modul fest, die bekannt und anderen Modulen zugänglich
gemacht werden. Weitergehende Annahmen sind unzulässig. Informationen, die über den Namen der Schnittstelle hinausgehen, werden als Parameter gekennzeichnet und weitergegeben.
Die Parametrisierung muß ebenfalls restriktiv gehandhabt werden, da sie sonst dem Prinzip der Schnittstellenminimalität
zuwiderläuft[1]. Die Modulkommunikation wird ausschließlich
über die definierten Schnittstellen abgewickelt.

Die interne Realisierung der Aufgaben eines Moduls bleibt
nach außen hin verborgen. Jedes Modul versteckt in seinem
Innern gewisse Entwurfsentscheidungen, die für seine Benutzung unerheblich sind. Parnas hat für diesen Sachverhalt den
Begriff "Information Hiding" geprägt[2].

Das Prinzip des Information Hiding trägt in starkem Maße zur
Wartungsfreundlichkeit eines Softwaresystems bei. Die Adaptabilität steigt vor allem, wenn änderungsanfällige Komponenten
innerhalb von Modulen konzentriert werden, so daß sich spätere Modifikationen nur in einzelnen Modulen vollziehen, aber
nicht auf die Schnittstellen auswirken. Dies gilt besonders
für maschinen- oder betriebssystemabhängige Programmteile.
Die Isolierung und Konzentration solcher Komponenten in einem oder in wenigen Modulen trägt stark zur Portabilität bei.

Neben der Austauschbarkeit von Modulen wächst durch das Information Hiding auch die Zuverlässigkeit eines Systems, da
die Lokalisierung und Behebung von Fehlern sowie gegebenenfalls der Korrektheitsbeweis erleichtert werden. Die klare
Abgrenzung der Module durch das Prinzip der Schnittstellenminimalität erhöht darüberhinaus die Verständlichkeit. Sie
fördert die unabhängige Entwicklung der Module und die Einarbeitung neuer Mitarbeiter, denn um ein Modul zu begreifen,

---

1) Vgl. Kimm u.a. (1979), S. 118.
2) Vgl. Parnas (1972b), S. 1056, und die zugrundeliegenden
   Gedanken in Parnas (1972a), S. 341f.

etwa als Voraussetzung für eine Änderung, ist die Kenntnis
anderer Module oder gar des Gesamtsystems nicht erforderlich.

4.3.2 Das Datenabstraktionsprinzip

4.3.2.1 Abstrakte Datenstrukturen

Der Zweck der Modularisierung, die Problemkomplexität zu reduzieren, wird traditionell in der Weise verfolgt, daß das
Lösungsverfahren in einzelne Teilschritte zerlegt und dadurch
algorithmisch vereinfacht wird. Auf einer bestimmten Ebene
sind Einzelheiten eines (Teil-)Algorithmus ohne Bedeutung;
es wird vielmehr mit einer Abstraktion des Algorithmus gearbeitet. Die Abstraktion beinhaltet, daß der Algorithmus einen Namen erhält und durch Nennung seines Namens appliziert
werden kann. Für die Benutzung sind Detailkenntnisse nicht
erforderlich; insbesondere braucht die Art der Implementierung nicht bekannt zu sein.

In den gängigen Programmiersprachen wird diese Form der Modularisierung durch Unterprogramme realisiert; die Benutzung
eines ausgelagerten Algorithmus erfolgt durch einen Unterpro-
grammaufruf. Das Modularisierungsprinzip, demzufolge algorithmische Konstrukte beim Softwareentwurf zu Modulen gemacht werden, bezeichnet man als prozedurale Abstraktion.

Das Prinzip der prozeduralen Abstraktion trägt zweifellos
zur Reduktion der Problemkomplexität bei. Die Komplexität
eines Softwaresystems wird jedoch nicht nur von den algorithmischen Konstrukten, sondern in starkem Maße auch von kom-
plizierten Datenstrukturen verursacht, die sich aus dem Anwendungsproblem ergeben und nicht als Datentypen in der verwendeten Programmiersprache vorgesehen sind. Beispiele solcher Datenstrukturen sind etwa:

- Keller (Last-in-first-out-Speicher)
- Schlangen (First-in-first-out-Speicher)
- dünnbesetzte Matrizen (Sparse Matrizen)

- Bäume (wie in Abb. 2-1) zur Darstellung von Erzeugnis-
  strukturen
- Netze (wie in Abb. 2-5) zur Darstellung von Terminplänen
- Säulendiagramme (wie in Abb. 2-6) zur Darstellung von
  Kapazitätsgebirgen

Um das Arbeiten mit komplizierteren Datenstrukturen zu erleichtern, können auch hier Abstraktionen gebildet werden.
Dies geschieht durch Konstruktion "abstrakter Datenstrukturen", welche von der konkreten Repräsentation und Speicherungsform der Daten abstrahieren. Auch bei dieser Art der
Abstraktion wird zwischen der Benutzung und der Implementierung der Datenstruktur getrennt. Der Benutzer einer abstrakten Datenstruktur braucht keine Kenntnis von der Implementierung zu haben. Die abstrakte Datenstruktur ist durch Festlegung aller auf ihr zulässigen Operationen definiert und
darf ausschließlich durch diese Operationen manipuliert werden[1]. Auf einer bestimmten Abstraktionsebene kann man mit
der abstrakten Datenstruktur arbeiten, indem man die definierten Operationen appliziert, und braucht sich nicht um
die Implementierung zu kümmern, die einer tieferen Ebene
vorbehalten ist.

Besonders komfortabel und einfach zu handhaben sind Datenstrukturen, die lineare Listen darstellen[2]. Eine Datenkapsel, welche eine lineare Liste implementiert, kann durch Zugriffsfunktionen definiert werden, die bei mehrfachem Aufruf hintereinander das jeweils nächste Listenelement anspre-
chen. An die Definition wird die Anforderung gestellt, daß
die sequentielle Anwendung einer Funktion genau das Element
identifiziert, welches in der vom Modulbenutzer gewünschten
Reihenfolge an nächster Stelle steht.

Die Definition der Datenkapsel orientiert sich also an der
Sicht des Modulbenutzers, für den eine lineare Liste beson-

---

1) Vgl. Shankar (1980), S. 72; Horning (1976), S. 60.
2) Vgl. zum Begriff der linearen Liste etwa Wedekind (1975),
   S. 46ff.

ders anschaulich ist. Die Implementierung wird meist von der Liste abweichen und wird in Abhängigkeit von dem verwalteten Datenbestand mehr oder weniger aufwendig sein.

Zur Benutzung der Datenkapsel werden Sequenzen zur Verfügung gestellt. Eine Sequenz besteht aus mindestens einer Positionierungsfunktion, welche die Sequenz initialisiert, und einer Zugriffsfunktion, die das jeweils nächste Element anspricht.

Als Beispiel einer abstrakten Datenstruktur, auf der Sequenzen definiert werden, sei die Strukturstückliste herangezogen. Für den Benutzer ist es sehr komfortabel, wenn er bei mehrfacher Anwendung eines Lesezugriffs die jeweils nächste Stücklistenposition in der Reihenfolge erhält, die dem Aufbau der Strukturstückliste entspricht (d.h., Baugruppen werden bei Auftreten sofort in untergeordnete Teile aufgelöst[1]). Die Strukturstückliste stellt für ihn eine lineare Liste dar. Daß die Implementierung wahrscheinlich in Form eines Baums erfolgt, der in einer bestimmten Weise traversiert werden muß, bleibt im Innern der Datenkapsel verborgen und ist für die Benutzung der linearen Liste ebenso unerheblich wie die Information, daß der Baum physisch in zwei Dateien, einer Teilestammdatei und einer Erzeugnisstrukturdatei, gespeichert wird[2].

Die Benutzung der Datenkapsel mit Hilfe einer Lesesequenz kann dann beispielsweise so erfolgen, daß die Initialisierung auf den Stücklistenkopf positioniert und die weiteren Aufrufe einer Zugriffsfunktion die Daten der jeweils nächsten Stücklistenzeile bereitstellen. (Legt man die Erzeugnisstrukturdarstellung für das Teil X in Abbildung 2-1 zugrunde, so würde die Datenkapsel eine lineare Liste implementieren, in welcher die Teile in der Reihenfolge X, A, C, G, F, B, I, C, G, F erscheinen.)

---

1) Vgl. dazu Mertens (1978), S. 155ff.

2) Die Traversierung von Erzeugnisstrukturbäumen und die Speicherung in verschiedenen Abstraktionsformen wird in Abschnitt 5.2 behandelt.

4.3.2.2 Implementierung einer abstrakten Datenstruktur

Die Implementierung einer abstrakten Datenstruktur kann durch
ein Modul des Typs (3) gemäß der Klassifikation von Goos und
Kastens realisiert werden[1]. Wenn die Programmiersprache die
erforderlichen Ausdrucksmittel zur Verfügung stellt, besitzt
ein solches Modul informative Festigkeit!

In dem Modul werden die zulässigen Operationen auf der abstrakten Datenstruktur als Zugriffsfunktionen zusammengefaßt.
Das Modulinnere enthält lokale Daten und Prozeduren, welche
die lokalen Daten bearbeiten. Die Prozeduren sind nur insoweit nach außen bekannt, wie sie als Zugriffsfunktionen auf
die abstrakte Datenstruktur definiert wurden. Andere Prozeduren sind nur modulintern bekannt und üben Hilfsfunktionen
aus, die z.B. im Zuge der schrittweisen Verfeinerung entstanden sind, von mehreren Zugriffsfunktionen benutzt werden oder
physische Datenmanipulationen durchführen. Abbildung 4-4
zeigt schematisch den Aufbau eines Datenabstraktionsmoduls.
Da bei dieser Art von Modulen die Abkapselung lokaler Daten
von der Modulumgebung im Vordergrund steht, werden sie auch
als "Datenkapseln" bezeichnet[2].

Das Konzept der Zusammenfassung von Prozeduren zu einem Modul muß in den gängigen Programmiersprachen zum Teil unterschiedlich realisiert werden. In Sprachen, welche mehrfache
Eingangsstellen (Entries) in Unterprogramme vorsehen, lassen
sich die Zugriffsfunktionen als disjunkte Entry-Prozeduren
konstruieren[3]. Jede Entry-Prozedur wird dann mit einem
Rücksprung in das aufrufende Programm beendet. Abbildung 4-5
gibt das Schema eines auf diese Weise implementierten Datenabstraktionsmoduls wieder. Stehen Entries als Strukturierungs-
mittel in der Programmiersprache nicht zur Verfügung, müssen

---

1) Vgl. Goos, Kastens (1977), S. 157, sowie Abschnitt 4.1.3.

2) Vgl. Horning (1976), S. 60; Rechenberg (1977), S. 14ff.

3) Als Entry-Prozedur wird hier eine Prozedur bezeichnet,
   die von außerhalb des Moduls aufgerufen werden kann,
   aber keinen eigenen Datenraum besitzt, sondern denselben
   wie das Unterprogramm, das die Entry-Prozedur enthält.

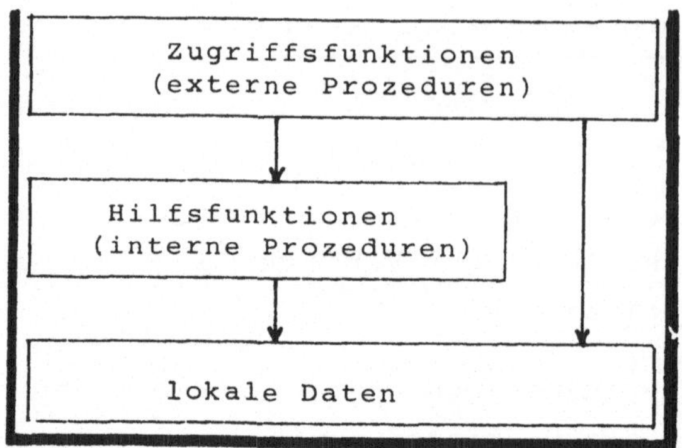

<u>Abb. 4-4:</u> Abstrakte Datenstruktur (Datenkapsel)

die unterschiedlichen Zugriffsfunktionen über eine gemeinsame Moduleingangsstelle durch Schalter angesteuert werden[1]. Auf die Nachteile dieser Realisierung hinsichtlich der Modulfestigkeit wurde oben bereits hingewiesen.

Datenkapseln besitzen eine Reihe positiver Eigenschaften, die zum Teil auch Modulen innewohnen, welche nach dem traditionellen Kriterium der prozeduralen Abstraktion gebildet werden[2]. Wie die letzteren tragen sie dazu bei, Wiederholungen des Programmtextes zu vermeiden, indem gleiche Vereinbarungen und Zugriffsalgorithmen nur einmal niedergeschrieben zu werden brauchen, aber an vielen Stellen verwendet werden können.

Die Module sind konzeptionelle Einheiten, die abstrakte Objekte repräsentieren. Für die Benutzung ist es nur erforderlich, die Art des Objektes zu kennen, nicht aber, wie die Repräsentation erfolgt. Da die Implementierung nach außen hin verborgen bleibt, ist das Prinzip des Information Hiding realisiert.

---

1) In streng an dem ANSI-Standard orientiertem COBOL kann dazu beispielsweise die "go to ... depending on ..."-Konstruktion herangezogen werden.

2) Vgl. auch Horning (1976), S. 60ff.

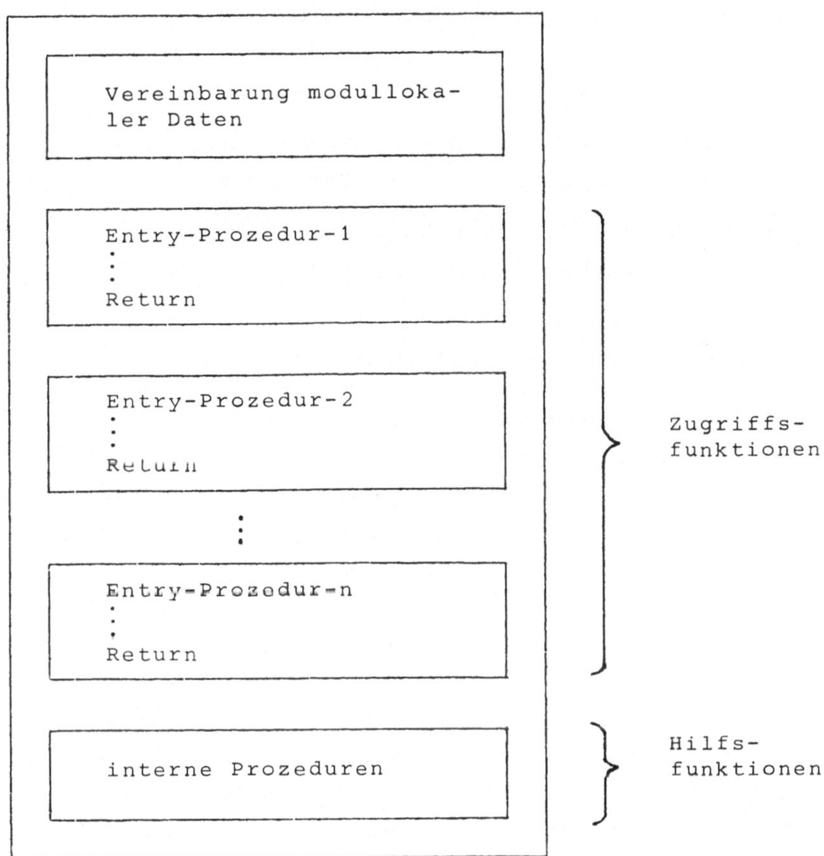

<u>Abb. 4-5:</u> Implementierung eines Datenabstraktionsmoduls

Die Forderung nach einfachen Schnittstellen ist ebenfalls erfüllt. Die Kommunikation zwischen Modulen erfolgt nicht
durch Weitergabe von Informationen über komplexe Datenstrukturen oder den inneren Aufbau von Dateien; vielmehr besteht
die Schnittstelle nur aus dem Namen einer auf der abstrakten
Datenstruktur definierten Operation und den benötigten Parametern.

Datenabstraktion in Zusammenhang mit dem Information Hiding
trägt wesentlich zur Adaptabilität und Portabilität eines
Softwaresystems bei, da Speicherungsformate und Datenorganisationsformen erfahrungsgemäß besonders änderungsanfällig

sind. Als Beispiel sei die Speicherung von Teilestammdaten
genannt, die je nach Umfang, Zugriffshäufigkeit etc. unterschiedlich realisiert sein kann, z.B.:

- Speicherung aller teilespezifischen Daten in einer Stammdatei mit einem Datensatz pro Teilenummer

- Auslagerung von Daten aus der Stammdatei in untergeordnete
  Dateien und Verkettung mit Hilfe von Adreßverweisen

- gestreute oder index-sequentielle Speicherung[1]
- variable oder feste Satzlängen etc.

Bildet man eine Datenkapsel *teile*, die Zugriffsfunktionen
auf teilespezifische Daten zur Verfügung stellt, so brauchen
andere Module die tatsächliche Implementierung überhaupt
nicht zu kennen. Sie können unabhängig entwickelt werden und
bleiben insbesondere von Änderungen der Speicherungsform unberührt.

Negativ beeinflußt werden durch die Verwendung von Datenab-
straktionsmodulen die traditionellen Effizienzziele. Vor allem die Ausführungsgeschwindigkeit verringert sich, da die
Implementierung in der beschriebenen Weise einen sehr häufi-
gen Transfer des Kontrollflusses durch zeitaufwendige Prozeduraufrufe impliziert. Angesichts der abnehmenden Bedeutung
der Laufzeiteffizienz als softwaretechnisches Ziel wird diesem Nachteil nur untergeordnetes Gewicht beigemessen. Wenn
die Implementierung durch Prozeduren tatsächlich zu offen-
sichtlicher Ineffizienz führt, so sind andere Möglichkeiten
denkbar (etwa Einfügen von Programmtext als "In-Line-Code",
Kopieren aus Makrobibliotheken o.ä.), auf die bereits Parnas
hingewiesen hat[2].

Wegen der herausragenden Vorteile nimmt das Datenabstraktionsprinzip bei den in den Kapiteln 5-7 zu beschreibenden
Konzeptionen eine zentrale Rolle ein.

---

1) Vgl. zu den Begriffen Wedekind (1975), S. 58ff.
2) Vgl. Parnas (1972b), S. 1057; vgl. auch Denert (1979),
   S. 218; Rechenberg (1977), S. 25.

4.3.2.3 Abstrakte Datentypen

Wenn man den Begriff der abstrakten Datenstruktur verallgemeinert, gelangt man zum abstrakten Datentyp. Ein abstrakter
Datentyp unterscheidet sich von einer abstrakten Datenstruktur vor allem dadurch, daß er nicht ein bestimmtes Exemplar
identifiziert, sondern den Typ einer (abstrakten) Datenstruktur beschreibt. Es können also gleichzeitig mehrere Exemplare eines abstrakten Datentyps existieren. In Analogie zu einem durch die Programmiersprache implementierten (realen)
Datentyp, z.B. "integer" oder "boolean", der in einem Programm durch mehrere Variable vertreten ist, können dann auch
mehrere Exemplare eines Typs wie "Keller" oder "dünnbesetzte
Matrix" benutzt werden, wobei der Datentyp selbst nur einmal
vereinbart wird.

Abstrakte Datentypen werden durch Module des Typs (4) in der
Klassifikation von Goos und Kastens implementiert[1]. Die in
der Praxis verbreiteten Programmiersprachen unterstützen allerdings die Vereinbarung abstrakter Datentypen nicht. Manche
Anwender haben deshalb Spracherweiterungen um solche Defini-
tionsmöglichkeiten vorgenommen, die von Preprozessoren verarbeitet werden[2]. Neuere, aber praktisch kaum oder gar nicht eingesetzte Programmiersprachen wie CLU, ELAN, ALPHARD, LIS,
EUCLID und bereits SIMULA67 bieten demgegenüber ausgeprägte
Möglichkeiten der Konstruktion abstrakter Datentypen; teilweise wurden diese Sprachen sogar schwerpunktmäßig unter dem
Aspekt der Datenabstraktion entwickelt[3].

---

1) Vgl. Goos, Kastens (1977), S. 157f., sowie Abschnitt
   4.1.3.
2) Vgl. die Erweiterungen von PL/1 und FORTRAN durch Schwabe,
   Lucena (1978), und Burton (1978).
3) Einen Überblick über diese neueren Sprachentwicklungen
   gibt Weicker (1978), S. 107ff. Vgl. auch Kimm u.a. (1979),
   S. 186ff., deren Ausführungen über klassische Programmiersprachen (S. 179ff.) allerdings stellenweise fehlerhaft sind.

4.3.3 Ergänzende Prinzipien

Information Hiding und Abstraktion bezüglich der Daten- und Algorithmenkonstrukte sind die zentralen Modularisierungsprinzipien, die auch in den folgenden Kapiteln angewendet werden. In Ergänzung dieser fundamentalen Prinzipien treten unterstützende Richtlinien hinzu, die abschließend dargestellt werden.

(1) Getrennte Kompilierbarkeit

Die bei der Zerlegung angestrebte Modulunabhängigkeit beinhaltet unter anderem, daß die Module für sich allein entwickelt, abgeändert oder ausgetauscht werden können. Dies setzt voraus, daß sie sich getrennt übersetzen und in ein sonst unverändertes System von Maschinenprogrammen laden lassen. In manchen Definitionen des Modulbegriffs wird deshalb die getrennte Kompilierbarkeit sogar explizit als Kriterium gefordert[1]. Bei klassischen Programmiersprachen wie COBOL und FORTRAN stellen darüberhinaus getrennt übersetzte Unterprogramme die einzige Möglichkeit dar, das Information Hiding zu realisieren und Entwurfsentscidungen zu verstekken; auf andere Weise kann dort die Bekanntheit von Daten und Prozeduren nicht eingeschränkt werden. Aus diesen Gründen werden Module in der Regel als Programme implementiert.

(2) Überprüfbarkeit

Zum Erreichen des Zuverlässigkeitsziels ist es erforderlich, daß das korrekte Funktionieren eines Moduls überprüft werden kann. Das Modul muß so beschaffen sein, daß sich die Überprüfung an dem Modul allein, also losgelöst von der Modulumgebung im Gesamtsystem, nur aufgrund seiner externen Spezifikation und Schnittstellenbeschreibung durchführen läßt[2]. Während in einfachen Fällen eventuell ein formaler Korrektheitsbeweis möglich ist, wird im allgemeinen ein ausführli-

---

1) Vgl. z.B. Myers (1976), S. 89.
2) Vgl. Denert (1979), S. 2O7.

cher Modultest notwendig sein.

(3) Beschränkte Modulgröße

Die Problemkomplexität verringert sich durch übersichtliche und leicht handhabbare Module. Eine verbreitete Richtlinie lautet deshalb, Module von geringem Umfang zu bilden. Während Denert empfiehlt, die Modulgröße an der Bearbeitungskapazität einer einzelnen Person zu orientieren[1], werden sonst meist Restriktionen vorgeschlagen, welche die Anzahl der Programmbefehle zum Maßstab nehmen. Diese Empfehlungen sind sehr unterschiedlich[2]; sie erscheinen großenteils willkürlich und angesichts der stark differierenden Verbalisierungsmöglichkeiten verschiedener Programmiersprachen ohnehin zu starr.

Die Beschränkung der Modulgröße ist sicher grundsätzlich richtig. Als alleiniges Modularisierungsprinzip, wie es in der Praxis zum Teil angewendet wird, eignet sie sich jedoch nicht. Vielmehr führt dieses Kriterium häufig dazu, daß zunächst ein großes, nicht modularisiertes Programm erstellt wird, das nachträglich - willkürlich - in kleinere Komponenten aufgespalten wird. Die so entstehenden Module weisen die schwächste Festigkeitsstufe auf, nämlich zufällige Festigkeit.

Die Modularisierung sollte sich deshalb an inhaltlichen Kriterien orientieren, wobei die Modulgröße als ergänzendes Kriterium hinzutreten kann. Insbesondere erscheint bei informativ festen Modulen die Beschränkung auf eine geringe Anzahl von Befehlen nicht sinnvoll; sie sollte sich hier nicht auf das gesamte Modul, sondern eher auf die einzelnen

---

1) Vgl. Denert (1979), S. 207.

2) Myers (1976), S. 95f., schlägt 10 - 100 Befehle pro Modul vor. Yourdon (1975), S. 94f., zitiert eine Reihe von Richtlinien, die sich zwischen 20 und 500 Befehlen bewegen. Eine gängige Regel nennt als Modulgröße ca. 50 Befehle, was ungefähr einer Seite Programmtext auf Druckerpapier entspricht.

Funktionen beziehen.

Neben den drei ergänzenden Modularisierungsprinzipien sind eine Reihe weiterer Prinzipien zu erwähnen, die teils allgemeinerer Natur sind oder die innere Gestaltung der Programme betreffen[1].

(4) <u>Uniformität</u>

Das Uniformitätsprinzip verlangt Einheitlichkeit hinsichtlich der Namensgebung, der Programmstrukturierung etc. Inkonsistenzen sollen vermieden werden. Ein spezieller Aspekt der Uniformität steht in Zusammenhang mit der Datenabstraktion und bezeichnet die Einheitlichkeit des Zugriffs: Abstrakte Datenstrukturen dürfen nur auf eine Weise, nämlich über die definierten Zugriffsfunktionen, manipuliert werden[2].

(5) <u>Lokalität</u>

Das Lokalitätsprinzip beinhaltet, daß Gleichartiges oder Ähnliches auch physisch benachbart angesiedelt wird. Beispielsweise sollen Schritte, die einer bestimmten Berechnung dienen, nicht über ein ganzes Programm verstreut, sondern lokal konzentriert werden.

(6) <u>Selbstdokumentation</u>

Zur Erhöhung der Verständlichkeit sollte der Programmtext unmittelbar den Programmablauf deutlich machen. Dazu tragen die Kommentierung von Datenvereinbarungen und Prozeduren,die Verwendung sinnentsprechender Namen, das Hervorheben zusammengehörender Befehlsfolgen etc. in starkem Maße bei. Weitere programmiertechnische Prinzipien, welche sich an den Softwarequalitätszielen orientieren und der Programmentwicklung zugrundezulegen sind, werden hier nicht erörtert; dazu

---

1) Vgl. Kurbel (1979), S. 46f.
2) Vgl. Ross u.a. (1975), S. 22f.

sei auf die einschlägige Literatur verwiesen[1].

---

1) Vgl. z.B. Yourdon (1975), S. 195ff.; Kimm u.a. (1979), S. 214ff.; Kurbel (1979), S. 41ff., S. 71ff.; Myers (1967), S. 151ff.; Kurbel (1981), S. 363ff.

5 Gestaltung eines Softwaresystems für die sukzessive Bedarfs- und Terminplanung

In den vorstehenden Kapiteln wurden Softwarequalitätsziele
und die darauf ausgerichteten Prinzipien für den Entwurf
von Softwaresystemen erörtert. Nachdem diese softwaretechnischen Voraussetzungen behandelt sind, sollen sie nun auf
die Gestaltung von Softwaresystemen für die Teilbereiche
der Produktionsplanung angewendet werden, die zu Beginn der
Arbeit im einzelnen erläutert wurden.

In diesem Kapitel wird die Konzeption eines Softwaresystems
beschrieben, dessen Aufgabenspektrum sich weitgehend an den
in der Praxis der Produktionsplanung verwendeten Systemen
orientiert. Es umfaßt die Bedarfsplanung mit den Teilbereichen Primär- und Sekundärbedarfsermittlung (in Brutto- und
Nettorechnung), Vorlaufverschiebung und Losgrößenplanung.
Ferner sind Module für die Terminplanung enthalten, welche
die Durchlaufterminierung und die Kapazitätsplanung realisieren. Einen wesentlichen Teil des Systems nimmt schließlich die Generierung der fertigungsbezogenen Datenstrukturen ein, deren Existenz eine Voraussetzung für die Durchführung der Bedarfs- und Terminplanung darstellt.

Programme für diese Aufgaben sind die zentralen Bestandteile
praktisch eingesetzter Produktionsplanungssysteme. Die Produktionsprogrammplanung wird dort meist nicht oder höchstens
durch einfache Absatzprognosemethoden unterstützt; sie
bleibt auch hier ausgeklammert und wird in Kapitel 7 eingehender behandelt. Die mit der unmittelbaren Vorbereitung der
Fertigung verbundenen kurzfristigen Planungsaspekte bleiben
zunächst ebenfalls außerhalb der Betrachtung; sie werden im
Rahmen der Maschinenbelegungsplanung in Kapitel 6 aufge-
griffen.

Das Lösungsverfahren ist heuristisch. In einer sukzessiven Vorgehensweise kommt zunächst die Bedarfsplanung und anschließend die Terminplanung zur Durchführung. Dabei wird versucht, eine stärkere Integration der Teilbereiche zu realisieren, als es in den heute im Einsatz befindlichen Systemen der Fall ist.

Vor allem unterscheidet sich aber die konzeptionelle Struktur des Softwaresystems grundlegend von der bekannter Systeme, da hier nach den oben erarbeiteten Entwurfsprinzipien vorgegangen wird. Der schrittweise Planungsablauf im Sinne einer Sukzessivplanung erleichtert die Modularisierung, denn dadurch lassen sich einzelne Systemkomponenten und ihre Stellung in einer Hierarchie von Abstraktionsebenen relativ einfach identifizieren.

Als Hilfsmittel zur Systemstrukturierung und zur Kontrolle der Modulbeziehungen können deshalb bei diesem System Abstraktionsebenen herangezogen werden. Zur Abgrenzung der einzelnen Module dienen die Prinzipien der Datenabstraktion und des Information Hiding sowie auf höheren Ebenen die prozedurale Abstraktion.

Prozedurale Abstraktionen sind durch die klare Trennung von Teilaufgaben weitgehend vorgezeichnet. Auch die Datenstrukturen können leicht herauskristallisiert werden. Dies liegt teilweise darin begründet, daß das Sukzessivplanungskonzept sehr stark an manuelle Planungsmethoden angelehnt ist. Die dort verwendeten Datenstrukturen, z.B. Teilestammdaten, Erzeugnisstrukturdaten, Arbeitsplandaten, aber auch Säulendiagramme wie etwa ein Kapazitätsgebirge, kommen bei der computergestützten Produktionsplanung ebenfalls zur Anwendung. Deshalb ist auch die Konstruktion zahlreicher Module nach dem Datenabstraktionsprinzip unmittelbar naheliegend.

5.1 Gliederung des Systems

Das Produktionsplanungssystem wird horizontal nach Problemkreisen und vertikal nach Abstraktionsebenen gegliedert.

Der horizontalen Gliederung liegen Teilgebiete der Produktionsplanung aus der Sicht des Anwenders zugrunde, die sich unter anderem in ihrem zeitlichen Horizont unterscheiden. Dabei können folgende Problemkreise abgegrenzt werden:

(1)   die Generierung der Fertigungsdatenbasis, die grundsätzlich einmaligen Charakter hat. Aufgrund der Dynamik der Systemumwelt, die sich z.B. in Änderungen des Produktionsprogramms oder der Fertigungsstrukturen äußert, muß sie jedoch von Zeit zu Zeit - teilweise oder vollständig - neu durchgeführt werden. Die Generierungsphase umfaßt zwei Bereiche:

- Generierung von Basisdatenstrukturen, welche die Produktionsmöglichkeiten abbilden und nicht auf eine spezielle Anwendung ausgerichtet sind

- Generierung von Dispositionsstufeninformationen, denen eine ganz bestimmte Funktion im Rahmen der Bedarfsplanung zukommt

(2)   die Bedarfsplanung, die sich in größeren Zeitabständen wiederholt und die die mengenorientierten Planungsaspekte einschließt; sie erstreckt sich auf einen Zeitraum, der im Einzelfall zwischen wenigen Monaten und ca. 1 Jahr liegen kann.

(3)   die Terminplanung, die meist einen kürzeren Planungshorizont aufweist; hier steht die termin- und kapazitätsmäßige Realisierbarkeit der in der Bedarfsplanung abgeleiteten Fertigungsaufträge im Vordergrund.

Die vertikale Strukturierung des Systems geht von Abstraktionsebenen aus, die nach der unterschiedlichen gedanklichen Entfernung von den hardwaremäßig gespeicherten Datenstrukturen einerseits bzw. von der algorithmischen Groblösung andererseits gebildet werden. Das System ist in vier Abstraktionsebenen gegliedert:

Abstrak- tions- ebene	Generierung der Basis- datenstruk- turen	Generierung der Disposi- tionsstufen	Bedarfs- planung	Termin- planung
4	Steuermodule			
3	Prozedurale Abstraktionen			
2	Strukturdarstellungen der Produktionsplanung (abstrakte Datenstrukturen)			
1	Elementare Datenverwaltung			

Abb. 5-1: Horizontale und vertikale Strukturierung eines
Produktionsplanungssystems

(1)   Die höchste Abstraktionsebene enthält Steuermodule,
welche den algorithmischen Ablauf der horizontal abgegrenzten Aufgabenkomplexe kontrollieren. Diese Module benutzen prozedurale Abstraktionen und lösen mit deren Hilfe
vollständig den jeweiligen Aufgabenkomplex.

(2)   Auf der nächsttieferen Ebene sind Module angesiedelt,
welche die prozeduralen Abstraktionen implementieren. Diese
Module leiten sich weitgehend aus den Teilfunktionen der
Produktionsplanung ab und haben Aufgaben wie Losgrößenrechnung, Kapazitätsausgleich, aber auch Traversierung von Erzeugnisstrukturbäumen etc.

(3)   Die Module der zweituntersten Ebene implementieren
abstrakte Datenstrukturen. Dabei handelt es sich um die
typischen Strukturdarstellungen der Produktionsplanung,
z.B. Bäume, Netzpläne, Balkendiagramme, Ketten u.a.

(4)   Die tiefste Ebene enthält Module, denen ebenfalls das
Datenabstraktionsprinzip zugrundeliegt. Sie verwalten die
elementaren Datenstrukturen des Produktionsplanungssystems,
die üblicherweise in Dateien geführt werden; d.h., diese
Module sind Dateiverwaltungsmodule, was man bei der Benutzung jedoch in Einklang mit dem Prinzip des Information
Hiding nicht zu wissen braucht.

Die horizontale und vertikale Gliederung des Gesamtsystems
ist in Abbildung 5-1 schematisch dargestellt.

5.2 Generierung der Fertigungsdatenbasis

5.2.1 Vorbemerkung: Beziehungen zwischen den Basisdatenstrukturen

Die grundlegenden Fertigungsmöglichkeiten des Produktionsbereichs werden in den Basisdatenstrukturen abgebildet. Sie
werden in Dateien gespeichert, die in bestimmten Beziehungen
zueinander stehen. Bei einer nach Abstraktionsebenen entwor-
fenen Systemstruktur sind diese Tatsachen nur den Modulen
bekannt, welche die Dateien erzeugen bzw. verwalten.

Grundsätzlich sind in der Fertigungsdatenbasis zwei Arten
von Dateien zu unterscheiden. Stammdateien enthalten Informationen über die relevanten Objekte eines Produktionsplanungssystems; dies sind hauptsächlich Teile, Arbeitsgänge
und Arbeitsplätze. Strukturdateien stellen verschiedenartige
Zusammenhänge zwischen den Objekten her.

In dem zu beschreibenden System enthalten die Stammdateien
folgende Informationen:

(1)   Teilestammdaten beinhalten Informationen über die
Knoten von Erzeugnisstrukturbäumen, wie sie z.B. in Abbildung 2-1 dargestellt sind, insbesondere Nummer und Bezeichnung der Teile, technische Daten, Lager- und Sicherheitsbestände etc.

(2)   Arbeitsgangstammdaten definieren die in dem Produktionsbereich ausführbaren Arbeitsgänge durch Nummer und Beschreibung der Arbeitsgänge, Stückzeiten, Rüstzeiten etc.

(3)   Arbeitsplatzstammdaten beschreiben die Arbeitsplätze
des Fertigungsbereichs; jeder Arbeitsplatz ist charakterisiert durch Nummer, Bezeichnung, Kapazitäts- und Wartungs-
angaben u.a.

Die Strukturdateien des Systems stellen Verbindungen zwischen den Stammdateien mit Hilfe von Adreßketten her; jede
Kette ist durch eine Ankeradresse und durch null oder mehr
Folgeadressen gekennzeichnet[1]. Das Verkettungsprinzip wird
hier in der Weise realisiert, daß die Anker in die Stammdateien aufgenommen werden und die Folgeverweise, die auf
Sätze der Strukturdateien zeigen, in den Struktursätzen
stehen.

Abbildung 5-2 verdeutlicht die strukturellen Verbindungen,
die auf diese Weise realisiert sind. Die Abbildung wurde in
zwei Teile zerlegt. Dies erfolgte nur aus Gründen der Übersichtlichkeit; es handelt sich um einen einzigen Datenbestand, und die Ketten verbinden Objekte dieses einen Daten-
bestandes. Die Strukturdateien beinhalten folgende Informationen:

(1)   Erzeugnisstrukturdaten stellen Zusammenhänge zwischen
den Teilestammsätzen her. Sie bilden die konstruktive Zusammensetzung der Teile ab. In der graphischen Darstellung der
Abbildung 2-1 verbinden sie die Knoten der Erzeugnisstrukturbäume; d.h., sie implementieren die _Kanten_ der Bäume.

(2)   Teilefertigungsdaten stellen Zusammenhänge zwischen
den Teilen und den Arbeitsgängen her, die zur Fertigung der
Teile ausgeführt werden müssen.

---

1) Vgl. zur verketteten Dateiorganisation Wedekind (1975),
   S. 72ff.

Stammdateien
Strukturdateien
Teile-stammdaten
Erzeugnis-strukturdaten
Daten
Daten
1. Erzeugnisstruktur-position
zugehöriger Teilestammsatz
1. Arbeits-gang
Arbeitsgang-stammdaten
Teile-fertigungsdaten
Daten
Daten
zugehöriger Arbeitsgang-stammsatz
1. Arbeits-platz
Arbeitsplatz-stammdaten
Fertigungs-strukturdaten
Daten
Daten
zugehöriger Arbeitsplatz-stammsatz

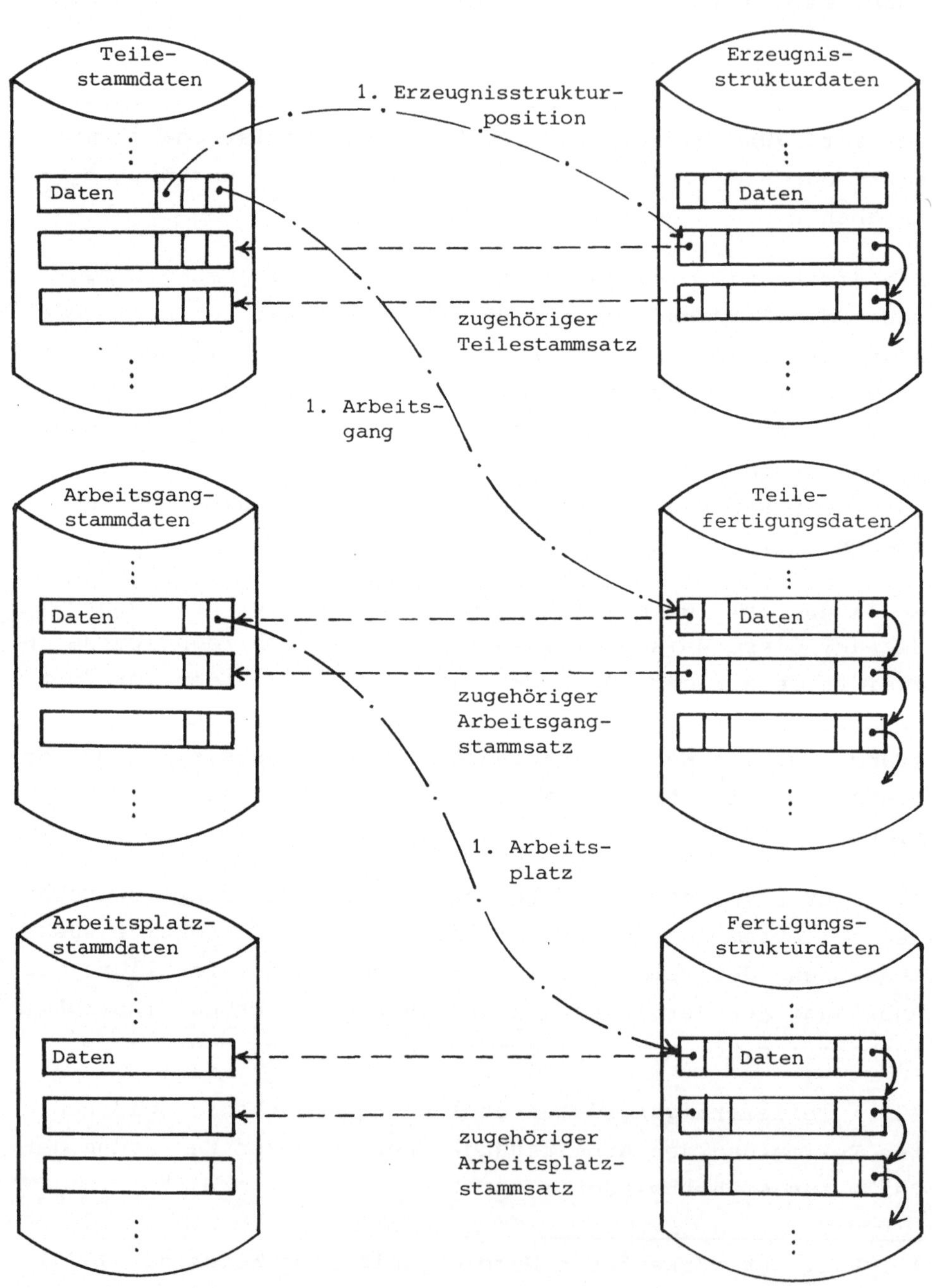

Abb. 5-2 (Teil 1)

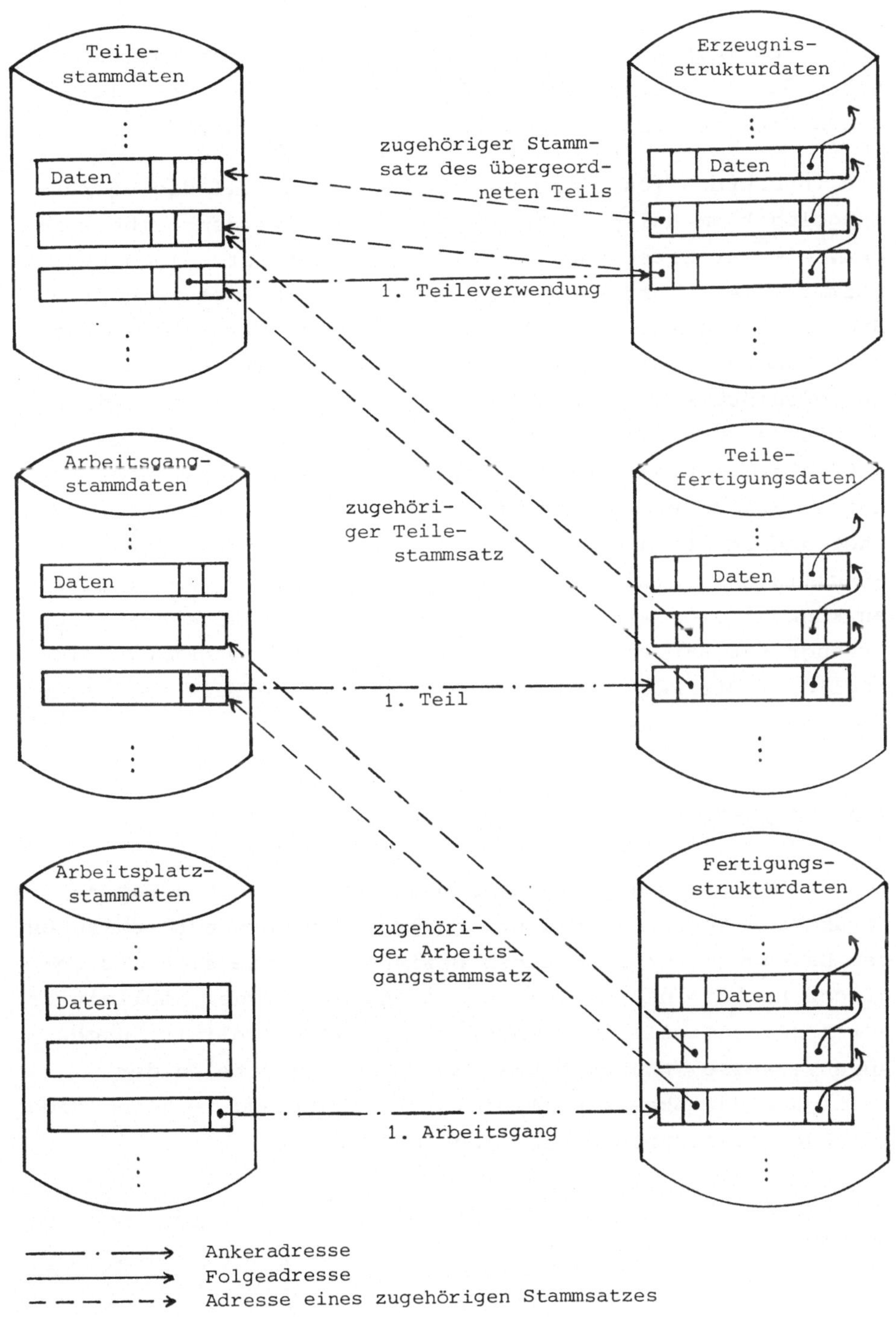

Abb. 5-2: Struktur der Fertigungsdatenbasis

(3)   Fertigungsstrukturdaten stellen Zusammenhänge zwischen den Arbeitsgängen und den Arbeitsplätzen her, an denen die Arbeitsgänge ausgeführt werden können.

Als Interpretationshilfe zu Abbildung 5-2 soll die Verkettungslogik am Beispiel der Informationen verdeutlicht werden, die zur Erzeugung der Baukastenstückliste eines bestimmten Teils erforderlich sind[1]. Die Adresse der ersten Stücklistenposition stellt den Anker dar; sie wird dem entsprechenden Teilestammsatz entnommen. Die Hinweise auf die weiteren Stücklistenpositionen finden sich als Folgeadressen in den Erzeugnisstruktursätzen. Da letztere nur die Kanteninformationen eines Erzeugnisstrukturbaums enthalten, ist es erforderlich, die in der Stückliste interessierenden Knoteninformationen, d.h. die teilespezifischen Daten der Stücklistenpositionen, in der Teilestammdatei lokalisieren zu können; dies wird durch einfache Querverweise aus einem Erzeugnisstruktursatz in den jeweiligen Teilestammsatz ermöglicht. Die Kette ist beendet, wenn keine weitere Folgeadresse mehr vorhanden ist.

5.2.2 Generierung der Basisdatenstrukturen

In der Generierungsphase werden die grundlegenden Datenstrukturen des Produktionsplanungssystems erzeugt. Zwischen den Datenstrukturen bestehen Beziehungen, die sich als logische Ketten interpretieren lassen. Sie werden implizit durch sequentielle Aneinanderreihung oder explizit durch Adreßverweise innerhalb bzw. zwischen den Dateien der Fertigungsdatenbasis realisiert. In Abbildung 5-2 sind diese Adreßverweise durch Pfeile angedeutet.

Grundsätzlich lassen sich zwei Arten von Ketten unterscheiden:

---

1) Die Ketten werden im einzelnen im folgenden Abschnitt erörtert.

- Stammketten repräsentieren eine nach einem Identifikationsmerkmal (z.B. Teilenummer) sortierte, logische Folge von Stammdaten, die dem Identifikationsmerkmal zugeordnet sind. Für jeden Stammdatenbestand existiert genau eine Kette.

- Strukturketten stellen die strukturellen Zusammenhänge zwischen gleichartigen oder verschiedenartigen Stammdaten dar. Prinzipiell kann eine Kette für jede Ausprägung eines Identifikationsmerkmals der Stammdaten existieren.

5.2.2.1 Stammketten

Bei den Stammketten wird die gesamte Kette einschließlich des Ankers, der in Abbildung 5-3 als "1. Element" bezeichnet ist, in der entsprechenden Stammdatei geführt. Drei Ketten sind auf diese Weise realisiert:

- die Teilekette (Elemente sind die jeder Teilenummer zugeordneten Stammdaten)

- die Arbeitsgangkette (Elemente sind die jeder Arbeitsgangnummer zugeordneten Stammdaten)

- die Arbeitsplatzkette (Elemente sind die jeder Arbeitsnummer zugeordneten Stammdaten).

Die Stammketten lassen sich relativ einfach erzeugen, da die Verkettungen großenteils implizit realisiert werden

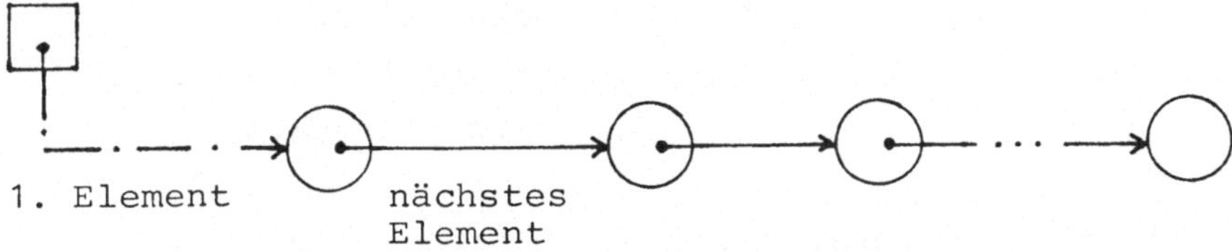

Abb. 5-3: Logischer Aufbau einer Kette

können. Als Beispiel soll die Generierung der Teilekette erläutert werden, die Aufgabe der Module *teilestamm-generierung* und *teilekette* ist. (Die Generierungsmodule der anderen Stammketten sind analog aufgebaut. In den untenstehenden Modulbeschreibungen braucht nur das Präfix *teile-* durch *arbeitsgang-* bzw. *arbeitsplatz-* ersetzt zu werden.) Die Beschreibung der Module und ihrer Schnittstellen wird im folgenden in einer einheitlichen Darstellungsweise vorgenommen, die in Anhang I näher erläutert ist.

Abbildung 5-4 zeigt die Module im Gesamtzusammenhang[1]. *generierungssteuerung* ist ein Steuermodul, das in der Kommandosprache des Betriebssystems geschrieben ist und nur die Aufgabe hat, die einzelnen Generierungsmodule zu aktivieren. Die Module der Abstraktionsebene 3 sind hier Hauptprogramme, denen jeweils die Erzeugung einer Kette obliegt.

Die Module zur Generierung der Teilekette haben folgende Beschreibung:

<u>teilestamm-generierung</u>

Funktion: Die in beliebiger Reihenfolge vorliegenden teilespezifischen Daten aller Teile werden eingelesen und in eine Kette eingereiht, wobei sich die logische Folge der Teile aus der Sortierung nach dem Identifikationsmerkmal *teilenummer* ergibt.

Parameter: -

Benutzte Module: teilekette (open-teilekette

                             tie-teil

                             close-teilekette)

---

1)   Eine frühere Version der Generierungsmodule wurde bereits von Berger, Sternberg (1977) beschrieben.

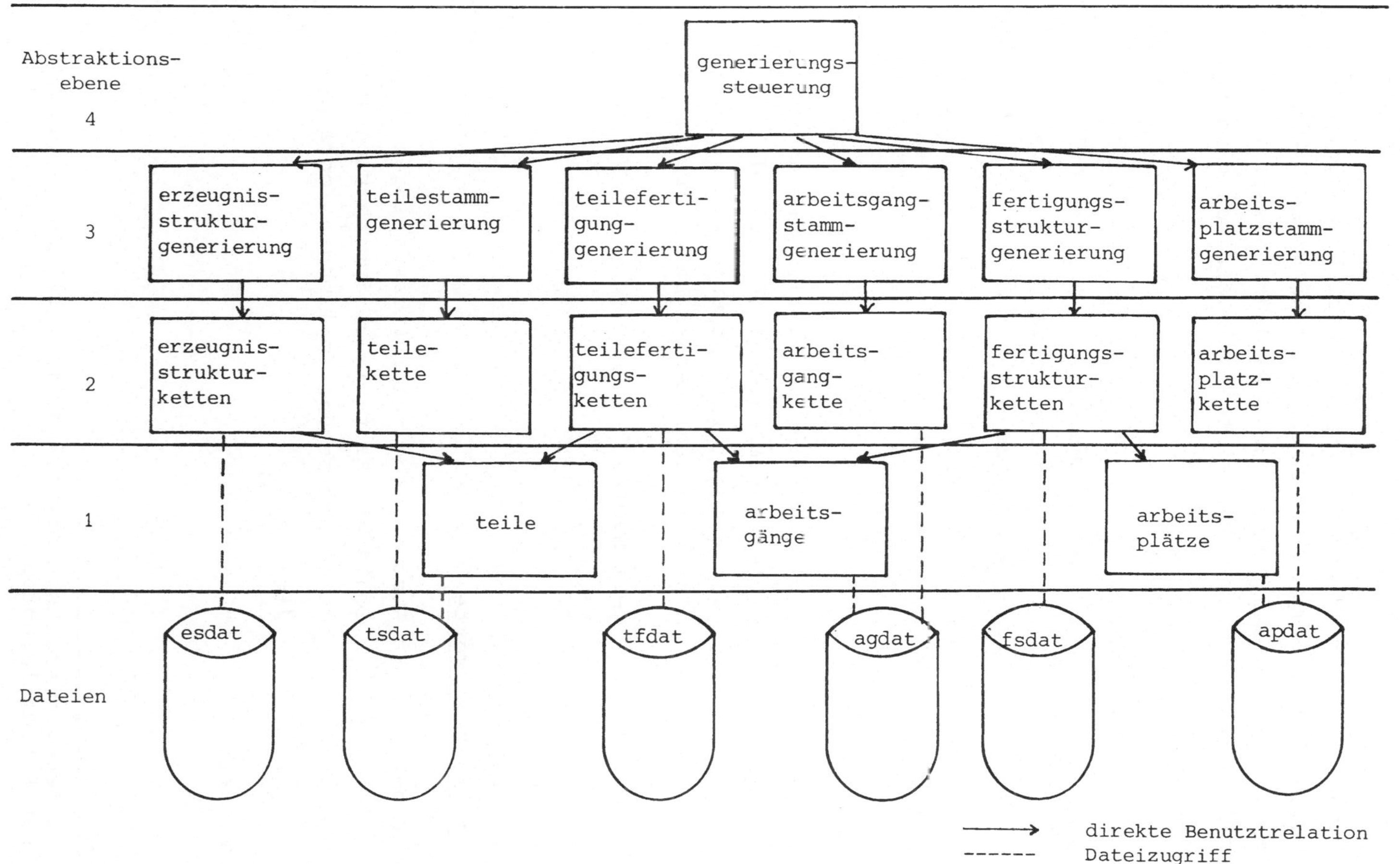

Abb. 5-4: Module zur Generierung der Basisdatenstrukturen

Dem Modul *teilekette* liegt das Datenabstraktionsprinzip zugrunde. Zur Erzeugung der Kette wird neben den Vorbereitungs- und Abschlußfunktionen ein Schreibzugriff zur Verfügung gestellt. Die Funktionen sind wie folgt charakterisiert:

(1) <u>open-teilekette</u>

Funktion: Vorbereitungsarbeiten für das Anlegen einer logischen Kette und die physische Abspeicherung

Input-Parameter: ketten-limit[1]

Output-Parameter: -

(2) <u>tie-teil</u>

Funktion: Anhängen eines neuen Elements am Ende der Kette; das Element wird durch die *teilenummer* identifiziert und beinhaltet nur die teilespezifischen Daten *(teiledaten)*.

Input-Parameter: teilenummer
teiledaten

Output-Parameter: -

(3) <u>close-teilekette</u>

Funktion: Abschlußarbeiten für das Anlegen einer logischen Kette (z.B. Speicherung der Ankeradresse und implementationsabhängiger Daten)

Parameter: -

---

1) *ketten-limit* entspricht der maximal zulässigen Anzahl der Kettenelemente.

<u>Voraussetzungen</u>

Benutzte Module: -

Benutzte Dateien: tsdat

Reihenfolgebedingungen[1]:

teilekette: open-teilekette; (tie-teil)'ketten-limit-
             erreicht;
             close-teilekette.

5.2.2.2 Strukturketten

Die Strukturketten der Fertigungsdatenbasis werden explizit
aufgebaut. Eine Strukturkette ist dadurch charakterisiert,
daß die Ankeradresse in einer Stammdatei enthalten ist,
während die Folgeadressen in der entsprechenden Strukturdatei stehen. Dies ergibt sich unmittelbar aus dem Sachverhalt, daß Strukturketten zu den Identifikationsmerkmalen
(Teile-, Arbeitsgang- bzw. Arbeitsplatznummer) der Stammdaten gebildet werden.

Insgesamt existieren sechs Arten von Strukturketten, die
sich in Analogie zu der Sprechweise bei Stücklistendarstel-
lungen nach analytischen und synthetischen Ketten unterscheiden lassen[2]. In Abbildung 5-2 sind die analytischen
Ketten im ersten und die synthetischen Ketten im zweiten
Teil skizziert.

Die <u>Erzeugnisstrukturketten</u> stellen Verbindungen zwischen
Teilestammdaten her. Die analytischen Ketten realisieren
Relationen der Art "Teil i besteht aus Teil j"; sie werden
auch als Stücklistenketten bezeichnet. Die Ankeradresse,
die in der Teilestammdatei steht, verweist auf das erste
Teil, welches unmittelbar in ein Teil i eingeht. Die Folgeadressen in der Erzeugnisstrukturdatei verweisen dann auf

1) Vgl. zur Notation Anhang I.
2) Vgl. Mertens (1978), S. 155ff.

das jeweils nächste Teil, das unmittelbar in Teil i eingeht. Bei der in Abbildung 2-1 gezeigten Erzeugnisstruktur
ergäbe sich für das Endprodukt x beispielsweise die analytische Kette:

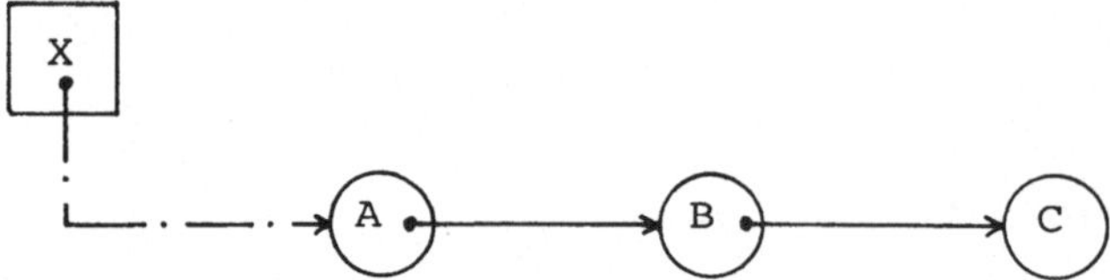

Eine synthetische Kette, die auch Teileverwendungskette genannt wird, implementiert Relationen der Art "Teil j geht
in Teil i ein". Der Anker in der Teilestammdatei zeigt dann
auf das erste Teil, und die Folgeadressen in der Erzeugnisstrukturdatei zeigen auf das jeweils nächste Teil, in welches Teil j unmittelbar eingeht. Für die Baugruppe C der
Abbildung 2-1 erhält man die synthetische Kette:

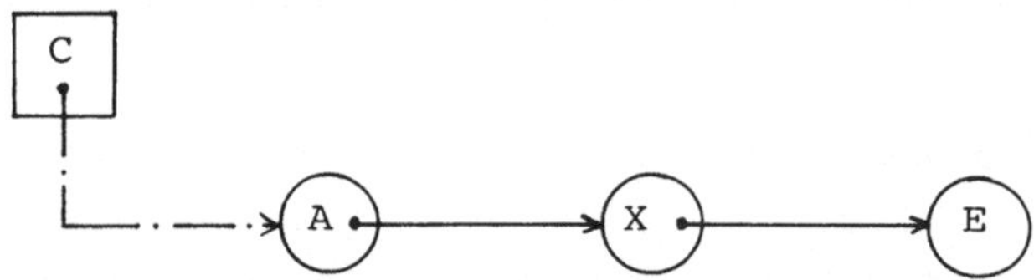

Die Teilefertigungsketten bilden Zusammenhänge zwischen den
Teilen und den zu ihrer Herstellung notwendigen Arbeitsgängen ab. In der analytischen Betrachtungsweise werden alle
Arbeitsgänge verkettet, die an einem bestimmten Teil auszuführen sind, während eine synthetische Kette alle Teile verbindet, bei denen ein bestimmter Arbeitsgang vorkommt.

Die Fertigungsstrukturketten realisieren die Zuordnung von
Arbeitsgängen und Arbeitsplätzen. Diese Ketten tragen der
Tatsache Rechnung, daß ein bestimmter Arbeitsgang sehr häufig an verschiedenen Arbeitsplätzen durchgeführt werden
kann. Die analytischen Ketten ordnen die möglichen Arbeits-

plätze nacheinander an. Synthetisch werden die Arbeitsgänge verkettet, die an einem bestimmten Arbeitsplatz auftreten.

Eine Übersicht über die sechs verschiedenen Kettenarten ist in Abbildung 5-5 zusammengestellt. Die Verwendung der analytischen Ketten ergibt sich unmittelbar aus den Aufgaben der Produktionsplanung. Die synthetischen Ketten gewinnen insbesondere bei Änderungen, Störungen etc. Bedeutung. Wenn beispielsweise ein Maschinenarbeitsplatz ausfällt oder erneuert werden soll, lassen sich über die synthetische Fertigungsstrukturkette alle betroffenen Arbeitsgänge identifizieren. Mit Hilfe der synthetischen Teilefertigungsketten gewinnt man weiterhin alle Teile, die davon berührt werden. Sofern die Auswirkungen auf andere, übergeordnete Baugruppen oder Endprodukte von Interesse sind, lassen sich diese schließlich über die Teileverwendungsketten auffinden.

Ketten-bezeichnung		Interpretation der Kette	Speicherung	
			des Ankers	der Folge-verweise
Erzeugnis-struktur-kette	analy-tisch	Kette aller einem Teil direkt untergeordneten Teile	Teilestamm-datei	Erzeugnis-struktur-datei
	synthe-tisch	Kette aller einem Teil direkt übergeordneten Teile	Teilestamm-datei	Erzeugnis-struktur-datei
Teilefer-tigungs-kette	analy-tisch	Kette aller an einem Teil auszuführenden Arbeitsgänge	Teilestamm-datei	Teile-fertigungs-datei
	synthe-tisch	Kette aller Teile, an denen ein Arbeitsgang auszuführen ist	Arbeits-gangstamm-datei	Teile-fertigungs-datei
Ferti-gungs-struktur-kette	analy-tisch	Kette aller für einen Arbeitsgang möglichen Arbeitsplätze	Arbeits-gangstamm-datei	Fertigungs-struktur-datei
	synthe-tisch	Kette aller an einem Arbeitsplatz möglichen Arbeitsgänge	Arbeits-platzstamm-datei	Fertigungs-struktur-datei

Abb. 5-5: Strukturketten in der Fertigungsdatenbasis

5.2.2.3 Die Teilefertigungsketten

Die Generierung der Strukturketten soll am Fall der Teilefertigungsketten verdeutlicht werden. Die *generierungssteuerung* benutzt dazu die Module *teilefertigung-generierung*, *teilefertigungsketten*, *teile* und *arbeitsgänge*.

Aufgabe der *teilefertigung-generierung* ist das Erzeugen der analytischen und synthetischen Ketten. Diese werden aus Eingabedaten aufgebaut, welche die Relation

(teilenummer, arbeitsgangnummer)

darstellen. Die zu einer Teilenummer gehörenden Arbeitsgangnummern können in beliebiger Reihenfolge vorliegen. Sie werden bei der Generierung sortiert und in Ketten überführt. Nach Ausführung der *teilefertigung-generierung* sind alle Ketten aufgebaut. Das Modul ist wie folgt beschrieben:

teilefertigung-generierung

Funktion: Erzeugung aller analytischen und synthetischen Teilefertigungsketten aus Eingabedaten, welche die Zuordnung von Teile- und Arbeitsgangnummern darstellen.

Parameter: -
Benutzte Module: teilefertigungsketten

                  (open-teilefertigungsketten,
                  tie-teilefertigung,
                  close-teilefertigungsketten)

Das zur Generierung benutzte Modul *teilefertigungsketten* stellt drei Funktionen zur Verfügung:

(1) open-teilefertigungsketten

Funktion: Vorbereitungsarbeiten für das Anlegen logischer Strukturketten und die physische Abspeicherung

Input-Parameter: ketten-limit

Output-Parameter: -

(2) <u>tie-teilefertigung</u>

Funktion: Aufgrund der Relation *(teilenummer,
                      arbeitsgangnummer)* wird je ein neues
                      Element in eine analytische und eine
                      synthetische Kette eingehängt. Das
                      Element wird durch die Relation iden-
                      tifiziert und beinhaltet Informatio-
                      nen über die Relation.

Input-Parameter: teilenummer

                      arbeitsgangnummer

                      tf-daten[1]

Output-Parameter: -

(3) <u>close-teilefertigungsketten</u>

Funktion: Abschlußarbeiten für die Teileferti-
                      gungsketten

Parameter: -

Für das Modul *teilefertigungsketten* gilt:

<u>Reihenfolgebedingungen</u>

teilefertigungsketten› open-teilefertigungsketten;
    (tie-teilefertigung)'ketten-limit-erreicht;
    close-teilefertigungsketten.

---

1) Unter *tf-daten* werden hier nicht näher bezeichnete
   teile- <u>und</u> arbeitsgangabhängige Informationen zusammengefaßt, die im Einzelfall auftreten können (z.B. Gül-
   tigkeitsdauer, Auslaufdatum der Zuordnung von Teil
   und Arbeitsgang etc.)

Benutzte Module

teile (open-teile, search-teil, reput-teil, close-teile)
arbeitsgänge (open-arbeitsgänge, search-arbeitsgang, reput-
              arbeitsgang, close-arbeitsgänge)

Benutzte Dateien

tfdat

Die auf der untersten Abstraktionsebene angesiedelten Module *teile* und *arbeitsgänge* verwalten bereits existierende
Stammdateien. Sie stellen Lesezugriffe und Schreibzugriffe,
mit denen Stammdaten geändert und ergänzt werden können,
zur Verfügung. Die Zugriffe unterscheiden sich u.a. im
Umfang der Schnittstelle, d.h. in den Informationen, die
als Parameter transferiert werden. Bezüglich der Teilestammdaten kommt der Schnittstellenumfang in Teilmengen der folgenden Struktur zum Ausdruck[1]:


```
1 teilestammdaten
  2 identifikationsdaten
    3 teil-id
    3 erste-stücklistenposition-id
    3 erste-teileverwendung-id
    3 erste-teilefertigung-id
    3 disp-stufe-folge-id

  2 teile-info
    3 teilenummer
    3 teiledaten
      4 disp-stufe
      4 bezeichnung
      4 lagerbestand
      4 sicherheitsbestand
      4 bezugsart
      4 maßeinheit
      4 losgrößen-schlüssel
      4 lagerhaltungskosten
      4 weitere-daten.
```

---

1) Der Begriff Struktur kann hier im COBOL- oder PL/1-
    Sinne aufgefaßt werden. Auf die verschiedenen Elemente
    der Struktur wird in den späteren Abschnitten dieses
    Kapitels eingegangen.

Die *identifikationsdaten* enthalten Hinweise zum Auffinden bestimmter Informationen. Die Stammdaten eines bestimmten Teils werden in dem Datenbestand durch das Merkmal *teil-id* identifiziert. Das Kürzel *id* steht für *identifikation*. Im Normalfall wird der Datenbestand in einer Datei mit Direktzugriff geführt; *teil-id* entspricht dann dem Satzschlüssel (Satzadresse, Satzindex etc.) des Teilestammsatzes. Da die Ausführungen über das Softwaresystem nicht auf eine bestimmte Dateiorganisationsform beschränkt sein sollen, wird im folgenden statt eines speziellen Ausdrucks (wie Adresse oder Schlüssel) die allgemeinere Bezeichnung *identifikation* *(id)* gewählt.

Die mit dem Präfix "erste-" beginnenden Namen stellen die Anker von drei Ketten dar:

- Anker der analytischen Erzeugnisstrukturkette (Stücklistenkette)
- Anker der synthetischen Erzeugnisstrukturkette (Teileverwendungskette)
- Anker der analytischen Teilefertigungskette.

Das Modul *teile* kann nun durch folgende Funktionen beschrieben werden:

(1) <u>open-teile</u>

Funktion: Vorarbeiten für Zugriffe auf einen
                    bereits existierenden Stammdaten-
                    bestand

Parameter: -

(2) <u>get-teil</u>

Funktion: Bereitstellung der vollständigen
                    teilestammdaten aufgrund der Identi-
                    fikation des Teils

Input-Parameter: teil-id
Output-Parameter: teilestammdaten

teil-gefunden ──┬── true   wenn *teilestamm-*
                │   *daten* zu der
                │   *teil-id* existie-
                │   ren
                │
                └── false   sonst

(3) get-next-teil

Funktion: Bereitstellung der vollständigen
                     teilestammdaten des jeweils
                     nächsten Teils (sequentiell)

Input-Parameter: -
Output-Parameter: teilestammdaten

teile-ende ──┬── true   wenn keine Teile
             │   mehr vorhanden
             │
             └── false   sonst

(4) get-teiledaten

Funktion: Bereitstellung der teilespezifi-
                     schen Informationen *(teiledaten)*
                     aufgrund der Identifikation des
                     Teils

Input-Parameter: teil-id
Output-Parameter: teiledaten
                     teil-gefunden (wie oben)

(5) search-teil

Funktion: Bereitstellung der vollständigen
                     teilestammdaten aufgrund der
                     teilenummer
Input-Parameter: teilenummer
Output-Parameter: teilestammdaten

(6) <u>reput-teil</u>

Funktion: Zurückschreiben eventuell geän-
                             derter *teilestammdaten* aufgrund
                             der Identifikation des Teils

Input-Parameter: teilestammdaten
Output-Parameter: -

(7) <u>reput-teiledaten</u>

Funktion: Zurückschreiben eventuell geän-
                             derter *teiledaten* aufgrund der
                             Identifikation des Teils

Input-Parameter: teil-id
                             teiledaten

Output-Parameter: -

(8) <u>close-teile</u>

Funktion: Durchführung von Abschlußarbei-
                             ten

Parameter: -

<u>Voraussetzungen</u>

Benutzte Module: -
Benutzte Dateien: tsdat

Reihenfolgebedingungen:

teile: (open-teile; (((get-teil, get-teiledaten, search-
       teil), ((get-teil, search-teil); reput-teil),(get-
       teiledaten; reput-teiledaten))'*, (get-next-teil,
       (get-next-teil; reput-teil))'teile-ende); close-teile)'*.

Das ebenfalls von *teilefertigungsketten* benutzte Modul
arbeitsgänge ist analog aufgebaut und besitzt die gleichen
Zugriffe wie das Modul *teile*. In den Schnittstellenbeschreibungen und den Reihenfolgebedingungen braucht man dazu

nur die Kennzeichnung "teil(e)" durch "arbeitsgang" bzw.
"arbeitsgänge" zu ersetzen. Die unterschiedlichen Parame-
termengen werden der folgenden Struktur entnommen:

```
1 arbeitsgangstammdaten
  2 identifikationdaten
    3 arbeitsgang-id
    3 erste-teilefertigung-id[1]
    3 erste-fertigungsstruktur-id[2]

  2 arbeitsgang-info
    3 arbeitsgangnummer
    3 arbeitsgangdaten
      4 arbeitsgangbeschreibung
      4 stückzeit
      4 rüstzeit
      4 rüstkosten
      4 weitere-daten
```

Bereits an dieser Stelle sei erwähnt, daß auch für die
dritte Stammdatei ein Verwaltungsmodul *arbeitsplätze* existiert, das u.a. bei der Generierung der Fertigungsstrukturketten benutzt wird und analog aufgebaut ist. Als Parameter dienen dort Teilmengen der Struktur:

```
1 arbeitsplatzstammdaten
  2 identifikationsdaten
    3 arbeitsplatz-id
    3 erste-fertigungsstruktur-id[3]
  2 arbeitsplatz-info
    3 arbeitsplatznummer
    3 arbeitsplatzdaten
      4 arbeitsplatzbeschreibung
      4 periodenkapazität
      4 weitere-daten
```

Verwaltungsmodule existieren im übrigen auch für die Strukturdateien. Sie werden in der Generierungsphase noch nicht
benutzt und sind in Anhang II beschrieben.

Die anderen Strukturketten (Erzeugnisstrukturketten und
Fertigungsstrukturketten) werden in gleicher Weise wie die

---

1) Anker der synthetischen Teilefertigungskette.

2) Anker der analytischen Fertigungsstrukturkette.

3) Anker der synthetischen Fertigungsstrukturkette.

Teilefertigungsketten erzeugt. Die beteiligten Module sind
in der Abbildung 5-4 dargestellt. Der gesamte Generie-
rungsprozeß, der von der *generierungssteuerung* kontrolliert
wird, muß selbst gewissen Reihenfolgebedingungen genügen,
die sich unmittelbar aus den zugrundeliegenden Zusammen-
hängen ergeben: Strukturketten, welche die Stammdaten verbinden, können nicht erzeugt werden, bevor die Stammdaten
generiert sind. Die *teilefertigung-generierung* kann beispielsweise erst nach Abschluß der *teilestamm-generierung*
und der *arbeitsgangstamm-generierung* erfolgen.

5.2.3 Generierung der Dispositionsstufeninformationen

Als Voraussetzung für die Bedarfsplanung müssen die jeweiligen Dispositionsstufen sämtlicher Teile ermittelt werden.
Zwar kann die Bedarfsplanung grundsätzlich auch nach Fertigungsstufen durchgeführt werden. Da gleiche Teile aber oft
auf verschiedenen Fertigungsstufen auftreten, ist diese
Vorgehensweise ineffizient; es besteht die Gefahr, daß sich
identische Abläufe häufig wiederholen (z.B. die Auflösung
in untergeordnete Teile), oder daß bei der Nettobedarfsrechnung Lagerbestände in einer zeitlich falschen Reihenfolge (nämlich nach aufsteigender Stufennummer) abgesetzt
werden[1]. Der letztere Effekt läßt sich nur durch aufwen-
dige Verfahren vermeiden.

Die unterschiedliche Darstellung von Erzeugnisstrukturen
nach Fertigungs- und Dispositionsstufen wurde in Kapitel 2
erläutert und in den Abbildungen 2-1 und 2-2 skizziert. Den
Übergang von Fertigungs- zu Dispositionsstufen führt ein
Teilsystem des Softwareprodukts durch. Dieses beschränkt
sich nicht auf die Ermittlung der Dispositionsstufen. Eine
effiziente und einfache Bedarfsplanung setzt voraus, daß
alle einer bestimmten Stufe angehörenden Teile leicht zu
lokalisieren sind.

---

1) Vgl. Mertens (1978), S. 167.

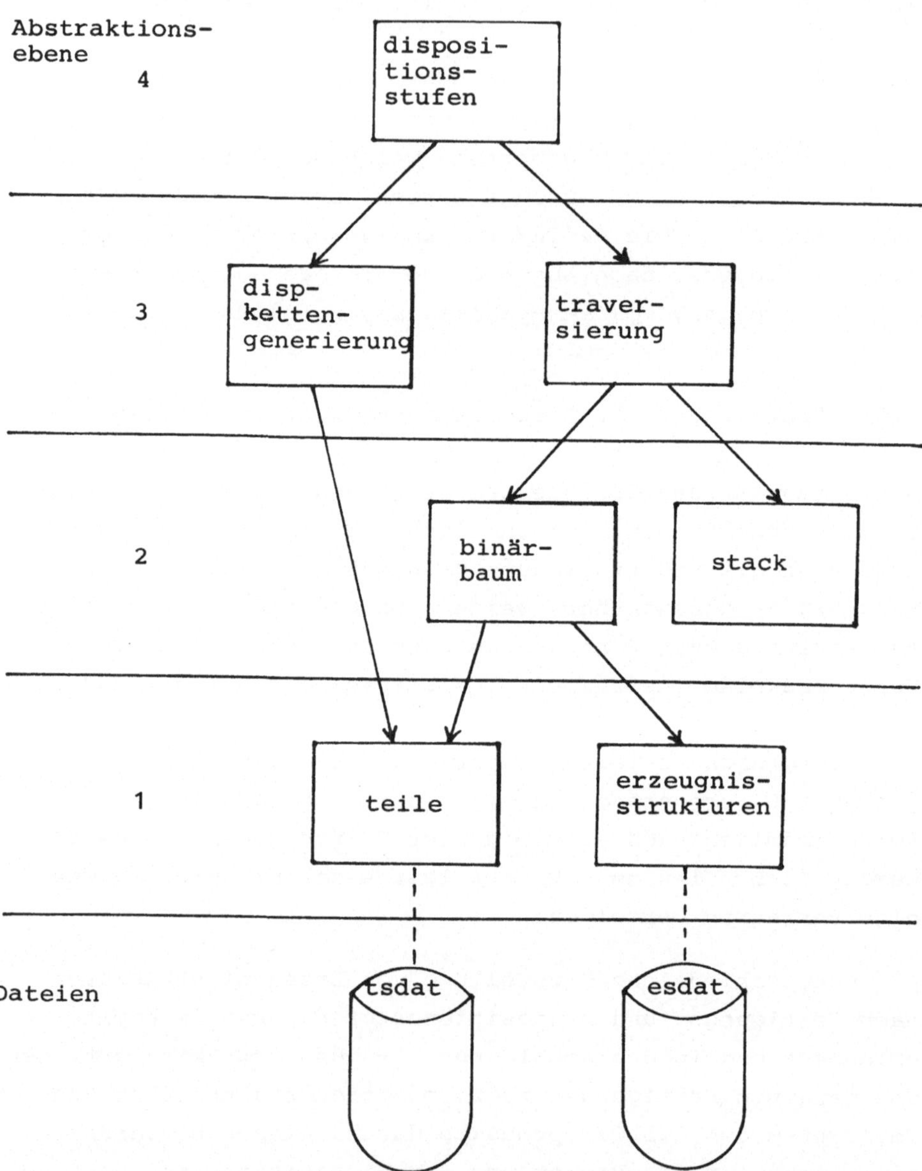

Abb. 5-6: Module zur Generierung der Dispositionsstufeninformationen

Für jede Dispositionsstufe wird deshalb eine Kette aufgebaut, die alle Teile der Stufe verbindet. Zu diesem Zweck müssen alle Erzeugnisstrukturen überprüft und ihre Knoten in die richtigen Ketten eingehängt werden. Abbildung 5-6 zeigt die beteiligten Module; *teile* und *erzeugnisstrukturen* wurden bereits im vorigen Abschnitt erörtert. Die restlichen Module sind nachfolgend beschrieben.

5.2.3.1 Binärbaum

Zur Bestimmung der Dispositionsstufen wird die Repräsentation der Erzeugnisstrukturen, die in der Datenbasis nur in Form von Adreßketten vorhanden ist, zunächst in binäre Bäume überführt, die sich einfach traversieren lassen. Ein binärer Baum ist eine Datenstruktur mit folgenden Eigenschaften:

(1) Der Baum besteht aus endlich vielen Knoten.
(2) Er besitzt einen ausgezeichneten Knoten, die Wurzel des Baumes, oder er ist leer.
(3) Jeder Knoten i mit Ausnahme der Wurzel hat einen Vorgänger j; i heißt Nachfolger von j.
(4) Jeder Knoten hat höchstens einen rechten und höchstens einen linken Nachfolger.
(5) Der Graph ist zyklenfrei; bei mehrfacher Anwendung der Vorgänger- oder Nachfolgerrelation erreicht man keinen bereits durchlaufenen Knoten noch einmal.

Das Modul *binärbaum* implementiert eine solche abstrakte Datenstruktur, die durch Zugriffe auf die Wurzel und auf die Knoten definiert wird.

Im Rahmen der Fertigungsdatenbasis sind prinzipiell zwei Baumarten von Interesse, die sich aus der analytischen Relation "Teil i besteht aus Teil j" bzw. aus der synthetischen Relation "Teil j geht in Teil i ein" ableiten.

In Anlehnung an die Bezeichnungen "Stückliste" und "Teileverwendungsnachweis" für die Listendarstellungen, die man

auf der Grundlage der beiden Relationen gewinnt, werden die
Baumarten hier "Stückbaum" und Teilebaum genannt[1].

Die Abbildungen 5-7 und 5-8 zeigen einen Stückbaum und einen
Teilebaum. Der Stückbaum entspricht der bereits früher als
Beispiel verwendeten Erzeugnisstruktur des Endproduktes X,
während der Teilebaum für das Einzelteil G gebildet wurde[2].
Jeder Knoten des Baumes hat höchstens einen linken Nachfolgerknoten und höchstens einen rechten Nachfolgerknoten. Da
die Kanteninformationen des ursprünglichen Graphen (oberer
und unterer Knoten, Inputkoeffizient, evtl. weitere Angaben)
in den Kanten des binären Baums nicht mehr enthalten sind,
werden sie in die Knoten mitaufgenommen. Zu den Knoteninformationen eines Stückbaums gehört also beispielsweise auch
der Hinweis auf das übergeordnete Teil und die dafür benötigte Menge. In den Abbildungen ist dieser Sachverhalt durch
gestrichelte Linien angedeutet.

Der von dem Modul implementierte binäre Baum kann sowohl
als Stückbaum als auch als Teilebaum verwendet werden.
Soweit sich die Zugriffe auf die Interpretation des Baums
beziehen, werden sie durch den Zusatz *-stück-* bzw. *-teil-*

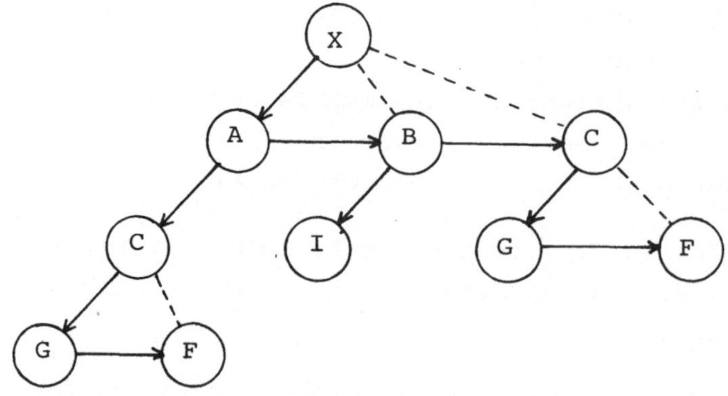

Abb. 5-7: Analytische Erzeugnisstrukturdarstellung als
binärer Baum (Stückbaum)

---

1) Vgl. Berger, Sternberg (1977), S. 26ff.
2) Vgl. Abbildung 2-1.

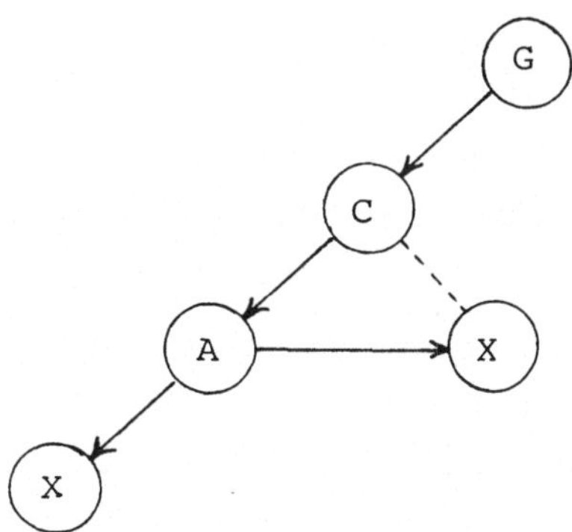

Abb. 5-8:   Synthetische Erzeugnisstrukturdarstellung als
            binärer Baum (Teilebaum)

gekennzeichnet. Folgende Zugriffsfunktionen auf den *binär-baum* stehen zur Verfügung:

(1)   open-baum

Funktion: Vorbereitungsarbeiten für Zugriffe auf
                          einen binären Baum

Parameter: -

(2)   get-stück-wurzel

Funktion: Bereitstellung der Knoteninformationen
                          für die Wurzel eines Stückbaums auf-
                          grund einer angegebenen Teilenummer

Input-Parameter: teilenummer
Output-Parameter: teiledaten[1]
                          linker-nachfolger-id
                          gefunden ——┬—— true   wenn ein Knoten
                                     │   der Teilenummer
                                     │   existiert
                                     └— false   sonst

---

1) *teiledaten* sind die teilespezifischen Daten (eine Teilmenge der *teilestammdaten*); vgl. die Beschreibung des
   Moduls *teile* in Abschnitt 5.2.2.3.

(3) <u>get-stück-knoten</u>

Funktion: Bereitstellung der Knoteninformationen
                             für einen Knoten des Stückbaums auf-
                             grund einer Knotenidentifikation

Input-Parameter: knoten-id
Output-Parameter: teiledaten
                             es-daten[1]
                             linker-nachfolger-id
                             rechter-nachfolger-id

(4) <u>get-teil-wurzel</u>

analog get-stück-wurzel

(5) <u>get-teil-knoten</u>

analog get-stück-knoten

(6) <u>reput-knoten</u>

Funktion: Zurückschreiben der evtl. veränderten
                             Knoteninformationen eines zuvor
                             gelesenen Knotens

Input-Parameter: teiledaten
                             es-daten

(7) <u>close-baum</u>

Funktion: Durchführung von Abschlußarbeiten
Parameter: -

Für das Modul *binärbaum* gelten folgende Voraussetzungen:

---

1) *es-daten* sind eine Teilmenge der *erzeugnisstrukturdaten*;
   vgl. die Beschreibung des Moduls *erzeugnisstrukturen* in
   Anhang II.

Benutzte Module

teile   (open-teile, get-teil, search-teil, reput-teil,
             close-teile)
erzeugnisstrukturen (open-erzeugnisstrukturen, get-erzeug-
             nisstruktur, reput-erzeugnisstruktur, close-
             erzeugnisstrukturen)

Reihenfolgebedingungen

binärbaum: (open-baum;
             ((get-stück-wurzel; (reput-knoten, get-stück-knoten)'*),
             (get-teil-wurzel; (reput-knoten, get-teil-knoten)'*))'*;
             close-baum)'* .

5.2.3.2 Stack

Ein Stack, auch Keller oder Stapel genannt, ist eine abstrakte Datenstruktur, welche nacheinander eingetragene
Elemente in umgekehrter Reihenfolge wieder zur Verfügung
stellt (Last-in-first-out-Speicher). Elemente eines Stack
können beliebige Objekte sein, z.B. Zahlen, Wörter, Daten-
sätze etc. In Abbildung 5-9 ist diese Datenstruktur veranschaulicht.

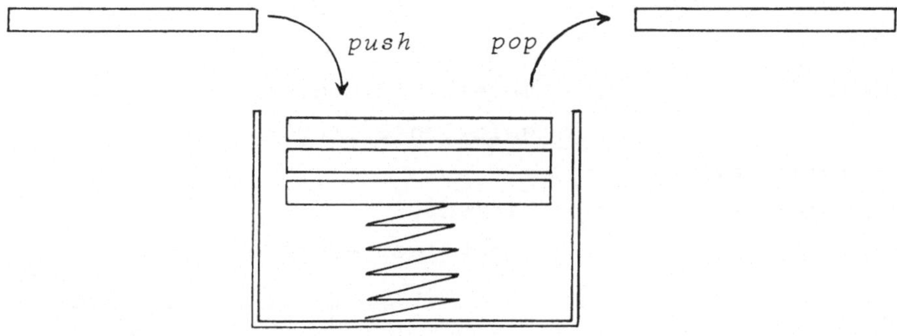

Abb. 5-9: Bildliche Darstellung der abstrakten Datenstruktur *stack*.

Im Zusammenhang mit der Traversierung eines binären Baums
wird ein Stack benötigt, um Verweise auf Nachfolgerknoten
zu speichern, die noch nicht durchlaufen sind. (Wenn z.B.
von einem bestimmten Knoten aus zunächst nach links wei-
tergegangen wird, muß die Information über einen eventuellen rechten Nachfolger aufbewahrt werden.)

Der hier verwendete *stack* wird durch die üblichen Operationen *create-stack*, *push* und *pop* definiert:

(1) <u>create-stack</u>

Funktion: Anlegen eines neuen Stack
Input-Parameter: stack-größe
Output-Parameter: -

(2) <u>push</u>

Funktion: Eintragen eines neuen Elements
                                 in den Stack
Input-Parameter: element
Output-Parameter: stack-voll ──┬ true   wenn be-
                                              │   reits mehr
                                              │   Elemente
                                              │   als *stack-*
                                              │   *größe* ein-
                                              │   getragen
                                              └ false   sonst

(3) <u>pop</u>

Funktion: Bereitstellung des zuletzt ab-
                                 gelegten Elements
Input-Parameter: -
Output-Parameter: element
                                 stack-leer ──┬ true   wenn kein
                                              │   Element mehr
                                              │   im Stack
                                              │   vorhanden
                                              └ false   sonst

Der *stack* benutzt keine anderen Module oder Dateien. Die

Funktionen können in folgender Reihenfolge aufgerufen werden:

stack: (create-stack;((push)'stack-voll, (pop)'stack-leer)'*)'*.

5.2.3.3 Traversierung des Binärbaums

Zur Ermittlung der Dispositionsstufen müssen die Binärbäume
aller Endprodukte traversiert werden. Das Durchlaufen eines
Graphen, wie ihn *binärbaum* implementiert, kann mit Hilfe
von prozeduralen Abstraktionen durchgeführt werden, die das
Modul *traversierung* zur Verfügung stellt. *traversierung*
exportiert Funktionen, die es erlauben, einen binären Baum
auf verschiedene Weise zu durchlaufen; die Möglichkeiten
orientieren sich an den unterschiedlichen Darstellungsformen einer Stückliste, nämlich der

- Strukturstückliste
- Einzelbaukastenstückliste
- Baukastenstückliste mit Folgebaukästen

bzw. den analogen Formen bei Teileverwendungsnachweisen:

- Strukturteileverwendung
- Einzelbaukastenteileverwendung
- Baukastenteileverwendung mit Folgebaukästen[1].

Dem Benutzer des Moduls werden die verschiedenen, notwendigen Traversierungsarten als einfache Sequenzen zur Verfügung gestellt. Eine Funktion des Typs *-first* liefert die
Wurzel des entsprechenden Baums (bzw. Unterbaums). Durch
eine Funktion des Typs *-next* erhält man jeweils den nächsten Knoten. Sie kann nach einem *-first* solange hintereinander aufgerufen werden, bis der gesamte Baum abgearbeitet

---

1) Der Begriff "Baukasten" ist bei der Blickrichtung des
   Teileverwendungsnachweises als die Menge von Teilen zu
   interpretieren, in die das betrachtete Teil unmittelbar
   eingeht.

ist. Dabei wird die gewünschte Traversierungsordnung eingehalten. Für die Form der Strukturstückliste bedeutet dies
daß der Baum in Preorder-Richtung durchlaufen wird; d.h.,
erst die Wurzel besuchen, dann den linken Unterbaum "preorder" traversieren, dann den rechten Unterbaum "preorder"
traversieren[1].

Mit Hilfe des Moduls *traversierung* können die verschiedenen
Stücklisten- und Teileverwendungsformen auf einfache Weise
erzeugt werden. Zur Bestimmung der Dispositionsstufen ist
nur eine Traversierungsart erforderlich. Prinzipiell könnte
jede der sechs Möglichkeiten gewählt werden, sofern gewährleistet ist, daß alle Knoten sämtlicher Binärbäume mindestens einmal durchlaufen werden. Die effizienteste Alternative ist hier die einer Strukturstückliste entsprechende
Traversierung. Die folgende Darstellung beschränkt sich
deshalb auf die dafür benötigten Funktionen. Die vollständige Beschreibung aller exportierten Funktionen des Moduls
ist in Anhang II wiedergegeben.

(1) <u>init-traversierung</u>

Funktion: Vorbereitungsarbeiten für die
           Traversierung binärer Bäume
Parameter: -

(2) <u>sts-first</u>

Funktion: Bereitstellung des ersten Kno-
           tens (= Wurzel) einer Sequenz,
           die der Strukturstückliste (sts)
           entspricht, aufgrund der Teile-
           nummer
Input-Parameter: teilenummer

---

1) Vgl. Wirth (1975), S. 268f.

Output-Parameter: teiledaten

fertigungsstufe[1]

laufnummer[2]

gefunden ── true   wenn ein Knoten zu der Teilenummer gefunden

└ false sonst

(3) sts-next

Funktion: Bereitstellung des jeweils nächsten Knotens in der *sts*-Sequenz

Input-Parameter: –

Output-Parameter: teiledaten

es-daten

fertigungsstufe

laufnummer

sequenz-ende ── true   wenn kein Knoten mehr vorhanden

└ false sonst

(4) sts-reput

Funktion: Zurückschreiben eines eventuell veränderten Knotens in der *sts*-Sequenz

Input-Parameter: teiledaten
es-daten

Output-Parameter: –

(5) end-traversierung

Funktion: Durchführung von Abschlußarbeiten

Parameter: –

---

1) Nummer der Fertigungsstufe, auf der das Teil hergestellt wird.

2) Laufende Nummer in der Sequenz (hier gleich eins).

Für die Anwendung der hier beschriebenen Funktionen des Moduls *traversierung* gelten folgende Voraussetzungen[1]:

<u>Benutzte Module:</u>

binärbaum (open-baum, get-stück-wurzel, get-stück-knoten,
          reput-knoten, close-baum)
stack   (create-stack, push, pop)

<u>Reihenfolgebedingungen</u>

traversierung: (init-traversierung; (sts-first;
                 (sts-reput, sts-next)'sequenz-ende)'* ;
                 end-traversierung)'* .

5.2.3.4 Dispositionsstufen und Dispositionsstufenketten-Generierung

Bei der Generierung aller Dispositionsstufeninformationen sind zwei Teilprobleme zu unterscheiden:

- die Bestimmung der Dispositionsstufe jedes Teils
- die Verkettung aller Teile gleicher Dispositionsstufe.

Das erste Teilproblem wird von dem Modul *dispositionsstufen* mit Hilfe der von *traversierung* zur Verfügung gestellten *sts*-Sequenz gelöst. Diese gewährleistet, daß jeder Knoten eines Erzeugnisstrukturbaums besucht wird. Somit braucht man nur die *sts*-Sequenz auf alle Endprodukte anzuwenden. Bei jedem Knoten wird überprüft, ob bereits eine Dispositionsstufe in die Teilestammdaten eingetragen ist bzw. ob eine bereits eingetragene Dispositionsstufe kleiner als die Fertigungsstufe des Knotens ist. Trifft einer der beiden Fälle zu, wird die Fertigungsstufe als neue Dispositionsstufe übernommen und der Knoten mit dieser Information zurückgeschrieben. Wenn später ein Knoten derselben Teile-

---

1) Die Voraussetzungen für das vollständige Modul sind in Anhang II wiedergegeben.

nummer erreicht wird, wiederholt sich die Überprüfung und
gegebenenfalls die Abänderung der Dispositionsstufe. Nach
Durchlaufen sämtlicher Erzeugnisstrukturbäume besitzt dann
jedes Teil die richtige Dispositionsstufe.

dispositionsstufen

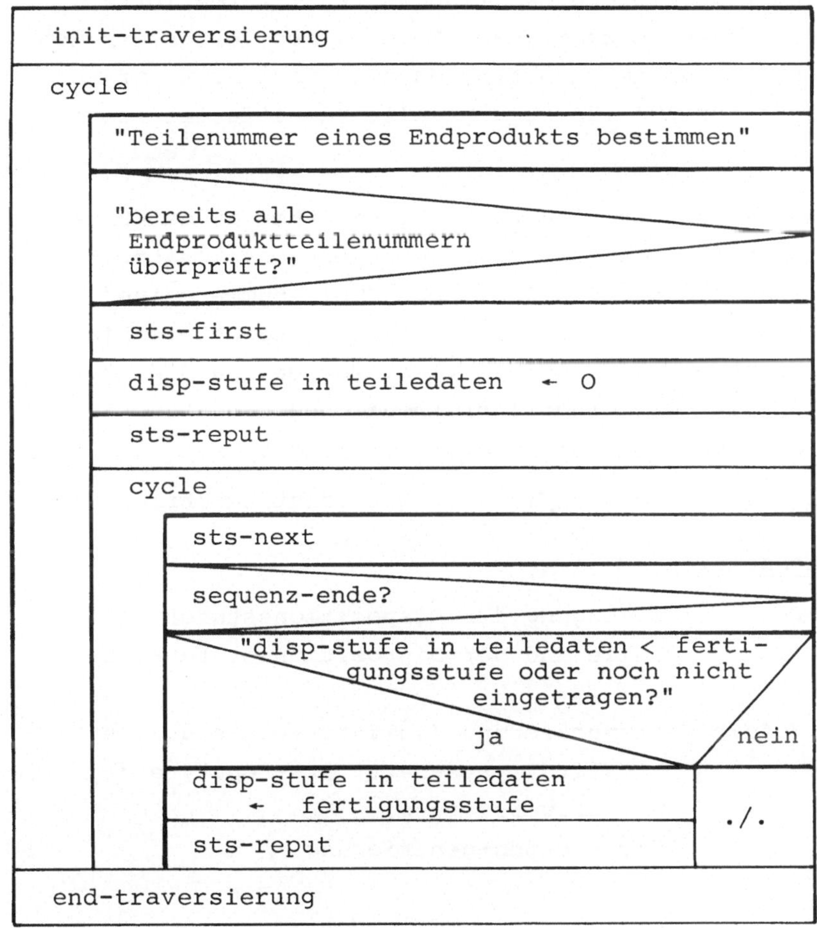

Variable

integer	disp-stufe
	fertigungsstufe
boolean	sequenz-ende

Abb. 5-10: Algorithmus zur Erzeugung von Dispositionsstufen

Der Algorithmus zur Bestimmung der Dispositionsstufen ist
in Abbildung 5-10 wiedergegeben. Da hier die algorithmischen Aspekte im Vordergrund stehen, wurde die Darstellungsform des Struktogramms gewählt[1]. Die Schleifen sind
nicht als While- oder Until-Schleifen, sondern als Cycle-
Schleifen mit Unterbrechung (middle-break) formuliert.
Diese Ausdrucksweise kommt nach Meinung des Verfassers dem
natürlichen Ablauf am nächsten, da alle Schleifen aufgrund
eines Endekriteriums für sequentielle Zugriffe gesteuert
werden[2].

Der Ablauf ist selbsterläuternd. Nicht näher aufgeführte
Komponenten sind in Anführungszeichen eingeschlossen. Zum
Beispiel könnte der Teilalgorithmus "Teilenummer eines
Endprodukts bestimmen" auf verschiedene (und unterschiedlich effiziente) Weise implementiert werden. Da dies für
das Verständnis des Gesamtalgorithmus ohne Bedeutung ist,
wird auf die Ausformulierung hier verzichtet.

Das Modul *dispositionsstufen* wird wie folgt beschrieben:

<u>dispositionsstufen</u>

Funktion: Erzeugung der Dispositionsstufen aller
                   Teile und der Dispositionsstufenketten
Parameter: -
Benutzte Module: traversierung (init-traversierung, sts-
                       first, sts-next, sts-reput, end-
                       traversierung)
                   disp-ketten-generierung

---

1) Vgl. dazu Nassi, Shneidermann (1973), S. 12ff.;
   Kurbel (1979), S. 71ff.

2) Für eine weitergehende Begründung wird auf Kurbel (1981),
   S. 363ff., verwiesen, wo die Zusammenhänge zwischen
   Programmierstil und Schleifen bei sequentiellen Zugrif-
   fen im einzelnen aufgezeigt werden.

Zur Lösung des zweiten Teilproblems, der Verkettung von
Teilen mit gleicher Dispositionsstufe, wird eine prozedurale Abstraktion benutzt, die in dem Modul *disp-ketten-generierung* implementiert ist. Den Ablauf zeigt Abbildung 5-11.
Von den verschiedenen, denkbaren Algorithmen wird hier der
einfachste dargestellt, der auf einer sequentiellen Überprüfung aller Teilestammdaten beruht. Effizientere Algorithmen, insbesondere die gleichzeitige Durchführung von
Dispositionsstufenermittlung und Verkettung der Teile,
gewinnen vor allem bei umfangreichen Teilestammdateien erhebliche Bedeutung. Da in dieser Arbeit jedoch die Modularisierungskonzeption des Softwaresystems im Vordergrund
steht, wird auf die Beschreibung eines eleganteren Algorithmus, wie er etwa der konkreten Implementierung zugrundeliegt, verzichtet.

Den Ablauf steuert wieder eine Cycle-Schleife, die bei
teile-ende abbricht. In der Schleife werden durch die
Funktion *get-next-teil* die *teilestammdaten* des jeweils
nächsten Teils zur Verfügung gestellt, die unter anderem
die zuvor eingetragene Dispositionsstufe des Teils *(disp-
stufe)* enthalten[1]. Anhand dieser Information wird das Teil
als vorläufig letzter Knoten in die entsprechende Disposi-
tionsstufenkette angehängt. In dem Algorithmus kommt dies
darin zum Ausdruck, daß als vorläufiger Anker für die Dispositionsstufe die Identifikation des Teils vermerkt wird.
Die Kette wird also retrograd aufgebaut; d.h., nach Abschluß der Verkettung stellt das zuletzt angefügte Teil den
Anker dar.

Bei der Erzeugung der Folgeverweise *(disp-stufe-folge-id)*
muß deshalb differenziert werden. Wenn es sich um das erste
Teil einer Dispositionsstufe handelt, kann noch nicht auf
einen Vorgängerknoten in der Kette verwiesen werden; statt

---

1) Vgl. zur Struktur der *teilestammdaten* die Beschreibung
   des Moduls *teile* in Abschnitt 5.2.2.3.

eines tatsächlichen Folgeverweises wird eine *kettenende-markierung* eingetragen. Alle weiteren Teile der Dispositionsstufe können dagegen auf den jeweils letzten Knoten Bezug nehmen, der in dem retrograden Algorithmus als vorläufiger Anker festgehalten wurde.

disp-ketten-generierung

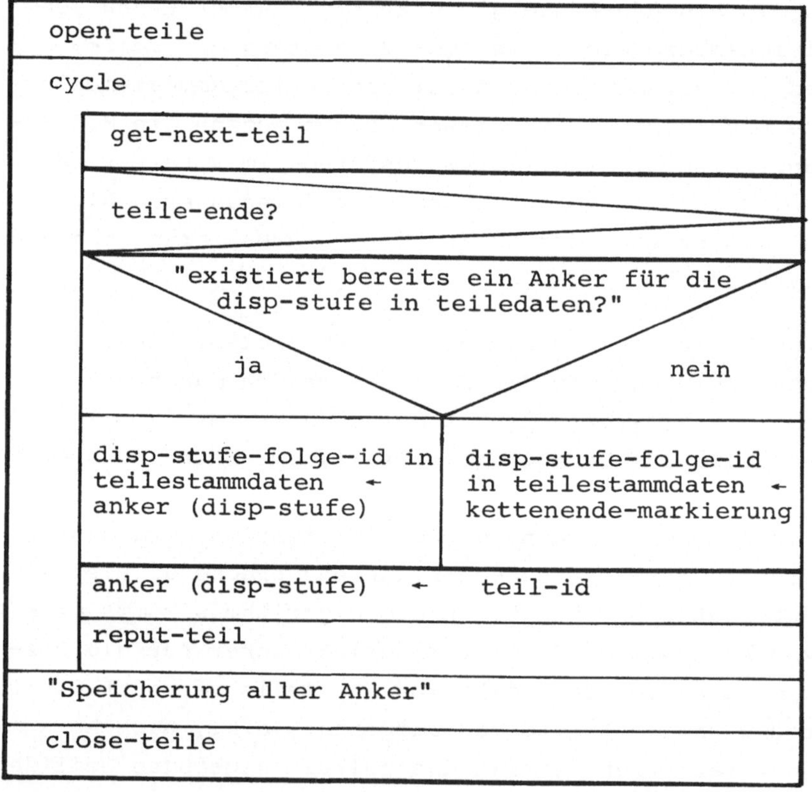

<u>Variable</u>

integer	disp-stufe disp-stufe-folge-id kettenende-markierung teil-id disp-stufen-anzahl anker: array (1 : disp-stufen-anzahl)
boolean	teile-ende

<u>Abb. 5-11:</u> Algorithmus zur Erzeugung der Dispositionsstufenketten

Die Variable *disp-stufe-folge-id* nimmt also entweder eine *kettenende-markierung* oder den vorläufigen *anker (disp-stufe)* auf. Mit dieser zusätzlichen Information werden die Teilestammdaten von der Funktion *reput-teil* zurückgeschrieben. Der Ablauf wiederholt sich, bis alle Teile verarbeitet sind. Zum Abschluß müssen noch die endgültigen Anker gespeichert werden, was wiederum auf unterschiedliche Weise erfolgen kann und hier nicht näher ausgeführt wird.

Das Modul *disp-ketten-generierung* ist wie folgt beschrieben:

<u>disp-ketten-generierung</u>

Funktion:	Erzeugung aller Dispositionsstufen-ketten aufgrund der in den *teile-stammdaten* eingetragenen Disposi-tionsstufen
Parameter:	-
Benutzte Module:	teile (open-teile, get-next-teil, get-teil, reput-teil, close-teile)

5.3 Bedarfsplanung

Der zweite große Teilkomplex des Produktionsplanungssystems umfaßt die Module der mengenorientierten Bedarfsplanung. Die Aufgaben der Bedarfsplanung wurden bereits in Kapitel 2 beschrieben: Ausgehend von einem gegebenen Produktionsprogramm, das in Form des Primärbedarfs die Planungsgrundlage darstellt, werden Sekundärbedarfsmengen aller untergeordneten Teile abgeleitet. Die Nettobedarfsrechnung nimmt eine Bereinigung der Bruttobedarfe um verfügbare Lagerbestände vor. In der Losgrößenplanung werden dann Einzelbedarfsmengen zu wirtschaftlichen Fertigungsaufträgen (Losen) zusammengefaßt. Die genaue Festlegung von Fertigungsterminen unterbleibt in der Bedarfsplanung. Ein grobes Zeitgerüst

wird jedoch durch die Verlaufverschiebung der Sekundärbedarfe berücksichtigt.

Die Bedarfsplanung geht nach Dispositionsstufen vor. Für
alle Teile einer Dispositionsstufe werden jeweils die Nettobedarfsermittlung, Losgrößenplanung und Sekundärbedarfsermittlung durchgeführt, während die Primärbedarfe nur
einmal - zu Beginn der Planung - eingetragen werden müssen.

Den Grobablauf gibt Abbildung 5-12 wieder. Die angespro-
chenen Teilaufgaben stellen prozedurale Abstraktionen dar,
die auf der zweithöchsten Abstraktionsebene implementiert
sind. Die verschiedenen Module werden nachfolgend erläutert. Die Stellung der Module im Gesamtzusammenhang zeigt
Abbildung 5-13. Die Abbildung differenziert nur nach Abstraktionsebenen; Benutzt-Relationen werden aus Gründen
der Übersichtlichkeit weggelassen.

Das Modul *bedarfsplanung* steuert den Gesamtablauf:

<u>bedarfsplanung</u>

Funktion: Durchführung der Bedarfsplanung für
                            alle Teile aller Dispositionsstufen

```
vorarbeiten
primärbedarf
for disp-stufe = 1 to disp-stufen-
                            anzahl do
    nettobedarf
    losgrößen
    sekundärbedarf[1]
nacharbeiten
```

<u>Abb. 5-12:</u> Grobalgorithmus für die Bedarfsplanung

---

1) Einschließlich der Vorlaufverschiebung.

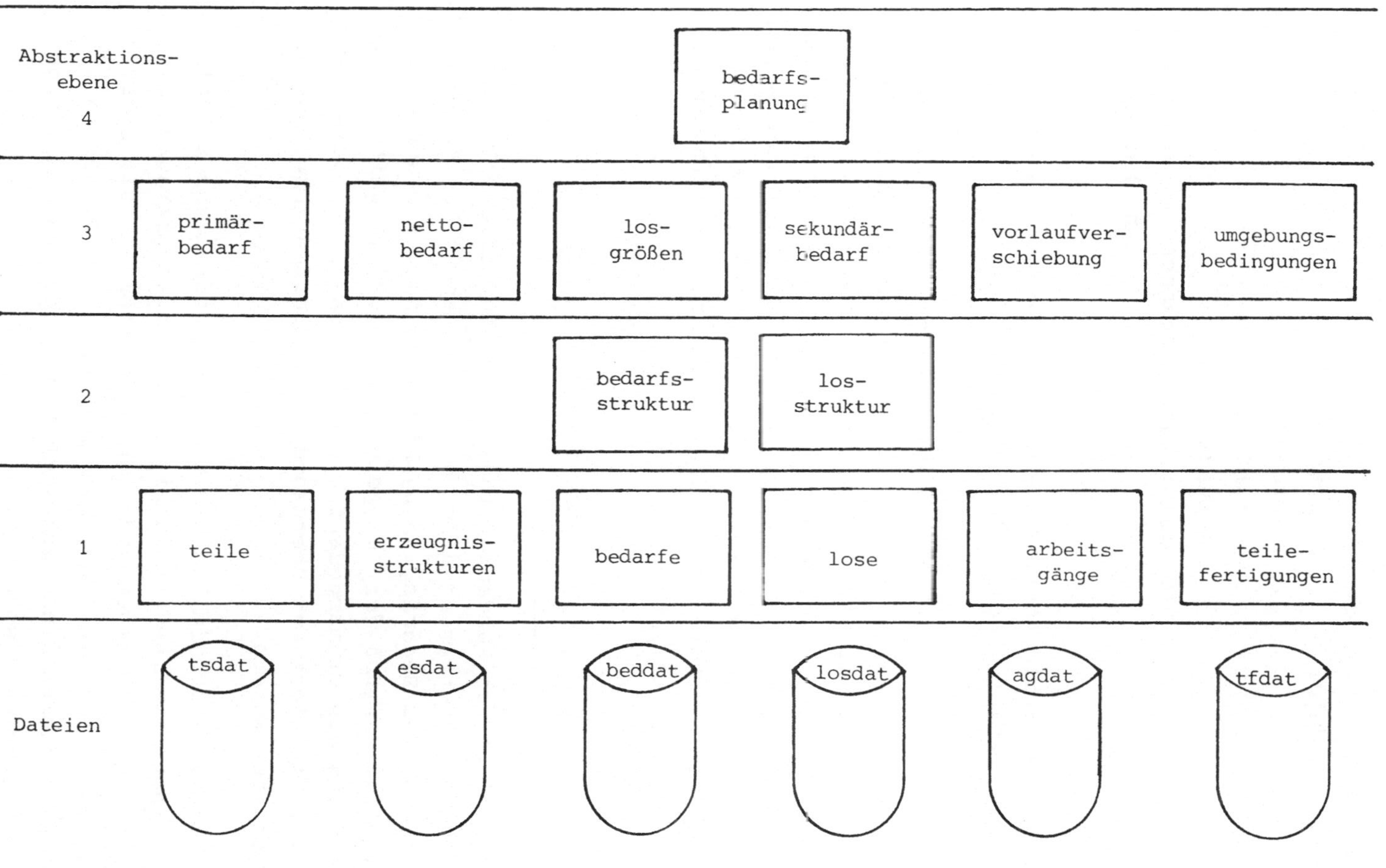

Abb. 5-13: Module zur Bedarfsplanung

Parameter: -
Benutzte Module: primärbedarf

                           nettobedarf

                           losgrößen

                           sekundärbedarf

                           umgebungsbedingungen (vorarbeiten,

                                                  nacharbeiten)

5.3.1 Prozedurale Abstraktion für die Teilaufgaben der Bedarfsplanung

Die Module der zweithöchsten Abstraktionsebene implementieren die Lösungsalgorithmen für die mengenbezogenen Teilaufgaben der Produktionsplanung, die im wesentlichen mit Einzelbedarfen und Losen arbeiten. Hilfstätigkeiten führt das
Modul *umgebungsbedingungen* aus; es schafft Voraussetzungen,
die vor und nach der Benutzung der anderen Module der Bedarfsplanung erfüllt sein müssen. Das Modul ist im einzelnen im Anhang erläutert.

5.3.1.1 Primärbedarf

Die in Form von Kundenaufträgen, Lageraufträgen etc. vorliegenden Bedarfsmengen für den Planungszeitraum stellen
den Input des Bedarfsplanungskomplexes dar. Sie werden von
dem Modul *primärbedarf* eingelesen und für die weitere Verarbeitung als Primärbedarfe gekennzeichnet, d.h. als Bedarfe, die nicht aus übergeordneten Bedarfen (bzw. Losen)
abgeleitet wurden.

Die Eingabe kann im konkreten Anwendungsfall zum Beispiel
von einer Primärbedarfsdatei, einer Kundenauftragsdatei,
Erfassungsdatenträgern oder ähnlich erfolgen. Die Bedarfsplanung im engeren Sinne beginnt, wenn alle Primärbedarfsmengen eingelesen und abgespeichert sind. Das Modul kann
kurz beschrieben werden als:

<u>primärbedarf</u>

Funktion: Übernahme aller Primärbedarfe und
                        Abspeicherung für die weitere Ver-
                        arbeitung

Parameter: -

<u>Benutzte Module</u>[1]

bedarfsstruktur (insert-bedarf)
teile (search-teil)

5.3.1.2 Nettobedarf

Die Nettobedarfsermittlung wird bei einem Aufruf der entsprechenden Funktion jeweils für alle Teile der angegebenen
Dispositionsstufe durchgeführt.

Sofern für eine Teilenummer verfügbarer Lagerbestand vorhanden ist, wird er unter Berücksichtigung der Bedarfstermine zeitpunktgerecht von den Bruttobedarfen subtrahiert;
dies gilt sowohl für Primär- als auch für Sekundärbedarfe.
Die bereits gespeicherten Bedarfe werden dann mit korri-
gierten Mengen überschrieben. Das Absetzen von Lagerbeständen in der zeitlich richtigen Reihenfolge setzt voraus, daß
ein entsprechender Zugriff auf die Bedarfe möglich ist.

Informationen über den verfügbaren Lagerbestand sind in den
Teilestammdaten enthalten[2]. Andere Implementierungen, bei
denen die Bestandsdaten in einer getrennten Datei geführt
werden, sind denkbar und zum Teil auch verbreitet. Die Bestandsdaten müssen ebenfalls korrigiert und zurückgeschrieben werden, wenn Lagerbestände zur Deckung von Bruttobedarfen herangezogen werden.

---

1) Im konkreten Anwendungsfall wird noch eine Datei mit den
   Quellen der Primärbedarfe benutzt (bei der vorliegenden
   Implementierung etwa eine Datei *primdat*).

2) Vgl. die Beschreibung der von dem Modul *teile* bereitgestellten Daten (Abschnitt 5.2.2.3).

<u>nettobedarf</u>

Funktion: Zeitpunktgerechte Verminderung der
Bruttobedarfsmengen aller Teile
einer Dispositionsstufe um verfügbare Lagerbestände und Korrektur der
Bestandsdaten

Input-Parameter: disp-stufe

Output-Parameter: -

<u>Benutzte Module</u>

bedarfsstruktur (init-bedarf-disp-stufe, get-first-bedarf-
of-teilenummer, get-next-bedarf-of-teile-
nummer, reput-bedarf-mengeninfo, delete-
bedarf)

teile   (search-teil, reput-teil)

5.3.1.3 Losgrößen

Die Losgrößenplanung wird durchgeführt, wenn alle Bedarfsmengen aller Teilenummern einer Dispositionsstufe in Form
von Nettobedarfen vorliegen. Die einzelnen Nettobedarfe
werden dann zu wirtschaftlichen Fertigungslosen zusammengefaßt. Dabei können grundsätzlich alle der in Abschnitt
2.2.2.2 erläuterten Verfahren zum Einsatz kommen.

Die Entscheidung für eine bestimmte Methode fällt im Einzelfall der Disponent; die Methode kann aber auch für jede
Teilenummer von vornherein festgelegt werden, oder das
System geht standardmäßig nach einem bestimmten Verfahren
vor etc.[1] In der vorliegenden Implementierung wurde der
zweite Weg gewählt. In Abhängigkeit von einem *losgrößen-
schlüssel*, der zu den *teiledaten* gehört, werden Lose nach
einem der folgenden Kriterien berechnet:

---

1) Vgl. z.B. die verschiedenen Möglichkeiten in COPICS
und UNIS, die in IBM (1973c), S. 72ff., bzw. Sperry
Rand (1972), S. 50ff., beschrieben sind.

- keine Losbildung; d.h., jeder Einzelbedarf stellt für
  sich allein einen Fertigungsauftrag dar
- Andler-Formel (klassische Losgrößenoptimierung)
- gleitende wirtschaftliche Losgröße
- Stück-Perioden-Ausgleich.

Jedes Los wird in die Datenkapsel *losstruktur* eingetragen
und dort für die weitere Verarbeitung aufbewahrt.

Die Losgrößenermittlung erfolgt durch Abwägen zwischen La-
gerhaltungs- und Rüstkosten in der durch das Verfahren bestimmten Weise. Die Lagerhaltungskosten sind von der Teileart abhängig und werden in den *teiledaten* geführt. Die Rüstkosten fallen bei der Vorbereitung der Arbeitsgänge an und
stellen eine Komponente der *arbeitsgangdaten* dar.Das Modul
losgrößen benutzt deshalb Zugriffe auf die *teile* und die
arbeitsgänge. Da die zum Arbeitsplan eines Teils gehörenden
Arbeitsgänge über die Teilefertigungskette identifiziert
werden, sind ferner Zugriffe auf die *teilefertigungen* nötig.

Bei der Losbildung werden zeitlich benachbarte Einzelbedarfsmengen zu größeren Einheiten zusammengefaßt. Dies setzt voraus, daß ein nach Teilenummern und Bedarfsterminen sortierter Zugriff auf die Bedarfe möglich ist. An das Modul
bedarfsstruktur sind entsprechende Anforderungen zu stellen.
Außerdem muß die Information festgehalten werden, welche
Bedarfe in welches Los eingehen.

Das Modul *losgrößen* wird beschrieben durch:

<u>losgrößen</u>

Funktion: Zusammenfassung von Einzelbedarfen
                               zu Fertigungslosen für alle Teile
                               einer Dispositionsstufe nach den
                               durch die *losgrößen-schlüssel* fest-
                               gelegten Kriterien

Input-Parameter: disp-stufe
Output-Parameter: -

Für das Modul gelten die folgenden Voraussetzungen:

losgrößen-schlüssel ── 0   keine Losbildung
                    ├─ 1   Andler-Formel
                    ├─ 2   gleitende wirtschaftliche Los-
                    │   größe
                    └─ 3   Stück-Perioden-Ausgleich

Benutzte Module

losstruktur	(insert-los, get-los-id)
bedarfsstruktur	(init-bedarf-disp-stufe, init-bedarf-teilenummer, get-first-bedarf-of-teilenummer, get-next-bedarf-of-teilenummer, reput-bedarf-mengeninfo)
teile	(search-teil)
arbeitsgänge	(get-arbeitsgang)
teilefertigungen	(get-teilefertigung)

5.3.1.4 Sekundärbedarf

Wenn zur Durchführung der Fertigungsaufträge Teile tieferer Fertigungsstufen benötigt werden, sind die entsprechenden Sekundärbedarfsmengen zu berechnen. Zur Vermeidung von Fehldispositionen werden diese nicht aus den Einzelbedarfen abgeleitet, sondern aus den bereits mit Grobterminen versehenen Losen. Die Sekundärbedarfsermittlung für eine Teilenummer kann also erst im Anschluß an die Losgrößenrechnung erfolgen.

Die Menge der einer Teilenummer untergeordneten Teile wird mit Hilfe der Erzeugnisstrukturkette identifiziert. Durch Multiplikation des jeweiligen Inputkoeffizienten mit der Menge des übergeordneten Loses erhält man den abgeleiteten Sekundärbedarf. Der Sekundärbedarf wird anhand seiner Dispositionsstufe und Teilenummer termingerecht in die *bedarfsstruktur* eingereiht.

Der Bedarfstermin ergibt sich im einfachsten Fall aus dem
geplanten Fertigstellungstermin des übergeordneten Loses,
der auf dem Wege der Vorlaufverschiebung um eine gewisse
Zeitspanne vorgezogen wird. Die Berechnung der Vorlaufverschiebung ist Gegenstand des nächsten Abschnitts.

Auf diese Weise werden alle Lose einer Dispositionsstufe,
nach Teilenummern und Terminen sortiert, in ihre Komponenten aufgelöst, sofern die Teilenummer nicht ein Einzelteil
repräsentiert. An das Modul *losstruktur* ist deshalb die
Anforderung zu stellen, daß entsprechend sortierte Zugriffe
ermöglicht werden.

Zur Darstellung der Zusammenhänge zwischen Bedarfen und
Losen muß das Modul *sekundärbedarf* Informationen für die
losstruktur verfügbar machen, aus denen hervorgeht, welche
Sekundärbedarfe aus einem bestimmten Los abgeleitet wurden.
Diese Informationen werden bei der Sekundärbedarfsermitt-
lung in den entsprechenden Losdaten vermerkt[1].

Das Modul *sekundärbedarf* wird wie folgt charakterisiert:

<u>sekundärbedarf</u>

Funktion:	Ableitung aller Sekundärbedarfe (mit Grobterminen) aus allen Losen einer Dispositionsstufe
Input-Parameter:	disp-stufe zeitpuffer[2]
Output-Parameter:	-

<u>Benutzte Module</u>

losstruktur (init-los-disp-stufe, get-first-los-of-teile-
        nummer, get-next-los-of-teilenummer, reput-los-
        mengeninfo)

---

1) Zum Zurückschreiben der Losdaten mit diesen Informationen wird die Funktion *reput-los* benutzt, die das Modul
losstruktur zur Verfügung stellt.

2) Zur Berechnung der Vorlaufverschiebung; vgl. Abschnitt
5.1.3.5.

bedarfsstruktur	(insert-bedarf, get-bedarf-id)
teile	(search-teil, get-teil)
erzeugnis- strukturen	(get-erzeugnisstruktur)
vorlaufverschie- bung	

5.3.1.5 Vorlaufverschiebung

Die Sekundärbedarfsmengen müssen spätestens zu dem Zeitpunkt
bereitstehen, zu dem mit der Fertigung des übergeordneten
Loses begonnen werden soll. Bei der Ableitung der Sekundärbedarfe ist zunächst nur der geplante Fertigstellungstermin
des Loses bekannt, der zur Vereinfachung als Lostermin bezeichnet wird. Die Bedarfstermine der abgeleiteten Mengen
liegen eine bestimmte Zeitspanne vor dem Lostermin; diese
Zeitspanne nennt man Fertigungsvorlaufzeit oder Vorlaufverschiebung.

Die Vorlaufverschiebung wird auf der Grundlage der Durchlaufzeit des übergeordneten Loses berechnet; diese ergibt
sich, wie in Kapitel 2 dargestellt, als

$$d = \sum_{j \in J} (t_j^r + x \cdot t_j^b + t_j^ü) \, ,$$

wobei j den Index des Arbeitsgangs und

x	Losgröße
t_j^r	Rüstzeit
t_j^b	Bearbeitungszeit pro Mengeneinheit (Stückzeit)
$t_j^ü$	Übergangszeit

bezeichnen. Die zur Berechnung notwendigen Informationen
werden wie folgt ermittelt:

- Die Losgröße wird als Input-Parameter an das Modul
  übergeben.

- Die Rüstzeiten und Stückzeiten der Arbeitsgänge sind
  in den *arbeitsgangdaten* enthalten.

- Die Übergangszeiten werden auf der Basis der Stückzeiten
  errechnet, wobei eine Korrelation zwischen den Bearbeitungszeiten und den Übergangszeiten unterstellt ist.
  Diese Vorgehensweise ist verbreitet[1] und insofern be-
  rechtigt, als die Vorlaufverschiebung nur eine vorläufige
  zeitliche Strukturierung vornimmt und die Übergangszeiten
  in der Bedarfsplanung hauptsächlich Pufferfunktionen ausüben. Die Übergangszeit zwischen zwei Arbeitsgängen wird
  als

$$t_j^{\ddot{u}} = x \cdot t_j^b \cdot \text{zeitpuffer}$$

  berechnet; *zeitpuffer* stellt einen Prozentsatz dar, der
  z.B. als Standardwert festgelegt sein kann oder als Input-Parameter übergeben wird.

- Die Summe über alle Arbeitsgänge $j \in J$ wird durch Abarbeitung der entsprechenden Teilefertigungskette realisiert.

Wenn man die Durchlaufzeit auf diese Weise berechnet, kann
sie direkt als Vorlaufverschiebung herangezogen werden.
Der Termin, zu dem die Sekundärbedarfe verfügbar sein müssen, ergibt sich dann als

$$\text{sekundärbedarfstermin} = \text{lostermin} - \text{vorlaufzeit}.$$

Das Modul *vorlaufverschiebung* wird folgendermaßen beschrieben:

---

1) Vgl. die Darstellung verschiedener Alternativen bei
   Mertens (1978), S. 197f.

<u>vorlaufverschiebung</u>

Funktion: Berechnung der Fertigungsvorlauf-
                             zeit eines Loses

Input-Parameter: losgröße
                             erste-teilefertigung-id[1]
                             zeitpuffer
Output-Parameter: vorlaufzeit

<u>Benutzte Module</u>

teilefertigungen (get-teilefertigung)
arbeitsgänge   (get-arbeitsgang)

5.3.2 Beziehungen zwischen Bedarfen und Losen

Bei der Bedarfsplanung werden laufend Einzelbedarfe zu Losen
zusammengefaßt, aus denen wieder Bedarfe abgeleitet und zu
Losen zusammengefaßt werden etc. Lose und Bedarfe sind also
sehr eng miteinander verknüpft.

Informationen über die Verknüpfung werden in späteren Planungsphasen benötigt. Aus den Informationen muß hervorgehen,
aus welchen Einzelbedarfen sich welche Fertigungslose zusam-
mensetzen bzw. aus welchen übergeordneten Losen (oder Bedarfen) sich welche Sekundärbedarfe ableiten.

Derartige Informationen sind unabdingbar, wenn etwa in der
Terminplanung oder der Maschinenbelegungsplanung Terminände-
rungen vorgenommen werden müssen oder wenn bei der Durchführung der Planung Störungen auftreten. In diesen Fällen muß
es möglich sein, die Auswirkungen einer Planänderung zu verfolgen. Insbesondere muß es möglich sein, diejenigen Ferti-

---

1) Anker der Teilefertigungskette; vgl. die Beschreibung
   der *teilestammdaten* in Abschnitt 5.2.2.3.

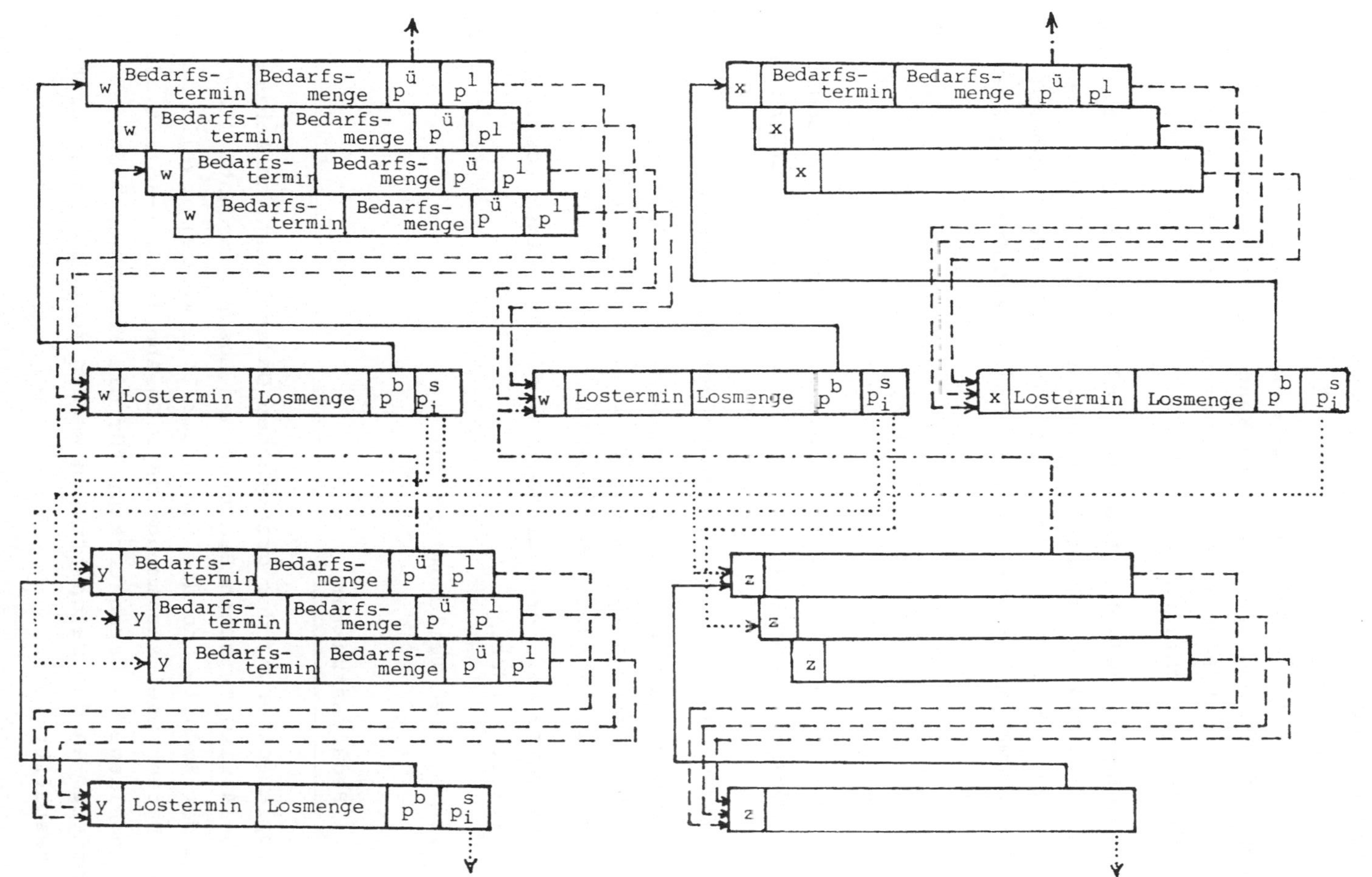

Abb. 5-14: Verknüpfung von Bedarfen und Losen

gungsaufträge bzw. die in ihnen zusammengefaßten Einzelbedarfe zu lokalisieren, die von der Änderung direkt oder
indirekt betroffen sind. Unter Umständen sind auch Auswirkungen auf die zugrundeliegenden Kundenaufträge von Interesse, etwa, um Kunden von Überschreitungen der Liefertermine zu benachrichtigen.

Die Beziehungen zwischen Bedarfen und Losen sind in Abbildung 5-14 graphisch veranschaulicht. Ein Einzelbedarf bzw.
ein Los ist jeweils durch Dispositionsstufe, Teilenummer,
Termin und Menge charakterisiert. Die Verknüpfung der Bedarfe mit den Losen wird durch Pfeile ausgedrückt:

p^l Verweis auf das Fertigungslos, in das der Bedarf
        eingeht

$p^{ü}$ Verweis auf das übergeordnete Los, aus dem der Bedarf
        abgeleitet wurde (sofern es sich um einen Primärbedarf
        handelt, führt der Verweis $p^{ü}$ auf die Quelle der Ver-
        ursachung, z.B. in die Menge der Kundenaufträge etc.)

p^b Verbindung von einem Los zu den Einzelbedarfen, die in
        ihm zusammengefaßt sind (p^b zeigt auf den ersten Be-
        darf, der in das Los eingeht)

p_i^s Verweise auf Sekundärbedarfe, die aus einem Los abge-
        leitet wurden.

w,x,y,z   stellen Teilenummern dar.

5.3.2.1 Bedarfsstruktur

Zur Implementierung der graphischen Darstellung von Abbildung 5-14 wird zwischen Bedarfen und Losen getrennt. Die
Menge der Bedarfe und die Menge der Lose werden jeweils in
einer Datenkapsel zusammengefaßt. In Abbildung 5-15 ist die
zugrundeliegende Datenstruktur für die Menge der Bedarfe
skizziert. An die Datenstruktur werden folgende Anforderungen gestellt:

n	w	bedarfstermin	bedarfsmenge	$p^ü$	p^l	
n	w					
n	w					
n	w					
n	x					
n	x					
n	x					
n+1	y					
n+1	y					
n+1	y					
n+1	z					
n+1	z					
n+1	z					

n,n+1   Dispositionsstufen
w,x,y,z   Teilenummern
—·—·→   Verweis auf den ersten Bedarf einer Dispositionsstufe bzw. Teilenummer (explizit)
———→   Verweis auf den nächsten Bedarf einer Teilenummer
(implizit)
———→   Verweis auf den ersten Bedarf der nächsten Teilenummer mit gleicher Dispositionsstufe (implizit)

Abb. 5-15: Bedarfsstruktur

(1) Die eingetragenen Bedarfe müssen in sortierter Form zur
Verfügung gestellt werden, und zwar nach Dispositionsstufen,
innerhalb einer Dispositionsstufe nach Teilenummern und innerhalb einer Teilenummer nach Bedarfsterminen sortiert.
Diese Anforderungen ergeben sich aus der Benutzung der Datenstruktur bei der Nettobedarfsermittlung und der Losgrößenplanung. Lesezugriffe sollen also als Sequenzen realisiert werden.

(2) Gelesene Bedarfe müssen geändert und unter Umständen
auch gelöscht werden können. Diese Anforderung folgt unmittelbar aus den Aufgaben der Nettobedarfsermittlung.

(3) Es muß jederzeit möglich sein, Bedarfe an beliebigen
Stellen in den Datenbestand einzutragen. In der graphischen
Interpretation muß es also beispielsweise möglich sein,
zwischen dem ersten und zweiten Bedarf der Teilenummer y
einen neuen Bedarf einzufügen, wenn dessen Bedarfstermin
zwischen den ersten beiden Terminen liegt. Diese Anforderung
resultiert aus dem dispositionsstufenweisen Vorgehen bei der
Bedarfsplanung. Die Sekundärbedarfe einer bestimmten Teilenummer werden im Verlauf der Bedarfsplanung zu völlig unterschiedlichen Zeitpunkten berechnet, da die übergeordneten Teile im allgemeinen verschiedenen Dispositionsstufen
angehören.

Wenn man andererseits aus einem Fertigungsauftrag für eine
ganz bestimmte Baugruppe z mit Hilfe der Erzeugnisstrukturkette Sekundärbedarfe ermittelt, dann bedeutet dies, daß
Bedarfe der nächsttieferen Fertigungsstufe abgeleitet werden. Da die Dispositionsstufen der entsprechenden Teile im
allgemeinen größer oder höchstens gleich der Fertigungsstufe sind, fallen bei der Auflösung der Baugruppe z Sekundärbedarfe an, die unterschiedlichen Dispositionsstufen
angehören und folglich an verschiedenen Stellen der Datenstruktur eingefügt werden müssen. Wenn man beispielsweise
aus einem Los des Endproduktes X Sekundärbedarfe ableitet,
dann erhält man Bedarfe für A und B, die auf Dispositions-

stufe 1 eingereiht werden, und einen Bedarf für C auf Dispositionsstufe 2. Weitere Bedarfe für C kommen später hinzu, wenn A und E aufgelöst werden[1).

Die dritte Anforderung bereitet besondere Schwierigkeiten, da die Sekundärbedarfe völlig unabhängig von der gewünschten Sortierfolge eintreffen. Eine nachträgliche Sortierung - nachdem alle Bedarfe vorliegen - ist nicht problemadäquat, da die Bedarfe bereits <u>während</u> der Bedarfsplanung in sortierter Form benötigt werden. Es handelt sich also um einen dynamisch veränderlichen Datenbestand, der bereits sortiert aufgebaut werden muß. Diesen Bedingungen genügt ein binärer Baum, der folgende Eigenschaft hat:

Zwischen den Knoten des Baums existiert eine Ordnungsrelation dergestalt, daß für jeden Knoten i gilt: Alle Knoten im linken Unterbaum von i sind kleiner oder gleich i, und alle Knoten im rechten Unterbaum sind größer als i.

Ein binärer Baum mit dieser Eigenschaft wird Suchbaum genannt. Abbildung 5-16 zeigt einen Suchbaum, in dessen Knoten

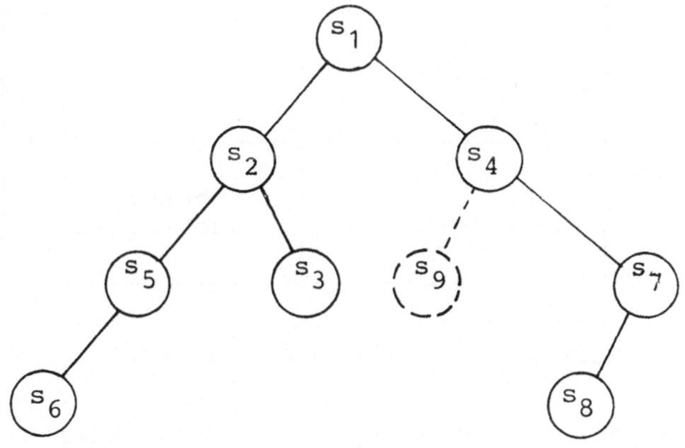

$$s_6 \leq s_5 \leq s_2 \leq s_3 \leq s_1 \leq s_4 \leq s_8 \leq s_7$$

<u>Abb. 5-16:</u> Suchbaum

1) Vgl. die Abbildungen 2-1 und 2-2.

die Ausprägungen s_i des Ordnungsbegriffs eingetragen sind.
Der Index i gibt die Reihenfolge an, in der die Knoten erzeugt wurden. Für den linken Nachfolger j eines Knotens i
gilt $s_j \leq s_i$; für den rechten Nachfolger k gilt $s_k > s_i$.
Wenn in dem Beispiel ein neuer Knoten - als 9. Knoten -
eingefügt werden soll, dessen Ordnungsbegriff $s_1 < s_9 \leq s_4$
ist, so würde er als linker Nachfolger von s_4 angehängt.

Will man die Zusammenhänge zwischen den Bedarfen in einem
Suchbaum darstellen, so muß ein dem Problem angemessener,
dreistufiger Ordnungsbegriff verwendet werden, der sich
aus der Dispositionsstufe, der Teilenummer und dem Bedarfstermin zusammensetzt. Die weiteren Daten (Bedarfsmenge, $p^{\ddot{u}}$,
p^l) werden als Knoteninformationen in die Knoten mitaufgenommen. Für die Implementierung des Baums werden darüberhinaus noch die Verweise auf den linken und rechten Nachfolger benötigt. Der Aufbau eines Knotens entspricht dann
der Darstellung in Abbildung 5-17.

Ordnungs- information	Dispositions- stufe	Teile- nummer	Bedarfs- termin
Mengen- information	Bedarfsmenge, $p^{\ddot{u}}$, p^l		
Nachfolger- information	linker Nachfolger	rechter Nachfolger	

Abb. 5-17: Knotenaufbau im Suchbaum der Bedarfe

Die Tatsache, daß die Bedarfsstruktur in Form eines Such-
baumes implementiert wird, bleibt gemäß dem Prinzip des
Information Hiding vor dem Benutzer verborgen. Das heißt,
der Benutzer kann in jeder Planungsphase davon ausgehen,
über einen wie in Abbildung 5-15 sortierten Datenbestand zu
verfügen. Der Aufbau eines Knotens wird für den Benutzer

durch folgende Struktur dargestellt, in der die implemen-
tierungsbezogenen Nachfolgerinformationen nicht enthalten
sind:

```
1  bedarf
   2  ordnungsinformation
      3  disp-stufe
      3  teilenummer
      3  bedarfstermin
   2  mengeninformation
      3  bedarfsmenge
      3  primär-sekundär-bedarf[1]
      3  verkettungsinformation

         4  übergeordnetes-los-id
         4  zugeordnetes-los-id
```

Das Modul *bedarfsstruktur* repräsentiert eine abstrakte Datenstruktur, die durch folgende Zugriffsfunktionen definiert wird:

(1) <u>open-bedarfsstruktur</u>

Funktion:	Vorbereitungsarbeiten für Zugriffe auf die *bedarfsstruktur*
Input-Parameter:	zustand ⟶ alt wenn bereits eine *bedarfsstruktur* existiert / neu sonst
Output-Parameter:	-

(2) <u>insert-bedarf</u>

Funktion:	Einfügen eines neuen Bedarfs in die *bedarfsstruktur* an der durch Dispositionsstufe, Teilenummer und Termin determinierten Position
Input-Parameter:	bedarf[2]
Output-Parameter:	-

---

1) Angabe, wie die Verkettungsinformation *übergeordnetes-
   los-id* ($p^ü$) zu interpretieren ist.

2) Die *verkettungsinformation* kann bei Applikation von
   insert-bedarf u.U. noch teilweise undefiniert sein.

(3) <u>init-bedarf-disp-stufe</u>

Funktion: Positionierung in der *bedarfsstruktur* auf den Beginn einer Dispositionsstufe[1]

Input-Parameter: disp-stufe

Output-Parameter: disp-stufe-vorhanden ⌐true   wenn Bedarfe der *disp-stufe* existieren
               └false   sonst

(4) <u>init-bedarf-teilenummer</u>

Funktion: Positionierung in der *bedarfsstruktur* auf den Beginn einer Teilenummer[2]

Input-Parameter: teilenummer

Output-Parameter: teilenummer-vorhanden ⌐true   wenn Bedarfe der *teilenummer* existieren
               └false   sonst

(5) <u>get-first-bedarf-of-teilenummer</u>

Funktion: Bereitstellung des ersten Bedarfs einer neuen Teilenummer

Input-Parameter: -

Output-Parameter: bedarf

disp-stufe-ende ⌐true   wenn keine Teilenummer auf der Dispositionsstufe mehr vorhanden
             └false sonst

---

1) In Abbildung 5-15 entspräche dies einer Positionierung auf die durch den ersten oder dritten Pfeil —·—·→ markierte Stelle.

2) In Abbildung 5-15 gelangte man z.B. an eine beliebige, durch —·—·→ markierte Stelle.

(6) <u>get-next-bedarf-of-teilenummer</u>

Funktion: Bereitstellung des jeweils nächsten
                         Bedarfs mit der gleichen Teilenummer

Input-Parameter: -
Output-Parameter: bedarf
                         teilenummer-ende ┬─ true   wenn kein Be-
                                          │   darf der Tei-
                                          │   lenummer
                                          │   mehr vorhan-
                                          │   den
                                          └─ false   sonst

(7) <u>get-next-bedarf-of-disp-stufe</u>

Funktion: Bereitstellung des jeweils nächsten
                         Bedarfs mit der gleichen Dispositions-
                         stufe

Input-Parameter: -
Output-Parameter: bedarf
                         disp-stufe-ende ┬─ true   wenn kein Be-
                                         │   darf auf der
                                         │   Dispositions-
                                         │   stufe mehr
                                         │   vorhanden
                                         └─ false   sonst

(8) <u>get-bedarf-id</u>

Funktion: Bereitstellung der Identifikation, die
                         den zuletzt durch *insert-bedarf* einge-
                         tragenen Bedarf kennzeichnet

Input-Parameter: -
Output-Parameter: bedarf-id

(9) <u>reput-bedarf-mengeninfo</u>[1]

Funktion: Zurückschreiben eines Bedarfs mit even-

---

1) Prinzipiell dürfen allen Mengeninformationen geändert
   werden. Zur Erhöhung der Robustheit wird als Input-
   Parameter die ganze Struktur *bedarf* übergeben, so daß
   fehlerhaftes Verhalten des Benutzers überprüft werden
   kann (z.B. versehentlicher Übergang zu einer anderen
   Teilenummer etc.).

	tuell geänderter *mengeninformation*
Input-Parameter:	bedarf
Output-Parameter:	-

(10) <u>delete-bedarf</u>

Funktion:	Löschen eines Bedarfs in der *bedarfs-struktur*
Input-Parameter:	bedarf
Output-Parameter:	-

(11) <u>close-bedarfsstruktur</u>

Funktion:	Durchführung von Abschlußarbeiten
Parameter:	-

Bei der Benutzung des Moduls *bedarfsstruktur* sind folgende
Voraussetzungen zu beachten:

<u>Benutzte Module</u>

bedarfe   (open-bedarfe, put-bedarf, get-bedarf, reput-
          bedarf, close-bedarfe)

Dieses Modul ist ein einfaches Dateiverwaltungsmodul, das
in Anhang II beschrieben wird.

<u>Reihenfolgebedingungen</u>

```
bedarfsstruktur:  (open-bedarfsstruktur;
  (insert-bedarf,
    (insert-bedarf; get-bedarf-id),
    (init-bedarf-disp-stufe; (init-bedarf-teilenummer,
       (get-first-bedarf-of-teilenummer; (reput-bedarf-
       mengen-info, delete-bedarf)'* );
       teile-sequenz)'disp-stufe-ende),
    (init-bedarf-disp-stufe;(get-next-bedarf-of-disp-
    stufe)'disp-stufe-ende))'* ;
  close-bedarfsstruktur)'* .
```

```
teile-sequenz:    (get-next-bedarf-of-teilenummer;
      (reput-bedarf-mengeninfo, delete-bedarf)'* )
      'teilenummer-ende.
```


5.3.2.2 Losstruktur

Die Menge der Lose wird ebenfalls in einer Datenkapsel zusammengefaßt und durch einen Suchbaum implementiert. Die
Knoten des Suchbaums haben hier den in Abbildung 5-18 gezeigten Aufbau. In Übereinstimmung mit dem Information
Hiding bleibt die Implementierung als Baum jedoch verborgen. Der Benutzer kann von einer wie in Abbildung 5-19 sortierten Datenstruktur ausgehen, auf die analoge Zugriffe
wie auf die Bedarfsstruktur möglich sind: Lesen in verschiedenen Sequenzen, Einfügen, Überschreiben und Löschen.

Die Zugriffe auf die *losstruktur* entsprechen weitgehend den
im vorigen Kapitel erläuterten Funktionen. (Sie unterscheiden sich im wesentlichen darin, daß die Kennzeichnung "los"
in den Schnittstellen den Wortteil "bedarf(s)" ersetzt.)
Auf eine Darstellung des Moduls wird deshalb an dieser
Stelle verzichtet. In Anhang II ist eine Kurzbeschreibung
des Moduls wiedergegeben. Zur physischen Verwaltung der Lose
benutzt die *losstruktur* ein Dateiverwaltungsmodul *lose*, das
ebenfalls im Anhang aufgeführt ist.

Ordnungs-information	Dispositions-stufe	Teile-nummer	Los-termin
Mengen-information	Losmenge, p^b, p^s_i		
Nachfolger-information	linker Nachfolger	rechter Nachfolger	

Abb. 5-18: Knotenaufbau im Suchbaum der Lose

n,n+1	Dispositionsstufen
w,x,y,z	Teilenummern
—·—·→	Verweis auf das erste Los einer Dispositionsstufe bzw. Teilenummer (explizit)
———→	Verweis auf das nächste Los einer Teilenummer (implizit)
– – –→	Verweis auf das erste Los der nächsten Teilenummer mit gleicher Dispositionsstufe (implizit)

Abb. 5-19: Losstruktur

5.4 Terminplanung

In der Bedarfsplanung stehen die zu fertigenden Mengen im
Vordergrund, die mit Hilfe der Vorlaufverschiebung bereits
ein grobes Zeitgerüst erhalten. Restriktionen bezüglich
der Fertigungstermine und der Fertigungskapazitäten bleiben
dabei jedoch unberücksichtigt. Aufgabe der Terminplanung
ist es nun, die Realisierbarkeit der Fertigungstermine herzustellen und den Zeitplan in Übereinstimmung mit den Kapazitäten zu bringen, die in den einzelnen Planperioden zur
Verfügung stehen.

Diese Aktivitäten beinhalten, daß Aufträge von ihren vorläufigen Terminen in Richtung Gegenwart oder Zukunft verschoben werden müssen. Da die Aufträge in wechselseitigen
Beziehungen zueinander stehen, können Verschiebungen nicht
isoliert durchgeführt werden. Wenn etwa ein Los, in welches aus übergeordneten Losen abgeleitete Sekundärbedarfe
eingegangen sind, auf einen späteren Zeitpunkt verlagert
wird, so kann dies bedeuten, daß die übergeordneten Lose
nicht zu den vorgesehenen Terminen hergestellt werden können. Sie müssen dann ebenfalls verschoben werden, was
unter Umständen Auswirkungen auf weitere Lose hat etc.

Die strukturellen Zusammenhänge zwischen den Fertigungsaufträgen sind deshalb von herausragender Bedeutung für
die Terminplanung. Informationen über die Zusammenhänge
werden bereits in der Bedarfsplanung erzeugt. Sie sind in
den einzelnen Bedarfen und Losen enthalten und müssen nun
ausgewertet werden. Das Modul, welches die Auswertung vornimmt, wird wegen seiner zentralen Rolle zuerst dargestellt.

5.4.1 Fertigungsauftragsnetz

Das Modul *fertigungsauftragsnetz* interpretiert die Ver-
knüpfungen zwischen den Mengen der Bedarfe und der Lose,
die in Abbildung 5-14 durch verschiedene Pfeile angedeutet
werden. In der Terminplanung sind die Einzelbedarfe nicht

mehr von unmittelbarer Bedeutung; vielmehr interessieren hier die Lose, die als Fertigungsaufträge in die Terminplanung eingehen.

Das *fertigungsauftragsnetz* implementiert deshalb einen Netzplan, dessen Knoten die Lose sind und dessen Kanten Vorgänger-Nachfolger-Beziehungen ausdrücken. Ein Los i heißt Vorgänger eines anderen Loses j, wenn ein in i eingegangener Sekundärbedarf aus j abgeleitet wurde; j wird dann als Nachfolger von i bezeichnet.

Im allgemeinen Fall kann ein Los mehrere Vorgänger und mehrere Nachfolger haben. Abbildung 5-20 zeigt als Beispiel den Netzplan, der sich auf der Grundlage der Abbildung 5-14 ergibt und den das Modul *fertigungsauftragsnetz* implementiert. Die Darstellung ist wie folgt zu interpretieren: Vorgänger

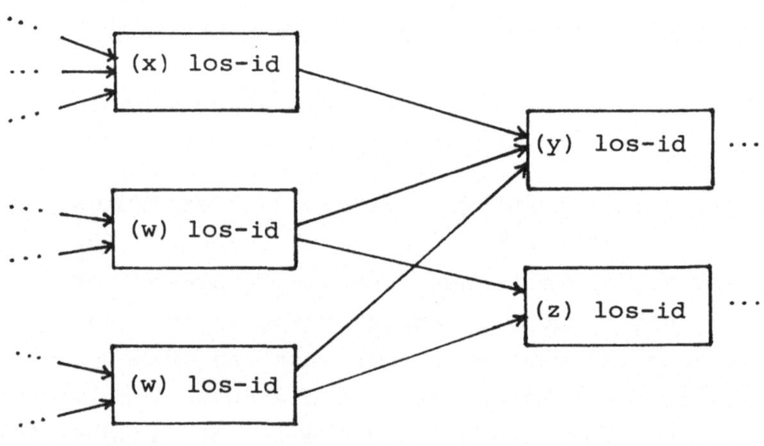

Erläuterung: i ——→ j i ist Vorgänger von j,
j ist Nachfolger von i
w,x,y,z Teilenummern

Abb. 5-20: Graphische Darstellung des Fertigungs-
auftragsnetzes

des Loses mit der Teilenummer z sind die beiden Lose von w ;
Nachfolger des ersten Loses der Teilenummer w sind die Lose
von y und z etc. In dem Netzplan werden die Lose durch eine
Losidentifikation (los-id) angesprochen; hierbei muß es sich
um eine Kennzeichnung handeln, die ein Los eindeutig identifiziert. Die Teilenummern (w, x, y, z) werden dann nicht
benötigt. In der Abbildung sind sie nur aus Gründen der
Verständlichkeit enthalten, um die Verbindung zu der früheren Abbildung 5-14 herauszustellen.

Der Netzplan stellt eine abstrakte Datenstruktur dar, die
durch Zugriffsfunktionen auf der Grundlage der Vorgänger-
Nachfolger-Beziehungen implementiert wird. Die Zugriffsfunktionen erlauben es, alle Vorgänger bzw. Nachfolger
eines beliebigen Knotens zu lokalisieren. Schreibzugriffe
sind nicht vorgesehen, da die Lose bereits in der Bedarfsplanung erzeugt werden; das Modul *fertigungsauftragsnetz*
wertet nur den existierenden Bestand an Losen im Sinne der
Abbildung 5-20 aus.

Folgende Funktionen werden zur Verfügung gestellt:

(1) <u>open-fertigungsauftragsnetz</u>

Funktion: Vorbereitungsarbeiten für Zugriffe auf
                            den Netzplan der Fertigungsaufträge
Parameter: -

(2) <u>init-vorgänger</u>

Funktion: Positionierung in dem Netzplan auf
                            einen bestimmten Knoten, der durch
                            knoten-los-id angegeben wird und des-
                            sen Vorgänger ermittelt werden sollen

Input-Parameter: knoten-los-id
Output-Parameter: vorgänger-vorhanden ⎤ true wenn Vor-
                                                ⎥   gänger
                                                ⎥   existieren
                                                ⎦ false sonst

(3) <u>get-next-vorgänger</u>

Funktion: Bereitstellung des jeweils nächsten
                             Vorgängers

Input-Parameter: -
Output-Parameter: vorgänger-los-id

                             vorgänger-ende ──┬── true wenn kein
                                              │   Vorgänger
                                              │   mehr vor-
                                              │   handen
                                              └── false sonst

(4) <u>init-nachfolger</u>

Funktion: Positionierung in dem Netzplan auf
                             einen bestimmten Knoten, der durch
                             knoten-los-id angegeben wird und
                             dessen Nachfolger ermittelt werden
                             sollen

Input-Parameter: knoten-los-id
Output-Parameter: nachfolger-vorhanden

                                              ┌── true wenn Nachfol-
                                              │   ger existie-
                                              │   ren
                                              └── false sonst

(5) <u>get-next-nachfolger</u>

Funktion: Bereitstellung des jeweils nächsten
                             Nachfolgers

Input-Parameter   -
Output-Parameter: nachfolger-ende ──┬── true wenn kein
                                               │   Nachfolger
                                               │   mehr vor-
                                               │   handen
                                               └── false sonst

(6) <u>close-fertigungsauftragsnetz</u>

Funktion: Durchführung von Abschlußarbeiten
Parameter: -

Voraussetzungen für die Benutzung des Moduls sind:

<u>Benutzte Module</u>

bedarfe (open-bedarfe, get-bedarf, close-bedarfe)
lose   (open-lose, get-los, close-lose)

<u>Reihenfolgebedingungen</u>

fertigungsauftragsnetz: (open-fertigungsauftragsnetz;

((init-vorgänger; (get-next-vorgänger)'vorgänger-ende),
 (init-nachfolger; (get-next-nachfolger)'nachfolger-ende))'*;
 close-fertigungsauftragsnetz)'* .

5.4.2 Durchlaufterminierung

Bei einer weit verbreiteten Vorgehensweise nimmt die Terminplanung eine vollständige Neuterminierung aller Fertigungsaufträge vor, die in den Planungszeitraum fallen. Diese
Planungsphase wird dann Durchlaufterminierung genannt; sie
kann als Vorwärtsterminierung oder Rückwärtsterminierung
durchgeführt werden. Die hier zugrundegelegte zeitliche
Strukturierung der Bedarfsplanung weist dagegen bereits
selbst einige Merkmale der Rückwärtsterminierung auf: Sekundärbedarfe und die daraus gebildeten Lose werden mit Terminen versehen, die sich aus den Terminen übergeordneter Lose
ableiten.

Bei dem retrograden Vorgehen besteht die Gefahr, daß nicht
realisierbare Fertigungszeitpunkte unterstellt werden, die
vor Beginn des Planungszeitraums liegen. Zur Überprüfung
dieses Sachverhalts müssen zunächst die Anfangstermine der
Lose berechnet werden, da die in der Losgrößenplanung ermittelten Lostermine gewünschte Endtermine darstellen.

Die Berechnung erfolgt auf der Grundlage der arbeitsgang-
abhängigen Stück- und Rüstzeiten, die sich mit Hilfe der
Teilefertigungsketten und Zugriffen auf die Module *teile,
teilefertigungen* und *arbeitsgänge* auffinden lassen.

Wenn die Überprüfung der Anfangstermine eine Unzulässigkeit aufzeigt, wird der entsprechende Anfangstermin auf
den frühest möglichen Zeitpunkt gesetzt und der Versuch
unternommen, die Auftragsdurchlaufzeit zu verkürzen. Grundsätzlich stehen mehrere Alternativen zur Verfügung, die in
Kapitel 2 erläutert wurden:

- Reduktion der Übergangszeiten
- Splittung
- Überlappung.

Hier wird nur auf die Übergangszeitreduktion eingegangen.
Diese Möglichkeit ist im allgemeinen gegeben, da bei der
vorläufigen Terminberechnung in der Bedarfsplanung Übergangszeiten angesetzt werden, die auch Zeitpuffer enthalten. Die Reduzierung der Übergangszeiten kann nicht in be-
liebigem Umfang erfolgen. Eine gängige Praxis besteht darin,
einen maximalen Reduktionsfaktor anzugeben, der entweder für
alle Lose gilt oder auch je nach Teilenummer unterschiedlich
sein kann.

Der Algorithmus zur Verkürzung der Durchlaufzeiten geht von
den Losen der untersten Dispositionsstufe aus. Er überprüft
sämtliche Anfangstermine und reduziert gegebenenfalls die
Übergangszeiten zwischen den Arbeitsgängen. Lose der nächsthöheren Dispositionsstufe müssen verschoben werden, falls
der Anfangstermin eines solchen Loses kleiner als der Endtermin irgendeines Vorgängers ist. In diesem Fall wird das
Los der höheren Stufe auf den frühest möglichen Anfangstermin gesetzt, der sich aus dem Endtermin des spätesten Vorgängers ergibt, und die Übergangszeitreduktion durchführt.
Der Ablauf setzt sich in analoger Weise bis zu den Losen
der höchsten Dispositionsstufe fort. Zur Veranschaulichung

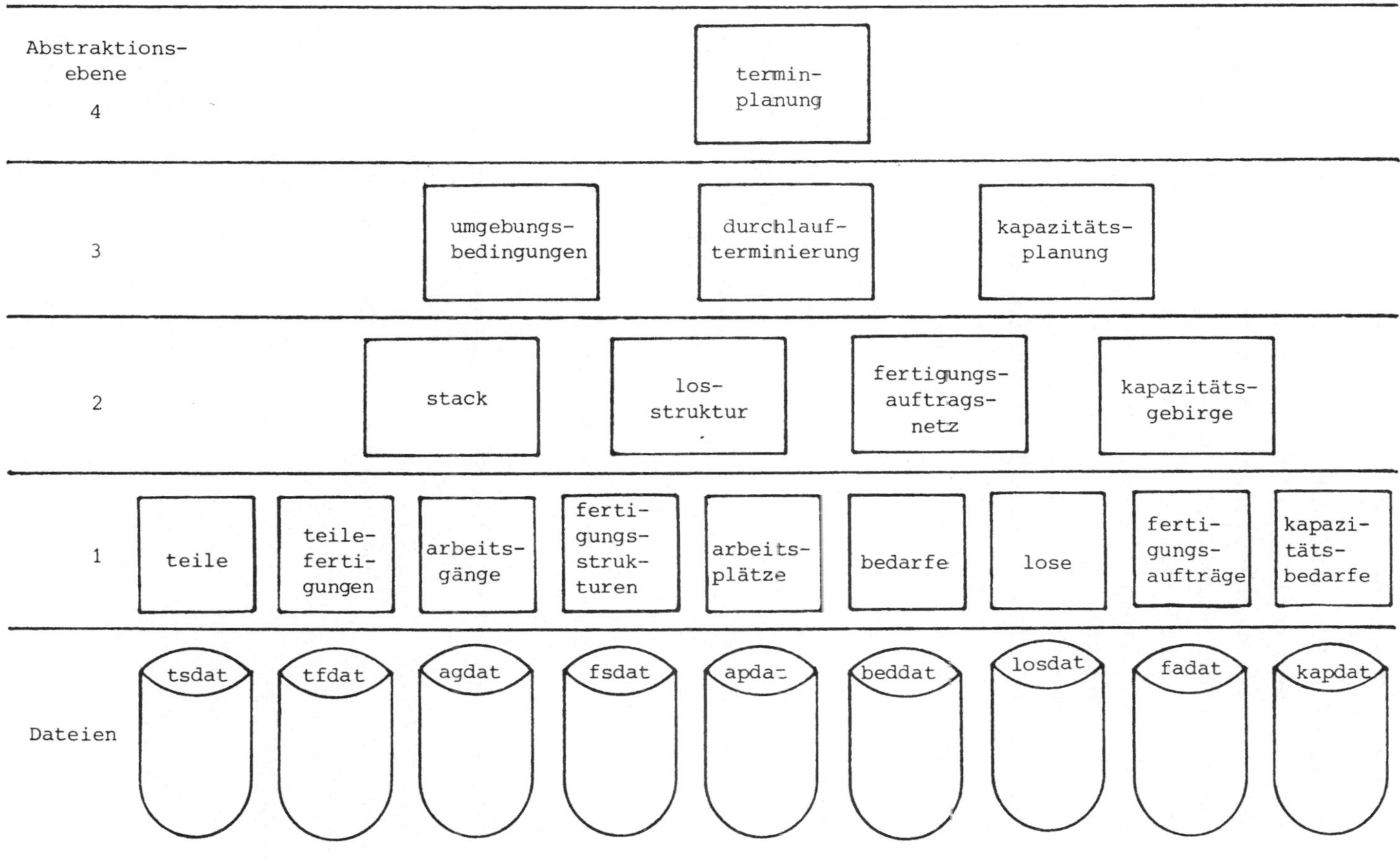

Abb. 5-21: Module zur Terminplanung

des Ablaufs wird auf Abbildung 2-5 verwiesen.

Jedes überprüfte Los wird mit den Start- und Endterminen
der zu seiner Herstellung notwendigen Arbeitsgänge in die
Menge der terminierten Aufträge übernommen, die das Modul
fertigungsaufträge verwaltet. Als Voraussetzung für die Kapazitätsplanung wird darüberhinaus der Kapazitätsbedarf berechnet, den die Arbeitsgänge eines terminierten Auftrags
an den Arbeitsplätzen des Fertigungsbereichs verursachen.
Die betroffenen Arbeitsplätze lassen sich über die Teilefertigungskette und die Fertigungsstrukturketten auffinden,
so daß der jeweilige Kapazitätsbedarf in die entsprechenden
Kapazitätsgebirge eingetragen werden kann.

Abbildung 5-21 zeigt die verschiedenen Module, die an der
Terminplanung beteiligt sind. Das Steuermodul *terminplanung*
aktiviert die Teilfunktionen und versorgt die Module *durchlaufterminierung* und *kapazitätsplanung* mit Parametern, die
vom konkreten Anwendungsfall abhängen, z.B. Periodenlänge,
Reduktionsfaktor für die Übergangszeitreduktion etc. Für
die Benutzung der Module müssen bestimmte Umgebungsbedingungen erfüllt sein; das gleichnamige Modul hat analoge Aufgaben wie das entsprechende Modul bei der Bedarfsplanung und
ist im Anhang erläutert.

Das Modul *terminplanung* kann wie folgt beschrieben werden:

<u>terminplanung</u>

Funktion: Durchführung der Terminplanung
Parameter: -

<u>Benutzte Module</u>

umgebungsbedingungen (vorarbeiten, nacharbeiten)
durchlaufterminierung
kapazitätsplanung

Für das Modul *durchlaufterminierung* gilt:

<u>durchlaufterminierung</u>

Funktion: Terminierung aller Fertigungslose
                         im Planungszeitraum

Input-Parameter: reduktionsfaktor
                         periodenlänge

Output-Parameter: -

<u>Benutzte Module</u>

losstruktur   (init-los-disp-stufe, get-next-los-
                          of-disp-stufe)

fertigungsauftragsnetz   (init-vorgänger, get-next-vorgänger)
fertigungsaufträge[1]   (insert-auftrag, search-auftrag)
kapazitätsgebirge   (put-kap-bedarf)
teile   (get-teil)
teilefertigungen   (get-teilefertigung)
arbeitsgänge   (get-arbeitsgang)
fertigungsstrukturen   (get-fertigungsstruktur)
arbeitsplätze   (get-arbeitsplatz)

5.4.3 Kapazitätsplanung

Da bei der Durchlaufterminierung keine Kapazitätsschranken
beachtet werden, muß in einer zweiten Phase der Terminplanung die Abstimmung des Kapazitätsbedarfs mit den verfügbaren Produktionskapazitäten vorgenommen werden. Als Hilfsmittel zur Veranschaulichung des Kapazitätsbedarfs dienen
Kapazitätsgebirge, die sich graphisch in Form von Säulendiagrammen darstellen lassen. Die Säulen enthalten den
durch die Fertigungsaufträge induzierten Kapazitätsbedarf.

Zur Abstimmung zwischen Kapazitätsangebot und Kapazitätsbedarf sind je nach Unternehmenssituation verschiedene Wege

---

1) *fertigungsaufträge* ist ein Dateiverwaltungsmodul, das
   in Anhang II beschrieben wird.

möglich, die in Kapitel 2 erörtert wurden. Bei einer mit
der mittelfristigen Produktions- und Absatzplanung integrierten Investitions- und Personalplanung sollten im
Durchschnitt Kapazitätsangebot und Kapazitätsbedarf übereinstimmen. Permanente Überbelastungen oder Unterbelastungen im ganzen Planungszeitraum sind dann die Ausnahme, und
die Kapazitätsgebirge weisen in verschiedenen Perioden sowohl Über- als auch Unterbelastungen aus. In diesen Fällen
kann ein maschineller Kapazitätsausgleich erfolgen.

5.4.3.1 Kapazitätsgebirge

Das Kapazitätsgebirge eines Arbeitsplatzes ist in Abbildung
5-22 als Säulendiagramm dargestellt. Kapazitätsgebirge können entweder für alle Einzelarbeitsplätze, für Arbeitsplatzgruppen, nur für kritische Arbeitsplätze bzw. Arbeitsplatzgruppen (d.h. solche, bei denen Unter- oder Überlastungen
weitreichende Folgen haben) oder für andere, nach bestimmten

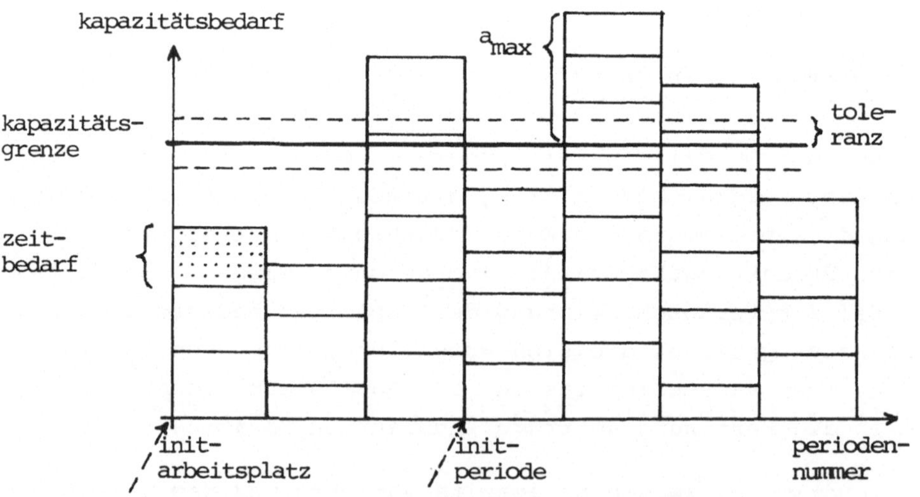

a_{max} maximale Kapazitätsabweichung in dem Gebirge

Kapazitätsbedarf eines Fertigungsauftrags *(zeitbedarf)*

Abb. 5-22: Kapazitätsgebirge eines Arbeitsplatzes

Kriterien ausgewählte Kapazitätseinheiten geführt werden.
Im folgenden wird angenommen, daß die Kapazitätsplanung
sich grundsätzlich auf Arbeitsplätze erstreckt.

Ein Kapazitätsgebirge kann als abstrakter Datentyp betrachtet werden. Die zu definierenden Zugriffsfunktionen orientieren sich an den Anforderungen, die an ein Kapazitätsgebirge zu stellen sind: Es muß insbesondere möglich sein,

- ein bestimmtes Kapazitätsgebirge anzusprechen,
- einen neuen Kapazitätsbedarf in eine bestimmte Säule
  einzutragen,
- auf die in einer Säule eingetragenen Kapazitätsbedarfe
  zuzugreifen,
- einen Kapazitätsbedarf aus einer Säule zu entfernen.

Ein einzelner Kapazitätsbedarf wird in dem Modul *kapazitätsgebirge* durch die Nummer des Arbeitsplatzes, die Periode
seines Auftretens und den zugrundeliegenden Fertigungsauftrag identifiziert:

1 kapazitätsbedarf
    2 ordnungsinformation
        3 arbeitsplatznummer
        3 periodennummer
        3 auftrag-id
    2 nummer-des-nächsten-arbeitsplatzes
    2 zeitbedarf

auftrag-id dient zur eindeutigen Kennzeichnung des Fertigungsauftrags. Im einfachsten Fall kann es sich z.B. um
den Satzschlüssel des Auftrags in der Fertigungsauftragsdatei handeln. Die *nummer-des-nächsten-arbeitsplatzes* wird
zum Auffinden anderer Kapazitätsgebirge herangezogen, in
denen Arbeitsgänge des Fertigungsauftrags weitere Kapazitätsbedarfe verursachen. Für jeden Fertigungsauftrag erhält
man damit eine Kette der Kapazitätsgebirge:

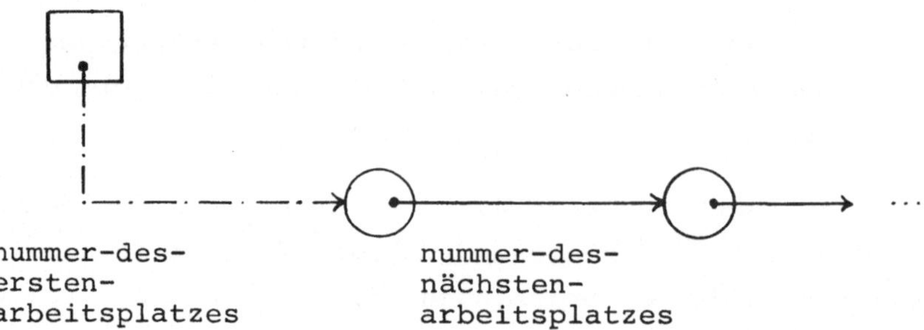

Die *nummer-des-ersten-arbeitsplatzes* stellt den Anker der
Kette dar und befindet sich in der Fertigungsauftragsdatei.

Das Modul *kapazitätsgebirge* verwaltet die Säulendiagramme
für die einzelnen Arbeitsplätze. Es ist nach dem Datenabstraktionsprinzip als Datenkapsel konzipiert und stellt
Lese- und Schreibzugriffe zur Verfügung.

(1)   open-kapazitätsgebirge

Funktion: Vorbereitungsarbeiten für Zugriffe auf
                          Kapazitätsbedarfe

Input-Parameter: zustand —— alt   wenn die *kapazitäts-
                                           gebirge* bereits exi-
                                           stieren
                                  —— neu   sonst

Output-Parameter: -

(2)   add-kapazitätsbedarf

Funktion: Ein Kapazitätsbedarf wird aufgrund der
                          Arbeitsplatz- und Periodennummer in
                          das richtige Diagramm und die richtige
                          Säule eingetragen. (In Abbildung 5-22
                          würde eine bestimmte Säule um den
                          zeitbedarf erhöht.)

Input-Parameter: kapazitätsbedarf
Output-Parameter: -

(3) <u>init-arbeitsplatz</u>

Funktion: Positionierung auf den Beginn des
                        Kapazitätsgebirges für einen bestimm-
                        ten Arbeitsplatz (in der Abbildung
                        durch einen Pfeil gekennzeichnet)

Input-Parameter: arbeitsplatznummer
Output-Parameter: -

(4) <u>init-periode</u>

Funktion: Positionierung auf den Beginn einer
                        bestimmten Säule in einem Kapazitäts-
                        gebirge (in der Abbildung durch einen
                        Pfeil gekennzeichnet)

Input-Parameter: periodennummer
Output-Parameter: -

(5) <u>get-next-kapazitätsbedarf</u>

Funktion: Bereitstellung des jeweils nächsten
                        Kapazitätsbedarfs in einer Säule

Input-Parameter: -
Output-Parameter: kapazitätsbedarf
                        säulen-ende ┬─ true wenn kein *kapazi-*
                                    │   *tätsbedarf* mehr
                                    │   vorhanden
                                    └─ false sonst

(6) <u>delete-kapazitätsbedarf</u>

Funktion: Entfernen eines Kapazitätsbedarf aus
                        einer Säule

Input-Parameter: ordnungsinformation
Output-Parameter: -

(7) <u>close-kapazitätsgebirge</u>

Funktion: Durchführung von Abschlußarbeiten
Parameter: -

Folgende Voraussetzungen sind für das Modul *kapazitäts-gebirge* zu berücksichtigen:

<u>Benutzte Module:</u>

kapazitätsbedarfe[1] (open-kapazitätsbedarfe, put-kap-bedarf,
                      get-kap-bedarf, reput-kap-bedarf,
                      close-kapazitätsbedarfe)

<u>Reihenfolgebedingungen</u>

kapazitätsbegirge: (open-kapazitätsgebirge;
  (add-kapazitätsbedarf)'alt;
   ((init-arbeitsplatz; (init-periode; säulen-sequenz)'*),
    delete-kapazitätsbedarf, add-kapazitätsbedarf)'* ;
  close-kapazitätsgebirge)'* .

säulen-sequenz: (get-next-kapazitätsbedarf,
   (get-next-kapazitätsbedarf; delete-kapazitätsbedarf),
   (get-next-kapazitätsbedarf; delete-kapazitätsbedarf;
    add-kapazitätsbedarf))'säulen-ende.

5.4.3.2 Kapazitätsausgleich

Zur Anpassung des Kapazitätsbedarfs an die verfügbare Kapazität kann eine Methode herangezogen werden, die Brankamp
vorgeschlagen hat[2]. Dieses Ausgleichsverfahren arbeitet
auf einem Kapazitätsgebirge (wie in Abbildung 5-22 dargestellt) und nimmt iterativ eine Glättung des Gebirges vor.

Die einzelnen Verfahrensschritte werden im folgenden beschrieben. Die algorithmische Struktur verdeutlicht Abbil-

---

1) *kapazitätsbedarfe* ist ein Dateiverwaltungsmodul, das in
    Anhang II beschrieben wird.
2) Vgl. Brankamp (1973), S. 112ff.

dung 5-23. Ein großer Teil der Operationen ist dort verbal umschrieben, da die Ausformulierung der Implementierungs-details für das Verständnis unerheblich ist und den Rahmen der Darstellung sprengen würde. Drei wichtige Teilalgorith-men sind ausgelagert und in getrennten Struktoprogrammen skizziert.

kapazitätsplanung

while "noch nicht alle Kapazitätsgebirge behandelt" do

"arbeitsplatzabhängige Daten eines Kapazitätsgebirges ermitteln: arbeitsplatznummer, k^{ges}, k_i^{per}, k_i^{kum} i"

init-arbeitsplatz

"lösbarkeit prüfen"

unlösbar?

cycle

"Attribute der Verlagerungsperiode bestimmen: i_{max}, a_{max}, $b_{i_{max}}^{kum}$"

$|a_{max}| < t \cdot k_{i_{max}}^{per}$

"verlagerungsmerkmale bestimmen"

while "a_{max} noch nicht abgebaut" do

"kapazitätsbedarf aus i_{alt} auswählen"

add-kapazitätsbedarf   (in: i_{neu})

delete-kapazitätsbedarf   (in: i_{alt})

"$b_{i_{neu}}^{kum}$ und $b_{i_{alt}}^{kum}$ anpassen"

Abb. 5-23 (Teil 1)

verlagerungsmerkmale bestimmen

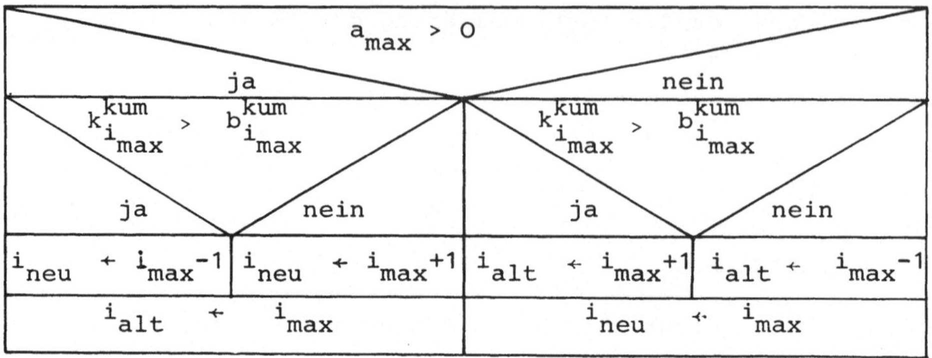

lösbarkeit prüfen

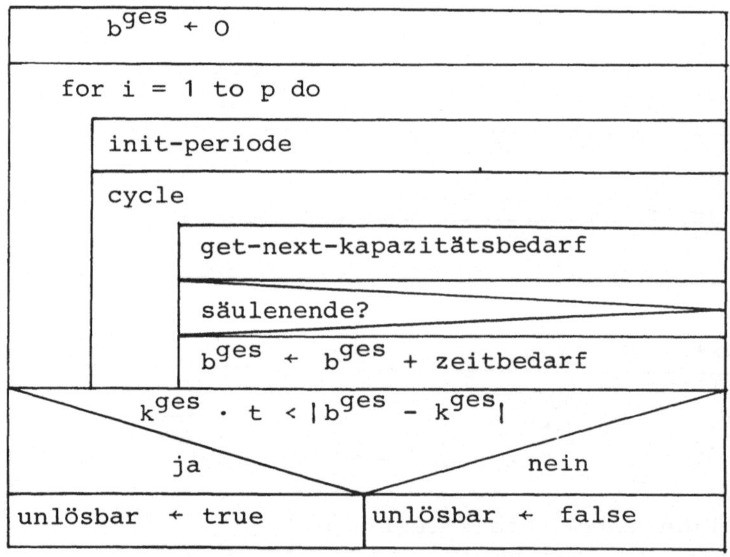

integer   i   Periodenindex

i_{max} Periode mit maximaler Abweichung

i_{alt} Periode, aus der verlagert wird

i_{neu} Periode, in die verlagert wird

arbeitsplatznummer

p   Periodenzahl

Abb. 5-23 (Teil 2)

real $\quad k^{ges}$ Gesamtkapazität eines Arbeitsplatzes

$\quad\quad\quad k_i^{per}$ Periodenkapazität: array (1 : p)

$\quad\quad\quad k_i^{kum}$ bis Periode i kumulierte Kapazität: array (1 : p)

$\quad\quad\quad b^{ges}$ gesamter Kapazitätsbedarf für einen Arbeitsplatz

$\quad\quad\quad b_i^{kum}$ bis Periode i kumulierter Kapazitätsbedarf: array (1 : p)

$\quad\quad\quad a_{max}$ maximale Kapazitätsabweichung

$\quad\quad\quad$ t   Toleranzfaktor

$\quad\quad\quad$ zeit-bedarf   Zeitbedarf zur Bearbeitung eines bestimmten Fertigungsauftrags an dem Arbeitsplatz[1]

boolean   säulen-ende

$\quad\quad\quad\quad\quad$ unlösbar

<u>Abb. 5-23:</u> Algorithmus für den Kapazitätsausgleich

Zunächst müssen bestimmte Daten über den Arbeitsplatz, für den der Kapazitätsausgleich erfolgen soll, bereitgestellt werden. Dies sind insbesondere die Nummer des Arbeitsplatzes, die Kapazität k_i^{per} in jeder Planperiode i, die Gesamtkapazität im Planungszeitraum k^{ges} und die bis zu jeder Periode i kumulierte Kapazität k_i^{kum}. Die Daten sind durch Zugriffe auf die *arbeitsplätze* verfügbar oder können aus den *arbeitsplatzstammdaten* errechnet werden.

In der Menge der Kapazitätsgebirge wird von der Funktion *init-arbeitsplatz* das gewünschte Gebirge durch Angabe der Arbeitsplatznummer lokalisiert. Der Algorithmus setzt bei der Periode an, welche die absolut größte Abweichung a_{max} zwischen der benötigten Kapazität b_i^{per} und der verfügbaren Kapazität k_i^{per} aufweist. Diese Periode wird in der verbal umschriebenen Prozedur "Attribute der Verlagerungsperiode bestimmen" ermittelt und als i_{max} gekennzeichnet.

---

1) Vgl. die Beschreibung der Struktur *kapazitätsbedarf* in Abschnitt 5.4.3.1.

Wenn die maximale Abweichung negativ ist ($a_{max} < 0$), so bedeutet dies, daß in der Periode i_{max} die Kapazität nicht voll ausgelastet ist und Aufträge aus einer anderen Periode in die Periode i_{max} übernommen werden müssen. Brankamp spricht in diesem Fall von einer Passivverlagerung[1]. Übersteigt andererseits der Kapazitätsbedarf das Kapazitätsangebot ($a_{max} > 0$), so liegt eine Kapazitätsüberlastung vor. Aus der Periode i_{max} müssen dann Aufträge in eine benachbarte Periode verschoben werden, was als Aktivverlagerung bezeichnet wird[2].

Wenn die maximale Abweichung eine vorgegebene Toleranzgrenze nicht überschreitet, die durch einen Prozentsatz t vorgegeben wird, d.h.

$$| a_{max} | \; < \; t \cdot k_{i_{max}}^{per} \quad ,$$

dann braucht das Gebirge nicht weiter geglättet zu werden. Das Ausgleichsverfahren für den Arbeitsplatz ist beendet, und der nächste Arbeitsplatz kann überprüft werden.

Sowohl bei Über- als auch bei Unterbelastungen ist eine Entscheidung über die Verlagerungsrichtung - Gegenwart oder Zukunft - zu treffen. Als Kriterium schlägt Brankamp die Belastungssituation bis zur Periode i_{max} vor. Der kumulierte Kapazitätsbedarf $b_{i_{max}}^{kum}$ wird mit dem kumulierten Kapazitätsangebot $k_{i_{max}}^{kum}$ verglichen. Bei

$$k_{i_{max}}^{kum} \; < \; b_{i_{max}}^{kum}$$

herrscht bis zur Periode i_{max} hin insgesamt eine Kapazitätsüberlastung vor. Verschiebungen von Aufträgen sollten also in Richtung Zukunft erfolgen. Für die Aktivverlagerung bedeutet dies, daß Aufträge aus Periode i_{max} in Periode

---

1) Vgl. Brankamp (1973), S. 114 f.
2) Vgl. ebenda, S. 114 f.

i_{max} + 1 übernommen werden, während bei einer Passivverlagerung aus Periode i_{max} - 1 in Periode i_{max} verschoben wird.

Gilt andererseits für die Periode i_{max}

$$k_{i_{max}}^{kum} \quad > \quad b_{i_{max}}^{kum} \quad ,$$

so sind die Kapazitäten insgesamt bis dahin noch nicht vollständig ausgenutzt; Verschiebungen sollten also in Richtung Gegenwart zielen: Bei der Aktivverlagerung würden Aufträge aus Periode i_{max} in Periode i_{max}-1 und bei der Passivverlagerung aus Periode i_{max}+1 in Periode i_{max} verschoben. In Abbildung 5-23 ermittelt die ausgelagerte Prozedur "verlagerungsmerkmale bestimmen" die Verlagerungsart und die Verlagerungsrichtung, indem die Periodenindices

- i_{alt} für die Periode, aus der verlagert wird,
- i_{neu} für die Periode, in die verlagert wird,

entsprechende Werte erhalten.

Die Folgerungen, die aus der Belastungssituation gezogen werden, zeigen deutlich, unter welchen Prämissen das gesamte Verfahren anwendbar ist: Wenn aus einer Überlastung bis zur Periode i_{max} der Schluß gezogen wird, Aufträge in Richtung Zukunft zu verschieben, so ist damit unterstellt, daß sich die Belastungssituation in späteren Perioden umkehrt. Entsprechende Annahmen liegen zugrunde, wenn bei Unterbelastung Verschiebungen in Richtung Gegenwart durchgeführt werden.

Diese Prämissen sind gleichbedeutend mit der Forderung, daß der gesamte Kapazitätsbedarf im Planungszeitraum bis auf geringe Abweichungen mit der insgesamt zur Verfügung stehenden Kapazität übereinstimmen muß. Wenn die Übereinstimmung nicht gegeben ist, kann das Problem mit dem Brankamp-Algorithmus nicht gelöst werden; in diesem Fall müssen Anpassungsmaßnahmen zur Veränderung der Kapazität im Gutenberg' schen Sinn ergriffen werden. In dem Ausgleichsalgorithmus erfolgt deshalb gleich zu Beginn eine Überprüfung, ob die Voraussetzung

$$k^{ges} \cdot t \geq |\, b^{ges} - k^{ges}\,|$$

erfüllt ist; liegt sie nicht vor, so ist das Problem *unlösbar*.

Jede Verlagerungsaktivität beinhaltet, daß aus der Kapazitätssäule für i_{max} ein Fertigungsauftrag ausgewählt wird, der sich in eine benachbarte Periode verschieben läßt. Da die Fertigungsaufträge über Vorgänger-Nachfolger-Beziehungen miteinander verbunden sind, kann dies ein algorithmisch äußerst aufwendiges Problem darstellen. Relativ einfach zu lösen ist es, wenn ein Kapazitätsbedarf in der Säule existiert, der

- entweder aus dem ersten Arbeitsgang eines Fertigungsauftrags ohne Vorgänger (bei Verlagerung in Richtung Gegenwart)
- oder aus dem letzten Arbeitsgang eines Fertigungsauftrags ohne Nachfolger (bei Verlagerung in Richtung Zukunft)

resultiert. Schwieriger wird es, wenn andere Arbeitsgänge des Fertigungsauftrags über die Verkettung der Kapazitätsbedarfe in verschiedenen Kapazitätsgebirgen lokalisiert werden müssen.

Besonders aufwendig ist das Problem, wenn die Terminverschiebung nicht durch Pufferzeiten bei den Arbeitsgängen des Fertigungsauftrags abgefangen werden kann. In diesem Fall müssen sämtliche Vorgänger- bzw. Nachfolgerbeziehungen ausgewertet werden. Auf die Darstellung eines Algorithmus, welcher die Verschiebung von Aufträgen unter Berücksichtigung der Vorgänger-Nachfolger-Beziehungen vornimmt, wird an dieser Stelle verzichtet[1].

---

1) Die Behandlung von Aufträgen, die über Vorgänger-Nachfolger-Beziehungen vernetzt sind, bei Terminverschiebungen wird ausführlich in Abschnitt 6.2.3 erörtert.

Ein zur Verlagerung ausgewählter Kapazitätsbedarf kann mit Hilfe der Zugriffsfunktionen *add-kapazitätsbedarf* und *delete-kapazitätsbedarf* sehr einfach in eine neue Säule des Kapazitätsgebirges verlegt werden. Wenn die Kapazitätsabweichung a_{max} dadurch noch nicht vollständig behoben ist, müssen weitere Kapazitätsbedarfe in die Periode i_{neu} verschoben werden, bis a_{max} innerhalb der Toleranzschwelle liegt.

Nachdem die Kapazitätsüber- oder -unterbelastung in der betrachteten Periode beseitigt ist, geht der Algorithmus zur Periode mit der nächstkleineren Kapazitätsabweichung über. Der Ablauf wiederholt sich, bis das gesamte Kapazitätsgebirge geglättet ist. Anschließend wird der Ausgleichsalgorithmus auf das nächste Gebirge angewendet.

Die Überprüfung und Glättung der Kapazitätsgebirge ist Gegenstand des folgenden Moduls:

<u>kapazitätsplanung</u>

Funktion: Durchführung des Kapazitätsausgleichs für alle relevanten Arbeitsplätze nach dem Algorithmus von Brankamp

Input-Parameter: periodenanzahl
                             periodenlänge
                             toleranzfaktor
                             reduktionsfaktor[1]

Output-Parameter: -

<u>Benutzte Module</u>

kapazitätsgebirge (init-arbeitsplatz, init-periode, get-next-kapazitätsbedarf, add-kapazitätsbedarf, delete-kapazitätsbedarf)

---

1) Zur Reduktion von Übergangszeiten wie bei der *durchlaufterminierung*.

fertigungsaufträge (get-fertigungsauftrag, reput-fertigungs-
        auftrag)
fertigungsauftragsnetz (init-vorgänger, get-next-vorgänger,
        init-nachfolger, get-next-nachfolger)
stack   (create-stack, push, pop)
arbeitsplätze (get-arbeitsplatz)

Mit der Behandlung sämtlicher Kapazitätsgebirge ist die
Terminplanung beendet. Es liegt dann ein kapazitätsmäßig
realisierbarer Produktionsplan vor, in dem Fertigungs-
auftragsmengen und Fertigungstermine festgelegt sind.
Dieser Plan kann als Grundlage für die Planung des Produk-
tionsvollzugs in einem unmittelbar bevorstehenden, kurzfristigen Zeitraum herangezogen werden.

6 Gestaltung eines Softwaresystems für die simultane Bedarfs-, Termin- und Maschinenbelegungsplanung

6.1 Überblick

6.1.1 Zur Struktur des Systems

Im vorigen Kapitel wurden die Softwareentwurfsprinzipien
auf die Gestaltung eines Systems angewendet, welches die
Bereiche Bedarfs- und Terminplanung umfaßte. Als Lösungsmethode kam ein heuristisches Verfahren zum Einsatz, das
weitgehend dem in praktisch eingesetzten Produktionsplanungssystemen üblichen Sukzessivplanungskonzept folgte.
Die Anwendung bestimmter Entwurfsprinzipien lag unmittelbar nahe; aufgrund der Anlehnung an manuelle Planungsmethoden konnten Module und Abstraktionsebenen relativ leicht
identifiziert werden.

In diesem Kapitel soll nun die Anwendbarkeit der Entwurfsprinzipien auf die Softwaregestaltung für ein Operations-
Research-Verfahren zur Produktionsplanung untersucht werden.
Dem Verfahren liegt wie eben das Modell mehrstufiger Mehrproduktfertigung zugrunde, wie es z.B. in den Erzeugnisstrukturen der Abbildung 2-1 hervortritt. Neben der Bedarfs-
und Terminplanung wird nun auch die Maschinenbelegungsplanung einbezogen. Wegen der Interdependenzen zwischen diesen
Teilbereichen kommt nun ein simultanes Planungsverfahren zum
Einsatz. Das Verfahren ist heuristisch, jedoch - wie auf
dem Gebiet des Operations Research üblich - in einer mathematischen Notation formal beschrieben.

Ziel dieses Kapitels ist es, aufzuzeigen, daß es sich bei
den diskutierten Softwareentwurfsprinzipien um allgemeine
Grundsätze handelt, die auch bei Operations-Research-Metho-

den in der Produktionsplanung Anwendung finden können. Dies scheint von Bedeutung, weil gerade im Bereich der OR-Software Qualitätsmängel besondere Tradition besitzen und die Softwareentwicklung sich fast ausschließlich an der Laufzeiteffizienz orientiert. Daneben soll mit der Beschreibung der Systemkonzeption verdeutlicht werden, daß auch für umfangreiche Simultanplanungsverfahren, die in die Praxis der Produktionsplanung noch kaum Eingang gefunden haben, handhabbare Softwaresysteme entwickelt werden können.

Hier erweist sich jedoch, daß es schwieriger ist, aus der formalen Beschreibung eines Verfahrens Abstraktionsebenen und Module herauszuarbeiten. Die Berücksichtigung der Interdependenzen zwischen den Teilbereichen der Produktionsplanung hat zur Folge, daß die verschiedenen Schritte des Algorithmus zu großen Teilen mit denselben Variablen operieren und dieselben Daten verwenden. Dadurch entsteht die Gefahr, daß die Module eine enge Kopplung aufweisen. Der Gefahr kann jedoch durch Wahl geeigneter Schnittstellen begegnet werden, so daß sich trotz vieler, gemeinsam benötigter Objekte eine relativ lose Form der Kopplung realisieren läßt. Eine formale Analyse der Systemstruktur zeigt allerdings eine sehr große Anzahl von Benutzt-Relationen zwischen den Modulen auf. Insbesondere benutzen die nach dem Prinzip der prozeduralen Abstraktion gebildeten Module, welche die einzelnen Verfahrensschritte implementieren, jeweils fast alle Module des Datenabstraktionstyps.

Betrachtet man die dem Verfahren zugrundeliegenden Datenstrukturen unabhängig von ihrer Verwendung im Algorithmus, so lassen sich dennoch verschiedene logische Ebenen identifizieren. Der Grund ist darin zu sehen, daß es sich um ein heuristisches Verfahren handelt, das stark auf anschaulichen Darstellungen und Operationen auf solchen Darstellungen basiert. Der Entwurf des Systems kann deshalb auch hier von Abstraktionsebenen ausgehen und Module nach ihren Abstraktionsgrad einordnen. Zur Abgrenzung der ein-

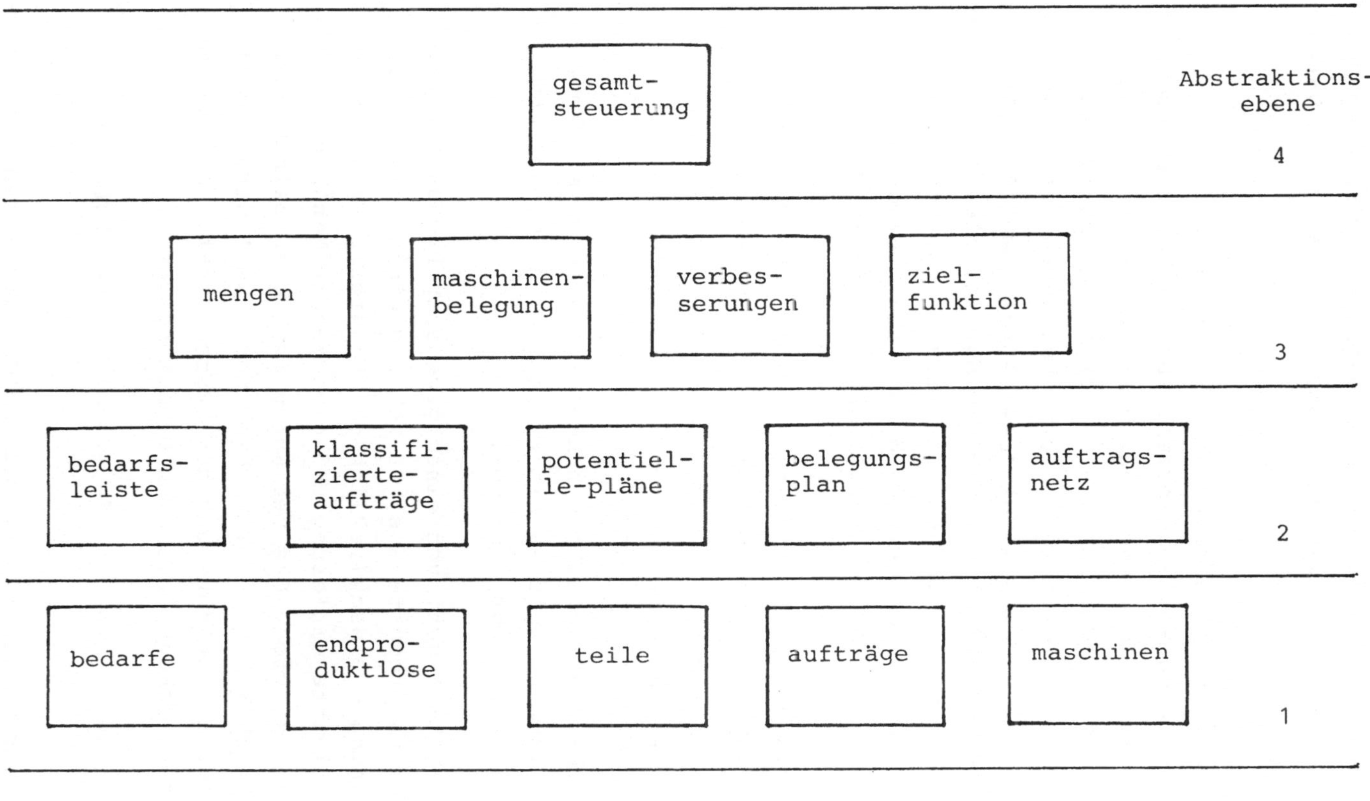

Abb. 6-1: Abstraktionsebenen und Module eines Softwaresystems zur simultanen Produktionsplanung

zelnen Module dienen wieder die zentralen Prinzipien des Information Hiding sowie der Abstraktion bezüglich Daten und Prozeduren.

Wie im vorigen Kapitel erweisen sich auch hier vier Abstraktionsebenen als angemessen. Auf der höchsten Ebene wird der Gesamtalgorithmus durch abstrakte Operationen gesteuert. Diese Operationen sind auf der nächsttieferen Ebene durch Module implementiert, bei denen der Ablaufaspekt im Vordergrund steht (prozedurale Abstraktion). Die beiden untersten Ebenen enthalten Module, die nach dem Datenabstraktionsprinzip gebildet werden; die Module der höheren Ebene implementieren Strukturdarstellungen wie Balkendiagramme und Netzpläne, während die Module der tiefsten Ebene wieder Zugriffe auf die Basisdatentypen der Produktionsplanung zur Verfügung stellen. Abbildung 6-1 zeigt das Gesamtsystem nach Abstraktionsebenen geordnet.

6.1.2 Verfahrensübersicht

Bei dem Lösungsalgorithmus handelt es sich um ein heuristisches Verfahren, welches die Ermittlung eines kostenminimalen Produktionsplans anstrebt.

Der Algorithmus geht von einem gegebenen Produktionsprogramm für Endprodukte aus; er führt gleichzeitig die Bedarfsplanung - einschließlich der Losgrößenberechnung - , die Durchlaufterminierung und eine genaue Maschinenbelegungsplanung durch. Das Verfahren ist im einzelnen anderweitig beschrieben und wird hier nur soweit dargestellt, wie es für die Erläuterung der Systemstruktur und der Modularisierungskonzeption von Bedeutung ist[1].

Das Lösungsverfahren ist deterministischer Natur und trifft

---

[1] Eine ausführliche Beschreibung des Verfahrens findet man bei Kurbel (1978), S. 149ff.

für einen längeren Zeitraum relativ detaillierte Festlegungen. Voraussetzung für seine Anwendbarkeit ist wie bei den meisten simultanen Planungsmethoden, daß weitgehend Sicherheit bezüglich der zukünftigen Erwartungen herrscht. Der Einsatzbereich des Verfahrens dürfte deshalb in erster Linie bei auftragsorientierter Fertigung liegen[1].

Den Ausgangspunkt bilden Einzelbedarfsmengen der verschiedenen Endproduktarten, die zusammen mit ihren Bedarfsterminen eingegeben und zunächst in einer Bedarfsleiste gespeichert werden. Anhand teilespezifischer Daten wird dann eine vorteilhaft erscheinende Abarbeitungsreihenfolge für alle Teilearten (sowohl für Endprodukte als auch für untergeordnete Teile) festgelegt. In dieser Reihenfolge gehen die Teilearten in die integrierte Bedarfs-, Termin- und Maschinenbelegungsplanung ein.

Bei allen Teilearten ist prinzipiell die Bildung von Losen zulässig. Dies bedeutet, daß im allgemeinen Fall ein Fertigungsauftrag mehrere Vorgänger und/oder mehrere Nachfolger haben kann. Zur Herstellung eines Teils stehen unter Umständen mehrere Maschinen zur Verfügung, die aber aufgrund unterschiedlichen Eignungsgrades oder unterschiedlicher Altersstruktur verschieden hohe Produktionskosten verursachen.

Der Algorithmus läuft dispositionsstufenweise ab und beginnt mit dem als ersten ausgewählten Teil der höchsten Dispositionsstufe. Für dieses und alle weiteren Teile werden jeweils Lose berechnet, zur Bearbeitung auf den Maschinen zeitlich eingeordnet und Sekundärbedarfe abgeleitet, so daß eine Ausgangslösung des Gesamtproblems entsteht.

Wenn eine Losgröße ermittelt ist, wird sofort versucht, das Los mit konkreten Start- und Endterminen als Fertigungsauftrag in den Belegungsplan einer Maschine aufzunehmen. Da die

---

1) Darauf weist auch Schirmer (1980), S. 102, hin.

Herstellung eines Teils im allgemeinen auf verschiedenen Maschinen erfolgen kann, muß zuvor die kostengünstigste Einplanungsalternative determiniert werden.

Dafür sind zwei Faktoren ausschlaggebend. Zum einen hängt die Auswahl einer bestimmten Maschine von den variablen Produktionskosten ab, die bei Fertigung des Auftrags auf dieser Maschine entstehen, und zum andern von der gegebenen Belegungssituation auf der Maschine. Je nach Einordnungsposition des Auftrags fallen unterschiedlich hohe Lagerhaltungskosten und unterschiedlich hohe Umrüstkosten an, die im allgemeinen Fall von der Auftragsreihenfolge abhängig sind. Die Einplanung des Auftrags wird schließlich auf der kostenminimalen Maschine in der dort günstigsten Auftragsreihenfolge vorgenommen.

Die Realisierung der optimalen Einplanungsalternative kann in zweifacher Weise die Verschiebung bereits terminierter Aufträge erforderlich machen. Einmal müssen auf der gewählten Maschine eventuell andere Aufträge zeitlich vorgezogen werden. Aufgrund der strukturellen Vernetzung der Aufträge sind andererseits Auswirkungen auf die Vorgänger solcher Lose zu beachten, die unter Umständen ebenfalls verschoben werden müssen, was wiederum Auswirkungen auf deren Vorgänger haben kann etc.

Wenn die Einplanung eines Loses abgeschlossen ist und die Konsequenzen für andere Lose behoben sind, werden die Sekundärbedarfsmengen aller untergeordneten Teile abgeleitet. Da das übergeordnete Los bereits terminiert ist, kann die Ableitung mit exakten Bedarfsterminen durchgeführt werden. Eine pauschale Vorlaufverschiebung wie bei einer stufenweisen Sukzessivplanung läßt sich somit vermeiden.

Die Sekundärbedarfe werden mit ihren Terminen in die Bedarfsleiste eingetragen. Da im allgemeinen Fall ein bestimmtes Teil in mehrere übergeordnete Teile eingeht, ist es möglich, daß später noch weitere Bedarfe der Teileart hinzukommen. Die Sekundärbedarfe werden in der Bedarfsleiste solange gespeichert, bis in der festgelegten Abarbeitungsreihenfolge die jeweilige Dispositionsstufe und die Teileart erreicht ist.

Nach der Losbildung, Einplanung und Sekundärbedarfsermittlung setzt sich der Ablauf in analoger Weise jeweils mit der nächsten Losbildung derselben Teileart fort, solange Bedarfe dieser Teileart vorhanden sind, dann mit der nächsten Teileart derselben Dispositionsstufe, solange dort Teile vorhanden sind, und anschließend mit Teilen der nächsten Dispositionsstufe, bis letztlich alle Sekundärbedarfe aller Teilearten in Fertigungsaufträge eingegangen und auf konkreten Maschinen eingeplant sind.

In der Steuerung des Gesamtablaufs treten die Übergänge von einer Teileart zur nächsten bzw. von einer Dispositionsstufe zur nächsten gar nicht hervor. Die Abarbeitungsreihenfolge wird in dem Modul *mengen* ermittelt und dort gesteuert. In dem Grobablauf können deshalb die Aufrufe der Losgrößenberechnung als einfache Sequenz aufgefaßt werden. Sie kommen solange zur Ausführung, wie überhaupt Bedarfe vorliegen. Wenn alle Lose über alle Teilearten und Dispositionsstufen hinweg festgelegt und eingeplant sind, ist eine Ausgangslösung des Planungsproblems erreicht.

Bei der geschilderten, retrograden Vorgehensweise besteht die Gefahr, daß unzulässige Termine ermittelt werden, d.h. Termine, die vor Beginn des Planungszeitraums liegen. Aufträge mit unzulässigen Anfangsterminen werden deshalb bis zum frühest realisierbaren Zeitpunkt in Richtung Zukunft verschoben. Dies kann zur Folge haben, daß zusätzlich weitere Aufträge - auf denselben Maschinen - mitverschoben werden müssen.

Bei allen Verschiebungen sind Konsequenzen für Aufträge übergeordneter Teile zu beachten, deren Termine sich nun unter Umständen auch nicht mehr einhalten lassen. In einer Vorwärtsterminierung werden deshalb solange Nachfolger verschobener Aufträge neu terminiert, bis alle Fertigungszeit-

punkte realisierbar sind. Die Verlagerungen können sich bis
zu den Losen der Endprodukte fortpflanzen. Überschreitungen
der Bedarfstermine auf dieser Ebene schlagen sich dann im
Ansatz von Fehlmengenkosten nieder.

Wegen der Terminverschiebungen sowohl bei der Bestimmung
der Ausgangslösung als auch beim Herstellen der Zulässigkeit
können Lücken in den Durchlaufzeiten der Aufträge entstehen,
so daß manche Aufträge möglicherweise verfrüht gefertigt
werden. Dies verursacht vermeidbare Lagerhaltungskosten. In
der Art einer Rückwärtsterminierung wird nun überprüft, ob
unter Berücksichtigung der konkreten Belegungssituation der
Maschinen verfrühte Aufträge später gefertigt und so Kosten
eingespart werden können; dabei kommen auch Änderungen der
Auftragsreihenfolgen in Betracht. Wie bei anderen Verlagerungen in Richtung Zukunft müssen hier wieder die Auswirkungen auf Nachfolgeraufträge behandelt werden.

Mit der Verbesserung der zulässigen Lösung ist der Produktionsplan erstellt. Die insgesamt anfallenden Kosten werden
durch Berechnung der Zielfunktion ausgewertet.

Der Gesamtablauf ist in Abbildung 6-2 wiedergegeben. Zur Veranschaulichung wurde die Darstellungsform des Struktogramms
gewählt. Die Funktionsbenennungen können als Prozeduraufrufe
interpretiert werden. Die Angaben in Klammern sind Input-
und Output-Parameter.

Nach dem Eintragen der *primärbedarfe* und der Festlegung der
teile-reihenfolge für die Abarbeitung kommt eine Cycle-
Schleife zur Ausführung, in der die jeweils nächste *losgröße*
mit ihrem *termin* ermittelt wird. Ebenso werden der *gesamtsteuerung* die Parameter *teileart* und *los-nr* (d.h. eine Angabe, um das wievielte Los der *teileart* es sich handelt) bekanntgemacht.

Wenn noch nicht das Ende erreicht ist, wird die Überprüfung
der *einplanungsalternativen* veranlaßt. Nach erfolgter *einplanung* des Loses erhält das Steuermodul Kenntnis von der

gesamtsteuerung

<table>
<tr><td colspan="2">primärbedarfe</td></tr>
<tr><td colspan="2">teile-reihenfolge</td></tr>
<tr><td>cycle</td><td>
<table>
<tr><td>next-losgröße (teileart, los-nr, los-größe, termin, lose-ende)</td></tr>
<tr><td>lose-ende?</td></tr>
<tr><td>einplanungsalternativen (teileart, los-nr, losgröße, termin)</td></tr>
<tr><td>einplanung (maschine, position)</td></tr>
<tr><td>folge-verlagerungen</td></tr>
<tr><td>sekundärbedarfe (maschine, position)</td></tr>
</table>
</td></tr>
<tr><td colspan="2">zulässigkeit</td></tr>
<tr><td colspan="2">verbesserungen</td></tr>
<tr><td colspan="2">zielfunktion</td></tr>
</table>

<u>Variable</u>

integer	teileart, los-nr, maschine, position
real	losgröße, termin
boolean	lose-ende

<u>Abb. 6-2:</u> Steuerung des Gesamtablaufs

ausgewählten *maschine* und der *position*, die das Los in der Auftragsreihenfolge der *maschine* einnimmt. Diese Informationen werden bei der Ableitung der *sekundärbedarfe* benötigt, um die Vernetzung der Fertigungsaufträge erfassen zu können. Der weitere Ablauf ist selbstdokumentierend.

6.2 Abstraktionsebenen des Softwaresystems

Zur Darstellung der Modularisierungskonzeption und zur Erläuterung der Module wird eine Bottom-up-Vorgehensweise gewählt, die auf der untersten Abstraktionsebene ansetzt. Die Benennung der von den Modulen bereitgestellten Funktionen folgt der früher eingeführten Systematik. Auch die Reihenfolgebedingungen werden in der bereits verwendeten Schreibweise notiert[1].

6.2.1 Verwaltung der Basisdatentypen

Auf der tiefsten Abstraktionsebene sind Module angesiedelt, welche die grundlegenden Datentypen des Produktionsplanungssystems verwalten. Hier lassen sich zwei verschiedene Arten von Modulen unterscheiden.

Die eine Gruppe verwaltet Daten, auf denen nur Lesezugriffe definiert sind und die den Charakter von Stammdaten haben; die Datengenerierung, bei der Schreibzugriffe erforderlich wären, wird hier nicht betrachtet. Dabei handelt es sich um Daten, die jeweils einer Teileart zugeordnet werden (z.B. Lagerhaltungskosten, Dispositionsstufe) und Daten, die in Abhängigkeit von den Maschinen des Fertigungsbereichs definiert sind (z.B. Stückzeiten, Umrüstkosten). Diese Daten werden in den Modulen *teile* und *maschinen* geführt.

Die andere Gruppe von Modulen behandelt Daten, die im Verlauf des Verfahrens erzeugt und weiterverarbeitet werden.

---

1) Vgl. die Richtlinien für Modulbeschreibungen in Anhang I.

Dies sind die Primär- und Sekundärbedarfe, die Endproduktlose und die Fertigungsaufträge; sie werden in den Modulen
bedarfe, endproduktlose und *aufträge* verwaltet.

Im folgenden sollen nun anhand von drei Beispielen die Module der untersten Abstraktionsebene erläutert werden. Die
restlichen Module sind in Anhang III beschrieben.

6.2.1.1 Teile

Das Modul *teile* verwaltet die in dem System auftretenden
Endprodukte, Baugruppen und Einzelteile, die wie früher mit
dem Oberbegriff Teil benannt werden. Eine Teileart i ist
durch bestimmte Daten charakterisiert[1]:

- eine Dispositionsstufe k_i

- Lagerhaltungskoten k_i^l

- Fehlmengenkosten k_i^f

- durchschnittliche Rüstkosten k_i^r

- untergeordnete Teilearten l (d.h. Teile, die in i eingehen; dies entspricht den Knoten einer analytischen Erzeugnisstrukturkette) mit jeweiligen

- Inputkoeffizienten u_{li} $\left[\frac{\text{Mengeneinheiten } l}{\text{Mengeneinheit } i}\right]$

- Maschinen j, auf denen die Teileart i bearbeitet werden
  kann.

Das Modul *teile* stellt folgende Zugriffe auf diese Daten zur
Verfügung[2]:

---

1) Die Abkürzungen lehnen sich an die Notation in der ausführlichen Verfahrensbeschreibung an; vgl. Kurbel (1978),
   S. 25Off.

2) Zur Selbstdokumentation und Erhöhung der Lesbarkeit werden die Namen der Zugriffsfunktionen hier - von Implementationserfordernissen losgelöst - sehr stark verbalisiert.

(1) <u>open-teile</u>

Funktion: Vorbereitungsarbeiten, Setzen von Anfangs-
                   zuständen
Parameter: -

(2) <u>get-teil-disp-stufe</u>

Funktion: Bereitstellung der Dispositionsstufe einer
                   Teileart
Input-Parameter: i
Output-Parameter: k_i

(3) <u>get-teil-kosten</u>

Funktion: Bereitstellung der teilespezifischen
                   Kostensätze
Input-Parameter: i
Output-Parameter: k_i^l, k_i^r, k_i^f .

(4) <u>init-unter-teile</u>

Funktion: Vorbereitung des sequentiellen Zugriffs
                   auf untergeordnete Teilearten, die un-
                   mittelbar in Teil i eingehen
Input-Parameter: i
Output-Parameter: einzelteil ──────┬── true   wenn i Einzel-
                                    │   teil
                                    └── false   sonst

(5) <u>get-next-unter-teil</u>

Funktion: Bereitstellung der jeweils nächsten Teile-
                   art, aus der i besteht
Input-Parameter: -
Output-Parameter: l, u_{li}

                   unter-teile-ende ──┬── true   wenn keine un-
                                      │   tergeordneten
                                      │   Teile mehr vor-
                                      │   handen
                                      └── false   sonst

(6) <u>init-teil-maschinen</u>

Funktion: Vorbereitung des sequentiellen Zugriffs
                   auf Maschinen, die zur Fertigung der Teile-
                   art i herangezogen werden können

Input-Parameter: i

Output-Parameter: -

(7) <u>get-next-teil-maschine</u>

Funktion: Bereitstellung der jeweils nächsten, zur
                   Fertigung von i möglichen Maschine

Input-Parameter: -

Output-Parameter: j

                   maschinen-ende ——⌐ true   wenn keine Ma-
                                             schine mehr
                                             vorhanden

                                    ⌐ false   sonst

(8) <u>init-teile</u>

Funktion: Vorbereitung des sequentiellen Zugriffs
                   auf alle Teilearten einer Dispositions-
                   stufe

Input-Parameter: disp-stufe

Output-Parameter: -

(9) <u>get-next-teil</u>

Funktion: Bereitstellung der jeweils nächsten Teile-
                   art

Input-Parameter: -

Output-Parameter: i, k_i

                   teile-ende ——⌐ true   wenn keine Tei-
                                         le mehr vor-
                                         handen

                                ⌐ false   sonst

(10) <u>close-teile</u>

Funktion: Durchführung von Abschlußarbeiten

Parameter: -

Das Modul *teile* benutzt keine anderen Module. Die Zugriffsfunktionen müssen in einer definierten Reihenfolge aktiviert
werden, die wieder in der bereits eingeführten Schreibweise
notiert wird:

teile:

(open-teile; ((get-teil-disp-stufe, get-teil-kosten,
(init-unter-teile; (get-next-unter-teil) 'unter-teile-ende),
(init-teil-maschinen;
            (get-next-teil-maschine) 'maschinen-ende))'*,
(get-next-teil) 'teile-ende),
(init-teile; (get-next-teil) 'teile-ende)'*; close-teile)'*.

6.2.1.2 Bedarfe

Das Modul *bedarfe* verwaltet die einzelnen Primär- und Sekundärbedarfe, die als Produktionsprogramm vorgegeben bzw. im
Verlauf des Algorithmus abgeleitet werden. Ein Bedarf ist
gekennzeichnet durch:

- die Teileart i

- einen Index t, der zur Numerierung der Bedarfe einer Teileart i dient

- die Bedarfsmenge y_{it}
- den Bedarfstermin f_{it}

- einen Identifikationstupel $\hat{v}_{it} = (j,u)$, der angibt, auf
  welcher Maschine j und an wievielter Position u das Los
  eingeplant wurde, aus dem sich y_{it} ableitet (wenn y_{it} ein
  Sekundärbedarf ist)

Da Bedarfe sowohl eingetragen als auch zur Verfügung gestellt
werden, sind Schreib- und Lesezugriffe definiert:

(1) <u>open-bedarfe</u>

Funktion: Vorbereitungsarbeiten, Setzen von Anfangs-
zuständen
Parameter: -

(2) <u>put-bedarf</u>

Funktion: Ablegen eines Einzelbedarfs
Input-Parameter: $i,\ t,\ y_{it},\ f_{it},\ \hat{v}_{it}$
Output-Parameter: -

(3) <u>get-bedarf</u>

Funktion: Bereitstellung eines Einzelbedarfs
Input-Parameter: $i,\ t$
Output-Parameter: $y_{it},\ f_{it},\ \hat{v}_{it}$

(4) <u>reput-bedarf-nummer</u>

Funktion: Änderung der Numerierung bei denjenigen
Daten, die einen Bedarf kennzeichnen
$(y_{it_{alt}},\ f_{it_{alt}},\ \hat{v}_{it_{alt}}$ werden in $y_{it_{neu}},$
$f_{it_{neu}},\ \hat{v}_{it_{neu}}$ überführt)
Input-Parameter: $i,\ t_{alt},\ t_{neu}$
Output-Parameter: -

(5) <u>close-bedarfe</u>

Funktion: Durchführung von Abschlußarbeiten
Parameter: -

Die Zugriffsfunktionen benutzen keine anderen Module. Folgende Reihenfolgebedingungen müssen eingehalten werden:

bedarfe: open-bedarfe; (put-bedarf)'*;
      (get-bedarf, put-bedarf, reput-bedarf-nummer)'*;
      close-bedarfe.

6.2.1.3 Aufträge

Neben den Bedarfen stellen Fertigungsaufträge, die im Lauf
des Verfahrens gebildet und eingeplant werden, die wichtigsten Basisdatentypen der untersten Abstraktionsebene dar.
Der Begriff des Fertigungsauftrags wird in dem Algorithmus
an die Teileart und an die Maschine gebunden, auf der die
Herstellung erfolgt. Dies entspricht dem üblichen Ansatz in
Operations-Research-Methoden zur Produktionsplanung. Bei
Weiterverarbeitung der Teile auf anderen Maschinen oder Zu-
sammenbau mit anderen Teilen entstehen neue Fertigungsaufträge.

Einem Fertigungsauftrag sind dann folgende Daten zugeordnet:

- die Maschine j, auf der der Auftrag bearbeitet wird

- ein Index u, der zur Durchnumerierung aller auf einer
  Maschine eingeplanten Aufträge dient

- die Teileart p_{ju} des Auftrags

- ein Index q_{ju}, der angibt, um den wievielten Auftrag der
  Teileart p_{ju} es sich handelt (teileartbezogene Numerierung der Aufträge)

- die Auftragsmenge x'_{ju}
- den geplanten Fertigstellungstermin b_{ju}
- die Bearbeitungsdauer c_{ju}.

Zur Identifikation eines bestimmten Fertigungsauftrags ist
die Angabe der Maschine j und des Positionsindex u erforderlich. Vereinfachend wird der u-te Auftrag auf Maschine j deshalb auch als Auftrag (j, u) bezeichnet.

Lese- und Schreibzugriffe zu den Auftragsdaten sind in dem
Modul *aufträge* zusammengefaßt. Zur Erhöhung der Benutzerfreundlichkeit werden mehrere Lesezugriffe zur Verfügung gestellt, die jeweils verschiedene Teilmengen der auftrags-
spezifischen Daten exportieren, z.B. alle Daten, nur die
Zeitangaben, nur die Produktart u.a.

(1) <u>open-aufträge</u>

Funktion: Vorbereitungsarbeiten, Setzen von Anfangs-
                     zuständen
Parameter: -

(2) <u>put-auftrag</u>

Funktion: Ablegen eines einzelnen Auftrags mit allen
                     charakteristischen Daten
Input-Parameter: j, u, p_{ju}, q_{ju}, x'_{ju}, b_{ju}, c_{ju}
Output-Parameter: -

(3) <u>get-auftrag</u>

Funktion: Bereitstellung eines einzelnen Auftrags
                     mit allen charakteristischen Daten
Input-Parameter: j, u
Output-Parameter: p_{ju}, q_{ju}, x'_{ju}, b_{ju}, c_{ju}

(4) <u>get-auftrag-zeiten</u>

Funktion: Bereitstellung der Zeitangaben eines Auf-
                     trags
Input-Parameter: j, u
Output-Parameter: b_{ju}, c_{ju}

(5) <u>get-auftrag-teileart</u>

Funktion: Bereitstellung der Teileart eines Auftrags
Input-Parameter: j, u
Output-Parameter: p_{ju}

(6) <u>get-auftrag-los-nummer</u>

Funktion: Bereitstellung der teileartbezogenen Nume-
                     rierung des Auftrags aus der Losgrößenrech-
                     nung
Input-Parameter: j, u
Output-Parameter: q_{ju}

(7) <u>reput-auftrag-termin</u>

Funktion: Zurückschreiben des - eventuell veränder-
                   ten - Fertigstellungstermins eines Auftrags
Input-Parameter: j, u, b_{ju}
Output-Parameter: -

(8) <u>reput-auftrag-nummer</u>

Funktion: Veränderung des Positionsindex u bei allen
                   auftragsspezifischen Daten
Input-Parameter: j, u_{alt}, u_{neu}
Output-Parameter: -

(9) <u>close-aufträge</u>

Funktion: Durchführung von Abschlußarbeiten
Parameter: -

Das Modul *aufträge* benutzt keine anderen Module. Folgende
Reihenfolgebedingungen sind zu beachten:

aufträge:

open-aufträge; (put-auftrag)'*;
(get-auftrag, get-auftrag-zeiten, get-auftrag-los-nummer,
get-auftrag-teileart, put-auftrag, reput-auftrag-termin,
reput-auftrag-nummer)'*; close-aufträge.

6.2.2 Abstrakte Datenstrukturen

Die nächsthöhere Abstraktionsebene (Ebene 2) enthält Datenstrukturen, die typische Strukturdarstellungen der Produktionsplanung repräsentieren. Sie werden durch Module realisiert, denen das Datenabstraktionsprinzip zugrundeliegt.

Die wichtigsten Module dieser Art sind bei dem simultanen
Produktionsplanungsverfahren

- die *bedarfsleiste*, welche strukturelle Informationen für
  mengenorientierte Planungsaspekte beinhaltet

- der *belegungsplan* der Maschinen, der strukturelle Informationen über terminierte Aufträge und Maschinen verwaltet

- das *auftragsnetz*, in dem Vorgänger-/Nachfolgerbeziehungen zwischen Fertigungsaufträgen abgebildet und aktualisiert werden.

Daneben kommen zwei weitere Module zum Einsatz. *potentielle-pläne* stellt Hilfsfunktionen zur Simulation alternativer Maschinenbelegungspläne bereit, welche anhand der jeweils verursachten Kosten bewertet werden. *klassifizierte-aufträge* implementiert Verkettungen zwischen bestimmten Teilmengen der Fertigungsaufträge; diese Teilmengen werden aufgrund vorgegebener Kriterien gegenüber anderen Aufträgen abgegrenzt und können dann z.B. einer besonderen Behandlung zugeführt werden.

Wegen ihrer zentralen Bedeutung im Rahmen der Produktionsplanung erfahren im folgenden die Module *bedarfsleiste*, *belegungsplan* und *auftragsnetz* eine ausführlichere Erörterung. Die Module *potentielle-pläne* und *klassifizierte-aufträge* sind in Anhang III beschrieben.

6.2.2.1 Bedarfsleiste

In der *bedarfsleiste* werden Informationen über die zeitlichen und teileartbezogenen Zusammenhänge zwischen den Einzelbedarfen geführt. Das Modul implementiert eine Diagrammdarstellung, wie sie in Abbildung 6-3 vereinfacht wiedergegeben ist.

In die *bedarfsleiste* können Bedarfe eingetragen und auf Anforderung wieder zur Verfügung gestellt werden. Dabei ist gewährleistet, daß ein Bedarf in die richtige Zeile des Diagramms - entsprechend dem Zeitpunkt - eingeordnet wird und den zutreffenden Positionsindex erhält.

Eingetragene Bedarfe werden bei der Losgrößenberechnung in einer zeitlichen Reihenfolge benötigt. Deshalb stellt das

Modul Lesezugriffe zur Verfügung, die Bedarfe innerhalb einer Teileart sequentiell exportieren und auch ein Rückwärtspositionieren in einer Zeile erlauben.

Im einzelnen bietet das Modul *bedarfsleiste* folgende Zugriffsmöglichkeiten auf die abstrakte Datenstruktur:

(1) <u>open-bedarfsleiste</u>

Funktion:	Vorbereitungsarbeiten, Setzen von Anfangszuständen
Parameter:	-

(2) <u>insert-bedarf</u>

Funktion: Ein Einzelbedarf (Primär- oder Sekundärbedarf) wird aufgrund der Teileart und des Bedarfstermins an der richtigen Stelle des Diagramms mit korrekter Indizierung eingefügt.

Input-Parameter[1]: i, y_{i_*}, f_{i_*}, $\hat{v}_{i_*}$

Output-Parameter: -

(3) <u>init-bedarfe</u>

Funktion: Es werden Voraussetzungen für sequentielle Zugriffe auf die Bedarfe einer angegebenen Teileart geschaffen und die Positionierung auf den ersten Bedarf der Teileart vorgenommen.

Input-Parameter: i

Output-Parameter: -

---

1) In den Schnittstellenbeschreibungen wird auf die früheren Abkürzungen zurückgegriffen. Die Notation mit Hilfe der Sternindizierung bringt zum Ausdruck, daß der Positionsindex t außerhalb des Moduls nicht bekannt ist. Er wird nur innerhalb der *bedarfsleiste* und für die Kommunikation mit dem benutzten Modul *bedarfe* benötigt!

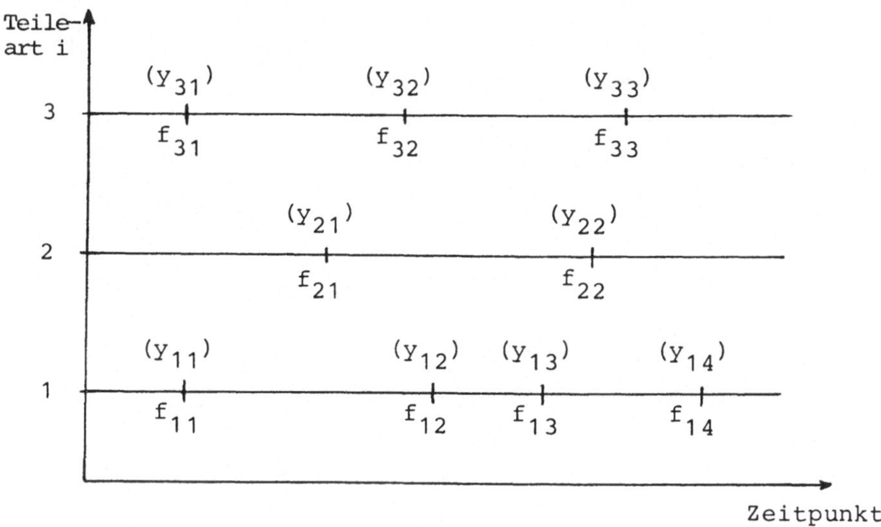

Abb. 6-3:   Diagrammdarstellung der *bedarfsleiste*

(4) <u>create-next-los</u>

Funktion:	Es werden Voraussetzungen für sequentielle Zugriffe auf Bedarfe einer angegebenen Teileart zur Vorbereitung für die jeweils nächste Losgrößenberechnung geschaffen.
Input-Parameter:	i

Output-Parameter: bedarfe-ende — true   wenn keine Bedarfe der Teileart i mehr vorhanden

— false   sonst

(5) <u>get-next-bedarf</u>

Funktion:	Der jeweils nächste Bedarf der Teileart i wird bereitgestellt.
Input-Parameter:	-

Output-Parameter: y_{i*}, f_{i*}, $\hat{v}_{i*}$

(6) <u>setback-bedarf</u>

Funktion: In dem Diagramm wird auf denjenigen Bedarf

der Teileart i zurückpositioniert, der
zeitlich unmittelbar vor dem zuletzt gelesenen Bedarf liegt.

Input-Parameter: -

Output-Parameter: unzulässig ⎯⎯⎯⎯ true wenn vor der aktuellen Position
kein Bedarf mehr
vorhanden ist,
der nach dem letz-
ten *create-next-
los* gelesen wurde

                ⎯⎯⎯ false sonst

(7) <u>put-los</u>

Funktion: In dem Diagramm wird ein bei der Losgrößenrechnung ermitteltes Los festgehalten

Input-Parameter: z   (teileartbezogene Nummer des Loses)

x_{iz} (Losgröße)

g_{iz} (geplanter Fertigstellungstermin)

Output-Parameter: -

(8) <u>close-bedarfsleiste</u>

Funktion: Durchführung von Abschlußarbeiten

Parameter: -

Folgende Voraussetzungen sind bezüglich des Moduls *bedarfsleiste* zu beachten:

<u>Benutzte Module</u>

bedarfe (open-bedarfe, get-bedarf, put-bedarf, reput-bedarf-
nummer, close-bedarfe)
endproduktlose (open-endprodukt-lose, put-endprodukt-los)

<u>Reihenfolgebedingungen</u>

bedarfsleiste:

open-bedarfsleiste; (insert-bedarf,
(create-next-los; (get-next-bedarf,
(setback-bedarf) 'unzulässig) 'bedarfe-ende;
put-los) 'bedarfe-ende,

```
(init-bedarfe; (get-next-bedarf) 'bedarfe-ende),) '*;
close-bedarfsleiste.
```

6.2.2.2 Belegungsplan

Das Modul *belegungsplan* implementiert eine abstrakte Datenstruktur, die sich graphisch als eine Sammlung von Gantt-
Diagrammen (Gantt-charts) darstellen läßt. Ein Gantt-Diagramm ist ein optisches Hilfsmittel, das zur Veranschaulichung der Belegungssituation einer Maschine dient. Abbildung
6-4 zeigt beispielhaft einen Maschinenbelegungsplan in Form
von drei Gantt-Diagrammen.

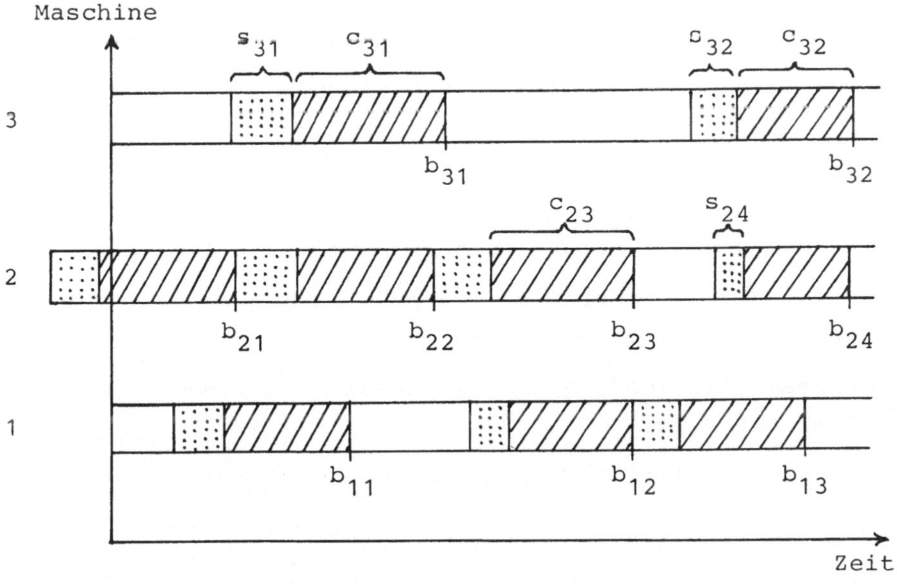

<u>Abb. 6-4:</u> Maschinenbelegungsplan in der Darstellung durch
Gantt-Diagramme

In dem Modul *belegungsplan* wird ein terminierter Autrag
durch die Nummer j des Gantt-charts, die der Maschinennummer
entspricht, und einen Positionsindex u identifiziert, welcher die genaue Stellung in dem Gantt-chart angibt. Einem
bestimmten Auftrag (j,u) sind eindeutig drei Zeitgrößen zugeordnet:

- die Umrüstzeit s_{ju} vor Bearbeitung des Auftrags (j,u). Die
  Umrüstzeit hängt von der konkreten Auftragsfolge in dem
  Gantt-Diagramm ab und ist nur in diesem Zusammenhang definiert; sie wird bei der Einplanung des Auftrags ermittelt und innerhalb des Moduls verwaltet.

- die Bearbeitungszeit c_{ju} des Auftrags (j,u)
- der Fertigstellungstermin b_{ju} des Auftrags (j,u).

Die auf dem *belegungsplan* definierten Zugriffe leiten sich
unmittelbar aus den Operationen ab, die man möglicherweise
in einem Balkendiagramm wie in Abbildung 6-4 durchführen
möchte, insbesondere:

- Anlegen des Diagramms
- Einfügen eines neuen Auftrags an einer bestimmten Stelle
- Verschieben von Aufträgen nach links oder rechts

- Entfernen eines bereits eingeplanten Auftrags und Einordnen an einer anderen Stelle

- Anpassen der Indizierung bei Neueinfügung oder Verlagerung
  eines Auftrags

- Inspektion aller Aufträge eines Gantt-charts.

Bei allen Aktivitäten, die eine bestehende Auftragsreihenfolge ändern (Einfügen, Entfernen, Verlagern), ist zu beachten, daß dadurch auch die Umrüstzeiten neu ermittelt werden müssen. Ebenso ist in diesem Fall die Vernetzung der
Fertigungsaufträge im *auftragsnetz* anzupassen (vgl. dazu Abschnitt 6.2.2.3).

Die Operationen in dem *belegungsplan* werden von folgenden
Zugriffsfunktionen realisiert:

(1) <u>open-belegungsplan</u>

Funktion: Anlegen eines leeren Balkendiagramms
Parameter: -

(2) <u>insert-auftrag</u>

Funktion: Einfügen eines Auftrags an eine vorher er-
                     mittelte Stelle eines bestimmten Gantt-
                     charts
Input-Parameter: j, u
                     i $\left.\begin{array}{c} \\ \\ \end{array}\right\}$ teileartbezogene Losidenti-
                     z fikation und Losgröße aus
                     x_{iz} der Losgrößenrechnung
                     b_{ju}, c_{ju}, s_{ju}
Output-Parameter: -

(3) <u>init-push-links</u>

Funktion: Vorbereitungsarbeiten zum Verschieben be-
                     reits terminierter Aufträge nach links
Input-Parameter: j
                     u (Positionsindex des ersten zu ver-
                           schiebenden Auftrags)
                     b'_{ju} (neuer Fertigstellungstermin des ver-
                           schobenen Auftrags (j,u))
Output-Parameter: -

(4) <u>init-push-rechts</u>

Funktion: Vorbereitungsarbeiten zum Verschieben be-
                     reitsterminierter Aufträge nach rechts
Input-Parameter: j
                     u (Positionsindex des ersten zu ver-
                           schiebenden Auftrags)
                     t^* (Zeitpunkt, zu dem frühestens mit
                           dem Rüsten der Maschine j für den
                           verschobenen Auftrag (j,u) begonnen
                           werden kann)

Output-Parameter: -

(5) <u>push-next-auftrag</u>

Funktion: Verschiebung des jeweils nächsten Auftrags
                    in die durch das vorhergehende *init*-...
                    festgelegte Richtung

Input-Parameter: -

Output-Parameter: überschneidungsfrei

           ⎡— true   wenn die Verschiebung
           │   des Auftrags zu keiner
           │   zeitlichen Überschnei-
           │   dung mit dem benachbar-
           │   ten Auftrag führt
           ⎣— false   sonst

(6) <u>remove-auftrag</u>

Funktion: Entfernen eines Auftrags aus einem Gantt-
                    chart

Input-Parameter: j, u

Output-Parameter: b_{ju}, c_{ju}

(7) <u>displace-auftrag</u>

Funktion: Verlagerung eines zuvor entfernten Auf-
                    trags (j, u_{alt}) an eine neue Position u_{neu}

Input-Parameter: j, u_{alt}, u_{neu}, $b_{ju_{alt}}$, $c_{ju_{alt}}$

Output-Parameter: -

(8) <u>setup-indices</u>

Funktion: Erhöhung der Positionsindices u einer
                    Teilmenge bereits terminierter Aufträge
                    um 1

Input-Parameter: j
                    u_1 (erster zu ändernder Positionsindex)
                    u_2 (letzter zu ändernder Positionsindex)

Output-Parameter: -

(9) <u>setdown-indices</u>

analog setup-indices

(10) <u>init-gantt-chart</u>

Funktion: Positionierung auf den Beginn eines Gantt-charts und Vorbereitung sequentieller Lesezugriffe auf terminierte Aufträge

Input-Parameter: j

Output-Parameter: -

(11) <u>get-next-auftrag</u>

Funktion: Bereitstellung des jeweils nächsten Auftrags in einem Gantt-chart

Input-Parameter: -

Output-Parameter: b_{ju}, c_{ju}, s_{ju}

aufträge-ende ──┬── true wenn kein Auftrag auf Maschine j mehr vorhanden
└── false sonst

(12) <u>close-belegungsplan</u>

Funktion: Durchführung von Abschlußarbeiten

Parameter: -

Für den Aufruf der Funktionen sind folgende Voraussetzungen zu beachten:

<u>Benutzte Module</u>

aufträge (open-aufträge, get-auftrag, get-auftrag-teileart, get-auftrag-zeiten, put-auftrag, reput-auftrag-termin, reput-auftrag-nummer)

maschinen (open-maschinen, get-masch-umrüstzeit)

auftragsnetz (name-knoten, reput-knoten)

klassifizierte-aufträge (put-klass-auftrag)

<u>Reihenfolgebedingungen</u>

belegungsplan: open-belegungsplan;
((init-gantt-chart; (get-next-auftrag)' aufträge-ende),

```
((init-push-links, init-push-rechts);
                  (push-next-auftrag) 'überschneidungsfrei),
(setup-indices; insert-auftrag),
(remove-auftrag; (setup-indices, setdown-indices);
                                    displace-auftrag))'*;
close-belegungsplan.
```

6.2.2.3 Auftragsnetz

In einem simultanen Planungsverfahren kann die Einplanung
eines Auftrags auf einer Maschine ebensowenig isoliert betrachtet werden wie eine Verschiebung oder Verlagerung an
eine neue Position des Gantt-Diagramms. Wenn beispielsweise
ein Fertigungsauftrag für eine Baugruppe zeitlich vorgezogen werden soll, so sind die Auswirkungen auf untergeordnete Baugruppen oder Einzelteile zu beachten. Die entsprechenden Fertigungsaufträge müssen gegebenenfalls mitverschoben
werden, was Konsequenzen für Fertigungsaufträge weiter untergeordneter Teile haben kann etc. Analoge Überlegungen
sind bei Verschiebungen in Richtung Zukunft für zeitlich
nachgelagerte Aufträge übergeordneter Teile anzustellen.

Wegen der Interdependenz der Fertigungsaufträge müssen bei
Einplanungs- und Verlagerungsaktivitäten stets die Auswirkungen auf die gesamte Planungssituation Berücksichtigung
finden. Das Lokalisieren betroffener Aufträge setzt voraus,
daß die strukturellen Beziehungen zwischen den Fertigungsaufträgen erfaßt werden.

Aus der Sicht eines bestimmten Fertigungsauftrags wird wieder zwischen Vorgänger- und Nachfolgeraufträgen (bzw. Vorgängern und Nachfolgern) unterschieden. Vorgänger sind solche Aufträge, deren Teile vollständig oder teilweise zur
Fertigung des betrachteten Auftrags benötigt werden. Nachfolger sind Aufträge, in welche die Teile des betrachteten
Auftrags unmittelbar eingehen.

Da dem Planungsmodell der allgemeine Fall nichtlinearer

Fertigungsprozesse zugrundeliegt, kann ein bestimmter Auftrag mehrere Vorgänger und mehrere Nachfolger haben[1]. Dies folgt einerseits aus den Erzeugnisstrukturen und andererseits aus der Losgrößenplanung, wo aus verschiedenen übergeordneten Aufträgen abgeleitete Sekundärbedarfe losweise zusammengefaßt werden.

Nichtlineare Fertigungsprozesse lassen sich, wie bereits in Kapitel 5 gezeigt, in Form eines Netzplans darstellen. Die Knoten des Netzplans werden hier durch die Maschinennummer

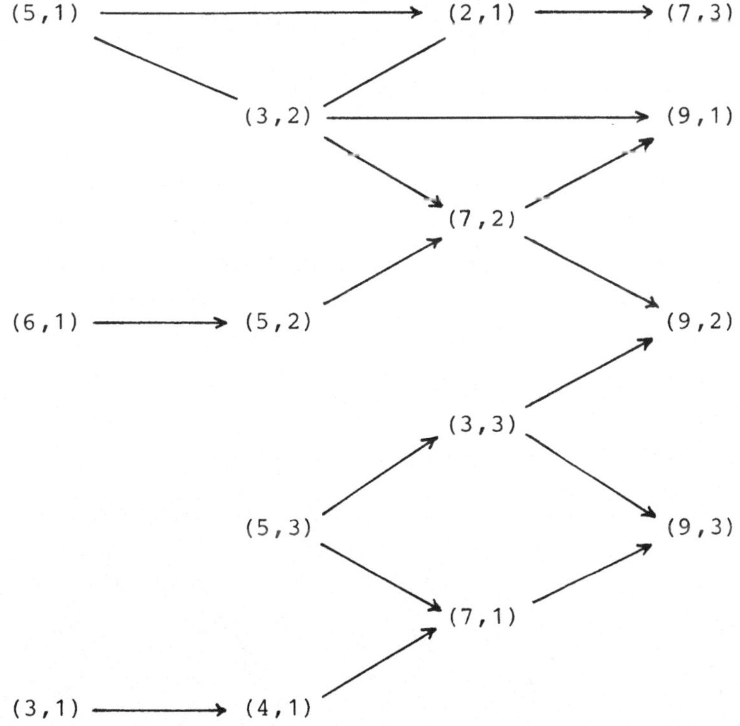

(j,u) ⟶ (r,s)   Auftrag (j,u) wird zur Herstellung
von Auftrag (r,s) benötigt

Abb. 6-5: Auftragsnetz bei nichtlinearen Fertigungsprozessen

---

1) Vgl. Kurbel, (1978), S. 19f.

j und die Auftragsnummer u identifiziert. Abbildung 6-5
zeigt beispielhaft den Ausschnitt eines solchen Netzplans;
die Vorgänger-Nachfolger-Beziehungen werden durch Pfeile
ausgedrückt. So hat etwa der Auftrag (7,2) die beiden Vorgänger (3,2) und (5,2) sowie die beiden Nachfolger (9,1)
und (9,2).

Das Modul *auftragsnetz* bildet einen Netzplan ab und exportiert die Operationen zur Manipulation des Netzplans. Im
Gegensatz zu dem Vernetzungsmodul aus Kapitel 5 werden hier
sowohl Schreib- als auch Lesezugriffe vorgesehen. Das *auftragsnetz* ermöglicht das Anfügen neuer Knoten (d.h. neuer,
terminierter Aufträge) zum Aufbau des Netzes, stellt auf
Anforderung die Vorgänger bzw. Nachfolger eines Auftrags bereit und erlaubt das Umbenennen von Knoten.

Der letzte Punkt ist von besonderer Bedeutung. In Abbildung
6-5 sind die Knoten mit den Identifikationsdaten der Aufträge aus der Maschinenbelegungsplanung benannt (Maschinen-
und Positionsindex). Bei einer Modifikation der Maschinenbelegung, z.B. durch Verbesserung der Auftragsreihenfolgen,
ändert sich diese Indizierung, während die Struktur des
Netzplans insgesamt jedoch erhalten bleibt. Als Ordnungsinformation für die Knoten sind der Maschinen- und der Positionsindex eines Auftrags deshalb ungeeignet.

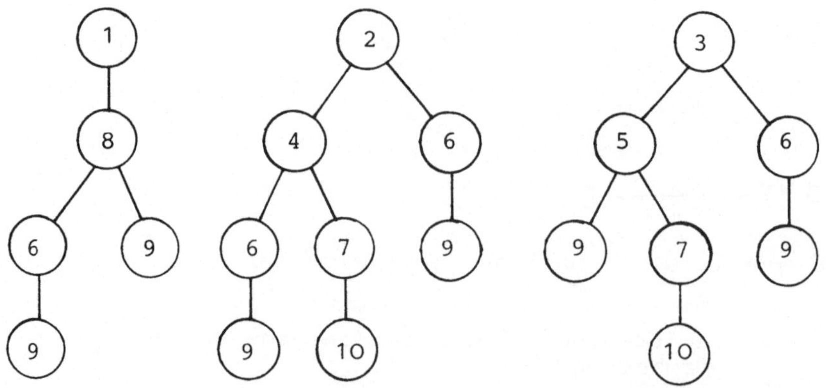

Abb. 6-6: Erzeugnisstrukturen von drei Endproduktarten

Zur Abbildung der Netzstruktur müssen Ordnungsbegriffe herangezogen werden, die im Verlauf des Verfahrens unverändert bleiben. Dieses Kriterium erfüllen die auf die Teileart bezogenen Identifikationsdaten der Lose:

- die Teileart i
- die teileartbezogene Nummer eines Loses z.

Die Knoten des Netzes können damit folgendermaßen aufgebaut werden:

Ordnungsinformation:	i, z
Benennung:	j, u

Die Benennung stellt nun ein Attribut des Knotens dar und hat keinen Einfluß auf die Struktur des Netzes.

Maschine j / Teileart i	1	2	3	4	5	6	7	8	9 ...
1							x		
2									x
3									x
4							x		
5							x		
6			x						
7				x	x				
8		x							
9				x					
10			x			x			
⋮									

x = Teileart i kann auf Maschine j gefertigt werden

<u>Abb. 6-7:</u> Fertigungsstruktur des Beispiels

Zur Verdeutlichung soll der Netzplan der Abbildung 6-5 entsprechend umgestaltet werden. Der Darstellung liegen Erzeugnisstrukturen zugrunde, die in Abbildung 6-6 wiedergegeben sind. (Die Inputkoeffizienten haben hier keine Bedeutung und wurden weggelassen.) Nimmt man ferner die in 6-7 aufgeführten Fertigungsmöglichkeiten an, so erhält man das erweiterte Netz der Abbildung 6-8.

Innerhalb des Moduls *auftragsnetz* wird die Verkettung der Fertigungsaufträge mit Hilfe des erweiterten Netzes aufgebaut und aktualisiert. Außerhalb des Moduls ist diese Rea-

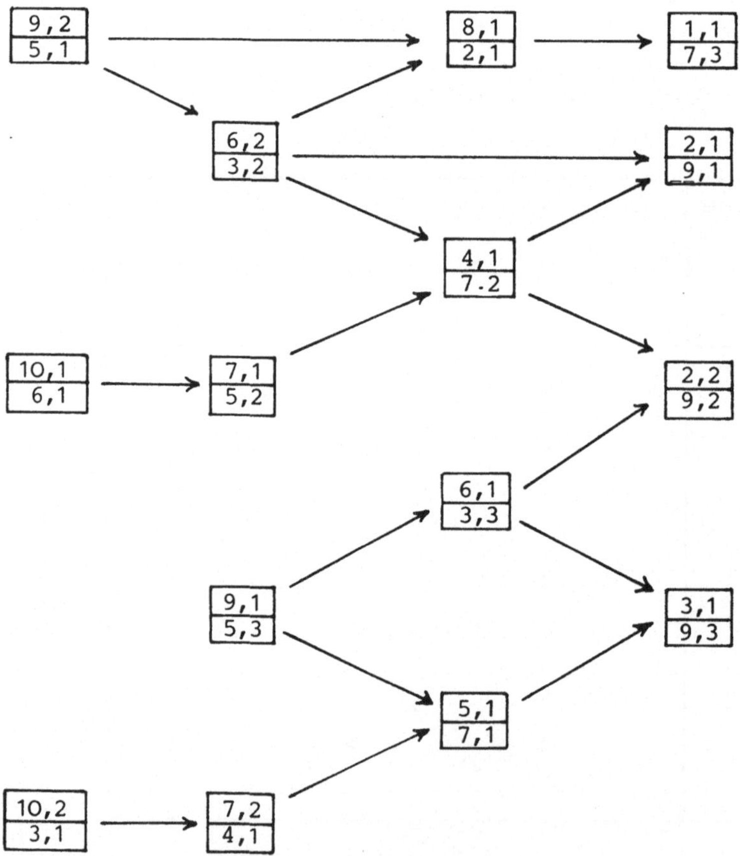

Abb. 6-8: Auftragsnetz mit Ordnungsinformationen und Benennung der Knoten

lisierung jedoch nicht bekannt (Information Hiding). Module, die das *auftragsnetz* benutzen, können mit ihm arbeiten, als ob die Darstellung der Abbildung 6-5 vorläge, insbesondere auch Knoten umbenennen durch einfaches Überschreiben der alten Bezeichnung. *auftragsnetz* implementiert also tatsächlich den ursprünglichen Graphen, bei dem ein Knoten nur aus Maschinen- und Positionsindex besteht. Dazu werden folgende Zugriffe zur Verfügung gestellt:

(1) <u>open-auftragsnetz</u>

Funktion: Vorbereitungsarbeiten, Setzen von Anfangs-
                          zuständen
Parameter: -

(2) <u>create-knoten</u>

Funktion: Anlegen eines neuen (leeren) Knotens
                          (ohne Kanten zu anderen Knoten)
Input-Parameter: i, z
Output-Parameter: -

(3) <u>put-next-kante</u>

Funktion: Von einem (noch leeren) Knoten wird eine
                          Kante zu einem Nachfolger hergestellt.
Input-Parameter: r (Maschinenindex des Nachfolgers)
                          s (Positionsindex des Nachfolgers)
Output-Parameter: -

(4) <u>name-knoten</u>

Funktion: In den leeren Knoten wird die Benennung
                          eingetragen.
Input-Parameter: j, u
Output-Parameter: -

(5) <u>init-vorgänger</u>

Funktion: Vorbereitungsarbeiten für Zugriffe auf
                          Vorgänger eines angegebenen Auftrags (j,u)

Input-Parameter: j, u
Output-Parameter: -

(6) <u>init-nachfolger</u>

analog init-vorgänger

(7) <u>get-next-knoten</u>

Funktion: Bereitstellung des jeweils nächsten Kno-
                   tens (Vorgänger- bzw. Nachfolger)
Input-Parameter: -
Output-Parameter: r, s (Maschinen- und Positionsindex)
                   knoten-ende ————┬— true   wenn kein Vor-
                                   │   gänger bzw.
                                   │   Nachfolger mehr
                                   │   vorhanden
                                   └— false sonst

(8) <u>reput-knoten</u>

Funktion: Überschreiben eines existierenden Knotens
                   $(k_{alt},\ r_{alt})$ mit veränderter Benennung
                   $(k_{neu},\ r_{neu})$
Input-Parameter: $k_{alt},\ r_{alt},\ k_{neu},\ r_{neu}$
Output-Parameter: -

(9) <u>close-auftragsnetz</u>

Funktion: Durchführung von Abschlußarbeiten
Parameter: -

Bei der Benutzung des Moduls müssen folgende Voraussetzungen
beachtet werden:

<u>Benutzte Module</u>

aufträge (get-auftrag-los-nummer, get-auftrag-teileart)

<u>Reihenfolgebedingungen</u>

auftragsnetz: open-auftragsnetz;

```
((create-knoten; (put-next-kante)'*; name-knoten),
((init-vorgänger, init-nachfolger); get-next-knoten;
    (reput-knoten, get-next-knoten) 'knoten-ende),
reput-knoten)'*; close-auftragsnetz.
```

6.2.3 Prozedurale Abstraktionen

Nachdem die wichtigsten Datenstrukturen des Produktionsplanungssystems beschrieben wurden, können nun die algorithmischen Komponenten des simultanen Planungsverfahrens näher
erläutert werden. Die mengenorientierten Funktionen sind in
dem Modul *mengen* zusammengefaßt, während das Modul *maschi
nenbelegung* die termin- und maschinenbezogenen Algorithmen
vereint. Zur Beschränkung der Modulgröße wurden *verbesserungen* der Lösung aus der *maschinenbelegung* ausgelagert und
als getrenntes Modul konzipiert. Die kostenmäßige Auswertung des ermittelten Produktionsplans kann in der *zielfunktion* erfolgen.

6.2.3.1 Mengen

Das Modul *mengen* enthält Funktionen zur Berechnung von Bedarfsmengen und Losgrößen sowie eine Funktion *teile-reihenfolge,* welche die Abarbeitungsreihenfolge aller Teile auf
allen Dispositionsstufen festlegt. Diese Reihenfolge wird
in dem Modul verwaltet und dient zur Steuerung des gesamten
Verfahrens.

Die *teile-reihenfolge* wird aufgrund der Dispositionsstufen
und der durchschnittlichen Rüstkosten k_i^r der Teilearten i
ermittelt. Die Teilearten werden nach aufsteigender Dispositionsstufe und innerhalb einer Dispositionsstufe nach abnehmenden Rüstkosten sortiert. Dieser heuristischen Vorgehensweise liegt die Überlegung zugrunde, daß hohe Rüstkosten tendenziell zu großen Losen führen; im Hinblick auf
die Optimierung der Maschinenbelegung ist es vorteilhaf-

ter, erst größere und später kleinere Lose einzuplanen als umgekehrt.

Die sortierte *teile-reihenfolge* läßt sich beispielsweise in Form eines Suchbaums mit den Ordnungsbegriffen Dispositionsstufe und Rüstkosten implementieren, in dessen Knoten die Dispositionsstufe und die Teileart aufgenommen werden. Andere Realisierungen sind ebenfalls denkbar. Unabhängig von der Implementierung ist die Funktion wie folgt beschrieben:

(1) <u>teile-reihenfolge</u>

Funktion: Ermittlung der Reihenfolge, in der die
                     Teilearten zur Berechnung und Einplanung
                     von Fertigungslosen herangezogen werden
Parameter: -

Die Funktionen *next-losgröße*, *primärbedarfe* und *sekundärbedarfe* arbeiten hauptsächlich auf der *bedarfsleiste*. *next-losgröße* kann sequentiell solange aufgerufen werden, wie Bedarfe in der *bedarfsleiste* vorhanden sind. Die Teileart und die Dispositionsstufe sind dabei durch die vorher festgelegte *teile-reihenfolge* determiniert.

Zur Berechnung der Losgröße kann eine beliebige, diskrete Methode implementiert werden[1]. In der zugrundeliegenden Verfahrensbeschreibung wird der Stück-Perioden-Ausgleich als geeignetste Methode vorgeschlagen[2]. Als Ergebnis einer Losgrößenrechnung liefert *next-losgröße*

- die Teileart i
- die teileartbezogene Nummer z des Loses
- die Losgröße x_{iz}
- den geplanten Ablieferungstermin g_{iz}.

Bei der Bestimmung der Losgrößen werden im allgemeinen Einzelbedarfe zusammengefaßt. Sofern sich diese Einzelbedarfe

---

1) Vgl. Abschnitt 2.2.2.2.
2) Vgl. Kurbel (1978), S. 157ff.

aus Aufträgen übergeordneter Teile ableiten, ist nun die
Vernetzung mit jenen Aufträgen herzustellen; d.h., bei der
Festlegung einer Losgröße muß im *auftragsnetz* ein neuer
Knoten mit Kanten zu seinen jeweiligen Nachfolgern angelegt
werden. *next-losgröße* implementiert folgende Funktion:

(2) <u>next-losgröße</u>

Funktion: Durchführung der jeweils nächsten Los-
                       größenberechnung

Input-Parameter: -

Output-Parameter: i, z, x_{iz}, g_{iz}

                  lose-ende ———┐— true   wenn keine Lose
                                        mehr gebildet wer-
                                        den können

                               └— false   sonst

In die *bedarfsleiste* müssen zu Beginn des Verfahrens
primärbedarfe sowie nach jeder Losbildung *sekundärbedarfe*
eingetragen werden, sofern das Los nicht aus Einzelteilen
besteht. Diese Tätigkeiten werden von dem Modul *mengen* unter Benutzung der Schreibzugriffe auf die *bedarfsleiste*
gesteuert:

(3) <u>primärbedarfe</u>

Funktion: Einlesen aller Primärbedarfe (von außen)
                       und Eintragen in die *bedarfsleiste*

Parameter: -

(4) <u>sekundärbedarfe</u>

Funktion: Aus einem terminierten Fertigungsauftrag
                       (j,u) werden die Sekundärbedarfe aller
                       untergeordneten Teilearten termingerecht
                       abgeleitet und in die *bedarfsleiste* ein-
                       getragen.

Input-Parameter: j, u

Output-Parameter: -

Bei der Anwendung von Funktionen des Moduls *mengen* sind
folgende Voraussetzungen zu beachten:

<u>Benutzte Module</u>

teile (open-teile, get-next-teil, get-teil-kosten, init-
     unter-teile, get-next-unter-teil)

bedarfsleiste (open-bedarfsleiste, insert-bedarf, create-
     next-los, get-next-bedarf, setback-bedarf, put-los)

aufträge (get-auftrag-zeiten)

auftragsnetz (open-auftragsnetz, create-knoten, put-next-
     kante)

<u>Reihenfolgebedingungen</u>

mengen: primärbedarfe; teile-reihenfolge;
     (next-losgröße; sekundärbedarfe) 'lose-ende.

6.2.3.2 Maschinenbelegung

Das Modul *maschinenbelegung* implementiert prozedurale Abstraktionen, welche *einplanungsalternativen* für neu gebildete Lose ermitteln, die optimale *einplanung* eines Loses auf
einer Maschine vornehmen, Einplanungskonsequenzen für andere
Aufträge in Form von *folge-verlagerungen* realisieren sowie
die *zulässigkeit* der so entstandenen Ausgangslösung herstellen.

Die Funktion *einplanungsalternativen* ermittelt unter Benutzung des Moduls *potentielle-pläne* verschiedene Möglichkeiten, ein in der Losgrößenplanung berechnetes Fertigungslos
einer Teileart i in die Gantt-Diagramme der Maschinen einzufügen, auf der die Teileart gefertigt werden kann. Dabei
können jeweils verschiedene Einordnungspositionen auf einer
Maschine in Betracht kommen. Deshalb wird für jede Maschine
die kostenminimale Alternative festgehalten, so daß anschließend die Maschine mit der günstigsten Einplanungsalternative
ausgewählt werden kann.

Die Bewertung der Alternativen erfolgt anhand aller entscheidungsrelevanten Kosten. Dies sind insbesondere die
gegenüber der vorherigen Maschinenbelegungssituation veränderten Umrüstkosten, die sich durch Einfügen des neuen
Auftrags ergeben. Außerdem können Lagerhaltungskosten entstehen, wenn der Auftrag früher als unbedingt notwendig eingeordnet wird bzw. wenn wegen der Einfügung des Auftrags
andere, bereits eingeplante Aufträge verschoben werden müssen[1]. Die Kosten werden von dem Modul *potentielle-pläne*
richtig errechnet, brauchen aber im einzelnen dem Modul
maschinenbelegung nicht bekanntgemacht zu werden. Dieses
erfährt nur die gesamten, entscheidungsrelevanten Kosten
einer Alternative und kann daraufhin die optimale Alternative auswählen.

Die Überprüfung der *einplanungsalternativen* wird durch folgende Funktion realisiert:

(1) <u>einplanungsalternativen</u>

Funktion: Überprüfung von alternativen Einplanungs-
                         möglichkeiten eines neuen Auftrags auf
                         den für die Teileart zulässigen Maschi-
                         nen an verschiedenen Positionen und Aus-
                         wahl der optimalen Alternative
Input-Parameter: i, z, x_{iz}, g_{iz}
Output-Parameter: -

Die optimale Alternative braucht außerhalb des Moduls
maschinenbelegung nicht bekannt zu sein. Sie wird in dem
Modul aufbewahrt und kann von der Funktion *einplanung* realisiert werden; d.h., der anstehende Auftrag wird nun an der
optimalen Position in das Gantt-Diagramm der ausgewählten
Maschine eingefügt.

Das Einfügen erfolgt unter Benutzung der von dem Modul *belegungsplan* zur Verfügung gestellten Funktionen. Im allge-

---

1) Vgl. im einzelnen Kurbel (1978), S. 172ff.

meinen Fall kann sich dabei die Notwendigkeit ergeben, daß
andere Aufträge verschoben werden müssen, bevor der neue
Auftrag eingetragen werden kann. (Wenn sich in Abbildung
6-4 als kostenminimale Alternative beispielsweise eine Position zwischen dem Auftrag (1,2) und dem Auftrag (1,3) ergäbe, wäre zunächst der Auftrag (1,2) und - je nach Bele-
gungsdauer des einzufügenden Auftrags - gegebenenfalls auch
der Auftrag (1,1) nach links zu verschieben.)

Ferner ist zu beachten, daß sich bei der Einplanung die
Positionsindices aller späterliegenden Aufträge auf der
Maschine erhöhen. (In Abbildung 6-4 würde entsprechend der
Auftrag (1,3) nach der Einfügung des neuen Auftrags die Bezeichnung (1,4) führen.) Da nach der Einplanung des Auftrags der Maschinen- und der Positionsindex feststehen, muß
schließlich noch im *auftragsnetz* der von *next-losgröße* an-
gelegte, zunächst leere Knoten mit der Benennung gefüllt
werden. Dies erfolgt durch Anwendung der Funktion *name-
knoten* (vgl. die benutzten Module).

Die Neueinfügung eines Fertigungsauftrags an die optimale
Position wird über folgende Funktion erreicht:

(2) <u>einplanung</u>

Funktion: Einfügung eines zu terminierenden Ferti-
                      gungsauftrags an der von *einplanungsalter-
                      nativen* ermittelten Position eines Gantt-
                      charts
Input-Parameter: -
Output-Parameter: j, u[1]

Mit dem Einfügen des neuen Fertigungsauftrags in das Gantt-
Diagramm der ausgewählten Maschine ist zwar die unmittelbar
auf den Auftrag bezogene *einplanung* abgeschlossen. Die dabei eventuell vorgenommenen Verschiebungen anderer Aufträge
- im Beispiel der Abbildung 6-4 wären dies etwa die Auf-

---

1) Maschinen- und Positionsindex des eingeplanten Auftrags.

träge (1,2) und (1,1) - können jedoch weitreichende Konsequenzen haben, wenn für solche Aufträge bereits Vorgänger existieren, die selbst wieder Vorgänger haben können etc. Unter Umständen lassen sich nun deren Fertigungstermine nicht mehr aufrechterhalten, so daß *folge-verlagerungen* durchzuführen sind.

Zu diesem Zweck werden alle verschobenen Aufträge *(klassifizierte-aufträge)* einer Überprüfung unterzogen, ob ihre jeweiligen Vorgänger noch rechtzeitig fertiggestellt werden. Wenn das nicht gewährleistet ist, kommen grundsätzlich zwei Möglichkeiten der Verlagerung in Betracht, die auch in Abbildung 6-9 dargestellt sind:

1) Der Vorgänger wird - gegebenenfalls zusammen mit anderen Aufträgen auf seiner Maschine - soweit nach links geschoben, bis sein Endtermin zulässig ist.

2) Der Vorgänger wird - unter Änderung der Auftragsreihenfolge - zu einem früheren Zeitpunkt auf seiner Maschine zwischen zwei andere Aufträge eingefügt, wobei eventuell noch früher liegende Aufträge auf der Maschine zusätzlich mitverschoben werden.

Die Bewertung der beiden Alternativen erfolgt wieder auf der Grundlage der jeweils verursachten, zusätzlichen Rüst- und Lagerhaltungskosten. Die Kosten werden im einzelnen von den Funktionen *induzierte-verschiebungen* und *induzierte-umorganisation* des Moduls *potentielle-pläne* errechnet. Da für die Entscheidung nur die Gesamthöhe der Kosten jeder Alternative von Bedeutung ist, bleiben die einzelnen Kostenbestandteile in dem Modul *potentielle-pläne* verborgen; *induzierteverschiebungen* und *induzierte-umorganisation* liefern nur die jeweiligen Gesamtkosten ab, anhand derer dann die Entscheidung fällt.

Werden durch die Verlagerung eines Vorgängerauftrags weitere Verlagerungen bei dessen Vorgängern erforderlich, so wiederholen sich die Aktivitäten in analoger Weise.

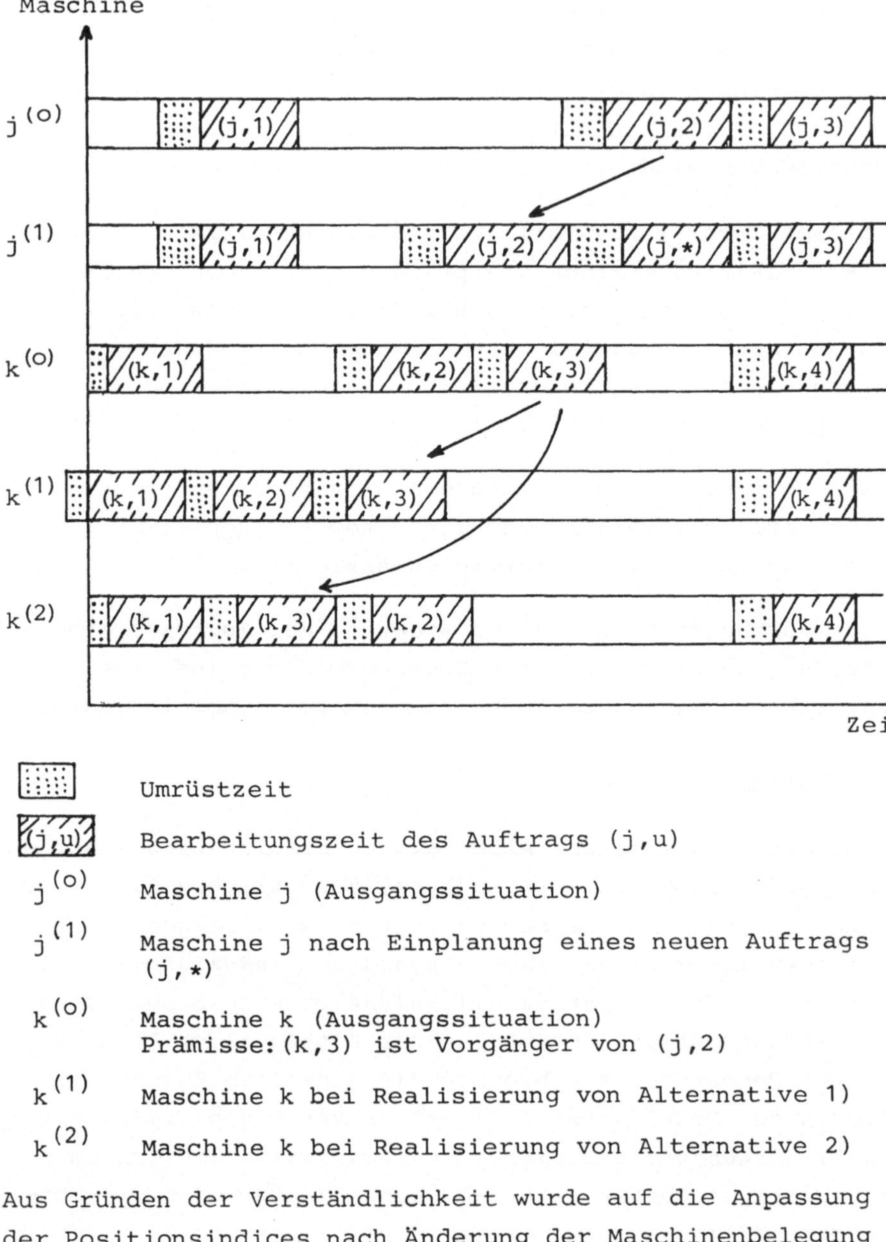

Umrüstzeit

Bearbeitungszeit des Auftrags (j,u)

$j^{(o)}$ Maschine j (Ausgangssituation)

$j^{(1)}$ Maschine j nach Einplanung eines neuen Auftrags $(j,*)$

$k^{(o)}$ Maschine k (Ausgangssituation)
Prämisse: $(k,3)$ ist Vorgänger von $(j,2)$

$k^{(1)}$ Maschine k bei Realisierung von Alternative 1)

$k^{(2)}$ Maschine k bei Realisierung von Alternative 2)

Aus Gründen der Verständlichkeit wurde auf die Anpassung der Positionsindices nach Änderung der Maschinenbelegung verzichtet.

Abb. 6-9: Gantt-Diagramme bei alternativen Verlagerungen eines Vorgängerloses

(3) <u>folge-verlagerungen</u>

Funktion: Verlagerung von Vorgängern der bei der
                      einplanung eines neuen Auftrags verscho-
                      benen Aufträge (mit allen Konsequenzen für
                      weitere Vorgänger)

Parameter: -

Durch wiederholte Anwendung der Funktionen *einplanungsalternativen, einplanung* und *folge-verlagerungen* entsteht eine
Ausgangslösung des Produktionsplanungsproblems. Für das Verständnis der Zusammenhänge zwischen den Funktionen wird auf
die Darstellung des Gesamtalgorithmus in Abbildung 6-2 verwiesen.

Da der Ablauf den Charakter einer retrograden Terminierung
aufweist und zudem bei der *einplanung* und den *folge-verlagerungen* Linksverschiebungen von Aufträgen vorgenommen werden,
kann der Fall eintreten, daß in manchen Gantt-Diagrammen
Starttermine ermittelt werden, die vor Beginn des Planungszeitraums liegen (in Abbildung 6-9 beispielsweise bei Alternative $k^{(1)}$).

Die Beseitigung nicht realisierbarer Starttermine ist Aufgabe der Funktion *zulässigkeit*. Sie überprüft alle Gantt-
charts auf die Zeitpunkte hin, an denen das Rüsten für den
ersten Fertigungsauftrag beginnen soll. Im Falle eines unzulässigen Starttermins wird der entsprechende Auftrag auf
den frühest möglichen Zeitpunkt verschoben. Wenn die Verschiebung zu Überschneidungen mit anderen Aufträgen auf derselben Maschine führt, werden auch diese Aufträge solange
nach rechts verschoben, bis der zur Behebung der Unzulässigkeit erforderliche Zeitbedarf durch Puffer aufgefangen ist.
(In Abbildung 6-9 wären die Aufträge (k,2) und (k,3) betroffen.)

Wegen der allgemeinen Vernetzung der Fertigungsaufträge können die Verschiebungen natürlich nicht ohne Beachtung der
Konsequenzen für andere Aufträge vorgenommen werden. Da es

sich um Rechtsverschiebungen handelt, müssen jeweils alle
Nachfolger eines verschobenen Auftrags - sofern er nicht
zur Endproduktstufe gehört - untersucht und gegebenenfalls
mitverschoben werden, was wiederum Auswirkungen auf deren
Nachfolger haben kann etc. Die Funktion *zulässigkeit* arbeitet also auf dem Wege einer Vorwärtsterminierung, wobei die
Lokalisierung von Nachfolgern mit Hilfe der Zugriffsfunktionen auf das *auftragsnetz* erfolgt. Die Schnittstelle lautet dann:

(4) <u>zulässigkeit</u>

Funktion: Überprüfung aller Gantt-charts auf unzu-
                        lässige Starttermine und Herstellung der
                        Zulässigkeit unter Berücksichtigung aller
                        Konsequenzen für direkt und indirekt be-
                        troffene Aufträge

Parameter: -

Wegen der zahlreichen Überprüfungen und der Verfolgung aller direkten und indirekten Auswirkungen jeder Belegungs-
aktivität benutzt das Modul *maschinenbelegung* sehr viele
andere Module. Die Voraussetzungen lauten:

<u>Benutzte Module</u>

belegungsplan (open-belegungsplan, init-gantt-chart, get-
                next-auftrag, init-push-links, init-push-
                rechts, push-next-auftrag, setup-indices,
                insert-auftrag, remove-auftrag, displace-
                auftrag)

potentielle-pläne (open-potentielle-pläne, create-alterna-
                tiven, next-alternative, induzierte-verschie-
                bungen, induzierte-umorganisation, close-
                potentielle-pläne)

auftragsnetz (name-knoten, init-vorgänger, init-nachfolger,
                get-next-knoten, reput-knoten)

klassifizierte-aufträge (open-klassifikation, init-klass-

            links, init-klass-rechts, get-next-klass-
            auftrag, close-klassifikation)

teile (init-teil-maschinen,get-next-teil-maschine)

maschinen (init-masch-nummern, get-next-masch-nummer, get-
            masch-umrüstzeit, get-masch-umrüstkosten)

aufträge (get-auftrag-zeiten, get-auftrag-teileart)

<u>Reihenfolgebedingungen</u>[1]

maschinenbelegung: (einplanungsalternativen; einplanung;
            folge-verlagerungen)'*; zulässigkeit.

6.2.3.3 Verbesserungen

Aufgrund der retrograden Vorgehensweise und der Linksverschiebungen bei der Bestimmung der Ausgangslösung einerseits und der progressiven Vorgehensweise mit eventuellen
Rechtsverschiebungen beim Herstellen der Zulässigkeit andererseits besteht eine große Wahrscheinlichkeit, daß zwischen den Fertigstellungsterminen der Aufträge und den effek-
tiven Bedarfsterminen zeitliche Lücken klaffen.

Die verfrühte Fertigung von Aufträgen verursacht Lagerhaltungskosten, die vermieden werden könnten. Außerdem wohnt
der heuristischen Vorgehensweise, bei der die Aufträge nacheinander eingeplant werden, die Gefahr inne, daß sich Auftragsreihenfolgen ergeben, die zwar zum Einplanungszeit-
punkt lokal optimal waren, sich aber im Hinblick auf ein Ge-
samtoptimum als ungünstig erweisen.

Aufgabe des Moduls *verbesserungen* ist es, vermeidbare Lagerhaltungskosten abzubauen und gleichzeitig die Umrüstkosten
durch vorteilhaftere Auftragsreihenfolgen zu senken. Bei
der Lösung dieser Aufgabe sind ähnliche Funktionen auszuführen, wie sie im Rahmen der *maschinenbelegung* - insbeson-

---

1) Die Aufrufreihenfolge der Funktionen ergibt sich unmittelbar aus dem Gesamtalgorithmus; vgl. Abbildung 6-2.

dere bei den *folge-verlagerungen* - zum Einsatz kommen. Deshalb wäre es durchaus gerechtfertigt, *verbesserungen* als eine Funktion der *maschinenbelegung* zu betrachten, zumal weitgehend dieselben Module benutzt werden. Zur Reduktion der Problemkomplexität gehört jedoch auch eine überschaubare Modulgröße. Da die *verbesserungen* algorithmisch recht aufwendig sind, wurden sie als eigenes Modul konzipiert.

Der Ablauf ist retrograd, beginnend mit dem Ende des Planungszeitraums. Alle Gantt-Diagramme werden daraufhin untersucht, ob Vorgänger eines Auftrags früher als unbedingt notwendig gefertigt werden. Ist dies der Fall, so wird versucht, sie zu einem späteren Zeitpunkt einzuplanen. Als Einplanungspositionen kommen Belegungslücken in Betracht, die groß genug sind, einen verfrühten Auftrag aufzunehmen, oder die ohne weiterreichende Konsequenzen auf diese Größe ausgedehnt werden können.

Die Bewertung einer Lücke hängt einmal von ihrer Lage ab; sie determiniert den Umfang, in dem Lagerhaltungskosten eingespart werden. Zum anderen spielt die Umgebung der Lücke eine Rolle; aufgrund der Reihenfolgeabhängigkeit entstehen unterschiedlich hohe Umrüstkosten, je nachdem, welche Aufträge die Lücke begrenzen. Die relevanten Kosten werden für jede Alternative berechnet, so daß anschließend die optimale Alternative realisiert werden kann.

Wenn die Einplanung eines verfrühten Auftrags zu einem späteren Zeitpunkt gelingt, so entsteht in jedem Fall eine zeitliche Lücke zu dessen Vorgängern (sofern der Auftrag nicht Einzelteile umfaßt); eine Lücke kann natürlich auch schon vorher vorgelegen haben. Die verfrühten Vorgänger werden in analoger Weise behandelt. Dieser Prozeß setzt sich rückwärtsschreitend fort, indem alle Vorgängerbeziehungen aller Aufträge einer Überprüfung unterzogen werden. Mit der Reorganisation der Gantt-Diagramme geht dabei gleichzeitig eine Anpassung der Vorgänger-Nachfolger-Beziehungen im *auftragsnetz* einher.

Das Modul *verbesserungen* stellt nur eine Funktion mit folgender Beschreibung zur Verfügung:

<u>verbesserungen</u>

Funktion: Überprüfung aller Gantt-Diagramme auf verfrühte
Aufträge und Reorganisation der Maschinenbelegung
zur Einsparung von Lagerhaltungs- und Umrüstkosten

Parameter: -

<u>Benutzte Module</u>

belegungsplan (init-gantt-chart, get-next-auftrag, setdown-
indices, remove-auftrag, displace-auftrag)

auftragsnetz (init-vorgänger, init-nachfolger, get-next-
knoten, reput-auftrag, close-auftragsnetz)

klassifizierte-aufträge (open-klassifikation, put-klass-
auftrag, init-klass-rechts, get-next-klass-
auftrag, close-klassifikation)

maschinen (init-masch-nummern, get-next-masch-nummer, get-
masch-umrüstkosten, get-masch-umrüstzeit)

aufträge (get-auftrag, get-auftrag-zeiten, get-auftrag-
teileart, reput-auftrag-termin)

teile (get-teil-kosten)

endproduktlose (get-endprodukt-los)

6.2.3.4 Zielfunktion

Mit der Verbesserung der zulässigen Lösung liegt ein detaillierter Produktionsplan vor, in dem für alle Fertigungsaufträge genau angegeben ist, zu welchen Zeitpunkten sie auf welchen Maschinen bearbeitet werden. Zur Beurteilung der Lösung kann nun die Zielfunktion berechnet werden.

Der Algorithmus strebt die Minimierung der Kosten an, die von der Produktionsplanung im abgesteckten Rahmen beein-

flußt werden können. In Einklang mit der üblichen Vorgehensweise bleiben die absatzbezogenen Fragen auch hier ausgeklammert. Absatzprobleme werden nur insofern beachtet, als
bei Endprodukten die Nichteinhaltung der Liefertermine zu
Verzugskosten führt. Das Formalziel Gewinnmaximierung kann
also auf die Kostenminimierung reduziert werden. Die folgenden Kostenarten werden explizit erfaßt:

(1) <u>Variable Produktionskosten</u>

Da die Fertigung einer bestimmten Teileart i grundsätzlich
auf verschiedenen Maschinen erfolgen und dementsprechend
unterschiedliche Kosten verursachen kann, stellt auch die
Zuordnung von Fertigungsaufträgen und Maschinen ein Problem
dar, bei dem Entscheidungen über die Höhe der Kosten getroffen werden. Die meisten quantitativen Modelle vernach-
lässigen dieses Problem. Da die gesamten Produktmengen im
Planungszeitraum vorgegeben sind, brauchen dann die variablen Produktionskosten nicht berücksichtigt zu werden; sie
stehen in ihrer Gesamthöhe fest.

Bei realistischeren Planungssituationen ist jedoch ein Ma-
schinenauswahlproblem gegeben. In dem vorliegenden Algorithmus wird es dadurch behandelt, daß bei der Einplanung eines
Auftrags auf einer Maschine die möglichen Alternativen untersucht werden und die jeweils auftretenden Kosten

$$k_{ji}^{V} \cdot \text{Auftragsgröße}$$

in die Entscheidung miteingehen. k_{ji}^{V} bezeichnet die variablen Produktionsstückkosten, wenn die Teileart i auf Maschine
j hergestellt wird.

(2) <u>Umrüstkosten</u>

Bei der Umstellung der Produktionsanlagen von der Fertigung
einer Teileart zur Fertigung einer anderen Teileart entstehen Umrüstkosten, die auch Sortenwechselkosten oder losfixe
Kosten genannt werden. Ihre Höhe hängt nicht von den Auf-

tragsgrößen ab, sondern nur von der Entscheidung, ob und
wann eine Umrüstung stattfinden soll. Die Gesamthöhe der
Umrüstkosten einer Maschine j wird einerseits von der Anzahl der Umrüstvorgänge und andererseits von der Reihenfolge
bestimmt, in der Aufträge verschiedener Teilearten abgefer-
tigt werden. Der Algorithmus berücksichtigt deshalb sequenz-
abhängige Rüstkosten k^r_{jil}, die für mögliche Reihenfolgen von
Teilearten i und l unterschiedliche Höhe aufweisen können.

(3) Lagerhaltungskosten

Der Ansatz der Lagerhaltungskosten muß in stark differenzie-
render Form erfolgen. Bei Endprodukten werden die Bedarfsmengen, die zu einem Fertigungsauftrag zusammengefaßt wurden,
bis zum jeweiligen Liefertermin (z.B. dem Kundenauftragster-
min), also unterschiedlich lange, gelagert. Bei anderen Teilen ist zu beachten, daß aufgrund der Vernetzung der Fertigungsaufträge die Mengeneinheiten eines Auftrags in verschiedene Aufträge übergeordneter Teile eingehen; sie werden also ebenfalls unterschiedlich lange gelagert, nämlich
jeweils bis zu dem Termin, zu dem die Herstellung des Nach-
folgerauftrags beginnt. Schließlich ist zu berücksichtigen,
daß in der Produktionsphase eines Auftrags der Lagerbestand
kontinuierlich zunimmt und während seiner Weiterverarbeitung
in nachgelagerten Losen wieder zeitweise kontinuierlich,
aber zu verschiedenen Zeitpunkten, abnimmt[1]. Diese differenzierte Behandlung der Lagerhaltungskosten ist möglich,
da der Algorithmus alle relevanten Vorgänger-Nachfolger-Beziehungen ermittelt und in der abstrakten Datenstruktur *auftragsnetz* zur Verfügung stellt.

(4) Fehlmengenkosten

Für das Überschreiten von Lieferterminen fallen Fehlmengenkosten (Verzugskosten) an. Da der Algorithmus deterministischer Natur ist und bei zeitlichen Verschiebungen von Auf-

---

1) Die Ableitung der geschilderten Zusammenhänge wird ausführlich in Kurbel (1978), S. 142ff., durchgeführt.

trägen sofort alle Konsequenzen für Vorgänger- bzw. Nachfolgeraufträge überprüft und behebt, pflanzen sich Termineng-
pässe, die nicht durch Zeitpuffer abgefangen werden, bis zu
den Losen der Endproduktstufe fort. Somit reicht es aus,
die realisierbaren Fertigstellungstermine der Endproduktlose
mit den entsprechenden Bedarfsterminen zu vergleichen. Ver-
zögert sich die Fertigung eines Loses, müssen nach den Ein-
zelbedarfsterminen differenzierte Fehlmengenkosten angesetzt
werden.

Das Modul *zielfunktion* wertet den *belegungsplan* und die
bedarfsleiste aus und berechnet die vier Kostenarten. Da
die Kostenparameter zu den Stammdaten zählen, die in den
Modulen *maschinen* und *teile* verwaltet werden, und Zusatzinformationen über *aufträge* und *endproduktlose* benötigt
werden, sind darüberhinaus Zugriffe auf Module der untersten Abstraktionsebene erforderlich:

<u>zielfunktion</u>

Funktion: Berechnung der Kosten eines Produktionsplans
Parameter: -

<u>Benutzte Module</u>

belegungsplan (init-gantt-chart, get-next-auftrag, close-
              belegungsplan)

bedarfsleiste (init-bedarfe, get-next-bedarf, close-bedarfs-
              leiste)

maschinen (init-masch-nummer, get-next-masch-nummer, get-
          masch-stückkosten, get-masch-umrüstkosten,
          close-maschinen)

teile (init-teile, get-next-teil, init-unter-teile, get-
       next-unter-teil, get-teil-kosten, close-
       teile)

aufträge (get-auftrag, get-auftrag-teileart, close-aufträge)

endproduktlose (get-endprodukt-los, close-endprodukt-lose)

6.3 Implementationsgesichtspunkte

6.3.1 Die indizierte Notation

In diesem Kapitel wurde die Grundkonzeption eines Softwaresystems erörtert, in dem die interdependenten Teilbereiche
Bedarfs- und Losgrößenplanung, Terminierung und Maschinenbelegungsplanung simultan berücksichtigt werden. Zur Verdeutlichung der Zusammenhänge zwischen den prozeduralen
Abstraktionen, welche die algorithmischen Komponenten des
Systems implementieren, wird nochmals auf Abbildung 6-2
verwiesen.

Die Planung erfolgt mit sehr hohem Detaillierungsgrad, was
nicht zuletzt in teilweise stark indizierten Variablen und
Parametern zum Ausdruck kommt. Dies ist häufig ein Merkmal
von quantitativen Modellen und Methoden.

Für die praktische Anwendung ergeben sich daraus verschiedene Probleme. Je größer die Anzahl der Indices ist, um so
größer wird die Zahl der Variablen, wenn auch viele Index-
kombinationen gar nicht möglich sind. Dies hat meistens zur
Folge, daß Optimierungsmethoden nicht mehr eingesetzt werden können; der hier zugrundegelegte Algorithmus ist deshalb heuristischer Natur.

Die Autoren von Operations-Research-Modellen setzen in der
Regel voraus, daß die benötigten Daten in der von dem Modell erwarteten Form - und dies ist häufig eine einfach
oder mehrfach indizierte Darstellung - vorliegen. Im praktischen Fall ist die Voraussetzung für einen Großteil der
Daten jedoch nicht erfüllt. Obwohl an dieser Stelle nicht
die vollständige Beschreibung einer möglichen Datenbasis
gegeben wird, soll doch das Problem der Datenbeschaffung
für das konzipierte System kurz angerissen werden[1].

---

1) Auf das Problem der Datenbeschaffung für ein Operations-
   Research-Modell wird ausführlicher im Zusammenhang mit
   der linearen Optimierung in Kapitel 7 eingegangen.

6.3.2 Zur Gestalt der Datenbasis

Die für die Anwendung des Verfahrens notwendigen Daten - in
der Terminologie der Produktionsplanung handelt es sich um
Stamm- und Strukturdaten - sind bis auf die Primärbedarfe
vollständig den Maschinen und/oder Teilen zugeordnet; d.h.,
alle Daten sind durch Maschinen- und/oder Teileindices definiert. Arbeitsgänge brauchen nicht explizit eingeführt zu
werden, da die Menge der Maschinen, an denen ein Teil bearbeitet werden kann, direkt dem Teil und die Menge der Teile,
die auf einer Maschine bearbeitet werden können, direkt der
Maschine zugeordnet sind. Die Indices lassen sich leicht in
Maschinen- und Teilenummern überführen.

Die Teile sind charakterisiert durch einen Index i, der die
Teileart angibt, ferner durch eine Dispositionsstufe und
Kostensätze k_i^l (Lagerhaltungskosten), k_i^r (durchschnittliche
Rüstkosten), k_i^f (Fehlmengenkosten), die in einer herkömmli-
chen Datenbasis als Einträge in der Teilestammdatei existieren. Die Menge der Teilearten l, die unmittelbar in Teil i
eingehen, und die jeweiligen Inputkoeffizienten u_{li} können
unmittelbar aus einer Erzeugnisstrukturdatei mit Hilfe der
Stücklistenkette gewonnen werden. Die Menge der für eine
Teileart i möglichen Maschinen j läßt sich grundsätzlich erzeugen, wenn eine den analytischen Teilefertigungs- und
Fertigungsstrukturketten ähnliche Vernetzung der Datenbestände vorliegt.

Die Maschinen sind durch Maschinenindices j definiert. Jeder
Maschine werden Angaben zugeordnet, die auch teileabhängig
sind. Dies läßt sich mit einer konventionellen Fertigungsdatenbasis nicht ohne weiteres in Einklang bringen. Die Menge
der auf einer Maschine möglichen Teilearten könnte noch über
entsprechend modifizierte, synthetische Fertigungsstruktur-
und Teilefertigungsketten aufgefunden werden. Den Relationen
(Maschine, Teil) wären dann die Bearbeitungszeiten t_{ji} und
die variablen Produktionskosten k_{ji}^v zuzurechnen.

Die reihenfolgeabhängigen Umrüstzeiten s_{jil} und Umrüstkosten k^r_{jil} müßten jedoch für jede Maschine j in der prinzipiellen Form einer Matrix geführt werden, die als Einträge die Kosten und Zeiten bei Umrüstung von Teileart i auf Teileart j enthält. Stellenweise sind solche Realisierungen in Produktionsplanungssystemen vorgesehen.

Die Ausführungen zeigen, daß es bei einer konkreten Implementierung des Systems sinnvoll sein könnte, noch eine weitere Abstraktionsebene (Ebene O) einzuführen, welche die Verbindung zwischen den verfahrensspezifisch definierten Datenanforderungen und den physisch gespeicherten Datenbeständen herstellt.

Neben den teile- und maschinenabhängigen Daten müssen beim Einsatz des Systems noch Primärbedarfe y_{it} (mit i = Endproduktart) verfügbar sein. Hier ergeben sich keine zusätzlichen Probleme. Die Primärbedarfe können wie üblich aus der Programmplanung, Kundenaufträgen, Prognosen etc. übernommen werden.

Die anderen, in den Datenverwaltungsmodulen geführten Daten - Sekundärbedarfe, Fertigungsaufträge, Endproduktlose - werden im Verlauf des Verfahrens erzeugt; sie können somit in einer verfahrensspezifisch am besten geeigneten Form gespeichert werden. Dies könnte auch ein konventionelles Speicherformat sein. Als Beispiel seien die den Fertigungsaufträgen zugeordneten Daten genannt, die in dem Algorithmus anhand des Tupels

$$(j,u) = (\text{Maschinenindex, Positionsindex})$$

identifiziert werden. Wählt man dieses Tupel als einen Bestandteil des Satzschlüssels, so können die Fertigungsaufträge in einer Datei mit Direktzugriff gespeichert werden.

7 Gestaltung eines Softwaresystems für die lineare Optimierung des Produktionsprogramms

Bei den in Kapitel 5 und 6 behandelten Softwaresystemen blieb die Planung des Produktionsprogramms ausgeklammert, wie es in den praktisch eingesetzten Produktionsplanungssystemen üblich ist. Jene Systeme unterstützen die Programmplanung in der Regel höchstens durch Absatzprognosemethoden oder gehen von einem bereits vorliegenden Produktionsprogramm aus. Dies ist als erheblicher Nachteil zu werten, da die Festlegung des Produktionsprogramms Rahmenbedingungen für alle anderen Teilbereiche der Produktionsplanung setzt und insbesondere die Kapazitätsauslastung und Kapitalbindung für einen längeren Zeitraum weitgehend vorbestimmt. Eine aktive Planung des Produktionsprogramms erscheint deshalb besonders wichtig. Als Planungsinstrument kann die lineare Optimierung - meist als LP ("lineare Programmierung") abgekürzt - herangezogen werden.

Ein mit Hilfe der linearen Optimierung ermitteltes Produktionsprogramm kann als Vorgabe für die in Kapitel 5 und 6 beschriebenen Systeme dienen. Dabei ist aber zu beachten, daß die Ergebnisse der Optimierung nicht in einer Gestalt vorliegen, in der sie unmittelbar als Input für ein Softwaresystem zur Bedarfsplanung verwendbar sind.

Die Bedarfsplanung erwartet das Produktionsprogramm in Form des sog. Primärbedarfs, der genau nach Einzelerzeugnissen und Perioden bzw. Zeitpunkten determiniert ist. Ein LP-Modell weist aber meist einen stärkeren Aggregationsgrad auf; z.B. werden oft Produktgruppen gebildet und eine relativ grobe Periodeneinteilung gewählt.

Wenn die Anpassung der Optimierungsergebnisse nicht manuell durchgeführt werden kann, muß eine automatische Disaggregation und Abspeicherung des Produktionsprogramms entsprechend den Anforderungen der Bedarfsplanung erfolgen. Einen derartigen Ansatz haben Kneip, Scheer und Wittemann entwickelt[1]. Nach der Optimierung des Produktionsprogramms mit Hilfe eines aggregierten LP-Modells werden die Ergebnisse soweit aufgespalten und in einer Form aufbereitet, daß sie einem konventionellen Produktionsplanungssystem als Primärbedarf vorgegeben werden können. Die Autoren berichten über eine Pilotversion des Systems, für das nach ihren Angaben ein großes Interesse bei industriellen Anwendern besteht.

In diesem Kapitel soll die Verfolgung der Qualitätsziele und die Anwendung der Softwareentwurfsprinzipien bei der Gestaltung eines Softwaresystems für die Planung des Produktionsprogramms demonstriert werden. Während die bisher dargestellten Systeme auf heuristischen Verfahren aufbauten, wird nun eine mathematische Optimierungsmethode zugrundegelegt.

Die enge Verflechtung der einzelnen Verfahrensschritte, die weitestgehend mit denselben Variablen arbeiten, tritt nun noch erheblich stärker als im letzten Kapitel hervor. Aufgrund der engen verfahrensimmanenten Interdependenz der algorithmischen Teilschritte und der Datenstrukturen ist es hier nicht möglich, a priori verschiedene Abstraktionsebenen zu identifizieren.

Als grundlegendes Strukturierungsprinzip kann deshalb nicht wie früher eine Hierarchie von Abstraktionsebenen herangezogen werden; vielmehr muß die Hierarchiebildung nun direkt

---

1) Vgl. Kneip u.a. (1981), S. 9ff. Die Disaggregationsproblematik tritt in modifizierter Form auch bei dem hierarchischen Produktionsplanungsansatz von Hax und Meal auf, der in Kapitel 1 diskutiert wurde. Die Planung auf der Ebene der Produkttypen erfolgt dort ebenfalls mit Hilfe eines LP-Modells; vgl. Hax (1977), S. 114ff.

bezüglich der Module erfolgen. Als Hilfsmittel zu Strukturierung dient die Zusammenfassung von Funktionen, welche das gleiche Objekt bearbeiten. Dies wurde in Kapitel 4 als ein Kriterium zur Maximierung der inneren Festigkeit eines Moduls beschrieben. Wenn die bearbeiteten Objekte Datenstrukturen sind, besitzt ein solches Modul informative Festigkeit. Zur Modulabgrenzung werden auch hier das Information Hiding sowie die Datenabstraktion und prozedurale Abstraktion verwendet.

6.1 Lineare Optimierung in der Unternehmensplanung

Während die zuvor beschriebenen Methoden auf ganz bestimmte Probleme der Produktionsplanung zugeschnitten sind, handelt es sich bei der linearen Optimierung um ein allgemeines Verfahren zur Lösung linearer Planungsprobleme, das in vielen Bereichen der Unternehmensplanung eingesetzt werden kann, jedoch nicht auf betriebliche Anwendungen beschränkt ist.

In der Unternehmensplanung besitzt die lineare Optimierung von allen Operations-Research-Methoden die weiteste Verbreitung. Sie wird dort hauptsächlich auf der Ebene von Partialmodellen für einen betrieblichen Teilbereich eingesetzt, während bei Gesamtunternehmensmodellen (Totalmodellen) eher die Simulation vorherrscht[1]. Eine 1973 durchgeführte Erhebung der Deutschen Gesellschaft für Operations Research zeigte, daß die Schwerpunkte auf den Gebieten der Produktionsplanung, Kostenplanung, bei Mischungsproblemen sowie mit Einschränkungen - als Hilfsmittel zur Vorbereitung von Entscheidungen - in der Gesamtunternehmensplanung liegen[2]. Anwendungen im Bereich der Produktionsplanung stellen dabei mit Abstand den größten Teil dar.

---

1) Stahlknecht (1978), S. 41, hat dies als "Strategie" formuliert, indem er empfiehlt, bei der Planung der betrieblichen Funktionsbereiche grundsätzlich erst einen LP-Ansatz zu versuchen.

2) Vgl. Steinecke u.a. (1973), S. 22f.

Die lineare Optimierung wird praktisch in allen Bereichen
der Produktionsplanung eingesetzt, die manchmal simultan,
meist aber sukzessiv geplant werden. Die meisten Anwendungsfälle sind bei der Planung des Produktionsprogramms zu finden, deren Aufgabe in erster Linie darin besteht, auf der
Basis einer Absatzplanung festzulegen, welche Produktarten
in welchen Mengen in den einzelnen Planperioden herzustellen sind[1].

Die Aufgaben der Produktionsprogrammplanung werden in der
Praxis teils weiter, teils enger gefaßt. Die Untersuchung
von Steinecke u.a. enthält beispielsweise Angaben über den
Einsatz der linearen Optimierung zur kurzfristigen Programmplanung im Maschinenbau[2], zur Bestimmung des Jahresproduk-
tionsprogramms und dessen anschließende Zerlegung in monat-
liche Produktionsprogramme[3] und zur Ermittlung des optimalen Produktmixes[4].

Ein weiterer Schwerpunkt der linearen Optimierung liegt im
Bereich der Materialwirtschaft. In der Beschaffungsplanung
werden die Einkaufs- und Lagerkosten der Materialmengen
minimiert, die zur Herstellung eines gegebenen Produktionsprogramms erforderlich sind[5]. In besonderen Fällen kann
auch die Optimierung der Lagerhaltung mit Hilfe der linearen
Programmierung erfolgen.

---

1) Vgl. Jacob (1972), S. 43; Reichwald, Sievi (1976), S.
   301f.; auf die unterschiedlichen Interpretationen des
   Begriffs Produktionsprogramm wird in Kurbel (1978), S.
   2ff., eingegangen.

2) Vgl. Steinecke u.a. (1973), S. 150f.

3) Vgl. ebenda, S. 126f.; diese Vorgehensweise wird bei den
   Continental-Gummi-Werken angewendet.

4) Vgl. ebenda, S. 152f. und S. 158f., wo über die Optimie-
   rung des Produktmixes auf multinationaler Ebene in der
   Elektroindustrie (bei der Robert Bosch GmbH) bzw. in der
   Übertageproduktion im Steinkohlebergbau (bei der Preussag
   AG) berichtet wird.

5) Vgl. ebenda, S. 156f., wo die Einkaufsplanung in der
   Lebensmittelbranche (Deutsche Unilever GmbH) beschrieben
   ist.

Schließlich ist auf Anwendungen im Bereich der Ablaufplanung hinzuweisen, deren Gegenstand die Festlegung von Bearbeitungsreihenfolgen der Fertigungsaufträge und die Maschinenbelegungsplanung sind. Diese Probleme nehmen seit
einigen Jahrzehnten breiten Raum in der Operations-Research-
Literatur ein. Obwohl hier heuristische Methoden und Simula-
tionsverfahren vorherrschen, sind auch Lösungsansätze mit
Hilfe der linearen Optimierung ·vorgeschlagen worden, die
regelmäßig auf Ganzzahligkeitsbedingungen führen[1]. Daß diese Ansätze nur zögernd Eingang in die betriebliche Ablaufplanung finden, liegt sicherlich daran, daß bei realisti-
schen Größenordnungen der Rechenaufwand immens ansteigt[2].
In der zitierten Untersuchung sind dementsprechend auch
keine Fälle genannt, bei denen die Ablaufplanung vollständig auf LP-Basis erfolgt.

Charakteristisch für praktische Anwendungen der linearen
Optimierung ist die große Zahl von Variablen und Nebenbedingungen. In den Modellen zur Produktionsprogrammplanung lagen die Dimensionen meist im Bereich von 1000 - 8000 Spalten
und 500 - 4500 Zeilen[3]. Ein Merkmal dieser großen Koeffizientenmatrizen ist die extrem dünne Besetzung; der Anteil
der von null verschiedenen Elemente betrug in den meisten
Fällen weniger als 1%, z.T. sogar nur 0,25%[4]. Im allgemeinen sinkt die Besetzungsdichte mit zunehmender Problemgröße.

---

1) Vgl. z.B. Dinkelbach (1964), S. 58ff.; Manne (1960), S.
   219ff.; Adam (1969), S. 152ff.; Haehling (1970), S. 105ff.

2) In dem Modell von Haehling sind beispielsweise bereits
   bei einem kleinen Problem mit 10 Produktarten, die jeweils 5 Fertigungsstufen durchlaufen, 10 Maschinen und
   20 Perioden die Werte von 3.150 Variablen - davon 2.000
   Null-Eins-Variablen - unter 2.470 Nebenbedingungen zu
   berechnen.

3) Vgl. die in Steinecke u.a. (1973), S. 63ff., wiedergegebenen Fragebögen.

4) Bezogen auf alle in der Untersuchung aufgeführten Anwendungen zeigte sich, daß in 55% aller Fälle die Besetzungsdichte unter 2% lag; vgl. Steinecke u.a. (1973),
   S. 30f.

Softwareprodukte zur linearen Optimierung, sog. "Mathematical Programming Systems", werden von den meisten größeren
Computerherstellern angeboten[1]. Dennoch zeigte die erwähnte
Untersuchung, daß ein relativ großer Teil der Anwender
selbst entwickelte Systeme benutzt. Der Grund dürfte wohl
in einer gewissen Schwerfälligkeit und geringer Flexibilität
der Standardsoftwareprodukte liegen. Eigene Entwicklungen
werden auch in Zukunft erhebliche Bedeutung besitzen. Dies
gilt um so mehr, als die Verbreitung kleiner und mittlerer
Computer ständig zunimmt, für die noch so gut wie keine
LP-Systeme angeboten werden.

7.2 Produktionsprogrammplanung mit linearer Optimierung

7.2.1 Der Modellansatz zur Optimierung des Produktions-
programms

Die Produktionsprogrammplanung zählt zu den klassischen Anwendungsgebieten der linearen Optimierung. Bereits in den
fünfziger Jahren wurde hierfür ein Modell vorgeschlagen, das
man heute als Standardmodell für die Programmplanung bezeichnet[2]. Dem Standardansatz liegt eine vereinfachte Pro-
blemstellung zugrunde: Für den betrachteten Planungszeitraum
sollen die herzustellenden Gesamtmengen aller verkaufsfähigen Produkte festgelegt werden.

Als Zielfunktion dient bei dieser Art von Planungsmodellen
in der Regel der Deckungsbeitrag D, der als Differenz zwischen den Erlösen und den gesamten variablen Kosten zu maxi-
mieren ist:

$$D = \sum_{i \in I} p_i x_i - \sum_{i \in I} k_i x_i \rightarrow max!$$

---

1) Einen Überblick über die bekanntesten Systeme gibt Ohse
   (1980), S. 539ff.
2) Vgl. Sabel (1979), Sp. 1689f.; Kilger (1973), S. 95ff.

Darin bedeuten:

I   Indexmenge der Produktarten

p_i Verkaufspreis der Produktart i

k_i variable Kosten der Produktart i

x_i herzustellende Menge der Produktart i.

Folgende Nebenbedingungen müssen beachtet werden:

(1)   Absatzhöchstmengen x_j^h und gegebenenfalls auch Absatzmindestmengen x_j^m resultieren aus der Absatzplanung. Für die Programmplanung stellen sie vorgegebene Restriktionen dar, die einzuhalten sind.

$$x_i \le x_i^h \qquad \forall\ i \in I$$

$$x_i \ge x_i^m \qquad \forall\ i \in I$$

(2)   Der durch das Produktionsprogramm induzierte Kapazitätsbedarf an den Arbeitsplätzen des Fertigungsbereichs darf die zur Verfügung stehende Kapazität nicht überschreiten. Bezeichnet man mit

J   Indexmenge der Arbeitsplätze (bzw. Maschinen)

T_j Kapazität des Arbeitsplatzes j im Planungszeitraum

t_{ij} Kapazitätsbedarf an Arbeitsplatz j, der durch eine Mengeneinheit der Produktart i verursacht wird,

so muß gelten:

$$\sum_{i \in I} t_{ij} \cdot x_i \le T_j \qquad \forall\ j \in J$$

Im Einzelfall kann auch eine Mindest-Kapazitätsauslastung gefordert werden. Zusätzliche Restriktionen sind ebenfalls denkbar, etwa bei limitierten Einkaufsmöglichkeiten im Beschaffungsbereich, knappen Lagerhaltungsmöglichkeiten u.a.

Das Standardmodell stellt einen relativ groben Ansatz zur Programmplanung dar, der weitgehend auf pauschalen oder geschätzten Parametern basiert. Immerhin weist es den Vorteil

auf, daß Kapazitätsrestriktionen bereits in einem frühen
Planungsstadium Berücksichtigung finden. Das mengenmäßig
festgelegte Produktionsprogramm determiniert zu einem großen
Teil die Kapazitätsbelastung im Planungszeitraum. Wenn das
Produktionsprogramm nicht von vorneherein mit der verfügbaren Kapazität abgestimmt wird, zeigen sich Überbelastungen
erst in der Phase der Terminplanung. Zu diesem Zeitpunkt
läßt sich aber ein Ungleichgewicht nur noch sehr schwer
beseitigen. Auch die Anwendung eines automatischen Kapazi-
tätsausgleichverfahrens - wie in Abschnitt 5.4 - setzt voraus, daß der Kapazitätsbedarf im Rahmen der Kapazitätsgrenzen liegt!

Die Einfachheit des Standardmodells ist sicherlich ein Grund
dafür, daß es - mit Erweiterungen und Modifikationen - die
Grundlage vieler praktischer Anwendungen im Bereich der Programmplanung bildet. So wurde etwa bei der Erhebung von
Steinecke u.a. für mehrere Anwendungsfälle eine nicht weiter
untergliederte Planungsperiode genannt, die meist ein Jahr
betrug[1].

Ein weiterer Grund ist darin zu sehen, daß das Standardmodell aufgrund des geringen Detaillierungsgrades nicht besonders umfangreich ist. Legt man typische Verhältnisse zugrunde, z.B. 200 Endprodukte und 1000 Maschinen, so erhält man
bei obiger Problemformulierung ein LP-Modell mit 1400 Nebenbedingungen. Diese Größenordnung wird heute kaum als mittel-
groß eingestuft. (Die zitierten Anwendungsfälle umfassen
zwischen 330 und 1900 Restriktionen bei einer Besetzungsdichte von 0,6 - 4%.)

In vielen praktischen Planungssituationen kann sich die Betrachtung einer Gesamtperiode ohne zeitliche Differenzierung
als zu grob erweisen. Dies ist vor allem der Fall, wenn sich
die Produktions- und Absatzmengen nicht gleichmäßig innerhalb des Planungszeitraums verteilen, z.B. bei saisonalen

---

1) Vgl. Steinecke u.a. (1973, z.B. S. 146f., S. 150f., S.
   152f., S. 164f.

Schwankungen. Dann müssen die Produktion auf Lager und die mit der Lagerhaltung einhergehenden Fragen einbezogen werden. Für die weiteren Teilgebiete der Produktionsplanung sind detailliertere Vorgaben bezüglich der zeitlichen Verteilung des Produktionsprogramms erforderlich. Dazu kann eine Periodeneinteilung herangezogen werden, wobei die Periodenlänge vom Anwendungsproblem abhängt; eine gängige Einteilung ist die Aufgliederung nach Monaten.

Zur Formulierung eines LP-Modells auf Periodenbasis werden die Variablen mit einem zusätzlichen Periodenindex t versehen. Die Mengengrößen sind nun nach produzierten, abgesetzten und gelagerten Mengen zu unterscheiden. Folgende Abkürzungen in Ergänzung der bereits eingeführten Symbole werden verwendet:

Z Indexmenge der Perioden

x^a_{it} in Periode t abgesetzte Menge der Produktart i

x^p_{it} in Periode t produzierte Menge der Produktart i

x^l_{it} Lagerbestand der Produktart i am Ende der Periode t

k^a_i variable Vertriebskosten bei Produktart i

k^p_i variable Produktionskosten bei Produktart i

k^l_i Lagerhaltungskosten pro Mengeneinheit i

In der Zielfunktion kommen die Kosten nun in differenzierter Form zum Ansatz[1]:

$$D = \sum_{t \in Z} \sum_{i \in I} \left((p_i - k^a_i)\, x^a_{it} - k^p_i\, x^p_{it} - k^l_i\, x^l_{it} \right) \rightarrow \max!$$

---

1) Die Berechnung von Lagerhaltungskosten auf der Grundlage des Endlagerbestands x^l_{it} basiert auf der Annahme, daß die Menge x^l_{it} durchschnittlich während der halben Periode t und - als Anfangslagerbestand der Periode t+1 - während der halben Periode t+1 gelagert wird. Vgl. zur exakten Ableitung der Zusammenhänge auch Kilger (1973), S. 461f.

Absatznebenbedingungen:

$$x^a_{it} \leq x^h_{it} \qquad \forall \ i \epsilon I$$

$$x^a_{it} \geq x^m_{it} \qquad \forall \ t \epsilon Z$$

Kapazitätsrestriktionen:

$$\sum_{i \epsilon I} t_{ij} \cdot x^p_{it} \leq T_{jt} \qquad \forall \ j \epsilon J, \forall \ t \epsilon Z$$

Mengenkontinuitätsbedingungen:

$$x^l_{it} - x^p_{it} + x^a_{it} = x^l_{i, \, t-1} \qquad \forall \ i \epsilon I, \forall \ t \epsilon Z$$

Die Mengenkontinuitätsbedingungen verbinden die Lagerbestände aufeinanderfolgender Perioden. x^l_{i0} ist als Anfangslagerbestand zu Beginn des Planungszeitraums zu interpretieren.

7.2.2 Probleme beim Einsatz eines LP-Modells für die Programmplanung

7.2.2.1 Reduktion des Modellumfangs

Geht man in dem Periodenmodell von einer Monatseinteilung
des Jahres aus, so sind schon bei der geringen Zahl von
200 Endprodukten die Werte von 7.200 Strukturvariablen zu
berechnen. Gegenüber dem Standardmodell ist dies die 36-
fache Anzahl. Die Menge der Nebenbedingungen steigt auf
19.200 an. Dies ist bereits eine Größenordnung , welche
die meisten LP-Softwaresysteme nicht mehr bewältigen.

Zur Reduktion des Modellumfangs bieten sich grundsätzlich
mehrere Möglichkeiten an, die allerdings die Planungsgenau-
igkeit beeinträchtigen können. Die Programmplanung hat jedoch ohnehin den Charakter einer Grobplanung, so daß dies
nicht immer eine gravierende Einschränkung darstellen muß.

(1)   Da die größte Zahl der Nebenbedingungen aus den Kapazitätsrestriktionen resultiert, könnte man in Erwägung ziehen, nur solche Arbeitsplätze zu berücksichtigen, bei denen

erfahrungsgemäß Kapazitätsengpässe auftreten. Auch brauchen im Einzelfall wahrscheinlich nicht für jede Produktart Höchst- und Mindestabsatzmengen vorgegeben zu werden.

(2)   Die Zahl der Kapazitätsrestriktionen läßt sich ferner durch Aggregation erheblich reduzieren. Wenn man Einzelarbeitsplätze bzw. Maschinen zu Maschinengruppen zusammenfaßt, tritt eine Verdichtung des Modells ein. Beispielsweise verbleiben statt 12.000 Kapazitätsrestriktionen bei der expliziten Formulierung dann 2.400 Nebenbedingungen, wenn man unterstellt, daß die 1.000 Maschinen im Schnitt jeweils zu Fünfergruppen aggregiert werden.

Die Verdichtung ist jedoch nicht unproblematisch. Bei dem expliziten Modell treten in einer Kapazitätsrestriktion relativ wenige von null verschiedene Koeffizienten t_{ij} auf, nämlich für die Endprodukte x_i bzw. deren Baugruppen und Einzelteile, die auf der bestimmten Maschine bearbeitet werden. Allerdings ist die Besetzungsdichte der Restriktionsmatrix bei mehrstufigen Erzeugnisstrukturen (wie in Abbildung 2-1), die in der Metallindustrie auftreten, bereits deutlich höher als bei Anwendungsfällen in der Erdöl- oder der chemischen Industrie, wenngleich sie noch bei wenigen Prozenten liegt. Bezüglich einer Endproduktart i müssen immerhin sämtliche Maschinen erfaßt werden, welche die in der Erzeugnisstruktur enthaltenen Teile durchlaufen!

Bei einer Aggregation zu Maschinengruppen kann sich die Besetzungsdichte stark erhöhen, da eine Maschinengruppe in der Regel von einer größeren Zahl von Endprodukten beansprucht wird als eine einzelne Maschine. Wenn man z.B. 1000 Maschinen zu 200 Gruppen zusammenfaßt, könnte sich der Besetzungsgrad im Extremfall verfünffachen. Bei einer speziellen Anwendung in der Produktionsprogrammplanung wurde sogar über Besetzungsdichten von 20 - 50% berichtet[1]. Dies kann zu

---

1) Vgl. Berr (1974), S. 11, der die Produktionsprogrammplanung mit linearer Optimierung in der optischen Industrie - Fa. Ernst Leitz GmbH - beschreibt.

numerischen Problemen führen. Allerdings ist zu erwarten,
daß die Zahl der Nichtnullelemente in der verdichteten Matrix durch geeignete Aggregierungsvorschriften beeinflußt
werden kann.

(3)   Eine Verringerung der Nebenbedingungen läßt sich auch
erzielen, wenn die Produktarten zu Produktgruppen zusammengefaßt werden. Bei der Größenordnung von 200 Endprodukten
in einem mittleren Fertigungsbetrieb ist die Einsparung
vergleichsweise gering. Legt man dagegen ein Produktionsprogramm von 5.500 verkaufsfähigen Artikeln zugrunde, das
Berr für einen Anwendungsfall der linearen Optimierung beschreibt[1], so ist die Aggregierung unumgänglich. Auch
durch diese Art der Verdichtung kann jedoch der Besetzungsgrad der Restriktionsmatrix stark ansteigen.

(4)   Die Zahl der Nebenbedingungen läßt sich schließlich
durch eine Erhöhung der Periodenlänge vermindern. Führt man
die Planung auf der Basis von zweimonatigen Perioden durch,
so halbiert sich die Zahl gegenüber einer monatlichen Einteilung. Bei sehr großen Problemen wird man eventuell ganz
auf die Periodengliederung verzichten; darauf deutet auch
die relativ große Zahl von Anwendungen hin, in denen das
Produktionsprogramm für einen nicht weiter unterteilten
Gesamtzeitraum berechnet wird.

7.2.2.2 Prämissen und Erweiterungen des Standardmodells

Dem Standardmodell zur Produktionsprogrammplanung wie auch
der Erweiterung zu einem Periodenmodell liegen zum Teil
stark vereinfachende Annahmen zugrunde.

So bleiben alle Einflußmöglichkeiten auf die Absatzseite
ausgeklammert; der Einsatz des absatzpolitischen Instrumen-
tariums wird nicht berücksichtigt. In der Zielfunktion kommen deshalb modellexterne, konstante Verkaufspreise p_i zum

---

1) Vgl. Berr (1974), S. 16.

Ansatz, und die Höchst- bzw. Mindestmengen x_{it}^h und x_{it}^m stellen ebenfalls vorgegebene Daten dar.

Die in der Zielfunktion aufgeführten, konstanten Kostensätze (k_i^a, k_i^p, k_i^l) basieren auf der Prämisse gleichbleibender Grenzkosten im Vertriebs-, Produktions- und Lagerbereich. Insbesondere die Festlegung der k_i^p ist problematisch, da sie voraussetzt, daß alle Einflußfaktoren determiniert und bekannt sind. Dies bedeutet, daß eine Auswahl zwischen alternativen Fertigungsmöglichkeiten ausgeschlossen oder als bereits getroffen unterstellt wird. Die Festlegung der Alternativen erfolgt bei einer Sukzessivplanung aber erst in zeitlichen nachgelagerten Phasen. Beispielsweise werden Fertigungsauftragsgrößen und die Zahl der Rüstvorgänge erst in der Losgrößenplanung ermittelt. Die Produktionskosten und die Bearbeitungszeiten müssen über diese noch nicht bekannten Werte Pauschalannahmen machen, die sich aus Erfahrungswerten oder Prognosen ableiten.

Auch die Auswahl zwischen funktionsgleichen oder -ähnlichen Maschinen, die aber unterschiedliche Produktionskosten und Bearbeitungszeiten verursachen, wird in dem Standardmodell als bereits getroffen vorausgesetzt. Tatsächlich erfolgt sie aber erst bei der Terminplanung oder der Maschinenbelegungsplanung. Da auch kapazitätsverändernde Anpassungsmaßnahmen ausgeschlossen sind, kann mit konstanten Produktionskosten, Bearbeitungszeiten und feststehenden Kapazitätsgrenzen gearbeitet werden[1].

Da die Prämissen des Standardmodells vom theoretischen Standpunkt aus nicht befriedigen, wurden in den letzten Jahren zahlreiche Erweiterungen vorgeschlagen, die andere Teilbereiche der Produktionsplanung miteinbeziehen. Es handelt sich hierbei insbesondere um Ansätze zur simultanen

---

1) Einer ausführlichen Kritik unterzieht z.B. Kilger die Prämissen des Standardmodells; vgl. Kilger (1973), S. 159ff., und Kilger (1975), S. 124ff.

- Programmplanung und Wahl des Fertigungsverfahrens
- Programm- und Losgrößenplanung
- Programm-, Losgrößen- und Ablaufplanung.

Diese Modelle weisen zwar einen hohen Erkenntniswert auf, weil die zwischen den Teilgebieten der Produktionsplanung existierenden Interdependenzen Berücksichtigung finden. Der hohe Detaillierungsgrad führt aber bei praktischen Größenordnungen zu einem immensen Modellumfang, der sich mit Optimierungsmethoden nicht mehr bewältigen läßt.

Auf die Schwierigkeiten der simultanen Planung aller Teilbereiche der Produktionsplanung wurde bereits in Kapitel 1 hingewiesen. In diesen Schwierigkeiten ist der Grund zu sehen, daß die Planung stufenweise durchgeführt wird. Im Rahmen eines Sukzessivplanungskonzepts kann dann die Optimierung des Produktionsprogramms trotz verschiedener Prämissen und Pauschalannahmen eine wertvolle Hilfe darstellen!

7.2.2.3 Das Problem der Datenbeschaffung

In einem LP-Modell zur Produktionsprogrammplanung werden verschiedene Koeffizienten und Restriktionsgrößen als gegeben vorausgesetzt, auf deren Herkunft in der praktischen Anwendung kurz eingegangen werden soll.

Grundsätzlich ist es zwar denkbar, daß die benötigten Daten speziell für das LP-Modell erhoben werden. Angesichts der Größenordnung eines typischen Programmplanungsmodells bedeutet dies jedoch einen erheblichen Datenerfassungsaufwand. Deshalb ist es günstiger, wenn man auf eine vorhandene Datenbasis zugreifen kann und eventuell nur noch zusätzliche Informationen bereitstellen muß.

Wenn die Bestimmung des Produktionsprogramms in einem Sukzessivkonzept der Produktionsplanung steht, wird meist eine Datenbasis - in der in Kapitel 5 beschriebenen Art oder ähnlich - vorhanden sein. Die Dateien des Systems enthalten

Teile-, Arbeitsgang- und Arbeitsplatz-Stammdaten sowie Verkettungen zwischen verschiedenen Stammdaten. Hieraus lassen sich die meisten Koeffizienten und Restriktionsgrößen ermitteln.

Geht man zunächst von der nicht aggregierten Modellformulierung aus, so können den Teilestammdaten einer Produktart i die Zielfunktionskoeffizienten

- Verkaufspreis p_i
- Herstellkosten k_i^p
- Lagerhaltungskosten k_i^l

und gegebenenfalls ein Anfangslagerbestand x_{iO}^l entnommen werden. Als Zusatzinformationen müssen die Vertriebskosten k_i^a - etwa aus der Kalkulation oder Kostenplanung - bereitgestellt werden. Bei einer stärkeren Integration der betrieblichen Planungs- und Kontrollsysteme könnten die Kostendaten auch aus der Datenbasis des Rechnungswesens gewonnen werden.

Die in den Absatznebenbedingungen angegebenen Höchst- und Mindestmengen stammen aus der Absatzplanung. Sie setzen sich beispielsweise aus Kundenaufträgen und Bedarfsprognosen zusammen, wobei die bereits fest vorliegenden Aufträge als Mindestmengen anzusehen sind[1].

Die Kapazitätsobergrenzen (T_j bzw. T_{jt}) bezüglich der herstellbaren Mengen können meist unmittelbar der Arbeitsplatzdatei (oder einer Betriebsmitteldatei, Maschinendatei etc.) entnommen werden. Dagegen ist die Ermittlung der Koeffizienten t_{ij} erheblich aufwendiger. Bei den Stücklistenstrukturen, die einer Produktionsdatenbasis zugrundeliegen, ist ein Wert t_{ij} nicht ohne weiteres verfügbar. Hinter einem Endprodukt i verbergen sich noch eine Reihe untergeordneter Teile, die auf verschiedenen Maschinen j bearbeitet werden. Dies

---

1) Vgl. Scheer (1976), S. 27f.

bedeutet, daß zur Berechnung eines Koeffizienten t_{ij}

- jedes untergeordnete Teil i' über die analytische Erzeugnisstrukturkette identifiziert werden muß,

- für i und jedes i' die Teilefertigungskette zu durchlaufen ist, wobei der Zeitbedarf jedes Arbeitsgangs berechnet, eventuell um einen Zuschlagsfaktor für anteilige Rüst- und Übergangszeiten erhöht und mit der Inputmenge aus der Erzeugnisstruktur - außer bei dem Endprodukt i - multipliziert wird,

- der jeweilige Zeitbedarf bei allen Maschinen j, die Arbeitsgänge für i oder die i' ausführen, kumuliert werden muß.

Für alle Maschinen, an denen Arbeitsgänge zur Herstellung des Endprodukts i oder irgendeines untergeordneten Teils i' durchgeführt werden, muß also der Kapazitätsbedarf ermittelt werden, den eine Mengeneinheit von i - direkt oder indirekt - verursacht. Diese Berechnung hat für alle Endprodukte bzw. verkaufsfähigen Zwischenprodukte i zu erfolgen.

Bei einer zeitlichen Gliederung nach Perioden ist die Ableitung insofern noch recht ungenau, weil keine Vorlaufzeiten für Teile i' berücksichtigt werden. Tatsächlich können die Kapazitätsbedarfe zum Teil in verschiedenen Perioden anfallen! Eine dahingehend differenzierte Behandlung der Kapazitätsrestriktionen ist jedoch in dem erweiterten Standardmodell nicht möglich. Ein derart verfeinertes Periodenmodell, in dem die Kapazitätskoeffizienten nach Perioden unterschieden werden, hat z.B. Scheer entwickelt[1].

Analoge Überlegungen gelten für die Koeffizienten t_{ij} eines aggregierten Modells. Hier können entweder die Daten einer ausgewählten Maschine als repräsentativ für die Gruppe

---

1) Vgl. Scheer (1976), S. 56ff.

festgelegt werden; oder man berechnet aus den Koeffizienten
der einzelnen Maschinen einer Gruppe einen - eventuell ge-
wichteten - Durchschnittswert. Die zweite Möglichkeit ist
genauer, aber mit wesentlich größerem Aufwand verbunden,
da zunächst alle Koeffizienten der Einzelmaschinen zu ermitteln sind[1].

Die Ausführungen lassen erkennen, daß die Datenbeschaffung
für ein LP-Modell zur Produktionsprogrammplanung ein erhebliches Problem darstellen kann. Angesichts des hohen Aufwands ist es denkbar, daß die Daten nur einmal erzeugt und
über längere Zeit beibehalten werden. Dies läßt sich recht-
fertigen, solange keine gravierenden Änderungen eintreten,
etwa die Aufnahme neuer Produkte in das Produktionsprogramm
oder Ersatz- und Erweiterungsinvestitionen, die zu anderen
Kosten- und Kapazitätsdaten führen.

Höhere Aktualität besitzen die Planungsergebnisse, wenn die
Daten vor jeder Anwendung des Modells aus der gerade gültigen Datenbasis generiert werden. Auf diese Weise geht jeweils der neueste Stand in die Programmplanung ein. Voraussetzung ist die Existenz eines Modellgenerators, der automatisch Koeffizienten des LP-Modells aus der Produktionsdatenbasis erzeugt[2].

Ein besonderes Ausmaß an Benutzerfreundlichkeit liegt vor,
wenn ein Softwaresystem zur linearen Optimierung die Fähigkeit besitzt, direkt mit den Daten einer Fertigungsdatenbasis zu arbeiten. Auf einen speziellen Fall sei hier hingewiesen: Das Standardsoftwaresystem MPSX ist in der Lage,

---

1) Auf Aggregationsprobleme, die bei der Verdichtung von
   Produkten zu Produktgruppen auftreten, sei nur am Rande
   hingewiesen. Diese Probleme werden bei Scheer (1976),
   S. 61ff., aufgezeigt.

2) Vgl. Scheer (1976), S. 34ff. und S. 61ff., der solche
   Generatoren konzipiert hat, sowie die Implementations-
   beschreibung in Kneip u.a. (1981).

direkt auf eine Datenbank - in dem System DL/1 - zuzugreifen[1]. Wenn die Fertigungsdatenbasis in Form dieser Datenbank geführt würde, könnte das LP-System MPSX unmittelbar die Programmplanung durchführen, ohne daß ein zusätzlicher Datenerfassungsschritt notwendig wäre.

7.2.2.4 Probleme der Realisierung von Qualitätsanforderungen und Entwurfsprinzipien bei einem LP-System

Da die Anwendung der linearen Optimierung in der Produktionsplanung nicht auf die Planung des Produktionsprogramms beschränkt ist und darüberhinaus weitere Einsatzmöglichkeiten in anderen betrieblichen Teilbereichen bestehen, soll im folgenden eine problemunabhängige Notation gewählt werden.

Betrachtet wird ein LP-Modell, in dem die Zielfunktion

$$z = c^T \cdot x$$

unter Beachtung der Nebenbedingungen

$$A \cdot x = b$$
$$x \geq 0$$

maximiert oder minimiert werden soll. Dabei sind

c^T Zeilenvektor der Zielfunktionskoeffizienten
(T steht für Transponierung)

A   Koeffizientenmatrix
b   Vektor der Zeilenrestriktionen
O   Nullvektor
x   Vektor der Unbekannten.

---

1) Vgl. Scheer (1980), S. 14.

Das bekannte Lösungsverfahren für dieses LP-Problem ist der auf George Dantzig zurückgehende Simplex-Algorithmus[1]. Wegen des geringeren Rechenaufwands und der einfacheren Datenorganisation wird für Computerimplementierungen meist die revidierte Simplexmethode herangezogen, bei der die Inverse der Basis bei jeder Iteration aktualisiert wird[2].

Die charakteristischen Operationen der revidierten Simplexmethode, an denen sich die Implementierung orientieren muß, sind weitgehend Operationen mit der Inversen B^{-1}:

- Berechnung der Schattenpreise

$$\pi_B^T = c_B^T B^{-1}$$

(das Subskript B kennzeichnet die Zugehörigkeit der Koeffizientenindices zur Indexmenge der Basisvariablen)

- Bewertung der Nichtbasisvariablen j ("pricing")

$$z_j^T = \pi_B^T A_j \, ,$$

wobei A_j die j-te Spalte von A repräsentiert, und Auswahl der Variablen k, welche in die Basis eintritt

- Update der gewählten Spalte k

$$A_k' = B^{-1} A_k$$

und der rechten Seite

$$b' = B^{-1} b$$

und Auswahl der Variablen, welche die Basis verläßt

- Update der Basisinversen unter Berücksichtigung der

---

1) Vgl. die Ausführungen von Dantzig (1966), S. 110 ff. Dantzig erörtert auch die Entstehungsgeschichte, die in den zweiten Weltkrieg zurückreicht; vgl. ebenda, S. 14ff.

2) Darstellungen des Verfahrens sind in jedem einschlägigen Lehrbuch zu finden; vgl. z.B. Murty (1976), S. 183ff.

eintretenden und der austretenden Variablen

oder

vollständige Reinversion der neuen Basis.

Die besonderen Probleme beim praktischen Einsatz der linearen Optimierung hängen eng mit dem enormen Datenvolumen zusammen, das bei jeder Simplexiteration verarbeitet werden muß. Trotz der schwachen Besetzung kann der Umfang der Koeffizientenmatrix und der Basisinversen in der Größenordnung von Megabytes liegen. Dies bedeutet, daß vor allem die Bewertung der Nichtbasisvariablen und die Reinversion äußerst rechenzeitintensive Operationen darstellen. Angemessene Datenorganisationsformen für die Koeffizientenmatrix A und die Inverse B^{-1} sind deshalb ein zentrales Problem beim Entwurf eines LP-Systems[1].

Der Systementwurf muß sich an Zielen orientieren, die den aus dem großen Datenvolumen resultierenden Problemen Rechnung tragen. Wie bei den früher beschriebenen Systemen stehen hier ebenfalls Wartungsfreundlichkeit, Zuverlässigkeit und Verständlichkeit im Vordergrund; daneben spielen aber auch Effizienzmerkmale eine erhebliche Rolle. Im einzelnen werden die folgenden Qualitätsmerkmale zugrundegelegt:

<u>Universalität und Adaptabilität</u>

Da ein LP-System allgemeine lineare Optimierungsprobleme lösen soll, muß ein gewisses Spektrum an Algorithmen verfügbar sein. Dieses sollte etwa alternative Pivotstrategien für die Reinversion, alternative Bewertungsregeln für die Nichtbasisvariablen, z.B. Mehrfachauswahl ("multiple pricing"), Auswahl aus einem Teil der Nichtbasisvariablen

---

1) Dies kommt z.B. in der Aussage von Thesen zum Ausdruck, der ein LP-System primär als Datenverwaltungssystem bezeichnet, bei dem nebenbei eine Optimierung erfolgt; vgl. Thesen (1978), S. 148.

("partial pricing") oder das Devex-Kriterium etc., umfassen[1]. Das System sollte ferner in der Lage sein, verschiedene Formen der Datenorganisation, insbesondere verschiedene logische Darstellungsweisen der Inversen, handhaben zu
können, die je nach Anwendungsfall unterschiedlich gut geeignet sind. Dabei ist abzuwägen, welche Systemkomponenten
von vornherein aufgenommen werden und für welche Komponenten unter dem Aspekt der Adaptabilität ein eventuelles spä-
teres Einfügen, Ersetzen oder Entfernen vorzusehen ist.

Verständlichkeit

Wie bei anderen Anwendungsgebieten wird Verständlichkeit
durch eine konzeptionell durchgängige Modularisierung angestrebt. Algorithmische Transparenz wird vor allem durch
eine ausgeprägte Verbalisierung der Schnittstellen gewährleistet.

Zuverlässigkeit

Bei der linearen Optimierung großer Probleme beinhaltet Zuverlässigkeit im Sinne von Korrektheit und Fehlerfreiheit
gegenüber anderen Anwendungen einen zusätzlichen Aspekt.
Aufgrund der hohen Rechenintensität des Simplexverfahrens
und der begrenzten Genauigkeit der digitalen Zahlendarstellung spielt die numerische Stabilität eine wichtige Rolle.
Rundungsfehler können sich soweit fortpflanzen, daß die Ergebnisse ungenau oder unbrauchbar werden.

Das Ausmaß der Fehlerfortpflanzung hängt eng mit der Darstellungsform der Inversen zusammen; als besonders stabil
hat sich die Eliminationsform der Inversen erwiesen, auf
die unten eingegangen wird[2]. Ebenfalls der Beschränkung
der Rundungsfehler dient das periodische Reinvertieren der
Basis.

---

1) Vgl. z.B. den in dem System MPSX vorhandenen Algorith-
   menvorrat, den Bénichou u.a. (1977), S. 280 ff., beschreiben.

2) Vgl. hierzu Bartels (1971), S. 414ff.

Laufzeiteffizienz

Wegen des hohen Rechenaufwands kommt der Ausführungsgeschwindigkeit bei einem LP-System eine wesentlich größere
Bedeutung zu, als es bei anderen Softwareprodukten der Fall
ist. Die Rechenzeiten für typische LP-Anwendungen mit mehreren tausend Zeilen und Spalten liegen im Bereich von einigen Stunden.

Erhebliche Einsparungen können durch spezielle algorithmische Verbesserungen erzielt werden; Beispiele sind das
Devex-Kriterium zur Auswahl der Eintrittsvariablen[1], das
von Forrest und Tomlin entwickelte Updateverfahren für die
Eliminationsform der Inversen[2] und die gleichzeitige Aktualisierung mehrerer potentieller Eintrittsvariablen, die zu
einer erstaunlichen Laufzeitreduktion führen können[3].

In Anwendungsfällen, in denen die Laufzeit einen Engpaßfaktor darstellt, sollten zur Effizienzsteigerung solche Algorithmen eingesetzt werden. Dagegen wird auch hier die Position vertreten, daß das Effizienzstreben nicht auf Kosten
anderer Qualitätsmerkmale und insbesondere nicht durch einen
Verstoß gegen die früher erläuterten Modularisierungskriterien erreicht werden darf.

Speichereffizienz

Aufgrund des großen Datenvolumens ist die Minimierung des
Speicherbedarfs bei der linearen Optimierung von ähnlichem
Gewicht wie die Minimierung der Rechenzeit.

Daraus folgt erstens, daß spezielle Speicherungsformen zur
Ausnutzung der schwachen Besetztheit der Matrizen zu wählen
sind. Zum zweiten muß beachtet werden, daß sich die Inverse

---

1) Vgl. Harris (1975), S. 30ff.
2) Vgl. Forrest, Tomlin (1972), S. 268ff.
3) Vgl. die Testergebnisse, die Bénichou u.a. (1977), S.
   287ff., erzielt haben.

einer Basis auf die verschiedensten Arten erzeugen läßt und
im Extremfall - trotz dünn besetzter Basis - unter Umständen vollständig aus Nichtnullelementen besteht. Auch die
Aktualisierung der Inversen bei den Simplexiterationen kann
zum Auffüllen führen.

Die Algorithmen für die Reinversion und das Update der Inversen verfolgen deshalb das Ziel, die schwache Besetzung
zu erhalten. Dies ist am ehesten möglich, wenn die auf der
LU-Zerlegung aufbauende Eliminationsform der Inversen zugrundegelegt wird[1].

Angesichts der starken, verfahrensimmanenten Interdependenz sowohl der Algorithmen als auch der Datenstrukturen
treten beim Entwurf eines LP-Systems erhebliche Schwierigkeiten auf, wenn man eine monolithische Programmentwicklung oder eine nur an prozeduralen Abstraktionen orientierte Systemstruktur vermeiden und softwaretechnisch sinnvol-
lere Modularisierungskriterien anwenden will.

Wie in den einleitenden Bemerkungen hervorgehoben wurde,
dient als Strukturierungshilfsmittel hier die Zusammenfassung von Funktionen, welche dasselbe Objekt (z.B. dieselbe
Datenstruktur) bearbeiten, zu einem Modul.

Die Implementierung der algorithmischen Schritte wird deshalb so vorgenommen, daß je ein Modul die mit der Verwaltung
der Variablen und die mit der Veränderung der Inversen verbundenen prozeduralen Abstraktionen zusammenfaßt.

Die bei der revidierten Simplexmethode verwendeten Datenstrukturen verschiedener Abstraktionsgrade werden, soweit
sie dünn besetzte Matrizen oder Vektoren darstellen, nach
dem Datenabstraktionsprinzip in getrennten Modulen imple-

---

1) Vgl. Forrest, Tomlin (1972), S. 263ff., und die dort
   aufgeführten Testergebnisse zum Wachstum der Nichtnullelemente.

mentiert. Vektoren, die im Regelfall dicht besetzt sind,
bleiben grundsätzlich als eindimensionale Bereiche bestehen,
die in allen üblichen Programmiersprachen vorgesehen sind,
es sei denn, daß unter dem Uniformitätsaspekt eine Gleich-
behandlung mit anderen Datenstrukturen geboten erscheint.

7.3 Abstrakte Datenstrukturen bei der linearen Optimierung

Die Matrizen, die bei der Optimierung großer LP-Probleme zu
verarbeiten sind, enthalten meistens eine prozentual sehr
geringe Zahl von null verschiedener Elemente. Da es offensichtlich ineffizient wäre, sämtliche Nullelemente abzuspei-
chern, unterscheidet sich die Speicherungsform grundlegend
von der dünn besetzten Matrix, die durch die Speicherungsform repräsentiert wird. Aus diesem Grund ist jede dünn besetzte Matrix und jeder dünn besetzte Vektor als eine abstrakte Datenstruktur anzusehen.

Einen noch höheren Abstraktionsgrad weisen Datenstrukturen
auf, die durch arithmetische Operationen mit dünn besetzten
Matrizen impliziert werden, aber nicht explizit, d.h. durch
Berechnung des arithmetischen Ausdrucks, vorliegen. Dies
gilt insbesondere für die verschiedenen Produktformen der
Inversen und eine physisch überhaupt nicht existierende
obere Hessenbergmatrix, auf die unten eingegangen wird.

7.3.1 Dünn besetzte Datenstrukturen

7.3.1.1 Speicherformate für dünn besetzte Matrizen

Zur Speicherung dünn besetzter Matrizen (bzw. Vektoren) werden in der Praxis eine Reihe verschiedener Formate eingesetzt, deren Eignungsgrad von der Koeffizientenstruktur und
den benötigten Zugriffsarten abhängt[1]. Die wichtigsten

---

1) Einen Überblick über verschiedene Speicherformate gibt
   Duff (1977), S. 517ff.

Speicherformate werden nachfolgend beschrieben. Allen Formaten liegt eine sequentielle, meist sortierte und nach Zeilen oder Spalten angeordnete Speicherung der von null verschiedenen Elemente zugrunde. Zur Lokalisierung der Nichtnullelemente in der implizierten, dünn besetzten Matrix werden dann unterschiedliche Informationen herangezogen.

(1) <u>Binäre Identifikation ("bit map")</u>

Die Nichtnullelemente werden mit Hilfe einer Identifikationsmatrix lokalisiert, die für jedes Nichtnullelement ein Bit mit dem Wert 1 und für jedes Nullelement ein Bit mit dem Wert O enthält[1]. Diese Speicherungsform ist einfach anzulegen; sie weist aber den Nachteil auf, daß auch für alle Nullelemente je ein Bit vorgesehen werden muß; die Verarbeitung ist relativ kompliziert, zumal die meisten höheren Programmiersprachen nicht ohne weiteres den Zugriff auf die Ebene der Bits erlauben. Zur Illustration wird die Matrix

$$A = (a_{ij}) = \begin{pmatrix} 0 & 2 & 0 & 0 & 0 & -1 \\ 3 & 0 & 0 & 2 & 3 & 0 \\ 0 & -1 & 0 & 0 & 2 & 0 \\ 4 & 2 & 0 & 0 & 0 & 0 \\ 0 & 0 & 4 & 0 & 0 & 0 \end{pmatrix}$$

wie folgt binär identifiziert:

$$
\boxed{\begin{array}{c|c|c|c|c|c|c|c|c|c}
3 & 4 & 2 & -1 & 2 & 4 & 2 & 3 & 2 & -1
\end{array}}
$$

$a_{ij} \neq 0$ (spaltenweise)

Identifikations-matrix
$$\begin{pmatrix} 0 & 1 & 0 & 0 & 0 & 1 \\ 1 & 0 & 0 & 1 & 1 & 0 \\ 0 & 1 & 0 & 0 & 1 & 0 \\ 1 & 1 & 0 & 0 & 0 & 0 \\ 0 & 0 & ; & 0 & 0 & 0 \end{pmatrix}$$

---

[1] Über die Anwendung dieses Schemas in einem LP-System berichtet de Buchet (1971), S. 214f.

(2) <u>Koordinatenspeicherung</u>

Die Nichtnullelemente werden durch ihre Indices identifiziert; zur Speicherung dünnbesetzter Matrizen, die bei der
linearen Optimierung benutzt werden, ist es sinnvoll, eine
Sortierung der Koeffizienten vorzunehmen, z.B. innerhalb
einer Spalte j nach Zeilenindices i. Für die Matrix A ergäbe sich dann das Speicherschema:

a_{ij} | 3 | 4 | 2 | -1 | 2 | 4 | 2 | 3 | 2 | -1 |

i | 2 | 4 | 1 | 3 | 4 | 5 | 2 | 2 | 3 | 1 |

j | 1 | 1 | 2 | 2 | 2 | 3 | 4 | 5 | 5 | 6 |

(3) <u>Spaltenweise gepackte Speicherung</u>

Eines der gebräuchlichsten Formate ist die spaltenweise gepackte Speicherung, bei der die Identifikation der Nichtnullelemente mit Hilfe von Zeilenindices und Adreßverweisen
auf das jeweils erste Element einer Spalte erfolgt. Der
Speicheraufwand reduziert sich damit gegenüber der Koordinatenspeicherung, weil man nicht für jedes einzelne Element
a_{ij} = 0 eine Spalteninformation benötigt, sondern nur noch
für jede Spalte. Dieses Schema wird bei der linearen Optimierung bevorzugt, weil der Zugriff auf die Koeffizienten
meist spaltenweise erfolgt. Für andere Anwendungen läßt
sich das Schema analog nach Zeilen organisieren.

a_{ij} | 3 | 4 | 2 | -1 | 2 | 4 | 2 | 3 | 2 | -1 |

i | 2 | 4 | 1 | 3 | 4 | 5 | 2 | 2 | 3 | 1 |

j_{start} | 1 | 3 | 6 | 7 | 8 | 10 | 11 |

Die Anzahl n_j der Elemente, die zu einer Spalte j gehören, erhält man aus der Differenz von zwei aufeinanderfolgenden Werten der Spaltenzeiger j_{start}. Als zusätzliche Information wird deshalb für die letzte Spalte $j_{start_7} = 11$ gespeichert, was aus $n_6 = j_{start_7} - j_{start_6}$ folgt.

Die Kennzeichnung der Spaltenanfänge, die das wesentliche Merkmal der gepackten Speicherung darstellt, kann auf viele verschiedene Arten erreicht werden, die allerdings meist einen Verlust an Transparenz mit sich bringen. Jennings beschreibt eine Reihe solcher Möglichkeiten[1]. Besonders kompakte Formen für Dreiecksmatrizen haben Eisenstat u.a. untersucht[2].

(4) Verkettete Listen

Eine starke Vereinfachung der Zugriffsoperationen, die jedoch mit erhöhtem Speicheraufwand erkauft wird, läßt sich durch Verwendung verketteter Listen erreichen. Die benötigten spalten- und/oder zeilenweisen Zugriffe werden logische Ketten aufgebaut. Für jede Spalte bzw. Zeile existiert ein Kettenanker, der auf die Position des ersten Nichtnullelements zeigt; die weiteren Elemente werden durch Folgeverweise lokalisiert[3]. Eine Verkettung der Zeilen und Spalten der Matrix A ergäbe:

---

1) Vgl. Jennings (1977), S. 87f.

2) Vgl. Eisenstat u.a. (1976), S. 266ff.

3) Vgl. zum Prinzip der verketteten Listen Knuth (1969), S. 251ff.; vgl. auch die Ausführungen in Abschnitt 5.2.

a_{ij}	3	4	2	-1	2	4	2	3	2	-1
i	2	4	1	3	4	5	2	2	3	1
j	1	1	2	2	2	3	4	5	5	6
i_{next}	7	5	10	9	-	-	8	-	-	-
j_{next}	2	-	4	5	-	-	-	9	-	-
i_{first}	3	1	4	2	6					
j_{first}	1	3	6	7	8	10				

Der Anfang einer Kette wird über i_{first} bzw. j_{first} angesteuert; das Ende ist mit dem Minuszeichen markiert. Die
Elemente in der zweiten Zeile lassen sich z.B. über die
Kette $i_{first_2} = 1$, $i_{next_1} = 7$, $i_{next_7} = 8$, $i_{next_8} = -$
auffinden.

Das Schema verketteter Listen stellt - abgesehen von einer
unsortierten Koordinatenspeicherung - das einzige der beschriebenen Formate dar, bei dem problemlos Elemente eingefügt oder entfernt werden können. In der Literatur sind eine
Reihe weiterer Möglichkeiten dargestellt, die zum Teil spezielle Strukturen der Matrix ausnutzen oder die Auswirkungen
der virtuellen Speichertechnik zu berücksichtigen versuchen[1].

Interessant ist ein Vorschlag von Gustavson,der zur Erleich-
terung zeilen- und spaltenweisen Operationen im wesentlichen
die zweifache Speicherung einer Matrix beinhaltet, einmal in
zeilen- und einmal in spaltenweise gepackter Form[2]. Die Notwendigkeit beider Zugriffsarten besteht auch bei der linearen
Optimierung. Zwar werden die meisten Operationen auf der
Grundlage von Spalten durchgeführt. In bestimmten Fällen sind
jedoch zeilenweise Zugriffe erforderlich, etwa zur Anwendung

---

1) Vgl. Duff (1977), S. 518.
2) Vgl. Gustavson (1978), S. 254.

des Markowitz-Kriteriums als Reinversionsstrategie. Bei dem
üblichen, spaltenweise gepackten Format müssen hierzu alle
Vektoren sequentiell durchsucht werden, was auch als "scan-
ning" bezeichnet wird. Die zweifache Speicherung löst diesen
Konflikt zwischen Laufzeit- und Speichereffizienz zugunsten
der ersteren, jedoch unter Inkaufnahme des doppelten Speicherbedarfs.

Sinnvoller erscheint deshalb ein anderer Ansatz; er wurde
zur Implementierung des Ausgangstableaus entwickelt, das im
nächsten Abschnitt beschrieben ist. Dabei handelt es sich um
eine Kombination aus dem spaltenweise gepackten Format und
der Listenverkettung.

Diese Kombination bietet den Vorteil, daß die in erster
Linie notwendigen Zugriffe für spaltenweise Operationen mit
großer Schnelligkeit erfolgen können. Die zeilenweisen Zugriffe werden durch Verkettung der Elemente jeder Zeile unterstützt. Da die Implementierung für große LP-Modelle konzipiert wurde und externe Speicher verwendet werden, sind
die zeilenweisen Zugriffe vergleichsweise langsam. Während
eine Spalte mit einem physischen Zugriff auf den externen
Speicher gelesen werden kann, sind für das Lesen einer Zeile
so viele Zugriffe notwendig,wie die Zeile Nichtnullelemente
enthält [1].

Dieses Verhältnis der Zugriffsgeschwindigkeiten trägt jedoch
der Tatsache Rechnung, daß der Großteil der Zugriffe spaltenweise erfolgt und Zeilenoperationen seltener auszuführen
sind. Das um die Zeilenverkettung erweiterte Format der
spaltenweise gepackten Speicherung wird als fünftes Schema
vorgestellt:

---

[1] Den Überlegungen liegt die Prämisse zugrunde, daß die
Elemente einer Spalte physisch in einem Datensatz abgespeichert werden.

(5) <u>Spaltenweise gepackte Speicherung mit Zeilenverkettung</u>

Angewendet auf die Matrix A ergibt sich unter Benutzung der
bisherigen Notation folgendes Speicherschema:

a_{ij}	3	4	2	-1	2	4	2	3	2	-1
i	2	4	1	3	4	5	2	2	3	1
j	1	1	2	2	2	3	4	5	5	6
i_{next}	7	5	10	9	-	-	8	-	-	-
j_{start}	1	3	6	7	8	10	11			
i_{first}	3	1	4	?	6					

Die verschiedenen Speicherformate erfordern unterschiedlichen Speicheraufwand bezüglich der zur Lokalisierung von
Elementen notwendigen Informationen. Je mehr Komfort für
die Zugriffe bereitgestellt wird, desto größer ist der zusätzliche Speicherbedarf[1]. Dies zeigen auch die Beispiele.

Bezeichnet man den Anteil der Nichtnullelemente mit r, so
lassen sich die bei der Speicherung einer (m x n)-Matrix
erzielten Einsparungen berechnen. Gegenüber der expliziten
Speicherung aller (Null- und Nichtnull-)Elemente ergeben
sich für die verschiedenen Formate die in Abbildung 7-1
dargestellten Einsparungen. Sie sind als Näherungswerte zu
interpretieren, welche die Größenordnungen bei interner
Speicherung - im Arbeitsspeicher der Zentraleinheit - re-
flektieren[2]. Bei Speicherung auf externen Datenträgern
können sich die Werte verschieben; unter Umständen werden

---

1) Eisenstat u.a. (1976), S. 265, nennen dies den "storage
   overhead".

2) Die Angaben wurden unter der Prämisse berechnet, daß die
   Speicherung der Nichtnullelemente in je einem Doppelwort,
   die der Indices und der Adreßverweise in je einem Wort
   erfolgen. Bei der binären Identifikation wurde zusätzlich eine Wortgröße von 32 Bit unterstellt.

Speicher-format	Speicherplatzreduktion		
	allgemein	Matrix A	Matrix B
Binäre Identifikation	$\frac{63}{64} - r$	0,651	0,974
Koordinatenspeicherung	$1 - 2r$	0,333	0,980
spaltenweise gepackte Speicherung	$1 - \frac{3}{2}r - \frac{1}{2m}$	0,400	0,985
doppelt verkettete Listen	$1 - 3r - \frac{m+n}{2mn}$	-0,183	0,969
spaltenweise gepackte Speicherung mit Zeilenverkettung	$1 - \frac{5}{2}r - \frac{m+n}{2mn}$	-0,017	0,974

Abb. 7-1: Speicherplatzeinsparung bei den Formaten für
dünn besetzte Matrizen

nicht alle Indices und Zeiger explizit gespeichert, weil
sie z.B. Bestandteil eines Satzschlüssels sind etc.[1].

Die zur Illustration angegebenen Zahlenwerte bezüglich der
Matrix A, die bisher als Beispiel verwendet wurde, vermittelt insofern einen verzerrten Eindruck, als die Matrix
nicht besonders dünn besetzt ($r = \frac{1}{3}$) und vor allem sehr
klein ist ($m = 5$, $n = 6$). Das Format der doppelt verketteten Listen erfordert sogar einen um 18,3% höheren Speicherbedarf als die explizite Speicherung. Legt man dagegen realistische Größenordnungen zugrunde - etwa $m = 1000$, $n = 2000$
und $r = 0,01$ -, so ist bei allen Formaten eine erhebliche
Speicherplatzreduktion zu verzeichnen; die entsprechenden
Zahlen sind in der letzten Spalte der Abbildung unter
"Matrix B" aufgeführt.

---

1) Auf die konkrete Implementierung des Speicherformats (5)
   unter Zuhilfenahme externer Speicher wird in Abschnitt
   7.3.2 eingegangen.

Bei allen dargestellten Speicherformaten lassen sich weitere Einsparungen erzielen, wenn in der Matrix nicht sehr viele unterschiedliche Elemente vorkommen. Dazu speichert man die Matrixelemente in einem Pool, in dem auch gleiche Elemente nur einmal enthalten sind, und ersetzt die tatsächlichen a_{ij} durch Verweise auf den Pool[1].

Im Fall der spaltenweise gepackten Speicherung erhielte man nun für die Matrix A folgende Repräsentation[2]:

(6) <u>Pooling (bei spaltenweise gepackter Speicherung)</u>

$$
\begin{array}{l|cccccccccc|}
\langle a_{ij}\rangle & 2 & 3 & 1 & 4 & 1 & 3 & 1 & 2 & 1 & 4 \\[4pt]
i & 2 & 4 & 1 & 3 & 4 & 5 & 2 & 2 & 3 & 1 \\[4pt]
j_{start} & 1 & 3 & 6 & 7 & 8 & 10 & 11 \\[4pt]
pool & 2 & 3 & 4 & -1 \\
\end{array}
$$

Gerade bei Anwendungen der linearen Optimierung bestehen die Koeffizientenmatrizen häufig aus sehr vielen gleichen Elementen; insbesondere nimmt eine große Zahl der Koeffizienten die Werte +1 und -1 an[3]. Durch das Pooling läßt sich unter Umständen eine beachtliche zusätzliche Speicherplatzreduktion erreichen. Der Einsparung steht jedoch der

---

1) Die Einsparung gilt wieder unter der Prämisse, daß ein Verweis auf den Pool weniger Speicherplatz benötigt als das Matrixelement selbst, also z.B. nur ein Wort statt einem Doppelwort.

2) $\langle a_{ij}\rangle$ bezeichnet den Verweis auf die Position des Pools, wo a_{ij} steht.

3) Steinecke u.a. (1973),S. 33, ermittelten einen Anteil von 50% der Koeffizienten mit Werten von +1 und -1.

Nachteil gegenüber, daß die Implementierung der Zugriffe
noch komplizierter wird.

7.3.1.2 Module des Datenabstraktionstyps
──

Die verschiedenen Darstellungsmöglichkeiten dünn besetzter
Matrizen machen deutlich, daß ein für alle Größen und Besetzungsdichten bestes Speicherformat nicht existiert. Daneben ist zu berücksichtigen, daß der Speicherbedarf nicht
das einzige Auswahlkriterium darstellt. Legt man etwa die
Ausführungszeiten für charakteristische Matrizenoperatio-
nen zugrunde, so ergeben sich insbesondere für die binäre
Identifikation sehr schlechte Werte, während die gepackten
und verketteten Formate deutlich besser abschneiden[1].
Unter dem Aspekt der Transparenz dürften wiederum doppelt
verkettete Listen oder die Koordinatenspeicherung vorzuziehen sein.

Da der Eignungsgrad eines Speicherformats von der verfolgten
Zielvorstellung und der Struktur des speziellen Anwendungsproblems abhängt, liegt es nahe, die Datenspeicherung von
den algorithmischen Komponenten eines LP-Systems zu isolie-
ren. Dies läßt sich erreichen, wenn die verschiedenen, dünn
besetzten Datenstrukturen als Module nach dem Datenabstraktionsprinzip angelegt werden. Im Sinne des Information
Hiding ist die Implementierung einer Datenstruktur dann
innerhalb eines Moduls verborgen. Den Modulen, welche die
abstrakte Datenstruktur benutzen, sind nur die Zugriffsfunktionen bekannt.

Um die Zugriffe möglichst einfach und benutzerfreundlich zu
gestalten, werden die dünn besetzten Datenstrukturen als

────────────────────────────────

[1] MacVeigh berichtet über Laufzeitvergleiche bei Addi-
tions- und Multiplikationsoperationen mit Matrizen verschiedener Besetzungsdichte; er beschränkt sich allerdings auf interne Speicherung.
Vgl. MacVeigh (1977), S. 389ff.

Sequenzen abgebildet. Dabei wird in der Regel zwischen
Lese- und Schreibzugriffen unterschieden. Eine Zugriffsfunktion vom Typ *init-*.... steuert eine bestimmte Zeile
oder Spalte an, während *get-next-*.... jeweils das nächste
Element in dieser Zeile oder Spalte bereitstellt.

In analoger Weise bereitet eine Funktion vom Typ *create-*...
den Schreibzugriff auf eine Zeile bzw. Spalte vor, während
put-next-... das Eintragen eines Elements durchführt. Vor-
bereitungs- und Abschlußarbeiten erledigen Funktionen vom
Typ *open-*... und *close-*.... Zur Unterscheidung der Funktionen werden die Namen der Schnittstellen teilweise mit
einem das Modul charakterisierenden Suffix versehen (z.B.
-a für Ausgangstableau).

Die abstrakten Datenstrukturen, die in einem LP-System vorkommen, sind:

- das erweiterte Ausgangstableau
- Basisinverse B^{-1}
- Inverse einer oberen Dreiecksmatrix U^{-1}
- Inverse einer unteren Dreiecksmatrix L^{-1}
- obere Hessenbergmatrix
- Spaltentransformationen
- Zeilentransformationen.

Sie werden jeweils in einem Modul implementiert. Die Schnittstellenbeschreibung enthält wie früher den Namen der Schnittstelle sowie Eingabe- und Ausgabeparameter; bezüglich eines
Moduls werden Reihenfolgebedingungen sowie direkt benutzte
Module und Dateien angegeben.

Im folgenden Abschnitt werden die Module *initial-tableau*,
basis-inverse und *row-transformation* beschrieben. Die
Schnittstellen der Module *u-inverse*, *l-inverse* und *column-
transformation* sind in Anhang IV aufgeführt.

7.3.2 Ausgangstableau

Das Modul *initial-tableau* repräsentiert vollständig das erweiterte Ausgangstableau des Simplexalgorithmus, d.h.

- die Koeffizientenmatrix A (einschließlich der Zusatzspalten für Schlupfvariable und künstliche Variable)
- die rechte Seite b
- den Vektor der Zielfunktionskoeffizienten c^T.

Auf beliebige Spalten und Zeilen des Ausgangstableaus kann durch Angabe des Spalten- bzw. Zeilenindex direkt zugegriffen werden. Ein besonderer Spaltenzugriff ist für die rechte Seite b und ein besonderer Zeilenzugriff für die Zielfunktion vorgesehen.

Nach der Zugriffsart lassen sich Lese-, Schreib- und Änderungszugriffe unterscheiden. Lesezugriffe auf Spalten des Tableaus werden im primalen Simplexalgorithmus vor allem bei der Bewertung der Nichtbasisvariablen ("pricing") sowie bei der Reinversion benötigt, die zusammen die rechenintensivsten Schritte des Verfahrens darstellen. Zeilenzugriffe sind beispielsweise bei verschiedenen Reinversionsstrategien[1] oder bei Verwendung des dualen Simplexalgorithmus erforderlich. Außerdem ist der Zugriff auf die Zielfunktion natürlich ein zeilenweiser Zugriff.

Die abstrakte Datenstruktur *initial-tableau* wird durch die nachfolgenden Zugriffsfunktionen definiert. Bei der Benutzung des Moduls werden zwei Phasen unterschieden: Für die Generierungsphase sind Schreibzugriffe zur Erstellung des Ausgangstableaus vorgesehen, die im wesentlichen sequentiell aufgerufen werden. Für die Prozeß- oder Verarbeitungsphase werden Lese- und Änderungsfunktionen bereitgestellt, die den Zugriff auf Elemente beliebiger Zeilen und Spalten des Ausgangstableaus erlauben.

---

1) Vgl. z.B. die Strategie von Markowitz (1957), S. 261ff.; ferner Ohse (1979), S. 23ff.

(1) <u>open-creation-a</u>

Funktion: Vorbereitungsarbeiten für die Erzeugung
                   des Ausgangstableaus in der Generierungs-
                   phase
Parameter: -

(2) <u>create-next-col-a</u>

Funktion: Vorbereitungsarbeiten für spaltenweise,
                   sequentielle Schreibzugriffe, mit denen
                   die jeweils nächste Spalte des Ausgangs-
                   tableaus erzeugt wird
Parameter: -

(3) <u>create-col-rhs</u>

Funktion: Vorbereitungsarbeiten für sequentielle
                   Schreibzugriffe zur Erzeugung der rechten
                   Seite des Ausgangstableaus
Parameter: -

(4) <u>put-next-coeff-a</u>

Funktion: Eintragen des nächsten Nichtnullelements
                   in die zuvor mit *create-...* angesteuerte
                   Spalte des Ausgangstableaus
Input-Parameter: element
                   zeilenindex
Output-Parameter: -

(5) <u>put-row-types</u>

Funktion: Eintragen der Restriktionstypen, die den
                   Zeilen des Ausgangstableaus zugeordnet
                   sind

Input-Parameter: zeilentyp[1]: array (1 : zeilenzahl)
Output-Parameter: -

(6) open-processing-a

Funktion: Vorbereitungsarbeiten für Zugriffe auf
                     ein bereits erzeugtes Ausgangstableau
                     (Prozeßphase)
Input-Parameter: -
Output-Parameter: zeilenzahl
                     spaltenzahl

(7) init-col-a

Funktion: Vorbereitungsarbeiten für sequentielle
                     Lesezugriffe auf eine beliebige Spalte j
Input-Parameter: spalte
Output-Parameter: -

(8) init-row-a

Funktion: Vorbereitungsarbeiten für sequentielle
                     Lesezugriffe auf eine beliebige Zeile i
Input-Parameter: zeile
Output-Parameter: -

(9) init-col-rhs

Funktion: Vorbereitungsarbeiten für sequentielle
                     Lesezugriffe auf die Elemente der rechten
                     Seite
Parameter: -

---

1) Die Zeilentypen sind

   l für Restriktionen des Typs kleiner oder gleich
   g für Restriktionen des Typs größer oder gleich
   e für Restriktionen des Typs gleich
   n für unbeschränkte Zeilen (z.B. Zielfunktion)

   in Anlehnung an das MPS-Format; vgl. auch Abschnitt 7.4.1.

(10)   <u>init-row-obj</u>

Funktion: Vorbereitungsarbeiten für sequentielle
                       Lesezugriffe auf die Zielfunktionskoef-
                       fizienten

Parameter: -

(11)   <u>get-next-coeff-a</u>

Funktion: Bereitstellung des jeweils nächsten
                       Nichtnullelements in dem zuvor mit
                       init-... angesteuerten Vektor

Input-Parameter: -
Output-Parameter: element
                   index[1]
                   vektor-ende ──┬── true   wenn kein *element*
                                 │   in dem Vektor
                                 │   mehr vorhanden
                                 └── false   sonst

(12)   <u>replace-coeff-a</u>

Funktion: Ersetzen eines zuvor gelesenen Elements
                       durch ein neues
Input-Parameter: element[2]
Output-Parameter: -

(13)   <u>get-row-types</u>

Funktion: Bereitstellung der Restriktionstypen für
                       die Zeilen des Ausgangstableaus
Input-Parameter: -
Output-Parameter: zeilentyp: array (1:zeilenzahl)

---

1) Der *index* gibt die Position in dem Vektor an. Er ist als
   Zeilenindex zu interpretieren, wenn zuvor ein *init-row-*...
   gemacht wurde, und als Spaltenindex, falls ein *init-
   col-*... vorausging.

2) Da sich nur der Elementwert ändern kann, wird kein Positionsindex angegeben.

(14)　<u>get-col-counts</u>

Funktion:	Bereitstellung der Anzahl der Nichtnull-elemente jeder Spalte
Input-Parameter:	-
Output-Parameter:	elementzahl:　array (1:spaltenzahl)

(15)　<u>close-a</u>

Funktion:	Durchführung von Abschlußarbeiten für die Generierungsphase oder für die Prozeßphase
Parameter:	-

Bei der Benutzung des Moduls *initial-tableau* sind folgende Voraussetzungen zu beachten:

<u>Reihenfolgebedingungen</u>

initial-tableau:

open-creation-a; put-row-types;
  (create-next-col-a;(put-next-coeff-a)'*)'* ;
  create-col-rhs; (put-next-coeff-a)'* ; close-a;
(open-processing-a; (get-row-types, get-col-counts,
  ((init-col-a; lese-sequenz),
  (init-row-a; lese-sequenz),
  (init-col-rhs; lese-sequenz),
  (init-row-obj; lese-sequenz))); close-a)'* .

lese-sequenz: (get-next-coeff-a; (replace-coeff-a)'*)'vektor-
                                      ende.

<u>Benutzte Module</u>

-

<u>Benutzte Dateien</u>

atabdat

Da das System für große LP-Modelle konzipiert ist, wird das Ausgangstableau auf einem externen Speicher in der Datei

atabdat abgelegt. Dieser Datei liegt das oben erläuterte
Speicherprinzip (5) - spaltenweise gepackte Speicherung mit
Zeilenverkettung - zugrunde. Sie ist so aufgebaut, daß ein
Datensatz jeweils die Daten einer Spalte enthält. Der Spaltenindex wird in den Satzschlüssel mitaufgenommen; die Nichtnullelemente einer Spalte brauchen dann nur durch ihren Zeilenindex gekennzeichnet zu werden.

Zur Realisierung der Zeilenverkettung wird jedem Element ein
Verweis *nächste-spalte* zugeordnet, der auf einen Datensatz
(d.h. eine Spalte) zeigt, welcher ein Element mit gleichem
Zeilenindex enthält. Die Anker der Zeilenketten werden in
einem oder mehreren, besonderen Sätzen der Datei aufbewahrt,
die jedoch nur innerhalb des Moduls bekannt sind. Der Daten-
aufbau ist schematisch in Abbildung 7-2 skizziert. Die Daten-
sätze entsprechen folgender Struktur:

```
1 spalte

  2 elementanzahl
  2 koeffizient: array (1:elementanzahl)

    3 element
    3 zeilenindex
    3 nächste-spalte
```

Informationen über die Koeffizientenmatrix werden hier in
dem Satz O geführt:

```
1 systemsatz

  2 zeilenzahl
  2 spaltenzahl
  2 zeilenanker:  array (1:zeilenzahl)
```

Die Implementierung des Ausgangstableaus bleibt gemäß dem
Prinzip des Information Hiding vollständig innerhalb des
Moduls *initial-tableau* verborgen. Insbesondere sind keine
Informationen über das Speicherungsformat der dünnbesetzten
Datenstruktur außerhalb des Moduls bekannt. Daß etwa zur
Implementierung die spaltenweise gepackte Speicherung mit
Zeilenverkettung herangezogen wird, ist für die Benutzung
des Moduls völlig unerheblich. Die Anwendung eines anderen,

Satzschlüssel
(bzw. Spalten-
 index)

0	zeilen-zahl	spalten-zahl	zeilen-anker(1)	zeilen-anker(2)	...

	ele-ment-anzahl	koeffizient(1)			koeffizient(2)			
1		ele-ment(1)	zeilen-index(1)	nächste-spalte(1)	ele-ment(2)	zeilen-index(2)	nächste-spalte(2)	...
2	ele-ment-anzahl	koeffizient(1)						...
⋮								
n+1	ele-ment-anzahl	koeffizient(1)						...

<u>Dateiaufbau</u>

Satz 0:	Systemsatz
Satz 1 bis n:	Spalte 1 bis n der Koeffizientenmatrix
Satz n+1:	rechte Seite

<u>Abb. 7-2</u>: Aufbau der Datei *atabdat*

im konkreten Fall vielleicht effizienteren Speicherformats
hätte keine Auswirkungen auf die Schnittstellen des Moduls
und würde nach außen hin auch nicht sichtbar.

Der Benutzer kann von dem gedanklichen Schema eines Ausgangstableaus ausgehen, das in Abbildung 7-3 dargestellt ist. Es
enthält die Koeffizientenmatrix A, die Zielfunktionszeile c^T
und die rechte Seite b, wobei vor allem die Nichtnullelemente von Interesse sind. Zur Manipulation des Schemas werden die definierten Zugriffsfunktionen bereitgestellt, mit
denen alle notwendigen Operationen durchgeführt werden können. Das Modul *initial-tableau* implementiert also genau die
in der Abbildung gezeigte, abstrakte Datenstruktur.

Zur Erhöhung der Benutzerfreundlichkeit könnten weitere Zugriffe auf das Ausgangstableau vorgesehen werden. Für die

Generierungsphase wäre es denkbar, das Eintragen der Koeffizienten zeilenweise zuzulassen. Dies entspricht eher dem
mentalen Ansatz, da die Restriktionen in der Regel als Zeilen abgeleitet werden. Hierzu wäre eine Funktion *create-
next-row-a* bereitzustellen, welche analog zu *create-next-
col-a* den zeilenweisen Schreibzugriff vorbereitet; die Elemente der Zeile könnten wieder mit *put-next-coeff-a* eingetragen werden[1]. Auch die Änderungszugriffe in der Prozeß-
phase könnten dahingehend ausgedehnt werden, daß nicht nur
einzelne Elemente ersetzt, sondern ganze Zeilen und Spalten
ersetzt oder gelöscht werden.

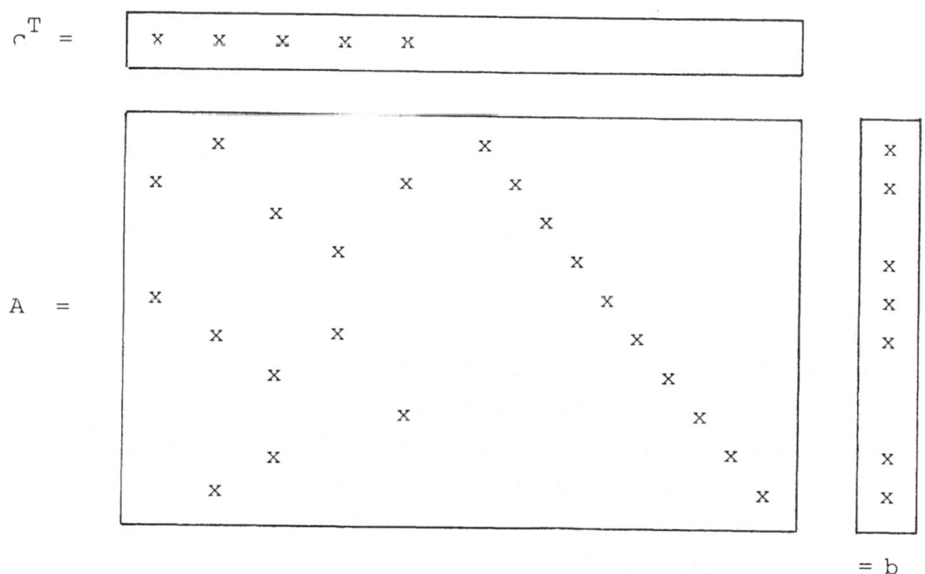

Abb. 7-3: Schema des Ausgangstableaus für die lineare
           Optimierung

---

1) Diese benutzerfreundlichere Alternative wäre allerdings
   algorithmisch wesentlich komplizierter zu implementieren, da die physische Speicherung aus Gründen der Laufzeiteffizienz dennoch nach Spalten erfolgen müßte.

Die Anzahl der auf dem Ausgangstableau definierten Zugriffsfunktionen würde durch die Erweiterungen wachsen. In diesem
Fall wäre zu erwägen, Schreib-, Lese- und Änderungszugriffe
in getrennten Modulen zu verwalten, wie es etwa bei den Da-
teiverwaltungsmodulen in Kapitel 5 teilweise realisiert
wurde.

7.3.3 Basisinverse

Das Modul *basis-inverse* implementiert eine abstrakte Datenstruktur, welche eine Produktform der Inversen darstellt:

$$B^{-1} = M_t \, M_{t-1} \, \cdots \, M_1$$

Die Faktoren M_i sind im allgemeinen elementare Spalten- oder
Zeilenmatrizen; das sind Matrizen, die sich nur in einer
Spalte bzw. Zeile von der Einheitsmatrix unterscheiden. Eine
solche Matrix braucht nicht vollständig gespeichert zu werden. Es genügt natürlich, den vom Einheitsvektor abweichen-
den Vektor mit seinem Spalten- bzw. Zeilenindex zu kennen;
daraus läßt sich die implizierte Elementarmatrix ohne weiteres rekonstruieren.

Die Produktform kann verschiedene Ausprägungen haben, die
von dem gewählten Inversionsverfahren und dem Verfahren zur
Aktualisierung der Inversen von einer Simplex-Iteration zur
nächsten abhängen. Auf diese Methoden wird im einzelnen später eingegangen. Mögliche Produktformen sind:

(1) Standard-Produktform

$$B^{-1} = E_k^{-1} \, E_{k-1}^{-1} \, \cdots \, E_1^{-1}$$

Die E_i^{-1} repräsentieren hier elementare Spaltenmatrizen[1]:

---

1) Vgl. zur Standard-Produktform z.B. Orchard-Hays (1968),
   S. 63ff.

$$E_i^{-1} = \begin{pmatrix} 1 & 0 & \cdots & e_{1j} & \cdots & 0 \\ 0 & 1 & & e_{2j} & & \\ & & & \vdots & & \vdots \\ \vdots & & & e_{jj} & & \\ & & & \vdots & & \\ 0 & & & e_{mj} & & 1 \end{pmatrix}$$

(2) <u>Eliminationsform</u>

Die Inverse wird in LU-Zerlegung geführt:

$$B^{-1} = U^{-1} L^{-1}$$

U ist eine obere, L eine untere Dreiecksmatrix; ihre Inversen werden als Produkte dargestellt[1]:

$$U^{-1} = U_1^{-1} U_2^{-1} \cdots U_k^{-1}$$

$$L^{-1} = L_k^{-1} L_{k-1}^{-1} \cdots L_1^{-1}$$

Die Faktoren sind elementare Spaltenmatrizen, die jedoch nur oberhalb bzw. unterhalb der Hauptdiagonalen von null verschiedene Elemente besitzen:

$$L_i^{-1} = \begin{pmatrix} 1 & 0 & \cdots & 0 & \cdots & 0 \\ 0 & 1 & & 0 & & \\ \vdots & & & \vdots & & \\ & & & l_{jj} & & \\ & & & \vdots & & \\ 0 & & & l_{mj} & & 1 \end{pmatrix} \qquad U_i^{-1} = \begin{pmatrix} 1 & 0 & \cdots & u_{1j} & \cdots & 0 \\ 0 & 1 & & \vdots & & \\ \vdots & & & u_{jj} & & \\ & & & 0 & & \\ & & & \vdots & & \\ 0 & & & 0 & & 1 \end{pmatrix}$$

---

1) Vgl. z.B. Bastian (1980), S. 24 ff.; Markowitz (1957), S. 255.

(3) Eliminationsform mit Standardaktualisierung

Diese Art entsteht beim revidierten Simplexalgorithmus, wenn eine Produktdarstellung der Inversen in Eliminationsform durch Standardfaktoren E_i^{-1} aktualisiert wird:

$$B^{-1} = E_q^{-1} \ldots E_1^{-1} U_1^{-1} \ldots U_k^{-1} L_k^{-1} \ldots L_1^{-1}$$

(4) Eliminationsform mit LU-Aktualisierung

Wenn eine in Eliminationsform vorliegende Inverse beim revidierten Simplexverfahren dergestalt aktualisiert wird, daß die L- und U-Faktoren getrennt behandelt werden, so erhält man die Darstellung:

$$B^{-1} = U_1^{-1} \ldots U_k^{-1} C_1 \ldots C_q R_q \ldots R_1 L_k^{-1} \ldots L_1^{-1}$$

Die C_i sind hier elementare Spaltenmatrizen, die R_i dagegen elementare Zeilenmatrizen[1].

Während die Standard-Produktform früher allgemein angewendet wurde, ist in neueren LP-Systemen die Eliminationsform realisiert, die im allgemeinen eine erheblich geringere Anzahl von Nichtnullelementen aufweist. Die Beibehaltung der Eliminationsform bei der Aktualisierung der Inversen - das Schema (4) - ist allerdings wesentlich komplizierter. Bei extrem dünn besetzten Matrizen steht der Mehraufwand in keinem angemessenen Verhältnis zur Reduktion des Wachstums neuer Nichtnullelemente. Die leichter zu handhabende Standardaktualisierung - Schema (3) - ist hier vorzuziehen. Aus der Sicht der Universalität und Benutzerfreundlichkeit sollte ein LP-System deshalb beide Formen vorsehen.

Zur Festlegung der Zugriffsfunktionen sind zunächst die möglichen Operationen herauszustellen, die mit einer Inversen

---

1) Vgl. zur Erzeugung der C_i und R_i Abschnitt 7.4.3.

durchgeführt werden. Im wesentlichen handelt es sich dabei
um die Multiplikation von links mit einem Zeilenvektor,
etwa zur Berechnung der Schattenpreise

$$\pi_B^T = c_B^T \cdot B^{-1},$$

oder um die Multiplikation von rechts mit einem Spaltenvektor, wie es bei der Aktualisierung von Spalten A_j des Ausgangstableaus der Fall ist, z.B.

$$A_j' = B^{-1} A_j .$$

Bei einer Produktdarstellung der Inversen bedeutet dies,
daß man die Faktoren in sequentieller Folge entweder von
links oder von rechts an benötigt. Deshalb werden Positionierungsfunktionen bereitgestellt, welche die entsprechenden
Punkte ansteuern. Da die Faktoren der Produktform dann sequentiell durchlaufen werden, erfolgt die weitere Positionierung mit Hilfe der Funktion *init-next-factor-b*. Auch die
Schreibzugriffe realisieren eine Sequenz, weil die einzelnen
Faktoren bei der Inversion und der Aktualisierung nacheinander erzeugt werden.

Das Modul *basis-inverse* wird durch folgende Funktionen definiert:

(1) <u>open-b</u>

Funktion: Vorbereitungsarbeiten für Schreib- und
Lesezugriffe auf eine Inverse der Basis

Parameter: -

(2) <u>left-b</u>

Funktion: Positionierung auf das linke Ende einer
Produktform der Inversen

Parameter: -

(3) <u>right-b</u>

Funktion: Positionierung auf das rechte Ende
                    einer Produktform der Inversen

Parameter: -

(4) <u>init-next-factor-b</u>

Funktion: Positionierung auf den jeweils nächsten
                    Faktor der Produktform, wenn zuvor ein-
                    mal auf links oder rechts positioniert
                    wurde

Input-Parameter: -

Output-Parameter: pivotposition [1]

faktor-art $\longrightarrow$
- e wenn E_i^{-1}
- l wenn L_i^{-1}
- u wenn U_i^{-1}
- r wenn R_i
- c wenn C_i

faktor-ende $\longrightarrow$
- true   wenn kein Faktor der Produktform mehr vorhanden
- false sonst

(5) <u>get-next-coeff-b</u>

Funktion: Bereitstellung des jeweils nächsten
                    Nichtnullelements in dem ausgezeichne-
                    ten Vektor der Elementarmatrix, auf die
                    mit *init-next-factor-b* positioniert
                    wurde

---

[1] Index des Pivotelements, der gleichzeitig die Spalte bzw.
Zeile in der Elementarmatrix angibt, welche den Nicht-
einheitsvektor aufnimmt.

Input-Parameter: -
Output-Parameter: element
                       index[1]
                       vektor-ende ┬─ true   wenn kein Nicht-
                                    │   nullelement mehr
                                    │   vorhanden
                                    └─ false   sonst

(6) <u>create-next-factor-b</u>

Funktion: Vorbereitungsarbeiten für das Eintragen
                       des jeweils nächsten Faktors, d.h. des
                       ausgezeichneten Vektors der Elementar-
                       matrix

Input-Parameter: pivotposition
                       faktor-art

Output-Parameter: -

(7) <u>put-next-coeff-b</u>

Funktion: Eintragen des jeweils nächsten Nicht-
                       nullelements in den von *create-next-
                       factor-b* vorbereiteten Vektor

Input-Parameter: element
                       index

Output-Parameter: -

(8) <u>put-ende-b</u>

Funktion: Anzeige, daß kein weiteres Element in
                       einen bestimmten Vektor eingetragen wird

Parameter: -

---

1) Zeilen- oder Spaltenindex, je nachdem, ob es sich um
   einen Spalten- oder Zeilenvektor handelt.

(9) <u>close-b</u>

Funktion: Abschlußarbeiten bei Ende der An-
                                   wendung einer Inversen

Parameter: -

Für das Modul *basis-inverse* gelten folgende Voraussetzungen:

<u>Reihenfolgebedingungen</u>

basis-inverse:
  (open-b;
  ((create-next-factor-b; (put-next-coeff-b)'*;put-ende-b),
   ((left-b,right-b);(init-next-factor-b;
     (get-next-coeff-b)'vektor-ende)'faktor-ende))'*;
  close-b)'*.

<u>Benutzte Module</u>

u-inverse (open-u, left-u, right-u, init-next-factor-u,
           get-next-coeff-u, create-next-factor-u, put-next-
           coeff-u, put-ende-u, close-u)
l-inverse (open-l, left-l, right-l, init-next-factor-l,
           get-next-coeff-l, create-next-factor-l, put-
           next-coeff-l, put-ende-l, close-l)

<u>Benutzte Dateien</u>

bdat

Die Datei *bdat* nimmt die Faktoren E_i^{-1} auf. Sie wird folglich nur benutzt, wenn die Standard-Produktform zur Anwendung kommt oder wenn die Eliminationsform durch Standardfaktoren E_i^{-1} aktualisiert wird, also bei den Produktformen (1) und (3). Die Module *l-inverse* und *u-inverse* müssen
dagegen existieren, wenn die Eliminationsform zugrundeliegt, d.h. bei den Formen (2), (3) und (4). In diesem Fall
werden die Faktoren von L^{-1} und U^{-1} in eigenen Modulen verwaltet.

7.3.4 Die Inversen der Dreiecksmatrizen L und U

Bei Anwendung der Eliminationsform setzt sich B^{-1} aus einem
Produkt von Inversen zweier Dreiecksmatrizen L und U zusammen;
L^{-1} und U^{-1} werden selbst als Produkte von Elementarmatrizen
L_i^{-1} und U_i^{-1} geführt. Die Eliminationsform kann außerdem Elementarmatrizen C_i und R_i enthalten; dieser Fall tritt ein,
wenn man bei der Aktualisierung der Inversen B^{-1} im Verlauf
des revidierten Simplexalgorithmus die implizierte Dreiecksform von L und U beibehalten will[1].

Die beiden Module *l-inverse* und *u-inverse* verwalten die
Faktoren von L^{-1} und U^{-1}. Da L^{-1} und U^{-1} Spezialfälle einer
allgemeinen inversen Matrix in Produktform darstellen, wer-
den die beiden Module weitgehend durch gleichartige Schnittstellen wie die *basis-inverse* definiert. Für das Verwaltungsmodul der Matrix U^{-1} sind darüberhinaus Löschfunktionen
vorgesehen, die bei einem bestimmten Aktualisierungsverfah-
ren benötigt werden. Da sich die Schnittstellen nur unwesentlich von denen des Moduls *basis-inverse* unterscheiden,
sind die beiden Module *l-inverse* und *u-inverse* in Anhang IV
dargestellt.

Die Speicherung der Faktoren erfolgt in zwei Dateien *ldat*
und *udat*. Physisch abgespeichert wird nur jeweils derjenige
Vektor der Elementarmatrix, der nicht mit einem Einheitsvektor identisch ist. Da diese Vektoren in der Regel dünn
besetzt sind, werden in Analogie zu der spaltenweise gepackten Speicherung nur die Nichtnullelemente abgelegt. Zur
Rekonstruktion der Elementarmatrix muß ferner die Pivotposition bekannt sein, die gleich dem Spalten- bzw. Zeilenindex
des ausgezeichneten Vektors ist. Von dem Format einer spaltenweise oder zeilenweise gepackten Speicherung unterscheidet sich das Speicherschema insofern, als die Daten nicht
als dünn besetzte Vektoren einer Matrix, sondern als aus-

---

1) Vgl. die Schemata (2) und (4) im vorigen Abschnitt.

gezeichnete Vektoren verschiedener Elementarmatrizen zu interpretieren sind. Die Informationen über einen Vektor entsprechen dann folgender Struktur:

1 vektor

   2 pivotposition
   2 elementanzahl
   2 koeffizient: array (1: elementanzahl)

      3 element
      3 index [1)]

7.3.5 Zeilen- und Spaltentransformationen

Im Verlauf des revidierten Simplexalgorithmus werden Spalten des Ausgangstableaus sowie verschiedene Zeilenvektoren (z.B. die Zielfunktionszeile) mit Hilfe der inversen Matrizen B^{-1}, L^{-1} oder U^{-1} transformiert.

Spaltentransformationen sind erforderlich, wenn eine in die Basis aufzunehmende Spalte des Ausgangstableaus aktualisiert werden soll:

$$A'_j = B^{-1}\, A_j,$$

wobei B^{-1} eine Produktform der Inversen repräsentiert. Auch bei dem später darzustellenden Updateverfahren für die Basisinverse von Forrest und Tomlin muß eine Spalte des Ausgangstableaus in einen Vektor S_j transformiert werden; hier wird die Inverse L^{-1} herangezogen:

$$S_j = L^{-1}\, A_j$$

Zeilentransformationen treten bei der Berechnung der Schattenpreise auf, welche die Grundlage für die Auswahl der in die Basis aufzunehmenden Variablen bilden. Die Schatten-

---

1) Zeilen- bzw. Spaltenindex, je nachdem, ob es sich um ei-
   Spalten- oder Zeilenvektor handelt.

preise π_B^T werden in den verschiedenen Phasen des Simplex-algorithmus ermittelt als

$$\pi_B^T = r^T B^{-1} \qquad \text{bzw.} \qquad \pi_B^T = c_B^T B^{-1} \, .$$

(c_B^T ist der Zeilenvektor der Zielfunktionskoeffizienten, r^T ein Zeilenvektor, der an bestimmten Stellen die Werte +1 und -1, sonst den Wert 0 hat.) Eine weitere Zeilentransformation verlangt das Forrest-Tomlin-Verfahren; dabei handelt es sich um die Berechnung der Zeilenvektors

$$u^T = e_p^T U^{-1} \, ,$$

welcher die p-te Zeile der Inversen U^{-1} repräsentiert (e_p^T ist der p-te Einheitsvektor).

Die bei Spaltentransformationen entstehenden Vektoren A_j' und S_j sind in der Regel dünn besetzt und können als abstrakte Datenstrukturen betrachtet werden. Sie werden von dem Modul *column-transformation* verwaltet, welches einfache Positionierungs- und Zugriffsfunktionen auf die Nichtnullelemente der Vektoren bereitstellt. Diese Funktionen sind vom Typ *init-...*, *get-next-...*, *create-...* und *put-next-...*; sie weisen starke Ähnlichkeit mit den Zugriffsfunktionen des Ausgangstableaus auf und sind in Anhang IV beschrieben.

Die Zeilentransformationen π_B^T, die sich ergeben, wenn man eine Inverse in Produktform von links mit einem Zeilenvektor multipliziert, sind in der Regel dicht besetzte Vektoren. Nach dem oben herausgestellten Entwurfsprinzip werden solche Vektoren als normale, eindimensionale Bereiche geführt. Das Modul *row-transformation* exportiert dann z.B. über die Schnittstelle der Funktion *get-shadow-prices* den Vektor π_B^T. Ein Schreibzugriff ist hier nicht vorgesehen; d.h., die Implementierung der Lesefunktion schließt die Durchführung der Multiplikation eines Zeilenvektors mit der in einer Produktform vorliegenden Inversen B^{-1} mit ein, etwa

$$\pi_B^T = c_B^T \; U_1^{-1} \; U_2^{-1} \; \ldots \; U_k^{-1} \; L_k^{-1} \; \ldots \; L_2^{-1} \; L_1^{-1}$$

Der Algorithmus greift sequentiell auf die Elementarmatrizen zu. Als Nebenprodukt kann man beim Durchlaufen einer solchen Multiplikationskette gleichzeitig den Zeilenvektor

$$u^T = e_p^T \; U_1^{-1} \; U_2^{-1} \; \ldots \; U_k^{-1}$$

berechnen. u^T ist in der Regel dünn besetzt und wird deshalb wie andere, dünn besetzte Datenstrukturen behandelt; Lesezugriffe sind hier vom Typ *init-...* und *get-next-...*.

Das Modul *row-transformation* stellt im strengen Sinne keine abstrakte Datenstruktur dar. Es bietet keine Schreibzugriffe zur Erzeugung der verwalteten Daten; vielmehr werden die Daten innerhalb einer Lesefunktion berechnet, so daß die prozeduralen Komponenten überwiegen. Die Daten sind aber auch hier in einer Datenkapsel zusammengefaßt und werden über Zugriffsfunktionen an andere Module exportiert. Daß sich hinter dem Aufruf einer Lesefunktion ein erheblicher algorithmischer Aufwand verbirgt, kann man zwar ahnen; gemäß dem Prinzip des Information Hiding ist die Kenntnis dieser Tatsache jedoch für die Benutzung der Lesezugriffe völlig unerheblich.

Das Modul *row-transformation* stellt folgende Zugriffsfunktionen bereit:

(1) <u>open-r</u>

Funktion: Durchführung von Vorbereitungsar-
                       beiten

Parameter: —

(2) <u>get-feasibility-prices</u>

Funktion: Bereitstellung der Schattenpreise
                             π_B^T, die durch $\pi_B^T = r^T B^{-1}$ defi-
                             niert sind

Input-Parameter: -
Output-Parameter: schattenpreise: array (1:zeilenzahl)

(3) <u>get-shadow-prices</u>

Funktion: Bereitstellung der Schattenpreise
                             π_B^T, die durch $\pi_B^T = c_B^T B^{-1}$ defi-
                             niert sind

Input-Parameter: -
Output-Parameter: schattenpreise: array (1:zeilenzahl)

(4) <u>init-inverse-row</u>

Funktion: Vorbereitung für sequentielle Lese-
                             zugriffe auf die Nichtnullelemente
                             einer Zeile p der Inversen U^{-1}:
                             $u^T = e_p^T U^{-1}$

Input-Parameter: zeilenindex
Output-Parameter: -

(5) <u>get-next-coeff-r</u>

Funktion: Bereitstellung des jeweils nächsten
                             Nichtnullelements von u^T

Input-Parameter: -
Output-Parameter: element
                             spaltenindex
                             zeilenende ──┬── true   wenn kein
                                          │   Element
                                          │   mehr vor-
                                          │   handen
                                          └── false   sonst

(6)　　<u>close-r</u>

Funktion:　　　　　　　　　Durchführung von Abschlußarbeiten
Parameter:　　　　　　　　　-

Folgende Voraussetzungen gelten für die Benutzung des Moduls
row-transformation:

<u>Reihenfolgebedingungen</u>

```
row-transformation:
   (open-r;
    (get-feasibility-prices, get-shadow-prices,
     (init-inverse-row;(get-next-coeff-r)'zeilenende;
         (get-feasibility-prices,get-shadow-prices)))'* ;
   close-r)'* .
```

<u>Benutzte Module</u>

```
initial-tableau (init-row-obj, get-next-coeff-a)
basis-inverse   (left-b, init-next-factor-b, get-next-
                  coeff-b)
```

7.4 Algorithmen eines LP-Systems

7.4.1 Generierung des LP-Modells

Der revidierte Simplexalgorithmus erwartet die Formulierung
eines LP-Problems in einer bestimmten Darstellung des erweiterten Ausgangstableaus. Das reale Anwendungsproblem bzw.
seine Beschreibung durch den Anwender weist natürlich nicht
von vorneherein diese formale Struktur auf. Variable und
Restriktionen führen nicht bedeutungsleere Bezeichnungen wie
$x_1, \ldots, x_n$ oder $b_1, \ldots, b_m$; vielmehr stehen sie in Beziehung zu
einem konkreten Problem und drücken etwa Teilenummern, Ab-
satzmärkte oder Maschinengruppen aus.

Die Eingabemodule der gängigen Softwaresysteme zur linearen
Optimierung kommen hier dem Benutzer entgegen, indem sie es
erlauben, bei der Modellformulierung problembezogene Namen
zu verwenden. Das von den meisten System geforderte Eingabe-
format ist mittlerweile weitgehend standardisiert und wird
auch dem hier beschriebenen Modul zugrundegelegt. Es wurde
von IBM für das frühe LP-System MPS ("Mathematical Programming System") eingeführt und wird deshalb meist als MPS-
Format bezeichnet.

Die Eingabedaten sind im MPS-Format in vier allgemeine Abschnitte aufgeteilt, zu denen weitere, spezielle Abschnitte
hinzutreten können:

(1)   Der erste Abschnitt wird durch die Kennzeichnung *name*
identifiziert und enthält nur die vom Benutzer gewählte Benennung des LP-Problems.

(2)   Im zweiten Abschnitt werden die Zeilen des erweiterten Ausgangstableaus jeweils durch einen Zeilennamen und
den Typ der Restriktion

l   für kleiner oder gleich ("less or equal")
g   für größer oder gleich ("greater or equal")

e   für gleich ("equal")

n   für unbeschränkt ("no constraint")

charakterisiert. Dieser Abschnitt erhält die Kennzeichnung *rows*.

(3)   Die Eingabe der Nichtnullelemente erfolgt im Abschnitt *columns*. Hier wird für jede Variable bzw. Spalte ein Name festgelegt. Die Eingabe der Koeffizienten hat dann eine Form, die einer nach Spalten sortierten Koordinatenspeicherung ähnelt. Die Nichtnullelemente werden durch Variablen- und Zeilenname gekennzeichnet (statt durch Indices bei der Koordinatenspeicherung). Sie müssen spaltenweise eingegeben werden, obwohl eine zeilenweise Formulierung sicherlich transparenter wäre.

(4)   Die Elemente der rechten Seite müssen in einem speziellen Abschnitt *rhs* ("right hand side") stehen, für den sonst die gleichen Vorschriften wie für die anderen Spalten gelten.

Das Ende der Eingabedaten wird durch das Schlüsselwort *end-data* angezeigt. Für bestimmte Problemstrukturen sind im MPS-Format weitere Abschnitte vorgesehen, in denen spezielle Restriktionen beschrieben werden können. Dies sind einmal obere und untere Grenzen für verschiedene Variable, die der Abschnitt *bounds* aufnimmt, sowie Intervalle für Zeilenrestriktionen, die im Abschnitt *ranges* stehen. Die folgende Beschreibung beschränkt sich auf die obligatorischen ersten vier Abschnitte[1].

Das MPS-Eingabeformat soll am Beispiel eines erweiterten Ausgangstableaus für die Produktionsprogrammplanung verdeutlicht werden, das in Abbildung 7-4 dargestellt ist und den Problemnamen *produktion* trägt. Bei der Optimierung des Produktionsprogramms sind die Variablen hauptsächlich Produkt-

---

1) Vgl. zur vollständigen Beschreibung aller Abschnitte im MPS-Eingabeformat z.B. Thesen (1978), S. 151ff.; Schmitz, Schönlein (1978), S. A-1ff.

Zeilen-name \ Spalten-name	teil4710	teil4711	teil4714	...	Zei-len-typ	schran-ke
gewinn	37	20,5	57,8			-
masch673	0	3,2	0		≤	1250
masch687	2,5	0	2,4		≤	1800
masch765	1,3	0	1,2		≤	1500
sektor12	1	0	1		=	750
sektor75	0	1	0		≥	150
⋮						

Abb. 7-4: Zeilen- und Spaltenbezeichnungen für ein Problem der Produktionsprogrammplanung

arten oder Teilenummern, während die Restriktionszeilen etwa bezüglich der Maschinenkapazitäten oder Absatzsektoren gebildet werden. Wenn man die in der Abbildung aufgeführten Spalten- und Zeilennamen verwendet, so hätte das Tableau die folgende Repräsentation im MPS-Format:

```
name         produktion
rows
  n gewinn
  l masch673
  l masch687
  l masch765
  e sektor12
  g sektor75
columns
      teil4710   gewinn      37.0      masch687    2.5
      teil4710   masch765     1.3      sektor12    1.0
      teil4711   gewinn      20.5      masch673    3.2
      teil4711   sektor75     1.0
      teil4714   gewinn      57.8      masch687    2.4
      teil4714   masch765     1.2      sektor75    1.0
      :
rhs
      schranke   masch673  1250.0      masch687  1800.0
      schranke   masch765  1500.0      sektor12   750.0
      schranke   sektor75   150.0
enddata
```

Gegenstand des Eingabemoduls im Rahmen eines LP-Systems ist
es nun, aus den im MPS-Format vorliegenden Eingabedaten ein
LP-Modell zu generieren. Dieses LP-Modell wird durch ein er-
weitertes Ausgangstableau in irgendeiner, systemspezifischen
Form dargestellt, z.B. in der in Abschnitt 7.3.2 beschriebenen. Die Hauptaufgabe des Erzeugungsmoduls besteht also darin, die Eingabedaten entsprechend aufzubereiten, die Zeilen-
und Spaltennamen in Indices zu transformieren und die Speicherung der Daten in einer für den revidierten Simplexalgorithmus geeigneten Form zu veranlassen. In dem hier zu beschreibenden System können zur Abspeicherung der Daten in
dem erweiterten Ausgangstableau die Zugriffsfunktionen herangezogen werden, die das Modul *initial-tableau* für die
Generierungsphase bereitstellt. Die Verwaltung der Relationen

- (Zeilenname, Zeilenindex)
- (Spaltenname, Spaltenindex)

erfolgt mit Hilfe einer kleinen Datenkapsel *name-assignment*,
die in Anhang IV erläutert wird.

Das Modul *model-generation* läßt sich damit wie folgt charak-
terisieren:

<u>model-generation</u>

Funktion: Generierung eines LP-Modells in
                        Form des erweiterten Ausgangs-
                        tableaus aus Eingabedaten, die im
                        MPS-Format vorliegen

Parameter: -

Als Voraussetzungen für die Benutzung des Moduls sind zu
beachten:

<u>Benutzte Module</u>

initial-tableau (open-creation-a, create-next-col-a, create-
                col-rhs, put-next-coeff-a, put-row-types,
                close-a)

name-assignment (open-n, put-row-name, put-col-name)

<u>Benutzte Dateien</u>

eindat[1]

7.4.2 Die zwei Phasen des revidierten Simplexalgorithmus

7.4.2.1 Algorithmische Aspekte

In der Generierungsphase werden die Daten des Anwendungsproblems in das Schema des Ausgangstableaus eingetragen. Die
aus den Problemdaten erzeugte Koeffizientenmatrix ist zunächst eine $(m \times n)$-Matrix, bei der die Zeilenzahl m der
Anzahl der Nebenbedingungen und die Spaltenzahl n der Anzahl
der Problemvariablen entspricht. Ein LP-Modell kann damit
z.B. als

$$z = c_1 x_1 + c_2 x_2 + \ldots + c_n x_n \quad \rightarrow \quad \text{max!}$$

$$a_{11} x_1 + a_{12} x_2 + \ldots + a_{1n} x_n \leq b_1$$
$$a_{21} x_1 + a_{22} x_2 + \ldots + a_{2n} x_n \leq b_2$$
$$a_{31} x_1 + a_{32} x_2 + \ldots + a_{3n} x_n \geq b_3$$
$$a_{41} x_1 + a_{42} x_2 + \ldots + a_{4n} x_n = b_4$$
$$\vdots \qquad\qquad\qquad\qquad\qquad \vdots$$
$$a_{m1} x_1 + a_{m2} x_2 + \ldots + a_{mn} x_n = b_m$$

$$\text{mit} \quad x_j \geq 0 \quad \forall\, j$$

beschrieben werden. Die Maximierung der Zielfunktion z unter
den angegebenen Nebenbedingungen ist Gegenstand des Simplexverfahrens. Da hier nicht die algorithmischen Details im
Vordergrund stehen, werden nachfolgend nur die wichtigsten

---

1) Die Datei *eindat* enthält die Eingabedaten im MPS-Format.

Schritte des Verfahrens in Kurzform erläutert. Für ausführlichere Darstellungen wird auf die Literatur verwiesen[1].

Zunächst muß das System von Gleichungen und Ungleichungen in ein lineares Gleichungssystem überführt werden. Dies geschieht auf folgende Weise:

- Jede Nebenbedingung in Gleichungsform wird um eine zusätzliche, sog. künstliche Variable ergänzt.

- Alle Größer-gleich-Bedingungen werden durch Multiplikation der Zeile mit -1 in Kleiner-gleich-Bedingungen umgewandelt.

- Jede Ungleichung wird dann durch Einfügen einer Schlupfvariablen in eine Gleichung überführt.

Man erhält das lineare Gleichungssystem

$$
\begin{array}{l}
a_{11}x_1 + a_{12}x_2 + \cdots + a_{1n}x_n + x_{n+1} = b_1 \\
a_{21}x_1 + a_{22}x_2 + \cdots + a_{2n}x_n \quad\quad + x_{n+2} = b_2 \\
-a_{31}x_1 - a_{32}x_2 - \cdots - a_{3n}x_n \quad\quad\quad + x_{n+3} = -b_3 \\
a_{41}x_1 + a_{42}x_2 + \cdots + a_{4n}x_n \quad\quad\quad\quad + x_{n+4} = b_4 \\
\quad\vdots \\
a_{m1}x_1 + a_{m2}k_2 + \cdots + a_{mn}x_n \quad\quad\quad\quad\quad + x_{n+m} = b_m
\end{array}
$$

x_{n+1}, x_{n+2} und x_{n+3} sind hier Schlupfvariable, x_{n+4} sowie x_{n+m} künstliche Variable.

Das Gleichungssystem besitzt mehr Variable als Gleichungen. Eine Lösung existiert, wenn nur m Variable von null verschiedene Werte annehmen und die restlichen n Variablen gleich null gesetzt werden. Die nicht auf null gesetzten Variablen heißen Basisvariable. Das zentrale Problem beim Simplexalgorithmus ist die Auswahl von Basisvariablen,

---

1) Vgl. z.B. Cooper, Steinberg (1974), S. 116ff.; Orchard-Hays (1968), S. 23ff.; Murty (1976), S. 183ff.

welche das Gleichungssystem lösen. Die Basisvariablen werden
- durch Umrechnung des Gleichungssystems - sukzessiv solange
ausgetauscht, bis das Optimum der Zielfunktion erreicht ist,
sofern ein solches existiert.

Eine erste Lösung erhält man, wenn man $x_1,....,x_n$ gleich
null setzt; dann gilt

$$x_{n+1} = b_1$$
$$x_{n+2} = b_2$$
$$x_{n+3} = -b_3$$
$$x_{n+n} = b_n$$
$$x_{n+m} = b_m$$

Wie im Beispiel ist diese Lösung im allgemeinen Fall unzulässig:

Erstens wird teilweise die Nichtnegativitätsbedingung verletzt. Dies ist in Zeilen i der Fall, in denen die Basisvariable x_{B_i} einen negativen Wert hat[1]. Die Indexmenge
solcher Zeilen wird mit N bezeichnet:

$$N = \{i \mid x_{B_i} < 0\}$$

Zweitens enthält die Lösung künstliche Variable. Ein von
null verschiedener Wert einer künstlichen Variablen bedeutet
aber, daß die eigentliche Restriktion in der ursprünglichen
Form nicht erfüllt ist; d.h., eine Lösung kann nur zulässig
sein, wenn alle künstlichen Variablen gleich null sind. Die
Zeilenindices von Zeilen mit positiven künstlichen Variablen
werden in der Menge P zusammengefaßt:

$$P = \{i \mid x_{B_i} > 0 \land x_{B_i} \text{ künstliche Variable}\}$$

---

[1] x_{B_i} bezeichnet das i-te Element im Vektor der Basisvariablen.

Der Simplexalgorithmus geht in zwei Phasen vor. In Phase I
werden alle Unzulässigkeiten beseitigt, während die eigentliche Optimierung in Phase II erfolgt. Für die Phase I existieren eine Reihe verschiedener Techniken. Besonders geeignet für große LP-Probleme erweist sich der von Wolfe vorge-
schlagene "composite simplex algorithm", der die Phase I
weitgehend analog der Phase II behandelt[1]. Die zwei Phasen
unterscheiden sich hier nur durch spezielle Auswahlkriterien
für die jeweils in die Basis aufzunehmende bzw. die aus der
Basis zu entfernende Variable. Die wesentlichen Operationen,
insbesondere die Zeilen- und Spaltentransformationen beim
revidierten Simplexalgorithmus, sind dagegen in beiden Phasen nahezu identisch.

Zur Beseitigung der Unzulässigkeit müssen alle Variablen x_{B_i}
mit $i \in P \cup N$ aus der Basis entfernt werden. Eine Simplexiteration läuft bei dem Verfahren von Wolfe in Phase I
dann wie folgt ab:

(1) <u>Wahl der Eintrittsvariablen</u>

(a) Berechnung der Schattenpreise:

$$\pi_B^T = r^T B^{-1}$$

Für den Vektor r gilt: $\qquad r_i = \begin{cases} -1 & \text{für } i \in P \\ 1 & \text{für } i \in N \\ 0 & \text{sonst} \end{cases}$

(b) Bewertung der Nichtbasisvariablen j:

$$z_j = \pi_B^T A_j$$

(c) Auswahl der Variablen x_k, für die gilt:

$$z_k = \min_j z_j < 0$$

---

1) Vgl. Wolfe (1965), S. 42ff.

Falls $\min\limits_{j} z_j \geq 0$ und $\sum\limits_{i \in P} b_i' - \sum\limits_{i \in N} b_i' > 0$, so existiert keine zulässige Lösung.

(2) **Wahl der Austrittsvariablen**

    (a) Aktualisierung der Spalte A_k:

$$A_k' = B^{-1} A_k$$

    (b) Berechnung der Θ-Werte für A_k':

$$\Theta_1 = \frac{b_{s_1}'}{a_{s_1 k}'} = \min_i \left\{ \frac{b_i'}{a_{ik}'} \;\middle|\; b_i' \geq 0 \wedge a_{ik}' > 0 \right\}$$

$$\Theta_2 = \frac{b_{s_2}'}{a_{s_2 k}'} = \min_i \left\{ \frac{b_i'}{a_{ik}'} \;\middle|\; b_i' \leq 0 \wedge x_{B_i} \text{ künstliche} \right.$$
$$\left. \text{Variable} \wedge a_{ik}' < 0 \right\}$$

$$\Theta_3 = \frac{b_{s_3}'}{a_{s_3 k}'} = \min_i \left\{ \frac{b_i'}{a_{ik}'} \;\middle|\; b_i' < 0 \wedge x_{B_i} \text{ nicht} \right.$$
$$\left. \text{künstliche Variable} \wedge a_{ik}' < 0 \right\}$$

    (c) Aus der Basis wird entfernt:

       - die s_2-te Variable $(x_{B_{s_2}})$, falls $\Theta_2 \leq \Theta_1 < \infty$, sonst

       - die s_1-te Variable $(x_{B_{s_1}})$, falls $\Theta_1 < \Theta_3$, sonst

       - die s_3-te Variable $(x_{B_{s_3}})$.

(3) **Aktualisierung von B^{-1} und b'**

Dieser Schritt unterscheidet sich nicht von dem Vorgehen in Phase II. Das Update der Inversen kann auf verschiedene Arten erfolgen; darauf wird in Abschnitt 7.4.3 eingegangen.

Die Iterationen in Phase I werden so lange wiederholt, bis die Zulässigkeit hergestellt ist. Dieser Fall tritt ein, wenn die Mengen P und N leer sind.

Liegt eine zulässige Lösung vor, so beginnt die Phase II. Auch hier laufen bei einer Iteration die Schritte (1), (2) und (3) ab; allerdings unterscheiden sich die Auswahlregeln für die Eintritts- und Austrittsvariable von denen der Phase I. Eine Iteration beinhaltet nun folgende Teilalgorithmen:

(1) **Wahl der Eintrittsvariablen**

    (a) Berechnung der Schattenpreise:

$$\pi_B^T = c_B^T B^{-1}$$

    c_B^T ist ein Zeilenvektor von Zielfunktionskoeffizienten der Basisvariablen.

    (b) Bewertung der Nichtbasisvariablen j ("pricing"):

$$z_j = \pi_B^T A_j$$

    (c) Auswahl der Variablen x_k, für die gilt:

$$(z_k - c_k) = \min_j (z_j - c_j) < 0$$

    c_j ist der Zielfunktionskoeffizient der Variablen x_j. Falls $\min_j (z_j - c_j) \geq 0$, kann der Zielfunktionswert nicht weiter verbessert werden; das Optimum ist erreicht.

(2) **Wahl der Austrittsvariablen**

    (a) Aktualisierung der Spalte A_k:

$$A_k' = B^{-1} A_k$$

    (b) Berechnung des Θ-Werts für A_k':

$$\Theta = \frac{b_s'}{a_{sk}'} = \min_i \left\{ \frac{b_i'}{a_{ik}'} \mid i \in \{1, \dots, m\} \right\} > 0$$

    (c) Aus der Basis entfernt wird die s-te Variable (x_{B_s}). Falls kein positives Minimum existiert, ist das Problem nicht begrenzt.

(3) <u>Aktualisierung von B^{-1} und b'</u>

Die Aktualisierung der Inversen wird in Abschnitt 7.4.3 erörtert. Die neue rechte Seite des Gleichungssystems erhält
man durch Multiplikation der alten rechten Seite mit einer
Elementarmatrix E:

$$b'_{neu} = E \cdot b'_{alt}$$

E entsteht aus einer Einheitsmatrix, indem man die Spalte s
durch eine Spalte ersetzt, deren Elemente gebildet werden
als

$$- \frac{a'_{ik}}{a'_{sk}} \qquad \text{für } i \neq s$$

$$\frac{1}{a'_{sk}} \qquad \text{für } i = s$$

7.4.2.2 Prozedurale Abstraktionen

Die algorithmische Erörterung des Simplexverfahrens verdeutlicht, daß in beiden Phasen weitgehend ähnliche Teilschritte zur Ausführung kommen. Dies sind einerseits die
zur Wahl der Eintritts- und Austrittsvariablen notwendigen
Matrix- und Vektoroperationen, zum anderen die Aktualisierung der Basisinversen von einer Iteration zur nächsten.
Die beiden Gruppen von Teilfunktionen werden in jeweils
einem Modul zusammengefaßt.

Die mit der Verwaltung der Variablen und dem Basistausch
zusammenhängenden Funktionen sind in dem Modul *basis-control*
vereinigt. Dieses Modul stellt Prozedurzugriffe für die
charakteristischen Schritte eines Basistauschs zur Verfügung:

- Wahl der Eintrittsvariablen
- Wahl der Austrittsvariablen
- Aktualisierung der Basislösung

Bei der Wahl der Eintrittsvariablen kann angegeben werden, ob alle oder nur ein Teil der Nichtbasisvariablen mit Hilfe der Schattenpreise bewertet und in die Auswahl einbezogen werden sollen ("partial pricing"). Die zweite Alternative kann oft günstiger sein, da das "pricing" für alle Nichtbasisvariablen sehr aufwendig ist und dieser Nachteil durch die Wahl einer eventuell noch besser geeigneten Eintrittsvariablen nicht wettgemacht wird.

Zur Vermeidung zusätzlichen Rechenaufwands werden in manchen LP-Systemen nach der Bewertung der Nichtbasisvariablen gleich mehrere potientielle Kandidaten auf einmal ausgewählt und in den folgenden Iterationen als Eintrittsvariable herangezogen. Diese Modifikation heißt "multiple pricing". Sie ist algorithmisch komplizierter und erfordert zum Teil Parallelarbeit bei den Aktualisierungsfunktionen[1].

Die Funktionen des Moduls *basis-control* können nun durch die nachfolgenden Schnittstellen beschrieben werden. Soweit eine Unterscheidung zwischen den beiden Phasen erforderlich ist, erhalten Funktionen für die Phase I die Kennzeichnung *feasibility* und die Funktionen für Phase II die Kennzeichnung *optimization*.

(1) <u>select-feasibility-col</u>

Funktion:	Ermittlung einer Eintrittsvariablen in Phase I
Input-Parameter:	auswahl-menge ┬ partial bei "partial pricing"
	└ full sonst
Output-Parameter:	spalten-index
	status ┬ feasible wenn bereits Zulässigkeit erreicht

---

1) Das "multiple pricing" wird hier nicht weiter erörtert. Der interessierte Leser wird auf die Literatur verwiesen; vgl. z.B. Orchard-Hays (1968), S. 109ff.

   ┌─ infeasible bei Nichtexistenz einer
   │   zulässigen Lösung
   └─ found   wenn eine Eintrittsvariable
             gefunden

(2) select-optimization-col

Funktion: Ermittlung einer Eintrittsvariablen in
           Phase II

Input-Parameter: auswahl- (s.o.)
          menge

Output-Parameter: spaltenindex
          status ─┬─ optimum wenn bereits das
             │   Optimum erreicht
             └─ found   wenn eine Ein-
                    trittsvariable
                    gefunden

(3) update-a-col

Funktion: Aktualisierung der Spalte A_k der Ein-
           trittsvariablen: $A_k' = B^{-1} A_k$

Input-Parameter: spaltenindex
Output-Parameter: -

(4) update-rhs-col

Funktion: Aktualisierung der Basislösung aufgrund
           des Basistauschs:
           $b'_{neu} = E \cdot b'_{alt}$

Parameter: -

(5) select-feasibility-pivot

Funktion: Ermittlung der Austrittsvariablen, d.h.
           der Pivotzeile, nach dem Θ-Kriterium
           für Phase I

Input-Parameter: -

Output-Parameter: zeilenindex

(6) <u>select-optimization-pivot</u>

Funktion: Ermittlung der Austrittsvariablen,
                        d.h. der Pivotzeile, nach dem Θ-Krite-
                        rium für Phase II

Input-Parameter: -

Output-Parameter: zeilenende

                        status ──┬── unbounded   bei unbegrenz-
                                 │   ter Lösung
                                 └── found   wenn eine Aus-
                                                  trittsvariable
                                                  gefunden

Die Funktionen des Moduls *basis-control* benutzen verschiedene andere Module. Insbesondere wird die Ermittlung der
Schattenpreise in dem Modul *row-transformation* durchgeführt, während die aktualisierten Spalten von dem Modul
column-transformation verwaltet werden.

Die Reihenfolgebedingungen ergeben sich unmittelbar aus den
zwei Phasen des Simplexalgorithmus. (Aus der Logik der Simplexiterationen folgt, daß natürlich nicht jede formal zulässige Reihenfolge auch sinnvoll zu sein braucht!)

<u>Benutzte Module</u>

initial-tableau (init-col-a, init-row-obj, get-next-coeff-
                a, close-a)
row-transformation (open-r, get-feasibility-prices, get-
                shadow-prices, close-r)
column-transformation (open-c, create-updated-col, put-
                next-coeff-c, put-ende-c, init-updated-
                col, get-next-coeff-c)
basis-inverse   (open-b, left-b, init-next-factor-b, get-
                next-coeff-b, close-b)

<u>Reihenfolgebedingungen</u>

basis-control: ((select-feasibility-col; update-a-col;
        update-rhs-col; select-feasibility-pivot)'*;
        (select-optimization-col; update-a-col; update-
        rhs-col; select-optimization-pivot)'*)'*.

Der Aufruf der Funktionen wird von den Modulen *feasibility*
und *optimization* gesteuert, die für die Durchführung der
Phasen I und II des "composite simplex algorithm" zuständig sind.

Das Modul *feasibility* hat außerdem die Aufgabe, aus dem in
der Generierungsphase erzeugten System von Gleichungen und
Ungleichungen ein lineares Gleichungssystem zu erstellen,
welches der Phase I des Simplexalgorithmus zugeführt werden kann. *feasibility* muß also zunächst

- Zeilen mit Größer-gleich-Bedingungen durch Multiplikation mit -1 in Kleiner-gleich-Bedingungen umwandeln,
  d.h., alle Koeffizienten einer Zeile durch die mit -1
  multiplizierten Werte ersetzen,

- Schlupfvariable und künstliche Variable einfügen,

- Informationen über den Typ jeder Variablen festhalten.
  Diese Informationen gehen in eine globale Datenstruktur
  variablen-charakteristik ein, die in Abschnitt 7.4.4
  erläutert wird.

Wenn das vollständige,erweiterte Ausgangstableau vorliegt,
ermittelt das Modul eine zulässige Lösung, sofern eine
solche existiert.

<u>feasibility</u>

Funktion: Vervollständigung des Ausgangstableaus
                   und Ermittlung einer zulässigen Lösung
                   (Phase I des Simplexalgorithmus)

Input-Parameter: -

Output-Parameter: status ─┬─ feasible   wenn Zulässig-
                              │   keit erreicht
                              │   werden konnte
                              └─ infeasible   bei Nichtexistenz
                                              einer zulässigen
                                              Lösung

Benutzte Module

initial-tableau (open-processing-a, get-row-types, init-
                  col-rhs, init-row-a, get-next-coeff-a,
                  replace-coeff-a)
basis-control   (select-feasibility-col, update-a-col,
                  update-rhs-col, select-feasibility-pivot)
basis-update   (update-factors, reinversion)

Wenn in Phase I eine zulässige Ausgangslösung gefunden wurde, gelangt der eigentliche Optimierungsalgorithmus für
Phase II zur Anwendung. Er wird von dem Modul *optimization*
implementiert, das wie folgt beschrieben ist:

optimization

Funktion: Ermittlung der optimalen Lösung, ausge-
                  hend von einer zulässigen Anfangslösung
                  (Phase II des Simplexalgorithmus)

Input-Parameter: optimierungs- ─┬─ min   wenn die Zielfunk-
                 richtung   │   tion zu minimieren
                                 │   ist
                                 └─ max   wenn die Zielfunk-
                                          tion zu maximieren
                                          ist

Output-Parameter: status ─┬── optimum   wenn das Optimum
                          │   gefunden
                          └── unbounded   bei unbeschränkter
                                          Lösung

Benutzte Module

basis-control   (select-optimization-col, update-a-col,
                  update-rhs-col, select-optimization-pivot)
basis-update   (update-factors, reinversion)

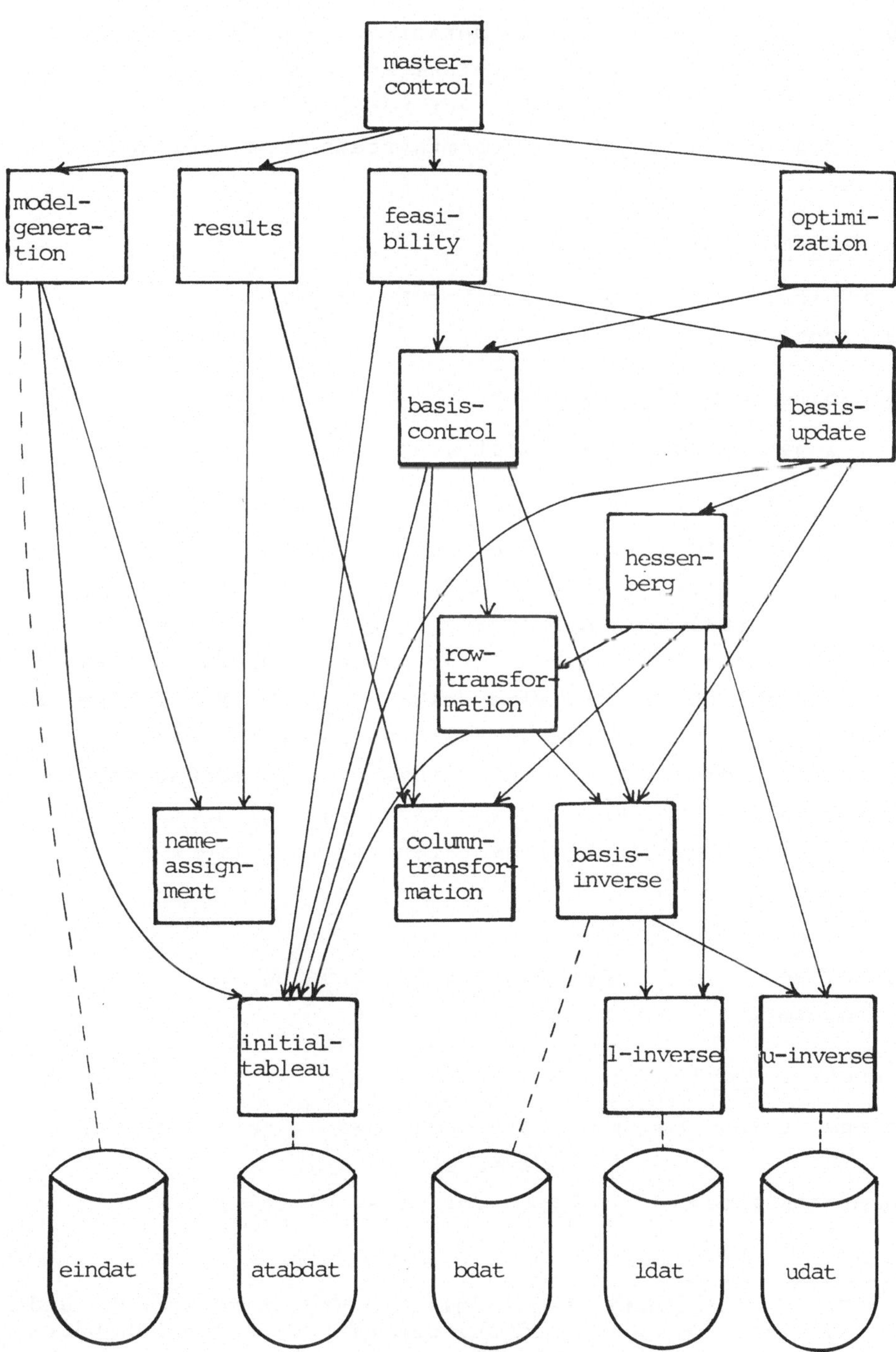

Abb. 7-5: Module und Dateien eines LP-Systems

Die Module *feasibility* und *optimization* werden wie *model-generation* und *results* von einem Steuermodul *master-control* aktiviert, das den Gesamtablauf kontrolliert. Die Stellung der Module innerhalb des Gesamtsystems gibt Abbildung 7-5 wieder.

<u>master-control</u>

Funktion: Lösung eines LP-Problems
Parameter: -

<u>Benutzte Module</u>

model-generation, feasibility, optimization, results

Das Modul *results* dient zur Aufbereitung und Ausgabe der Ergebnisse. In den bekannten Softwaresystemen zur linearen Optimierung werden sehr umfangreiche Informationen bezüglich der erreichten Lösung ausgegeben, deren Darstellung und Ableitung den Rahmen dieser Arbeit überschreitet[1]. Als Minimalanforderung wird deshalb von dem Modul hier nur verlangt, daß die Werte der Basisvariablen bereitgestellt werden. Zu diesem Zweck muß wieder eine Zuordnung der Indices zu den vom Benutzer gewählten Variablennamen erfolgen, welche das Modul *name-assignment* verwaltet.

<u>results</u>

Funktion: Ausgabe der Basislösung
Parameter: -

<u>Benutzte Module</u>

column-transformation (init-updated-col, get-next-coeff-c,
                       close-c)
name-assignment   (get-col-name, close-n)

---

1) Zur Beschreibung aller möglichen Ergebnisausdrucke und
   -interpretationen wird auf die einschlägigen Handbücher
   der Hersteller von LP-Software verwiesen.

7.4.3 Aktualisierung der Basisinversen

Bei einer Simplexiteration wird eine in der Basis befindliche Variable durch eine andere ersetzt, so daß die Basismatrix B entsprechend angepaßt werden muß. Da der revidierte
Simplexalgorithmus nicht mit der Matrix B, sondern mit ihrer Inversen B^{-1} arbeitet, ist dies gleichbedeutend mit der
Aktualisierung von B^{-1}. Grundsätzlich lassen sich zwei Vorgehensweisen unterscheiden:

- Die bei einer Simplexiteration vorliegende Inverse wird
  fortgeschrieben; d.h., B^{-1} wird dahingehend manipuliert,
  daß sie die dem Basistausch entsprechenden Zeilen- und
  Spaltenumrechnungen reflektiert.

- Die Inverse wird völlig neu erstellt, indem man aus den
  Spalten des Ausgangstableaus, die den Basisvariablen zugeordnet sind, eine neue Basismatrix bildet und diese in-
  vertiert.

In einem LP-System kommen beide Alternativen zur Anwendung.
Auf die Auswahl wird später eingegangen.

7.4.3.1 Aktualisierung der Faktoren

Wie oben erläutert, wird die Inverse B^{-1} in der Regel nicht
explizit, sondern in einer Produktdarstellung

$$B^{-1} = M_t\, M_{t-1}\, \cdots\, M_1$$

geführt, die verschiedene Ausprägungsformen haben kann. Die
Faktoren M_i sind elementare Zeilen- oder Spaltenmatrizen,
die in komprimierter Form gespeichert werden. Eine solche
Implementierung liegt auch dem Modul *basis-inverse* zugrunde.

Die einfachste Aktualisierungsmöglichkeit besteht darin,
die Inverse von links mit einer elementaren Spaltenmatrix E
zu multiplizieren. E wird wie folgt gebildet: Sei x_k die
Eintrittsvariable bei einem Basistausch; aus der Basis zu

entfernen sei die s-te Variable (x_{B_s}). Dann ergibt sich E, wenn man in einer Einheitsmatrix die Spalte s durch Koeffizienten ersetzt, die man aus der aktualisierten Spalte A_k' berechnet:

$$E = \begin{pmatrix} 1 & 0 & \ldots & -\dfrac{a_{1k}'}{a_{sk}'} & \ldots & 0 \\[2ex] & & & & & \vdots \\[1ex] 0 & 1 & \ldots & -\dfrac{a_{2k}'}{a_{sk}'} & & \\[2ex] \vdots & & & \vdots & & \\[1ex] & & & \dfrac{1}{a_{sk}'} & & \\[2ex] & & & -\dfrac{a_{s+1,k}'}{a_{sk}'} & & \\[2ex] & & & \vdots & & \\[1ex] 0 & \ldots & & -\dfrac{a_{mk}'}{a_{sk}'} & \ldots & 1 \end{pmatrix}$$

Für die neue Inverse gilt dann

$$B_{neu}^{-1} = E \cdot B_{alt}^{-1} \quad \text{bzw.} \quad B_{neu}^{-1} = E\, M_t\, M_{t-1}\, \cdots\, M_1$$

Wenn bereits von Beginn des Simplexverfahrens an in dieser Weise verfahren wird, stellt sich die Inverse nach der (q+1)-ten Iteration als Produkt von E-Matrizen E_i dar

$$B_{neu}^{-1} = E_{q+1}\, E_q\, \cdots\, E_1 \;,$$

da die zu aktualisierende Inverse der Ausgangsbasis die Einheitsmatrix ist. Bei einer zunächst in LU-Zerlegung repräsentierten Inversen erhielte man etwa

$$B_{neu}^{-1} = E_{q+1}\, U_1^{-1} \cdots U_q^{-1}\, L_q^{-1} \cdots L_1^{-1}$$

Die Aktualisierung mit E-Faktoren (Standardfaktoren) läßt
sich sehr leicht durchführen. Sie wurde früher allgemein angewendet, weist aber den Nachteil auf, daß die Faktoren zum
Auffüllen neigen; d.h., die zu speichernden Spalten können
zum Teil viele Nichtnullelemente besitzen. Deshalb beschränkt man die Standardaktualisierung heute auf bestimmte
Fälle, die unten erläutert werden.

Die zweite Möglichkeit, eine Inverse in Produktform zu aktualisieren, kann man einsetzen, wenn die Faktoren untere oder
obere Dreiecksmatrizen sind - die Inverse also in LU-Zerlegung

$$B^{-1} = U_1^{-1} \ldots U_q^{-1} \ L_q^{-1} \ldots L_1^{-1}$$

existiert -, und die Dreiecksform beibehalten werden soll.
Die U_i^{-1} und L_i^{-1} sind elementare Spaltenmatrizen, die aber nur
oberhalb bzw. unterhalb der Hauptdiagonalen besetzt sind.

Wenn man die in die Basis aufzunehmende Spalte A_k des Ausgangstableaus mit L^{-1} multipliziert, erhält man zunächst
den teilaktualisierten Vektor

$$S_k = L_q^{-1} \ldots L_1^{-1} A_k$$

Ersetzt man in der oberen Dreiecksmatrix U, die durch die
Produktform $U_1^{-1} \ldots U_q^{-1}$ impliziert wird, die Pivotspalte s
durch diesen Vektor, so ergibt sich die in Abbildung 7-6a

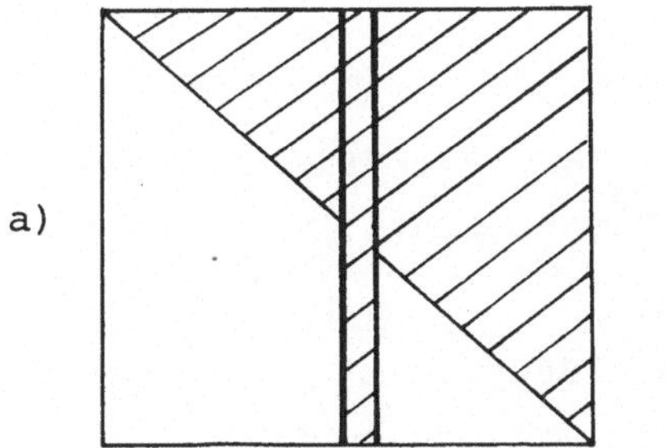
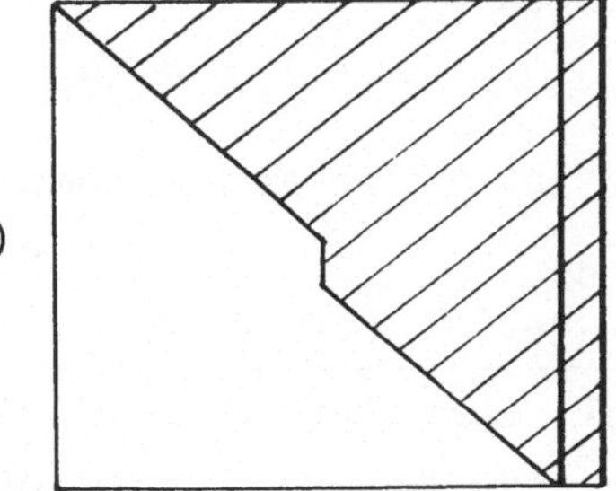

Abb. 7-6: Modifizierte Dreiecksmatrizen

gezeigte Form, die man durch Permutation in eine obere Hessenberg-Matrix H überführen kann (Abbildung 7-6b). H muß nun in die Dreiecksform von U transformiert werden. Dazu wurden zwei grundsätzlich unterschiedliche Möglichkeiten vorgeschlagen.

Bartels und Golub veröffentlichten bereits 1969 einen Algorithmus, der die Hessenberg-Matrix auf dem Wege der Gauß'schen Elimination auf Dreiecksform żurückführt[1]. Durch Zeilenvertauschungen vor dem Pivotieren erreichen sie hohe numerische Stabilität. Das Bartels-Golub-Verfahren neigt allerdings stark zum Auffüllen mit Nichtnullelementen. Außerdem geht es von der expliziten Speicherung der Matrix U und der Inversen L^{-1} aus; Produktformen mit gepackten Speicherformaten sind sehr schwierig zu realisieren.

Besser geeignet ist ein Updateverfahren, das Forrest und Tomlin entwickelt haben und das in neueren LP-Systemen implementiert ist[2]. Bei diesem Verfahren wird die Hessenberg-Matrix durch Löschen der s-ten <u>Zeile</u> in Dreiecksform gebracht[3]. Der Algorithmus verfährt wie folgt:

(1) Berechnung der Zeile s der Inversen U^{-1}:

$$u_s^T = e_s^T \; U_1^{-1} \; \ldots \; U_q^{-1}$$

(2) Bildung der elementaren Zeilenmatrix R, in der die mit u_{ss} multiplizierten Elemente von u_s^T die s-te Zeile repräsentieren:

$$R = I - e_s(e_s^T - u_{ss} \, u_s^T)$$

Dabei ist I die Einheitsmatrix, e_s der s-te Einheitsvektor und u_{ss} das Pivotelement einer Elementarmatrix U_i mit ausgezeichneter Spalte s.

---

1) Vgl. Bartels, Golub (1969), S. 266ff.

2) So etwa in dem System MPSX/370; vgl. Bénichou u.a. (1977), S. 285ff.

3) Vgl. Forrest, Tomlin (1972), S. 268ff.

R wird als neuer Faktor der Produktform von L^{-1} angefügt:

$$L^{-1}_{neu} = R \ L^{-1}_q \ \ldots \ L^{-1}_1$$

(3) Löschen des U-Faktors (d.h. der Elementarmatrix), der in Zeile s ein Pivotelement besitzt, in der Produktform von U^{-1}.

(4) Löschen der Elemente mit Zeilenindex s in allen U-Faktoren.

(5) Multiplikation des teilaktualisierten Vektors S_k, der für die Eintrittsspalte A_k gebildet wird, mit R:

$$S'_k = R \cdot S_k$$

(6) Bildung einer elementaren Spaltenmatrix C, deren s-te Spalte aus S'_k errechnet wird:

$$C = I - \frac{(S'_k - e_s) \, e^T_s}{s'_{sk}}$$

s'_{sk} ist das Pivotelement in dem Vektor S'_k .

C wird als neuer Faktor der Produktform von U^{-1} angefügt:

$$U^{-1}_{neu} = U^{-1}_1 \ \ldots \ U^{-1}_q \ C$$

Die Operationen, die beim Aktualisieren der Faktoren nach dem Forrest-Tomlin-Verfahren auf der impliziten Hessenberg-Matrix durchgeführt werden, sind also:

- Anlegen der Hessenberg-Matrix, zunächst in der Gestalt von U
- Linksverschieben von Spalten
- Anfügen einer neuen Spalte
- Löschen einer Zeile
- Übernehmen der triangulierten Matrix als U

Diese Operationen werden in dem Modul *hessenberg* zusammengefaßt. Das Modul läßt sich im weiteren Sinne als Datenkapsel interpretieren, jedoch auf einem sehr hohen Abstraktionsgrad, da die Matrix H in keiner Form existiert. Ihre
Elemente werden nicht durch explizite Schreib- und Lesezugriffe manipuliert. H wird ausschließlich durch Operationen
auf den Faktoren U_i^{-1} und L_i^{-1} simuliert. Das Modul *hessenberg*
exportiert folgende Funktionen:

(1) <u>open-h</u>

Funktion:	Vorbereitungsarbeiten, insbesondere Anlegen einer Ausgangsversion von H in Form von U
Parameter:	-

(2) <u>shift-left-h</u>

Funktion:	Verschieben aller Spalten s+1 bis m (d.h. ab einem angegebenen Index s+1) um eine Spalte nach links
Input-Parameter:	spaltenindex

(3) <u>delete-row-h</u>

Funktion:	Löschen einer Zeile von H
Input-Parameter:	zeilenindex
Output-Parameter:	-

(4) <u>add-col-h</u>

Funktion:	Anfügen einer neuen Spalte m in H
Input-Parameter:	index[1]
Output-Parameter:	-

---

1) Index der Spalte im Ausgangstableau, die - transformiert
   - angefügt werden soll.

(5) <u>close-h</u>

Funktion: Abschlußarbeiten, insbesondere
                             Übernahme der triangulierten
                             Matrix als U

Parameter: -

Da die Hessenberg-Matrix nur simuliert wird und der Forrest-
Tomlin-Algorithmus auf den Faktoren L_i^{-1} und U_i^{-1} arbeitet,
werden die 6 Schritte des Algorithmus von den Funktionen unter Benutzung der entsprechenden Zugriffe auf die *u-inverse*
und *l-inverse* implementiert.

Bestimmte Operationen braucht man nicht mehr durchzuführen,
da sie in der gleichen oder einer ähnlichen Form bei anderen
Schritten des revidierten Simplexalgorithmus bereits erfolgen. Aus diesem Grund ist das algorithmisch komplizierte
Updateverfahren von Forrest und Tomlin dennoch relativ effizient.

So kann einmal die Berechnung der Zeile u_s^T der Inversen U^{-1},
die das zeitaufwendige Durchlaufen der Produktform U^{-1} erfordert, gleichzeitig mit der Ermittlung der Schattenpreise für
die nächste Iteration erledigt werden. Das Modul *row-transformation* stellt dann Lesezugriffe auf u_s^T bereit.

Zum anderen fällt die teilaktualisierte Spalte $S_k = L^{-1} A_k$
für die Eintrittsvariable x_k bereits beim Update der Spalte
A_k vor der Pivotwahl an. Sie wird von dem Modul *column-
transformation* verwaltet und zur Verfügung gestellt.

Damit erhält man folgende Voraussetzungen für die Benutzung
des Moduls *hessenberg* (die Reihenfolgebedingungen ergeben
sich aus dem Forrest-Tomlin-Algorithmus):

<u>Benutzte Module</u>

u-inverse (left-u, init-next-factor-u, get-next-coeff-u,
           put-next-coeff-u, put-ende-u, delete-col-u,
           delete-row-u)

l-inverse   (create-next-factor-l, put-next-
                          coeff-l, put-ende-l)
row-transformation   (init-inverse-row, get-next-coeff-r)
column-transformation   (init-partially-updated-col, get-
                          next-coeff-c)

<u>Reihenfolgebedingungen</u>

hessenberg: (open-h; shift-left-h; delete-row-h; add-col-h;
             close-h)'*.

Nach der Darstellung der beiden grundsätzlichen Aktualisie-
rungsmöglichkeiten einer Inversen in Produktform soll kurz
auf die Wahl zwischen den Alternativen eingegangen werden.
Das Forrest-Tomlin-Verfahren zeichnet sich vor allem dadurch aus, daß die dünne Besetzung von L^{-1} und U^{-1} auch bei
den Updatefaktoren R und C erhalten bleibt. Numerische Stabilität steht zwar nicht wie bei dem Bartels-Golub-Algo-
rithmus im Vordergrund; die dünne Besetzung wirkt sich jedoch auch bezüglich der Fortpflanzung von Rundungsfehlern
günstig aus.

Als Nachteil ist der enorme algorithmische Aufwand zu beurteilen. Vor allem bei sehr dünn besetzten Basismatrizen
steht der Aufwand in keinem angemessenen Verhältnis zur
Vermeidung neuer Nichtnullelemente. Hier ist die Standardaktualisierung mit E-Faktoren klar vorzuziehen. In dem LP-
System MPSX/370 wird als Maßstab für die dünne Besetzung
beispielsweise bei jeder Reinversion der Quotient

$$\frac{\text{Nichtnullelemente in } B^{-1}}{\text{Nichtnullelemente in } B}$$

berechnet, der sehr einfach zu erhalten ist. Wenn der Quotient kleiner als 1,1 ist, wird vermutet, daß auch die Update-Faktoren dünn besetzt sein werden; bis zur nächsten
Reinversion kommt dann die Standardaktualisierung zur Anwendung. Liegt der Quotient über dem Wert 1,1, wird die
Forrest-Tomlin-Methode herangezogen[1].

---

1) Vgl. Benichou u.a. (1977), S. 300f.; Ciriani (1980), S.9.
   Der Grenzwert 1,1 kann vom Benutzer auch verändert werden.

7.4.3.2 Reinversion der Basis

Wenn man die Basisinverse nur durch die Update-Faktoren aktualisiert, entstehen bei jeder Simplexiteration neue Faktoren, die - soweit sie nicht Einheitsmatrizen sind - gespeichert werden müssen. Durch neue R-, C- oder E-Faktoren wächst die Produktform und damit der Speicherbedarf ständig an. Da eine immer längere Produktform zu durchlaufen ist, werden die Zeilen- und Spaltentransformationen immer aufwendiger, und die Rundungsfehler kumulieren sich immer stärker. Deshalb ist es notwendig, die Inverse B^{-1} periodisch neu zu erstellen.

Die Möglichkeit, die Inverse in der Standard-Produktform

$$B^{-1} = E_q \; E_{q-1} \; \cdots \; E_1$$

zu erzeugen, wurde in früheren LP-Systemen angewendet. Gegenüber der Eliminationsform in LU-Zerlegung

$$B^{-1} = U_1^{-1} \; U_2^{-1} \; \cdots \; U_q^{-1} \; L_q^{-1} \; \cdots \; L_2^{-1} \; L_1^{-1}$$

enthält die Standard-Produktform jedoch wesentlich mehr Nichtnullelemente, und die Laufzeit des Inversionsalgorithmus ist etwa um einen Faktor 1,5 - 5 größer[1]. In dem hier zu beschreibenden System wird deshalb, wie heute üblich, die Inverse in Eliminationsform erstellt.

Die Vorgehensweise bei der Reinversion gliedert sich grundsätzlich in zwei Phasen. Zunächst wird eine möglichst günstige Pivotfolge ermittelt und anschließend die eigentliche Inversion durchgeführt.

Die Auswahl der Pivotpositionen verfolgt das Ziel, solche Elemente als Pivotelemente heranzuziehen, bei denen erwartet werden kann, daß

---

1) Vgl. Bastian (1980), S. 48.

- die sich ergebenden Elementarmatrizen (genauer: die ausgezeichneten Spalten der Elementarmatrizen) L_i^{-1} und U_i^{-1}
  dünn besetzt sind,

- die Rundungsfehler gering gehalten werden (numerische
  Stabilität).

Die zweite Forderung läßt sich verwirklichen, wenn keine
betragsmäßig sehr kleinen Pivotelemente gewählt werden.
Das erste Ziel wird offensichtlich unterstützt, wenn man
in Spalten und Zeilen mit sehr wenig Nichtnullelementen,
im günstigsten Fall mit nur einem Nichtnullelement, pivotiert. Wenn dieses Element die 1 ist - etwa bei der Spalte
einer Schlupfvariablen -, dann sind die L_i^{-1} und U_i^{-1} Einheitsmatrizen, die man gar nicht zu speichern braucht!

In der Literatur sind sehr viele, unterschiedliche Pivotstrategien vorgeschlagen worden, die verschiedene, zum
Teil sehr aufwendig zu ermittelnde Kriterien auf der Grundlage der Anzahl von Nichtnullelementen in den Spalten und/
oder Zeilen verwenden[1]. Bereits mit sehr einfachen Sor-
tierkriterien lassen sich relativ gute Ergebnisse erreichen[2]. Deshalb liegt hier dem Inversionsalgorithmus folgende Strategie zugrunde:

- Die in die Basis aufzunehmenden Spalten j_q ($q = 1,\ldots,m$)
  werden nach aufsteigender Zahl der Nichtnullelemente sortiert und in dieser Reihenfolge verarbeitet.

- In jeder Spalte wird ein Pivotelement mit Zeilenindex i_q
  ($q = 1,\ldots,m$) ausgewählt. Sofern weitere Pivotmöglich-
  keiten bestehen, werden diese in einem Stack gespeichert.

- Wenn in einer Spalte keine noch nicht vergebene Pivotzeile gefunden werden kann, wird der Stack abgearbeitet.

---

1) Einen Überblick geben z.B. Ohse (1979), S. 25ff.;
   Duff (1977), S. 505.

2) Vgl. Ohse (1979), S. 26.

Nachdem eine Pivotfolge festliegt, kommt die eigentliche
Inversion zur Ausführung. Seien

$$(i_1,j_1),(i_2,j_2),\ldots,(i_q,j_q),\ldots,(i_m,j_m)$$

Indextupel für die Pivotelemente in B. Dann erhält man auf
der Grundlage der Gauß'schen Elimination die q-ten Faktoren einer Produktform wie folgt:

(1) Bereitstellen der Spalte A_{jq} des Ausgangstableaus

(2) Multiplikation mit den schon vorliegenden L-Faktoren:

$$S = L_{q-1}^{-1} \ldots L_1^{-1} A_{jq}$$

(3) Konstruktion des q-ten L-Faktors aus den Elementen s_i
von S; die i_q-te Spalte von L_q^{-1} ergibt sich als

$$O \quad \text{für} \quad i < i_q$$
$$1 \quad \text{für} \quad i = i_q$$

$$-\frac{s_i}{s_{i_q}} \quad \text{für} \quad i > i_q$$

(4) Erzeugen der i_q-ten Spalte von $U^{1)}$:

$$(U)_{i_q} = L_q^{-1} \cdot S$$

(5) Konstruktion des q-ten U-Faktors aus den Elementen u_i
von $(U)_{i_q}$; die i_q-te Spalte von U_q^{-1} ergibt sich als

$$-\frac{u_i}{u_{i_q}} \quad \text{für} \quad i < i_q$$

$$\frac{1}{u_{i_q}} \quad \text{für} \quad i = i_q$$

---

1) Die i_q-te Spalte von U wird als $(U)_{i_q}$ bezeichnet zur Unterscheidung von der Elementarmatrix U_q, die mit ihrer
Hilfe gebildet wird.

$$O \quad \text{für} \quad i > i_q$$

Da aufgrund der Pivotwahlstrategie in der Regel nicht entlang der Hauptdiagonalen pivotiert wird, erhält man eine permutierte Inverse. Dies muß bei späteren Simplexoperationen berücksichtigt werden.

Die vollständige Inversion einer Basis wird von der Funktion *reinversion* des Moduls *basis-update* vorgenommen. Sie erzeugt die Inverse als ein Produkt von Faktoren L_i^{-1} und U_i^{-1}. Die Spalten A_j, die zum aktuellen Zeitpunkt die Basismatrix B bilden, werden dem Ausgangstableau entnommen. Die Information, welche Variable der Basis angehören, stellt die unten zu erläuternde *variablen-charakteristik* zur Verfügung.

Der Inversionsalgorithmus greift auf das Ausgangstableau zu und trägt die erzeugten L- und U-Faktoren in die *basis-inverse* ein. Das Modul *basis-inverse* sorgt dann selbst dafür, daß die Faktoren entsprechend an die *l-inverse* und *u-inverse* weitergereicht werden[1]. Die für die Pivotwahlstrategie wichtige Anzahl der Elemente einer Spalte liefert die Funktion *get-col-counts* des Moduls *initial-tableau*.

Das Modul *basis-update* implementiert zwei prozedurale Abstraktionen für die Aktualisierung von Faktoren und für die Reinversion:

(1) <u>reinversion</u>

Funktion: Erzeugung der Inversen einer Matrix B in Produktform (Eliminationsform mit LU-Zerlegung)

Parameter: -

---

1) Diese Implementation wurde aus Gründen der Uniformität und Adaptabilität gewählt, da prinzipiell auch die Erzeugung der Inversen in Standard-Produktform zugelassen und in analoger Weise behandelt werden sollte.

(2) update-factors

Funktion: Aktualisierung einer existierenden
                            Inversen in Produktform durch R-,
                            C- oder E-Faktoren

Input-Parameter: spaltenindex[1]
                            zeilenindex[2]

Output-Parameter: -

Benutzte Module

initial-tableau (init-col-a, get-next-coeff-a, get-col-
                counts)
basis-inverse   (create-next-factor-b, put-next-coeff-b,
                put-ende-b, right-b, init-next-factor-b,
                get next coeff b)
hessenberg   (open-h, shift-left-h, delete-row-h, add-
                col-h, close-h)

Reihenfolgebedingungen

basis-update: (update-factors, reinversion)' * .

---

1) Index der Spalte des Ausgangstableaus, die in die Basis
   eintritt.
2) Index der Pivotzeile.

7.4.4 Variablen-Charakteristik

Bei größeren Systemen tritt häufig das Problem auf, daß bestimmte Informationen in vielen Modulen verarbeitet, erzeugt bzw. verändert werden , d.h., sie müssen global bekannt sein. Auch in einem LP-System ergibt sich diese Notwendigkeit, da Informationen über die Variablen des Modells in allen Modulen zur Verfügung stehen müssen, welche die algorithmischen Komponenten des revidierten Simplexverfahrens implementieren.

Die Informationen über die Modellvariablen werden in der globalen Datenstruktur *variablen-charakteristik* geführt. Sie beinhalten:

- den *variablen-typ*, codiert als

    a   für künstliche Variable ("artifical")
    s   für Schlupfvariable ("slack")
    r   für Strukturvariable ("real")

- den *variablen-zustand*, der angibt, ob die Variable in der Basis ist oder nicht:

    b   für Basisvariable
    n   für Nichtbasisvariable

- den *variablen-bereich*, der eine Kennzeichnung für den Zahlenbereich enthält, in dem der aktuelle Variablenwert liegt:

    n   für negativen Wert
    p   für positiven Wert
    O   für null

- die *variablen-position*; sie bezeichnet die Spalte in der Basis, die eine Variable einnimmt (sofern sie Basisvariable ist).

Diese Informationen werden im Verlauf des revidierten Simplexalgorithmus ständig aktualisiert.

Die Vereinbarung als globale Datenstruktur ist nicht unproblematisch, weil sie die Kopplung der Module erheblich verstärkt[1]. Der Nachteil muß hier in Kauf genommen werden, da es sonst erforderlich wäre, die Informationen der *variablen-charakteristik* sehr vielen Modulen explizit bekannt zu machen. Dies hätte zur Folge, daß die Schnittstellen aller Module, welche die Informationen benötigen, um die ganze oder um Teile der *variablen-charakteristik* erweitert werden müßten. Damit erhielte man aber nahezu die gleichen Nachteile wie bei einer globalen Datenstruktur.

Die oben genannten Informationen werden für alle Variablen des Modells geführt. Die Variablenzahl ist gleich der Summe aller Struktur-, Schlupf- und künstlichen Variablen. Die Datenstruktur hat folgenden Aufbau:

```
1 variablen-charakteristik:  array (1 : variablenzahl)
    2 variablen-typ
    2 variablen-zustand
    2 variablen-bereich
    2 variablen-position
```

---

1) Vgl. Myers (1976), S. 93.

   Bei der Implementierung in PL/1 wird die globale Bekanntheit dahingehend eingeengt, daß die Informationen nur in den Modulen verfügbar sind, in denen sie tatsächlich benötigt werden. Diese Möglichkeit ist in PL/1 durch das *external*-Attribut gegeben.

7.5 Bemerkungen zur Implementierung

Der Entwurf eines Softwareprodukts durch Festlegung von Abstraktionsebenen a priori und Modularisierung nach der Zugehörigkeit zu verschiedenen Ebenen wird zunehmend schwieriger, je geringer die Separabilität der Algorithmen ist.
Bei der linearen Optimierung besteht wegen der Simultaneität
des Simplexverfahrens eine hohe algorithmische Interdependenz, so daß zunächst eine enge Kopplung der Module unver-
meidbar erscheint. Beim Entwurf des LP-Systems wurde deshalb nicht von Abstraktionsebenen ausgegangen[1].

Die konsequente Anwendung des Datenabstraktionsprinzip führte jedoch zu einer Modulhierarchie, bei der ex post durchaus
verschiedene Ebenen der Abstraktion identifiziert werden
können.

Die unterste Ebene enthält Module des Datenabstraktionstyps,
welche die elementare Datenverwaltung mit Hilfe der unmittelbar von der Programmiersprache zur   Verfügung gestellten
Datenstrukturen (z.B. Dateien, Strukturen, Arrays) implementieren. Sie sind großenteils durch Funktionen definiert, die
elementweise Zugriffe auf dünn besetzte Matrizen bzw. Vektoren erlauben. Dabei handelt es sich meist um Funktionen vom
Typ *init-*... und *get-next-*... oder *create-*... und *put-next-*...
Module dieser Ebene implementieren das erweiterte Ausgangstableau, die Inversen der Basis und der Dreiecksmatrizen L
und U, die Index-/Vektornamen-Zuordnung sowie die transfor-
mierten Spalten.

Die nächste Ebene wird von Datenkapseln im weiteren Sinne gebildet, die jedoch einen relativ hohen Abstraktionsgrad aufweisen. Die Zugriffsfunktionen manipulieren in der Regel

---

1) Parnas verallgemeinert diesen Aspekt sogar so weit, daß
   er generell verneint, ein Modul könne "abstrakter" als
   ein anderes sein, und sich auf die Hierarchisierung mit
   Hilfe der Benutzt-Relation beschränkt. Vgl. Parnas (1979),
   S. 136, und Parnas (1974), S. 338.

ganze Vektoren; ihre Implementierung ist algorithmisch wesentlich aufwendiger als die der Zugriffe der untersten
Ebene. Sie stellen entweder vollständige, dicht besetzte
Vektoren bereit oder führen Transformationen von Vektoren
durch [1]. Module dieser Ebene sind die Hessenbergmatrix
(hessenberg) und die *row-transformation*. Der höhere Abstraktionsgrad zeigt sich insbesondere bei der Hessenbergmatrix,
die als solche gar nicht existiert, sondern nur durch Entfernen eines Vektors und Hinzufügen eines anderen Vektors
von der Produktform der U-Inversen impliziert wird. Die Zugriffsfunktionen müssen das gesamte Update der Eliminationsform nach dem Forrest-Tomlin-Verfahren implementieren!

Die darüberliegende Ebene enthält Module, die nach dem Prinzip der prozeduralen Abstraktion gebildet sind. Sie stellen
die wesentlichen algorithmischen Komponenten der revidierten
Simplexmethode in Form von Prozedurzugriffen zur Verfügung.
Die lokalen Optimierungen, die in verschiedenen Auswahlregeln bei der Pivotwahl für eine Simplexiteration zum Ausdruck kommen, werden durch Funktionen des Typs *select-*...
veranlaßt. Module dieser Ebene sind *basis-control* und *basis-
update*.

Die - von dem Steuermodul abgesehen - höchste Ebene bilden
Module, die als Implementierung des revidierten Simplexalgorithmus in Grobform angesehen werden können. Die Module
feasibility und *optimization* realisieren das Auffinden zunächst einer zulässigen, dann der optimalen Lösung nach den
von Wolfe beschriebenen Regeln des "composite simplex algorithm"; *model-generation* führt die umfangreiche Generierung
des Ausgangstableaus durch, *results* druckt die relevanten
Ergebnisdaten.

Auch dem Softwaresystem für die lineare Optimierung wurden
allgemeine Entwurfsprinzipien zugrundegelegt, so daß die in
Kapitel 3 genannten Qualitätsziele weitestgehend Berücksich-

---

1) Eine Ausnahme bilden die Elementzugriffe auf eine Zeile
   der U-Inversen, die das Modul *row-transformation* enthält.

tigung fanden. Besonders hervorzuheben sind verschiedene
Aspekte der Flexibilität des Systems. Auf die wichtigsten
wird kurz eingegangen.

Das LP-System ist universell einsetzbar. Es wurde hier zwar
primär zur Unterstützung der Produktionsprogrammplanung konzipiert. Seine Anwendung ist jedoch nicht auf dieses Gebiet
beschränkt. Da es sich um ein allgemeines LP-System handelt,
kann es auch in anderen Bereichen der Produktionsplanung und
für sonstige betriebliche Planungsprobleme eingesetzt werden, wenn sich diese in Form eines linearen Optimierungsmo-
dells darstellen lassen. Das weite Anwendungsfeld der linearen Optimierung wurde zu Beginn dieses Kapitels erörtert.

Universalität und Adaptabilität erfahren auch dahingehend
Unterstützung, daß unterschiedliche Algorithmen und Reprä-
sentationsformen der Datenstrukturen möglich sind. Die Auswahl der in die Basis aufzunehmenden Variablen kann etwa auf
der Grundlage aller oder nur eines Teils der Nichtbasisvariablen ("partial pricing") erfolgen; bei Übergang zu "multiple pricing" sind Änderungen nur in einem Modul erforderlich, während der Rest des Systems unberührt bleibt. Die
Adaptabilität wird hier besonders dadurch gefördert, daß
Algorithmen, die das gleiche Objekt bearbeiten, jeweils zu
Modulen zusammengefaßt wurden.

Als Darstellungsformen der Basisinversen sind grundsätzlich die Standard-Produktform und die Eliminationsform zulässig. Die vorliegende Implementierung geht zwar von der
letzteren aus; durch Austauschen des Inversionsalgorithmus
könnte jedoch die Standard-Produktform erzeugt und in dem
System ohne weitere Änderungen verarbeitet werden. Für die
Aktualisierung der Faktoren sind von vorneherein bereits
zwei Möglichkeiten vorgesehen: die Standard-Aktualisierung
und das Forrest-Tomlin-Verfahren.

Adaptabilität wurde in starkem Maße bezüglich der Datenorganisationsformen berücksichtigt, welche vor allem das

Ausgangstableau und die Basisinverse betreffen. Durch Isolierung der Speicherungsformen für schwach besetzte Matrizen in Modulen des Datenabstraktionstyps und Bereitstellung von Zugriffsfunktionen lassen sich andere Implementierungen realisieren, ohne daß die restlichen Module des Systems davon berührt werden. Dies gilt insbesondere, wenn von der externen Datenspeicherung zu einer arbeitsspeicherresidenten Version übergegangen wird. Diesbezügliche Änderungen bleiben innerhalb der Module verborgen, welche für die elementare Datenverwaltung zuständig sind.

Neben Universalität und Adaptabilität sind auch andere Qualitätsmerkmale realisiert. Verständlichkeit und Zuverlässigkeit resultieren hauptsächlich aus der klaren Modulabgrenzung, die zur Transparenz des Systems beiträgt und das Lokalisieren und Beheben von Fehlern erleichtert. Numerische Stabilität läßt sich durch Verwendung der Eliminationsform der Inversen und das periodische Reinvertieren der Basis sicherstellen.

Laufzeiteffizienz kann durch spezielle, lokale Verbesserungen auf der Ebene der Algorithmen unterstützt werden. Das Streben nach Speichereffizienz schlägt sich in der Implementierung der Datenstrukturen nieder. Einerseits werden besondere Speicherformate verwendet, welche die dünne Besetzung der Matrizen ausnutzen; zum anderen kann durch den Einsatz der Eliminationsform der Inversen und das Update-Verfahren von Forrest und Tomlin das Wachstum der Anzahl von Nichtnullelementen entscheidend eingeschränkt werden.

8 Ausblick

In den vorstehenden Kapiteln wurde gezeigt, wie Prinzipien
des Software Engineering auf die Entwicklung von Softwaresystemen für typische Probleme der industriellen Produktionsplanung angewendet werden können.

Die Prinzipien leiten sich aus Zielen ab, die Softwarequalitätsmerkmale zum Inhalt haben: Zuverlässigkeit, Verständlichkeit, Wartungsfreundlichkeit, Robustheit, Universalität,
Benutzerfreundlichkeit und Effizienz. Die Qualitätsziele
haben ihrerseits bestimmte Auswirkungen auf die mit der Entwicklung und dem Einsatz von Software verbundenen Kosten.
Die meisten Ziele werden durch eine auf Unabhängigkeit der
Module gerichtete Strukturierung des Softwaresystems unterstützt, so daß den Modularisierungsprinzipien eine zentrale
Rolle zukommt.

Von herausragender Bedeutung sind vor allem die Abstrak-
tionsprinzipien. Module sollten, soweit dies möglich ist,
nach ihrem Abstraktionsgrad verschiedenen Ebenen zugeordnet
werden. Die Abstraktion kann sich auf algorithmische Konstrukte (prozedurale Abstraktion) oder auf Datenstrukturen
erstrecken; in letzterem Falle werden abstrakte Datenstrukturen als Module implementiert. In Zusammenhang mit dem
Parnas'schen Prinzip des Information Hiding läßt sich damit
ein hohes Maß an Modulunabhängigkeit erreichen.

Die Anwendung der Softwareentwurfsprinzipien wurde an drei
Problemkreisen aus dem Bereich der Produktionsplanung demonstriert. Beschrieben wurden

- ein Softwaresystem für die Bedarfs- und Terminplanung,
  welchem das in der Praxis übliche Sukzessivplanungskonzept
  zugrundeliegt,

- ein Softwaresystem für die simultane Bedarfs-, Termin-
und Maschinenbelegungsplanung - mit relativ hohem Detaillierungsgrad,

- ein allgemeines Softwaresystem für die lineare Optimierung, die hier auf die Planung des Produktionsprogramms
angewendet wurde, die aber viele andere Einsatzmöglichkeiten innerhalb und außerhalb der Produktionsplanung
bietet.

Die Entwicklung betrieblicher Planungs- und Informationssysteme schreitet zunehmend auf eine Integration verschiedener Systeme hin. Dies gilt sowohl für Softwaresysteme im
Produktionsbereich als auch für Systeme in anderen betrieblichen Funktionsbereichen.

Die Integration der Programmplanung mit den anderen Teilbereichen der Produktionsplanung ist in diesem Zusammenhang
zu nennen; darauf wurde bereits zu Beginn des letzten Kapitels hingewiesen.

Die Durchführungsphase, die sich an die in dieser Arbeit
dargestellten Planungsphasen anschließt, bringt zusätzliche
Integrationsprobleme mit sich. Die Freigabe der Fertigungsaufträge und die Kontrolle des Fertigungsfortschritts müssen durch ein exaktes Rückmeldesystem mit den Planungssystemen gekoppelt werden, damit die Planungsdaten stets die
notwendige Aktualisierung erfahren.

Eine weitergehende Integration der Produktionsplanung mit
anderen betrieblichen Funktionsbereichen setzt vor allem
voraus, daß die Fertigungsdatenbasis in eine gesamtbetrieb-
liche Datenbank integriert wird. Während die praktisch eingesetzten Produktionsplanungssysteme ihre Datenbasis heute
meist noch selbst verwalten, ist auf längere Sicht die Verwendung allgemeiner Datenbanksysteme zu erwarten. Verein-
zelt trifft man diese Realisierung bereits heute an. Damit
dürfte auch die Entwicklung von Planungssystemen neue
Anstöße erfahren, da zumindest eine Bedingung für die Ein-

führung simultaner Planungskonzepte erfüllt wird.

Andererseits dürfte auch der verteilten Datenverarbeitung
auf längere Sicht eine stärkere Bedeutung zukommen; die
Verteilung von Aufgaben auf mehrere, hierarchisch angeordnete Rechner führt zu einer Dezentralisation der Softwaresysteme und damit auch der Entscheidungskompetenzen, so daß
die Motivation der Anwender zum Computereinsatz weiter steigen könnte[1].

Abschließend muß die Tendenz hervorgehoben werden, Ein-
griffs- und Abfragemöglichkeiten der Benutzer durch Dialog-
systeme zu erleichtern. Angestrebt wird hauptsächlich die
schnellere Aufgabenabwicklung und der einfachere Zugriff
auf Datenbestände[2]. Bei den in Kapitel 1 zitierten Umfra-
gen zeigte sich, daß Dialogmöglichkeiten besonders dem
Wunsch nach höherer Aktualität entstammen und zwei Schwerpunkte aufweisen: den Zugriff auf die Datenbasis, vor allem
auf Stücklisten und Arbeitspläne, und die kurzfristigen
Steuerungs- und Überwachungsfunktionen (Verfügbarkeitskon-
trolle, Fortschrittsüberwachung, Bestandsführung u.a.)[3].
Dagegen wurden die in dieser Arbeit behandelten, etwas län-
gerfristigen Teilgebiete der Produktionsplanung - Programmplanung, Bedarfsplanung, Durchlaufterminierung und Kapazitätsplanung - weitgehend als nicht dialogbedürftig erachtet.

Die Entwicklung von Dialogsystemen im Bereich der Produkti-
onsdurchführung stellt die Softwaregestaltung vor andere
und zum Teil völlig neuartige Probleme, zumal hier oft Auswirkungen neuerer Fertigungstechnologien, die ohnehin der
Computerunterstützung bedürfen, unmittelbar miteinbezogen
werden müssen.

---

1) Einen Überblick über die Einsatzmöglichkeiten genereller
   Datenbanksoftware und verteilter Datenverarbeitung gibt
   Scheer (1980), S. 13ff. und S. 19ff.

2) Diese Motive wurden bei der Erhebung von Kunerth u.a.
   als wichtigste genannt; vgl. Kunerth u.a. (1976), S. 22.

3) Vgl. ebenda, S. 31f.; Brendel u.a. (1979), S. 55. Zu den
   gleichen Aussagen gelangt Schedl (1979), S. 57.

Anhang I: Darstellung von Modulbeschreibungen

Der Beschreibung von Modulen wird eine einheitliche Darstellungsweise zugrundegelegt. Die Beschreibung erfolgt unabhängig von Implementationserfordernissen. Dies kommt u.a.
in der starken Verbalisierung von Modul-, Funktions- und
Datennamen zum Ausdruck und dient hauptsächlich der Verständlichkeit. Von Restriktionen der Programmiersprachen
oder Compiler wird hier abstrahiert. (Bei den konkreten
Implementierungen mußten beispielsweise Modulnamen wie *er-
zeugnisstrukturgenerierung* oder *ausgangstableau* als *esg* und
atab abgekürzt werden.)

(1) Schnittstellen

Die Modulschnittstellen werden durch folgende Angaben charakterisiert:

- Der Schnittstellenname ist der Name der exportierten Funktion. Bei Modulen, die nur eine Funktion zur Verfügung
  stellen, entspricht dies dem Modulnamen. Bei Modulen, die
  aus mehreren Funktionen bestehen, handelt es sich um den
  Namen der jeweiligen Funktion[1].

- Die ausgeführte Funktion wird durch eine verbale Kurzbeschreibung skizziert.

- Informationen, die auch außerhalb des Moduls bekannt sind,
  werden als Parameter gekennzeichnet. Dabei wird zwischen
  Input-Parametern und Output-Parametern unterschieden. Erstere stellen die Eingabe, letztere die Ausgabe (Ergebnis)
  der aufgerufenen Funktion dar.

---

[1] In den gängigen Programmiersprachen können solche Funktionen durch Entries implementiert werden. Der Entry-
Name stellt dann den Namen der Schnittstelle dar. Vgl.
dazu auch Abschnitt 4.3.2.

(2) <u>Voraussetzungen</u>

Voraussetzungen für die Benutzung eines Moduls werden beschrieben durch:

- benutzte Module
- benutzte Dateien
- Reihenfolgebedingungen.

Die Module, die zur Ausführung des zu beschreibenden Moduls vorhanden sein müssen, werden nur insoweit angegeben, wie sie <u>direkt</u> benutzt werden. Bei Modulen mit mehreren Funktionen schließt die Angabe auch die Funktionsnamen mit ein.

Wenn über die Modularisierungskonzeption hinaus eine bestimmte Implementierung beschrieben wird, sind die benutzten Dateien in den Voraussetzungen mitaufgeführt. Es werden nur solche Dateien angegeben, auf die ein Modul unmittelbar zugreift. Dies ist der Fall, wenn eine Datei durch Schreib- oder Lesebefehle der Programmiersprache behandelt wird.

Reihenfolgebedingungen sind bei Modulen zu beachten, die mehrere Funktionen enthalten. Sie legen fest, in welcher Reihenfolge die verschiedenen Funktionen appliziert werden dürfen. Für die Notation gelten folgende Regeln[1]:

a : b   a wird definiert durch b

b; c   Konkatenation von b und c (b muß vor c ausgeführt werden)

b, c   Option zwischen b und c (entweder b oder c muß ausgeführt werden)

(b)'*   Repetition von b (b kann beliebig oft - null oder mehr Male - ausgeführt werden)

(b)'p   bedingte Repetition von b (b kann solange ausgeführt werden, bis p eintritt. Wenn b ein Ausdruck von Funktionen ist und p durch Ausführung einer

---

1) Die Beschreibung erfolgt in Anlehnung an Vorschläge von Berger, Sternberg (1977), S. 9.

der Funktionen eintritt, dann gilt p 'auch hinsichtlich der anderen Funktionen als eingetreten; d.h.,
die anderen Funktionen des Ausdrucks werden nicht
mehr ausgeführt.)

b.   Ende der Reihenfolgebedingungen

Zur Schachtelung können beliebig viele Klammerpaare gesetzt
werden. Die Buchstabensymbole bedeuten:

a   Modulname

b und c   Funktionsnamen oder Ausdrücke von Funktionsnamen,
           die mit obigen Operatoren gebildet werden

p   Prädikat mit den logischen Werten "true" und
           "false"

Beispiel:

bedarfe: open-bedarfe;
        (get-bedarf, put-bedarf, reput-bedarf-nummer)'*;
        close-bedarfe.

Erläuterung:

Das Modul *bedarfe* wird wie folgt definiert: Zuerst muß die
Funktion *open-bedarfe* ausgeführt werden. Daran kann sich
beliebig oft jeweils eine der Funktionen *get-bedarf*, *put-
bedarf* oder *reput-bedarf-nummer* anschließen. Nach Beendi-
gung der Repetition muß *close-bedarfe* folgen.

(3) Semantik der Funktionsnamen

Bei Modulen, welche Datenkapseln implementieren, werden die
Funktionsnamen weitgehend nach einheitlichen Kriterien gebildet. Dazu dienen folgende Wortteile:

open   Vorbereitungsarbeiten
get   Lesezugriff
put   Schreibzugriff zum erstmaligen Eintragen von Daten
reput   Schreibzugriff zum Überschreiben von Daten
insert   Einfügen von Daten in eine geordnete Datenmenge

tie   Verbindung von Daten (in einer Kette, einem Netz
           etc.)

close   Abschlußarbeiten

Die Zugriffe werden häufig als Sequenzen zur Verfügung gestellt. Dieser Sachverhalt kommt in dem Zusatz *next* zum Ausdruck. Eine Sequenz muß initialisiert werden und kann dann
mit Hilfe von Funktionen des *next*-Typs durchlaufen werden:

init   Initialisierung einer Lesesequenz

get-next   Lesezugriff auf das jeweils nächste Element der
           Sequenz

create   Initialisierung einer Schreibsequenz

put-next   Schreibzugriff auf das jeweils nächste Element der
           Sequenz

An verschiedenen Stellen ist es erforderlich, zwischen einem ersten Zugriff und weiteren Zugriffen zu unterscheiden.
Dieser Sachverhalt wird durch den Zusatz *first* ausgedrückt.

Anhang II: MODULBESCHREIBUNGEN ZU KAPITEL 5

(1) Verzeichnis der Module

Modulname	Abschnitt	Modulname	Abschnitt
arbeitsgänge	5.2.2.3	fertigungs-struktur-ketten	Anhang II
arbeitsgang-generierung	5.2.2.1	generierungs-steuerung	5.2.2.1
arbeitsplätze	5.2.2.3	kapazitäts-gebirge	5.4.3.1
arbeitsplatz-generierung	5.2.2.1	kapazitäts-planung	5.4.3.2
bedarfe	Anhang II	lose	Anhang II
bedarfs-planung	5.3	losgrößen	5.3.1.3
bedarfs-struktur	5.3.2.1	losstruktur	Anhang II
binärbaum	5.2.3.1	nettobedarf	5.3.1.2
dispositions-stufen	5.2.3.4	primärbedarf	5.3.1.1
disp-ketten-generierung	5.2.3.4	sekundärbedarf	5.3.1.4
durchlauf-terminierung	5.4.2	stack	5.2.3.2
erzeugnis-strukturen	Anhang II	teile	5.2.2.3
erzeugnis-struktur-generierung	Anhang II	teileferti-gungen	Anhang II
erzeugnis-struktur-ketten	Anhang II	teilefertigung-generierung	5.2.2.3 und Anhang II
fertigungs-aufträge	Anhang II	teileferti-gungsketten	5.2.2.3 und Anhang II
fertigungs-auftragsnetz	5.4.1	teilekette	5.2.2.1
fertigungs-strukturen	Anhang II	teilestamm-generierung	5.2.2.1
fertigungs-struktur-generierung	Anhang II	terminplanung	5.4.2
		traversierung	5.2.3.3
		umgebungsbedin-gungen (für Bedarfsplanung)	Anhang II
		umgebungsbedin-gungen (für Terminplanung)	Anhang II
		vorlaufver-schiebung	5.3.1.5

(2) <u>Module zur Generierung und Verwaltung von Strukturdaten</u>

Modulname	erzeugnisstruktur-generierung
Aufgabe	Erstellung aller analytischen und synthetischen Erzeugnisstrukturketten
Parameter	-
Benutzte Module	erzeugnisstruktur-ketten (open-erzeugnisstruktur-ketten, tie-erzeugnisstruktur, close-erzeugnisstruktur-ketten)

Modulname	fertigungsstruktur-generierung
Aufgabe	Erstellung aller analytischen und synthetischen Fertigungsstrukturketten
Parameter	-
Benutzte Module	fertigungsstruktur-ketten (open-fertigungsstruktur-ketten, tie-fertigungsstruktur, close-fertigungsstrukturketten)

Modulname	teilefertigung-generierung
Aufgabe	Erstellung aller analytischen und synthetischen Teilefertigungsketten
Parameter	-
Benutzte Module	teilefertigungsketten (open-teilefertigungsketten, tie-teilefertigung, close-teilefertigungsketten)

Modulname	erzeugnisstruktur-ketten		
Aufgabe	Manipulation der Erzeugnisstruktur-ketten durch Schreibzugriffe		

Funktions-benennung	Funktionsbeschreibung	Parameter	
		Input	Output
open-erzeugnis-struktur-ketten	Vorbereitungsarbeiten	ketten-limit	-
tie-erzeugnis-struktur	Einhängen eines neuen Elements in eine ana-lytische und eine synthetische Kette	übergeord-nete-teile-nr untergeord-nete-teile-nr es-daten[1]	-
close-erzeugnis-struktur-ketten		-	-

Reihenfolge-bedingungen	erzeugnisstruktur-ketten: open-erzeug-nisstruktur-ketten; (tie-erzeugnis-struktur) 'ketten-limit-erreicht; close-erzeugnisstruktur-ketten.
Benutzte Module	teile (open-teile, search-teil, reput-teil, close-teile)
Benutzte Dateien	tsdat

Modulname	teilefertigungsketten
Aufgabe	Manipulation von Teilefertigungsketten durch Schreibzugriffe

---

[1] Vgl. die Beschreibung der *erzeugnisstrukturdaten* bei dem Modul *erzeugnisstrukturen*.

Modulname	teilefertigungsketten	Fort-setzung

Funktions-benennung	Funktionsbeschreibung	Parameter	
		Input	Output
open-teileferti-gungs-ketten	Vorbereitungsarbeiten	ketten-limit	-
tie-teileferti-gung	Einhängen eines neuen Elements in eine ana-lytische und eine syn-thetische Kette	arbeits-gangnum-mer teilenum-mer tf-daten	-
close-teilefer-tigungs-ketten	Abschlußarbeiten	-	-

Reihenfolge-bedingungen	teilefertigungsketten: open-teileferti-gungsketten; (tie-teilefertigung)'ketten-limit-erreicht; close-teilefertigungsket-ten
Benutzte Module	teile (open-teile, search-teil, reput-teil, close-teile) arbeitsgänge (open-arbeitsgänge, search-arbeitsgang, reput-arbeitsgang, close-arbeitsgänge)
Benutzte Dateien	tfdat

Modulname	fertigungsstruktur-ketten
Aufgabe	Manipulation der Fertigungsstrukturketten durch Schreibzugriffe

Modulname	fertigungsstrukturketten	Fort- setzung	
Funktions- benennung	Funktionsbeschreibung	Parameter	
		Input	Output
open-fertigungs- strukturketten	Vorbereitungsarbeiten	ketten- limit	-
tie-fertigungs- struktur	Einhängen eines neuen Elements in eine ana- lytische und eine syn- thetische Kette	arbeits- platz- nummer arbeits- gang- nummer fs-daten	- -
close-ferti- gungsstruktur- ketten	Abschlußarbeiten	-	-
Reihenfolge- bedingungen	fertigungsstruktur-ketten: open-ferti- gungsstruktur-ketten; (tie-fertigungs- struktur) 'ketten-limit-erreicht; close- fertigungsstruktur-ketten.		
Benutzte Module	arbeitsgänge (open-arbeitsgänge, search- arbeitsgang, reput-arbeitsgang, close-arbeitsgänge) arbeitsplätze (open-arbeitsplätze, search-arbeitsplatz, reput-arbeits- platz, close-arbeitsplätze)		
Benutzte Dateien	fsdat		

Die Verwaltungsmodule der Strukturdateien stellen Zugriffe auf *erzeugnisstrukturdaten, teilefertigungsdaten* bzw. *ferti- gungsstrukturdaten* bereit, die folgendermaßen aufgebaut sind:

1 erzeugnisstrukturdaten
  2 identifikationsdaten
    3 erzeugnisstruktur-id
    3 übergeordnetes-teil-id
    3 zugeordnetes-teil-id
    3 nächste-stücklistenposition-id
    3 nächste-teileverwendung-id

```
  2 es-daten

    3 input-koeffizient

    3 weitere-daten


1 teilefertigungsdaten

  2 identifikationsdaten

    3 teilefertigung-id

    3 zugeordnetes-teil-id

    3 zugeordneter-arbeitsgang-id

    3 nächstes-teil-id[1]

    3 nächster-arbeitsgang-id[2]

  2 tf-daten[3]


1 fertigungsstrukturdaten

  2 identifikationsdaten

    3 fertigungsstruktur-id

    3 zugeordneter-arbeitsplatz-id

    3 zugeordneter-arbeitsgang-id

    3 nächster-arbeitsgang-id[4]

    3 nächster-arbeitsplatz-id[5]

  2 fs-daten[6]
```

Modulname	erzeugnisstrukturen		
Aufgabe	Verwaltung eines existierenden Erzeugnis-strukturdatenbestands		
Funktions-benennung	Funktionsbeschreibung	Parameter	
		Input	Output
open-erzeugnis-strukturen	Vorbereitungsarbeiten	-	-

---

1) Folgeverweis für die synthetische Teilefertigungskette.

2) Folgeverweis für die analytische Teilefertigungskette.

3) Teile- und arbeitsgangabhängige Angaben.

4) Folgeverweis für die synthetische Fertigungsstrukturkette.

5) Folgeverweis für die analytische Fertigungsstrukturkette.

6) Arbeitsgang- und arbeitsplatzabhängige Angaben.

Modulname	erzeugnisstrukturen	Fort- setzung	
Funktions- benennung	Funktionsbeschreibung	Parameter	
		Input	Output
get-erzeugnis- struktur	Lesezugriff aufgrund der *erzeugnisstruktur- id*	erzeug- nisstruk- tur-id	erzeug- nisstruk- turdaten
reput-erzeug- nisstruktur	Zurückschreiben evtl. geänderter *erzeugnis- strukturdaten*	erzeug- nisstruk- turdaten	-
close-erzeugnis- strukturen	Abschlußarbeiten		
Reihenfolge- bedingungen	erzeugnisstrukturen: (open-erzeugnisstruk- turen; (get-erzeugnisstruktur, (get-er- zeugnisstruktur; reput-erzeugnisstruk- tur))'*; close-erzeugnisstrukturen)'*.		
Benutzte Module	-		
Benutzte Dateien	esdat		

Modulname	teilefertigungen
Beschreibung wie für Modul *erzeugnisstrukturen*; die Kenn- zeichnungen "erzeugnisstruktur" bzw. "es" sind sinngemäß durch "teilefertigung" bzw. "tf" zu ersetzen.	

Modulname	fertigungsstrukturen
Beschreibung wie für Modul *erzeugnisstrukturen*; die Kenn- zeichnungen "erzeugnisstruktur" bzw. "es" sind sinngemäß durch "fertigungsstruktur" bzw. "fs" zu ersetzen.	

(3) Traversierung eines Binärbaums

Modulname	traversierung		
Aufgabe	Es werden verschiedene Sequenzen von Knoten eines binären Baums bereitgestellt; die Traversierung orientiert sich an der zum Erzeugen von - Strukturstücklisten (sts) - Einzelbaukastenstücklisten (ebs) - Baukastenstücklisten mit Folgebaukästen (bks) - Strukturteileverwendungsnachweisen (stt) - Einzelbaukastenteileverwendungsnachweisen (ebt) - Baukastenteileverwendungsnachweisen mit Folgebaukästen (bkt) jeweils erforderlichen Reihenfolge.		

Funktionsbenennung	Funktionsbeschreibung	Parameter	
		Input	Output
init-traversierung	Vorbereitungsarbeiten	-	-
sts-first ebs-first bks-first stt-first ebt-first bkt-first	Bereitstellung des 1. Knotens der sts-, ebs-, bks-, stt-, ebt- bzw. bkt-Sequenz aufgrund der *teilenummer*	teilenummer	teiledaten fertigungsstufe laufnummer gefunden
sts-next ebs-next bks-next stt-next ebt-next bkt-next	Bereitstellung des jeweils nächsten Knotens der sts-, ebs-, bks-, stt-, ebt- bzw. bkt-Sequenz	-	teiledaten es-daten fertigungsstufe laufnummer sequenzende
sts-reput ebs-reput bks-reput stt-reput ebt-reput bkt-reput	Zurückschreiben eines zuvor gelesenen Knotens der entsprechenden Sequenz	teiledaten es-daten	-
end-traversierung	Abschlußarbeiten	-	-

Modulname	traversierung	Fort-setzung

Reihenfol-gebedin-gungen	traversierung: (init-traversierung;
	 ((sts-first; (sts-reput, sts-next) 'sequenz-
	  ende),
	 (ebs-first; (ebs-reput, ebs-next) 'sequenz-
	  ende),
	 (bks-first; (bks-reput, bks-next) 'sequenz-
	  ende),
	 (stt-first; (stt-reput, stt-next) 'sequenz-
	  ende),
	 (ebt-first; (ebt-reput, ebt-next) 'sequenz-
	  ende),
	 (bkt-first; (bkt-reput, bkt-next) 'sequenz-
	  ende))'*;
	 end-traversierung)'*.	

Benutzte Module	binärbaum (open-baum, get-stück-wurzel, get-
	       stück-knoten, get-teil-wurzel, get-
	       teil-knoten, reput-knoten, close-baum)
	 stack (create-stack, push, pop)	

(4) <u>Module für die Bedarfsplanung</u>

Modulname	umgebungsbedingungen	
Aufgabe	Schaffung von Voraussetzungen, die vor und nach der Bedarfsplanung gegeben sein müssen	
Funktions-benennung	**Funktionsbeschreibung**	**Parameter**
vorarbeiten	Durchführung von Vorarbeiten zu Beginn der Bedarfsplanung	-
nacharbeiten	Durchführung von Abschlußarbei-ten bei Beendigung der Bedarfs-planung	-

Benutzte Module	teile (open-teile, get-teil, close-teile)
	 arbeitsgänge (open-arbeitsgänge, close-ar-
	      beitsgänge)
	 erzeugnisstrukturen (open-erzeugnisstruktur-
	      ren, close-erzeugnisstrukturen)
	 teilefertigungen (open-teilefertigungen,
	      close-teilefertigungen)
	 bedarfsstruktur (open-bedarfsstruktur, close-	

Modulname	umgebungsbedingungen	Fort-setzung
Benutzte Module	bedarfs-struktur) losstruktur (open-losstruktur, close-los-struktur)	
Reihenfol-gebedin-gungen	umgebungsbedingungen: vorarbeiten; nachar-beiten.	

Modulname	losstruktur		

Aufgabe	Implementierung einer nach Dispositionsstufe, Teilenummer und Termin geordneten, dynamisch veränderlichen Menge von Losen, die wie folgt charakterisiert sind:
	
	1 los
	  2 ordnungsinformation
	    3 disp-stufe
	    3 teilenummer
	    3 lostermin
	  2 mengeninformation
	    3 losmenge
	    3 verkettungsinformation
	      4 erster-zugeordneter-bedarf-id[1]
	      4 anzahl-zugeordneter-bedarfe
	      4 sekundärbedarf-id: array (1:teile-zahl)[2]		

Funktions-benennung	Funktionsbeschreibung	Parameter	
		Input	Output
open-los-struktur	Vorbereitungsarbeiten	zustand	-
insert-los	Einfügen eines neuen	los	-

---

1) Entspricht dem Verweis p^b in Abbildung 5-14.

2) Entspricht den Verweisen p_i^s in Abbildung 5-14 (mit i=1, ..., teilezahl). *teilezahl* ist die Anzahl unterge-ordneter Knoten in der Erzeugnisstruktur der *teilenummer* des Loses.

Modulname	losstruktur	Fort-setzung	
Funktions-benennung	Funktionsbeschreibung	Parameter	
		Input	Output
	Loses entsprechend der Ordnungsinformation		
init-los-disp-stufe	Positionierung auf den Beginn einer Dispositionsstufe	disp-stufe	disp-stufe-vorhanden
init-los-teilenummer	Positionierung auf den Beginn einer Teilenummer	teilenum-mer	teilenum-mer-vorhan-den
get-first-los-of-tei-lenummer	Bereitstellung des ersten Loses einer neuen Teilenummer	–	los, disp-stufe-ende
get-next-los-of-tei-lenummer	Bereitstellung des jeweils nächsten Loses der Teilenummer	–	los, teile-nummer-ende
get-next-los-of-disp-stufe	Bereitstellung des jeweils nächsten Loses der Dispositionsstufe	–	los, disp-stufe-ende
get-los-id	Bereitstellung der *los-id*, an der ein bestimmtes Los eingetragen wird	–	los-id
reput-los-mengeninfo	Zurückschreiben der Mengeninformationen	los	–
delete-los	Löschen eines Loses	los	–
close-los-struktur	Abschlußarbeiten	–	–
Benutzte Module	lose (open-lose, get-los, put-los, reput-los, close-lose)		
Reihenfolge-bedingungen	losstruktur: (open-losstruktur; (insert-los, (get-los-id; insert-los), (init-los-disp-stufe; (init-los-teilenummer, (get-first-los-of-teilenummer; (reput-los-mengeninfo, delete-los)'*); teile-sequenz)' disp-stufe-ende), (init-los-disp-stufe; (get-next-los-of-disp-stufe)' disp-stufe-ende))'*; close-losstruktur)'*.		

Modulname	losstruktur	Fort-setzung
Reihenfol-gebedin-gungen	teile-sequenz: (get-next-los-of-teilenummer; (reput-los-mengeninfo, delete-los)'*)' teile-nummer-ende.	

Modulname	bedarfe		

Aufgabe	Implementierung einer Datenkapsel zur Verwaltung der Bedarfe; Bereitstellung von Zugriffsfunktionen auf Bedarfe, welche als vollständige Knoten eines Suchbaums interpretiert werden (vgl. Abb. 5-17):
	
	 1 bedarf
	   2 bedarf-id
	   2 ordnungsinformation[1]
	   2 mengeninformation
	   2 nachfolgerinformation
	     3 linker-nachfolger-id
	     3 rechter-nachfolger-id		

Funktions-benennung	Funktionsbeschreibung	Parameter	
		Input	Output
open-be-darfe	Vorbereitung für Zu-griffe auf die Menge der Bedarfe	zustand[2]	erste-id[3]
put-bedarf	Ablegen eines Bedarfs unter der angegebenen *bedarf-id*	bedarf	-
get-bedarf	Bereitstellung eines Bedarfs aufgrund der angegebenen *bedarf-id*	bedarf-id	bedarf

---

1) Vgl. zur Struktur der *ordnungsinformation* und der *men-geninformation* Abschnitt 5.3.2.1.

2) *zustand* hat die Werte *alt* oder *neu*; d.h. *bedarfe* exi-stieren bereits oder nicht.

3) Erste freie Position, an der ein *bedarf* abgespeichert werden kann.

Modulname	bedarfe		Fort- setzung
Funktions- benennung	Funktionsbeschreibung	Parameter	
		Input	Output
reput-be- darf	Zurückschreiben eines Bedarfs unter der ange-gebenen *bedarf-id*	bedarf	-
close- bedarfe	Abschlußarbeiten	-	-
Benutzte Module	-		
Benutzte Dateien	beddat		
Reihenfol- gebedin- gungen	bedarfe: (open-bedarfe; (put-bedarf)' alt; (get-bedarf, (get-bedarf; reput-bedarf), put-bedarf)'*; close-bedarfe)'*.		

Modulname	lose
Beschreibung wie für Modul *bedarfe*; die Kennzeichnung "bedarf" ist sinngemäß durch "los" zu ersetzen.	

(5) <u>Module für die Terminplanung</u>

Modulname	umgebungsbedingungen
Aufgabe	Schaffung von Voraussetzungen, die vor und nach der Terminplanung erfüllt sein müssen

Modulname	umgebungsbedingungen	Fort- setzung
Funktions- benennung	Funktionsbeschreibung	Parameter
vorarbeiten	Durchführung von Vorarbeiten zu Beginn der Terminplanung	-
nacharbei- ten	Durchführung von Nacharbeiten bei Beendigung der Terminplanung	-

Benutzte
Module
	losstruktur (open-losstruktur, close-losstruk-
	      tur)
	fertigungsauftragsnetz (open-fertigungsauf-
	      tragsnetz, close-fertigungsauf-
	      tragsnetz)
	fertigungsaufträge (open-fertigungsaufträge,
	      close-fertigungsaufträge)
	kapazitätsgebirge (open-kapazitätsgebirge,
	      close-kapazitätsgebirge)
	teile (open-teile, close-teile)
	teilefertigungen (open-teilefertigungen,
	      close-teilefertigungen)
	arbeitsgänge (open-arbeitsgänge, close-ar-
	      beitsgänge)
	fertigungsstrukturen (open-fertigungsstruktu-
	      ren, close-fertigungsstrukturen)
	arbeitsplätze (open-arbeitsplätze, close-
	      arbeitsplätze)	

Reihenfol- gebedin- gungen	umgebungsbedingungen: vorarbeiten; nacharbeiten.	

Modulname	fertigungsaufträge

Aufgabe	Implementierung einer Datenkapsel zur Verwaltung der Menge der *fertigungsaufträge*, die wie folgt charakterisiert sind:
	
	1 fertigungsauftrag
	  2 identifikationsdaten
	    3 auftrag-id
	    3 los-id

Modulname	fertigungsaufträge	Fort- setzung

Aufgabe	3 teilenummer
	3 nummer-des-ersten-arbeitsplatzes[1]
	2 arbeitsgänge: array (1:arbeitsganganzahl)
	  3 starttermin
	  3 endtermin
	  3 rüstzeit
	  3 bearbeitungszeit
	2 reduktion[2]
	2 auftragsmenge
	2 weitere-daten	

Funktions- benennung	Funktionsbeschreibung	Parameter	
		Input	Output
open-ferti- gungsaufträge	Vorbereitungsarbeiten	zustand	-
put-auftrag	Ablegen eines Ferti- gungsauftrags aufgrund der *auftrag-id*	ferti- gungsauf- trag	-
get-auftrag	Bereitstellung eines Fertigungsauftrags auf- grund der *auftrag-id*	auftrag- id	ferti- gungs- auftrag
insert-auf- trag	Ablegen eines Ferti- gungsauftrags aufgrund der *los-id*	ferti- gungsauf- trag	-
search-auf- trag	Bereitstellung eines Fertigungsauftrags auf- grund der *los-id*	los-id	ferti- gungs- auftrag
reput-auf- trag	Zurückschreiben eines evtl. veränderten Ferti- gungsauftrags	ferti- gungsauf- trag	-
close-ferti- gungsaufträge	Abschlußarbeiten	-	-
Benutzte Module	-		

---

1) Arbeitsplatz, an dem der erste Arbeitsgang des Auftrags
   ausgeführt wird.

2) Angabe, ob (bzw. um wieviel) die Übergangszeit des Auftrags reduziert wurde.

Benutzte Dateien	fadat
Reihenfolge-bedingungen	fertigungsaufträge: (open-fertigungsaufträge; (put-auftrag, insert-auftrag)' alt; (get-auftrag, (get-auftrag; reput-auftrag), search-auftrag, (search-auftrag; reput-auftrag), put-auftrag, insert-auftrag)'*; close-fertigungsaufträge)'*.

Modulname	kapazitätsbedarfe

Aufgabe	Implementierung einer Datenkapsel zur Verwaltung der *kapazitätsbedarfe*, die wie folgt charakterisiert sind:
	
	1 kapazitätsbedarf
	  2 kap-bedarf-id
	  2 ordnungsinformation
	    3 arbeitsplatznummer
	    3 periodennummer
	    3 auftrag-id
	  2 nummer-des-nächsten-arbeitsplatzes
	  2 zeitbedarf

Funktions-benennung	Funktionsbeschreibung	Parameter	
		Input	Output
open-kapazitätsbedarfe	Vorbereitungsarbeiten	zustand	–
put-kap-bedarf	Ablegen eines Kapazitätsbedarfs unter der angegebenen *kap-bedarf-id*	kapazitätsbedarf	–
get-kap-bedarf	Bereitstellung eines Kapazitätsbedarfs aufgrund der *kap-bedarf-id*	kap-bedarf-id	kapazitätsbedarf
reput-kap-bedarf	Zurückschreiben eines evtl. veränderten Kapazitätsbedarfs	kapazitätsbedarf	–

Modulname	kapazitätsbedarfe	Fort- setzung	
Funktions- benennung	Funktionsbeschreibung	Parameter	
		Input	Output
close-kapa- zitätsbe- darfe	Abschlußarbeiten	–	–
Benutzte Module	–		
Benutzte Dateien	kapdat		
Reihenfolge- bedingungen	kapazitätsbedarfe: (open-kapazitätsbedarfe; (put-kap-bedarf)' alt; (get-kap-bedarf, (get-kap-bedarf; reput-kap-bedarf), put-kap-be-darf)'*; close-kapazitätsbedarfe)'*.		

Anhang III: Modulbeschreibungen zu Kapitel 6

(1) Verzeichnis der Module

Modulname	Abschnitt
aufträge	6.2.1.3
auftragsnetz	6.2.2.3
bedarfe	6.2.1.2
bedarfsleiste	6.2.2.1
belegungsplan	6.2.2.2
endproduktlose	Anhang III
gesamtsteuerung	6.1.2
klassifizierte-aufträge	Anhang III
maschinen	Anhang III
maschinenbelegung	6.2.3.2
mengen	6.2.3.1
potentielle-pläne	Anhang III
teile	6.2.1.1
verbesserungen	6.2.3.3
zielfunktion	6.2.3.4

(2) Abstraktionsebene 1

Modulname	endproduktlose
Aufgabe	Verwaltung der Lose von Endprodukten; ein Los ist gekennzeichnet durch i Teileart z Nummer des Loses (teileartbezogen) x_{iz} Losgröße g_{iz} geplanter Fertigstellungstermin g'_{iz} realisierbarer Fertigstellungstermin

Modulname	endproduktlose		Fort- setzung
Funktions- benennung	**Funktionsbeschreibung**	**Parameter**	
		Input	Output
open-end- produkt- lose	Vorbereitungsarbeiten	–	–
put-end- produkt- los	Ablegen eines Loses	$i, z, x_{iz},$ g_{iz}	–
get-end- produkt- los	Bereitstellung eines Loses	i, z	x_{iz}, g_{iz} g'_{iz}
put-aktu- eller- termin	Eintragen des reali- sierbaren Fertigstel- lungstermins	i, z, g'_{iz}	–
close-end- produkt- lose	Abschlußarbeiten	–	–
Reihenfolge- bedingungen	endproduktlose: open-endprodukt-lose; (put- endprodukt-los)'*; (get-endprodukt-los, put- endprodukt-los, put-aktueller-termin)'*; close-endprodukt-lose.		
Benutzte Module	–		

Modulname	maschinen
Aufgabe	Verwaltung der für die Produktionsplanung re- levanten Maschinendaten; eine Maschine ist gekennzeichnet durch

j Maschinennummer
i, l Teilearten, die auf Maschine j gefertigt werden können
k^r_{jil} Kosten, wenn Maschine j von Teileart i auf Teileart l umgerüstet wird
s_{jil} Umrüstzeit (analog)

Modulname	maschinen		Fort-setzung
Aufgabe	k_{ji}^{v} variable Produktionskosten bei Fertigung von Teileart i auf Maschine j t_{ji} Stückbearbeitungszeit (analog)		

Funktions-benennung	Funktionsbeschreibung	Parameter	
		Input	Output
open-maschinen	Vorbereitungsarbeiten	-	-
get-masch-umrüstkosten	Bereitstellung der Umrüstkosten	j, i, l	k_{jil}^{r}
get-masch-umrüstzeit	Bereitstellung der Umrüstzeit	j, i, l	s_{jil}
get-masch-stückkosten	Bereitstellung der variablen Produktionskosten	j, i	k_{ji}^{v}
get-masch-stückzeit	Bereitstellung der Stückbearbeitungszeit	j, i	t_{ji}
init-masch-nummern	Vorbereitung für sequentielle Zugriffe	-	-
get-next-masch-nummer	Bereitstellung der nächsten Maschinennummer	-	j, masch-ende
close-maschinen	Abschlußarbeiten	-	-

Reihenfolge-bedingungen	maschinen: (open-maschinen; (get-masch-um-rüstkosten, get-masch-umrüstzeit, get-masch-stückkosten, get-masch-stückzeit, (init-masch-nummern; (get-next-masch-nummer)' masch-ende))'*; close-maschinen)'*.
Benutzte Module	-

(3) <u>Abstraktionsebene 2</u>

Modulname	klassifizierte-aufträge		
Aufgabe	Verwaltung von Teilmengen der Fertigungsaufträge (j,u), die aufgrund eines gemeinsamen Merkmals gekennzeichnet werden, und Bereitstellung in einer zeitlichen Ordnung		
Funktions-benennung	Funktions-beschreibung	Parameter	
		Input	Output
open-klassi-fikation	Vorbereitungsarbeiten	-	-
put-klass-auftrag	Eintragen eines klassifizierten Auftrags	j,u	-
init-klass-links	Vorbereitung des Zugriffs auf klassifizierte Aufträge, beginnend mit dem frühesten Auftrag	-	-
init-klass-rechts	analog *init-klass-links*	-	-
get-next-klass-auftrag	Bereitstellung des nächsten klassifizierten Auftrags in zeitlicher Reihenfolge	-	j,u, klass-ende
close-klassi-fikation	Abschlußarbeiten	-	-
Reihenfolge-bedingungen	klassifizierte-aufträge: (open-klassifikation; (put-klass-auftrag, ((init-klass-links, init-klass-rechts); (get-next-klass-auftrag, put-klass-auftrag)' klass-ende))'*; close-klassifikation)'*.		
Benutzte Module	-		

Modulname	potentielle-pläne		
Aufgabe	Bereitstellung von Funktionen zur Auswertung simulierter Maschinenbelegungspläne mit Hilfe der jeweiligen Kosten K _Identifikationsdaten:_ j — Maschine u_1 — erste mögliche Einplanungsposition eines Loses u_i — jeweils nächste mögliche Einplanungsposition u_{alt} — alter Positionsidex u_{neu} — neuer Positionsindex		

Funktions-benennung	Funktions-beschreibung	Parameter	
		Input	Output
open-potentielle-pläne	Vorbereitungsarbeiten	–	–
create-alternativen	Vorbereitung der Überprüfung von Einplanungsalternativen eines neuen Loses (x_{iz}) mit geplantem Ablieferungstermin (g_{iz})	j, u_1, x_{iz}, g_{iz}	–
next-alternative	Ermittlung der nächsten möglichen Einplanungsalternative (j, u_i) und Berechnung der Kosten	–	K, u_i, b_{ju_i}, alternativen-ende
induzierte-verschiebungen	Simulation eines Ganttcharts und Berechnung der Kosten, wenn ein Auftrag (j,u) bis zum Zeitpunkt b^* vorgezogen wird	j, u, b^*	K
induzierte-umorganisation	Simulation eines Ganttcharts und Berechnung der Kosten, wenn ein Auftrag (j,u) an eine neue Position u_{neu} bis zum Zeitpunkt b^* vorverlagert wird	j, u_{alt}, u_{neu}, b^*	K
close-potentielle-pläne	Abschlußarbeiten	–	–

Modulname	potentielle-pläne	Fort- setzung
Reihenfolge- bedingungen	potentielle-pläne: open-potentielle-pläne; ((create-alternativen; (next-alternative)' alternativen-ende), induzierte-verschie- bungen, induzierte-umorganisation)'*; close-potentielle-pläne.	
Benutzte Module	aufträge (get-auftrag, get-auftrag-teileart) maschinen (get-masch-umrüstkosten, get- masch-umrüstzeit teile (get-teil-kosten)	

Anhang IV: Modulbeschreibungen zu Kapitel 7

Verzeichnis der Module

Modulname	Abschnitt
basis-control	7.4.2.2
basis-inverse	7.3.3
basis-update	7.4.3.2
column-transformation	Anhang IV
feasibility	7.4.2.2
hessenberg	7.4.3.1
initial-tableau	7.3.2
l-inverse	Anhang IV
master-control	7.4.2.2
model-generation	7.4.1
name-assignment	Anhang IV
optimization	7.4.2.2
results	7.4.2.2
row-transformation	7.3.5
u-inverse	Anhang IV

Modulname	name-assignment		
Aufgabe	Verwaltung der Relationen - (zeilenname, zeilenindex) - (spaltenname, spaltenindex)		
Funktions-benennung	Funktionsbeschreibung	Parameter	
		Input	Output
open-n	Vorbereitungsarbeiten	-	-
put-row-name	Ablegen eines Zeilennamens	zeilenname	zeilenindex
put-col-name	Ablegen eines Spaltennamens	spaltenname	spaltenindex

Modulname	name-assignment		Fort-setzung
Funktions-benennung	Funktionsbeschreibung	Parameter	
		Input	Output
get-row-name	Bereitstellung eines Zeilennamens	zeilen-index	zeilen-name
get-col-name	Bereitstellung eines Spaltennamens	spalten-index	spalten-name
close-n	Abschlußarbeiten	-	-
Benutzte Module	-		
Reihenfolge-bedingungen	name-assignment: (open-n; (put-row-name, put-col-name, get-row-name, get col-name)'*; close-n)'*.		

Modulname	u-inverse		
Aufgabe	Implementierung einer abstrakten Datenstruktur, welche die Inverse einer oberen Dreiecksmatrix U in Produktform darstellt: $$U^{-1} = U_1^{-1} \, U_2^{-1} \ldots U_k^{-1} \text{ bzw.}$$ $$U^{-1} = U_1^{-1} \, U_2^{-1} \ldots U_k^{-1} \, C_1 \ldots C_q$$ Die U_i^{-1} und C_i sind Elementarmatrizen, deren Nichtnullelemente verwaltet werden.		
Funktions-benennung	Funktionsbeschreibung	Parameter	
		Input	Output
open-u	Vorbereitungsarbeiten	-	-
left-u	Linkspositionierung in der Produktform	-	-

Modulname	u-inverse	Fort-setzung	
Funktions-benennung	Funktionsbeschreibung	Parameter	
		Input	Output
right-u	Rechtspositionierung in der Produktform	-	-
init-next-factor-u	Weiterpositionierung auf den jeweils nächsten Faktor	-	pivotposition faktorart[1] faktorende
get-next-coeff-u	Bereitstellung des jeweils nächsten Nichtnull-elements eines Vektors	-	element zeilenindex vektorende
create-next-factor-u	Vorbereitung für das Eintragen des nächsten Faktors	pivotposition faktorart	-
put-next-coeff-u	Eintragen des nächsten Nichtnullelements	element zeilenindex	-
put-ende-u	Anzeigen des Eintragungsendes für einen bestimmten Vektor	-	-
delete-col-u	Löschen einer Spaltenelementarmatrix U_i^{-1}	pivotposition	-
delete-row-u	Löschen der angegebenen Zeile in allen U_i^{-1}	zeilenindex	-
close-u	Abschlußarbeiten	-	-
Benutzte Module	-		
Benutzte Dateien	udat		

---

1) Schalter mit den Werten $\left\{\begin{array}{l} u \quad \text{wenn } U_i^{-1} \\ c \quad \text{wenn } C_i \end{array}\right.$

Modulname	u-inverse	Fort-setzung
Reihenfolge-bedingungen	u-inverse: (open-u; ((create-next-factor-u; (put-next-coeff-u)'*; put-ende-u), delete-col-u, delete-row-u, ((left-u, right-u); (init-next-factor-u; (get-next-coeff-u)' vektor-ende) 'faktor-ende))'*; close-u)'*.	

Modulname	1-inverse		
Aufgabe	Implementierung einer abstrakten Datenstruktur, welche die Inverse einer unteren Dreiecksmatrix L in Produktform darstellt: $$L^{-1} = L_k^{-1}\, L_{k-1}^{-1} \ldots L_1^{-1} \text{ bzw.}$$ $$L^{-1} = R_q \ldots R_1\, L_k^{-1}\, L_{k-1}^{-1} \ldots L_1^{-1}$$ Die L_k^{-1} sind elementare Spaltenmatrizen, die R_i elementare Zeilenmatrizen, deren Nichtnullelemente verwaltet werden.		
Funktions-benennung	**Funktionsbeschreibung**	**Parameter**	
		Input	Output
open-1	Vorbereitungsarbeiten	-	-
left-1	Linkspositionierung	-	-
right-1	Rechtspositionierung	-	-
init-next-factor-1	Weiterpositionierung	-	pivot-position faktor-art[1] faktor-ende
get-next-coeff-1	Bereitstellung des nächsten Nichtnullelements	-	element index[2] vektor-ende

1) Schalter mit dem Wert $\Big\{$ 1 wenn L_i^{-1} ; r wenn R_i

2) Zeilenindex, wenn L_i^{-1}; Spaltenindex, wenn R_i.

Modulname	1-inverse	Fort-setzung	
Funktions-benennung	Funktionsbeschreibung	Parameter	
		Input	Output
create-next-factor-1	Vorbereitung für das Eintragen des nächsten Faktors	pivotpo-sition faktor-art	-
put-next-coeff-1	Eintragen des nächsten Nichtnullelements	element index	-
put-ende-1	Anzeigen des Eintragungs-endes	-	-
close-1	Abschlußarbeiten	-	-
Benutzte-Module	-		
Benutzte-Dateien	ldat		
Reihenfolge-bedingungen	1-inverse: (open-1; ((create-next-factor-1; (put-next-coeff-1)'*; put-ende-1), ((left-1, right-1); (init-next-factor-1; (get-next-coeff-1)' vektor-ende)' faktor-ende))'*; close-1)'*.		

Modulname	column-transformation
Aufgabe	Implementierung einer Datenkapsel zur Verwaltung dünn besetzter Spaltenvektoren; es werden Schreib- und Lesesequenzen für zwei Arten von transformierten Vektoren des Ausgangstableaus zur Verfügung gestellt: - für $A_j' = B^{-1} A_j$ ("updated-col") - für $S_j = L^{-1} A_j$ ("partially-updated-col") Bei Bedarf kann durch Angabe des Spaltenindex O auch - $b' = B^{-1} b$ abgelegt und bereitgestellt werden.

Modulname	column-transformation	Fort-setzung	
Funktions-benennung	**Funktionsbeschreibung**	**Parameter**	
		Input	Output
open-c	Vorbereitungsarbeiten für Schreib- und Lesezugriffe auf A'_j und S_j	–	–
create-updated-col	Vorbereitung für das Eintragen der Nichtnullelemente von A'_j	spalten-index	–
create-partially-updated-col	Vorbereitung für das Eintragen der Nichtnullelemente von S_j	spalten-index	–
put-next-coeff-c	Eintragen des nächsten Nichtnullelements	element zeilen-index	–
put-ende-c	Anzeigen des Eintragungs-endes	–	–
init-up-dated-col	Vorbereitung für Lesezu-griffe auf A'_j	spalten-index	–
init-partially-updated-col	Vorbereitung für Lesezu-griffe auf S_j	spalten-index	–
get-next-coeff-c	Bereitstellung des je-weils nächsten Nichtnull-elements	–	element zeilen-index spalten-ende
close-c	Abschlußarbeiten	–	–
Benutzte Module	–		
Reihenfol-gebedin-gungen	column-transformation: (open-c; (((create-updated-col, create-partially-up-dated-col); (put-next-coeff-c)'*; put-ende-c), ((init-updated-col,init-partially-updated-col); (get-next-coeff-c)' spaltenende))'*; close-c)'*.		

Literatur

ACM (Association for Computing Machinery): Proceedings of
   Conference on Data: Abstraction, Definition and Structure; SIGPLAN Notices, Special Issue, 1976.

Adam, Dietrich: Produktionsplanung bei Sortenfertigung -
   Ein Beitrag zur Theorie der Mehrproduktunternehmung;
   Wiesbaden 1969.

Adam, Dietrich: Produktionsdurchführungsplanung; in: Jacob
   (1972), S. 329-498.

Adam, Dietrich: Kurzlehrbuch Planung; Wiesbaden 1980.

Aird, Thomas J.; Battiste, Edward L.; Gregory, Walton C.:
   Portability of Mathematical Software Coded in FORTRAN;
   ACM Transactions on Mathematical Software 3 (1977),
   S. 113-127.

ANSI (American National Standards Institute): American National Standard Programming Language COBOL; ANSI X3.23-
   1974, New York 1974.

ANSI: American National Standard Programming Language PL/I;
   ANSI X3.53-1976, New York 1976.

ANSI: American National Standard Programming Language
   FORTRAN; ANSI X3.9-1978, New York 1978.

Bacher, Manfred; Goldrian, Wolfgang: ISI - Industrielles
   Steuerungs- und Informationssystem, Teil 3: Terminierung;
   Siemens Schriftenreihe data praxis, Bestell-Nr. D15/
   5573-01, ohne Jahresangabe.

Baker, C.T.; Dzielinsky, B.P.: Simulation of a Simplified
   Job Shop; Management Science 6 (1960), S. 311-323.

Bartels, Richard H.: A Stabilization of the Simplex Method;
   Numerische Mathematik 16 (1971), S. 414-434.

Bartels, Richard H.; Golub, Gene H.: The Simplex Method of
   Linear Programming Using LU-Decompostion; Communications
   of the ACM 12 (1969), S. 266-268.

Bastian, Michael: Lineare Optimierung großer Systeme - Com-
   pact Inverse Verfahren und Basisfaktorisierungen; Königs-
   stein 1980.

Bauer, F.L. (Hrsg.): Advanced Course on Software Engineering; Berlin,Heidelberg, New York 1973.

Belford, Peter C.; Berg, Richard A.; Hannan, Thomas L.:
Central Flow Control Software Development: A Case Study
of the Effectiveness of Software Engineering Techniques;
in: IEEE Catalog No. 79CH1479-5C, Proceedings 4th International Conference on Software Engineering; New York
1979, S. 85-93.

Bénichou, M.; Gauthier, J.M.; Hentgès, G.; Ribière, G.:
The Efficient Solution of Large-Scale Linear Programming
Problems - Some Algorithmic Techniques and Computational
Results; Mathematical Programming 13 (1977), S. 280-322.

Berg, Claus C.: Prioritätsregeln in der Reihenfolgeplanung;
in: Kern (1979), Sp. 1425-1433.

Berger, Michel; Sternberg, Helmut: Stücklistendatenbasis
und ihre Implementierung in COBOL; Skript der Lehrein-
heit EDV; Technische Universität Berlin 1977.

Dergner, Heinz: Vorbereitung der Produktion, physische;
in: Kern (1979), Sp. 2173-2186.

Berr, U.: Produktionsprogrammplanung mittels linearer Optimierung in der Metallindustrie; in: Proceedings in Operations Research 4, hrsg. von H.-J. Zimmermann u.a.;
Würzburg, Wien 1974, S. 11-21.

Bidlingmaier, Johannes: Zielkonflikte und Zielkompromisse
im unternehmerischen Entscheidungsprozeß; Wiesbaden 1968.

Blanke, Wilhelm; Zimmermann,Gero: ISI - Industrielles Steue-
rungs- und Informationssystem, Teil 1: Grunddatenver-
waltung und -auswertung; Siemens Schriftenreihe data
praxis, Bestell-Nr. D14/4708, ohne Jahresangabe.

Boehm, Barry W.: Software and Its Impact: A Quantitative
Assessment;Datamation 19 (1973), S. 48-59.

Boehm, Barry W.: The High Cost of Software; in: Practical
Strategies for Developing Large Software Systems, hrsg.
von E. Horowitz; Reading 1975, S. 3-14.

Boehm, Barry W.: Software Engineering; IEEE Transactions on
Computers C-25 (1976), S. 1226-1241.

Boehm, Barry W.; Brown, John R., u.a.: Characteristics of
Software Quality; Amsterdam, New York 1978.

Brankamp, Klaus: Ein Terminplanungssystem für Unternehmen
der Einzel- und Serienfertigung - Voraussetzungen, Ge-
samtkonzeption und Durchführung mit EDV, 2. Auflage;
Würzburg, Wien 1973.

Brankamp, Klaus: Leitfaden zur Einführung einer Fertigungssteuerung - Methoden, Hilfsmittel, Fallstudien; Essen
1977.

Brankamp, Klaus: Kapazitätsbelegung; in: Kern (1979), Sp.
882-903.

Brendel, P.; Demmer, H.,u.a.: Zusammenfassung der Diskus-
sionsbeiträge zum Anwendergespräch Produktionsplanung

und -steuerung im Dialog; Veröffentlichungen des Lehr-
stuhls für Betriebswirtschaftslehre, insbesondere Wirtschaftsinformatik, Universität des Saarlandes 1979.

Brooks Jr., Frederick P.: The Mythical Man Month - Essays
on Software Engineering; Reading 1975.

Brunnberg, Josef: Optimale Lagerhaltung bei ungenauen Daten;
Wiesbaden 1970.

de Buchet, Jacques: How to Take into Account the Low Density
of Matrices to Design a Mathematical Programming Package
- Relevant Effects on Optimisation and Inversion Algorithms; in: Large Sparse Sets of Linear Equations, hrsg.
von J.K. Reid; London, New York 1971, S. 211-217.

Burton, W.: A FORTRAN preprocessor to support encapsulated
data abstraction definitions; The Computer Journal 22
(1978),S. 307-312.

Buxton, J.N.; Randell, B. (Hrsg.): Software Engineering
Techniques - Report on a Conference sponsored by the
NATO SCIENCE COMMITEE; Brüssel 1970.

Camp, J.W.; Jensen, E.P.: Cost of Modularity; in: Computer
Software Engineering, hrsg. von J. Fox; New York, London, 1976, S. 215-224.

Ciriani, T.A.: Some Optimization Features of MPSX/370; Vor-
tragsmanuskript zum "International Workshop on Advances
in Linear Optimization Algorithms and Software"; Pisa
1980.

Conway, Richard W.; Maxwell, William L.: Network Dispatch-
ing by the Shortest Operation Discipline; Operations
Research 10 (1972), S. 51-73.

Conway, Richard W.; Maxwell, William L.; Miller, Louis W.:
Theory of Scheduling; Reading 1967.

Cooper, Leon; Steinberg, David: Methods and Applications of
Linear Programming; Philadelphia, London 1974.

Crowder, Harlan P.; Saunders, Patsy B.: Results of a Survey
on MP Performance Indicators; COAL Newsletter, January
1980, S. 2-6.

Daly, Edmund B.: Management of Software Development; in:
Putnam, Wolverton (1977), S. 289-302.

Dantzig, George B.: Lineare Programmierung und Erweiterungen; Berlin, Heidelberg, New York 1966.

DeMatteis, J.J.: An Economic Lot Sizing Technique I - The
Part-Period Algorithm; IBM Systems Journal 7 (1968),
S. 30-38.

De Micheli, Fulvio: Checklist Kostensenken: EDV; München
1976.

Denert, Ernst: Software-Modularisierung; Informatik-Spektrum 2 (1979), S. 204-218.

Dennis, Jack B.: Modularity; in: Bauer (1973), S. 128-182.

Diebold Deutschland GmbH (Hrsg.): Softwaremarkt: Konfektion in der Minderheit; Diebold Management Report, Januar 1978, S. 1-3.

Diebold Deutschland GmbH (Hrsg.): EDV-Diagnose - aber richtig; Diebold Management Report, März/April 1979, S. 1-5.

Diebold Deutschland GmbH (Hrsg.): "Flexible Fertigungssysteme" - Herausforderung an die Industrie; Diebold Management Report, August/September 1980, S. 1-12.

Dijkstra, Edsger W.: Notes on Structured Programming; in: Structured Programming, hrsg. von O.-J. Dahl u.a., London, New York 1972, S. 1-82.

Dinkelbach, W.: Zum Problem der Produktionsplanung in Ein- und Mehrproduktunternehmen; Würzburg, Wien 1964.

Duff, Ian S.: A Survey of Sparse Matrix Research; Proceedings of the IEEE 65 (1977), S. 500-535.

Eisenstat, S.C.; Schultz, M.H.; Sherman, A.H.: Considerations in the Design of Software for Sparse Gaussian Elimination; in: Sparse Matrix Computations, hrsg. von J.R. Bunch und D.J. Rose; New York, San Francisco 1976, S. 263-273.

Ellinger, Theodor: Ablaufplanung - Grundfragen der Planung des zeitlichen Ablaufs der Fertigung im Rahmen der industriellen Produktionsplanung; Stuttgart 1959.

Ellinger, Theodor; Wildemann, Horst: Planung und Steuerung der Produktion aus betriebswirtschaftlich-technologischer Sicht; Wiesbaden 1978.

Essig, Heidrun: Benutzerfreundlichkeit; Informatik-Spektrum 4 (1981), S. 51-52.

Forrest, J.J.H.; Tomlin, J.A.: Updated Triangular Factors of the Basis to Maintain Sparsity in the Product Form Simplex Method; Mathematical Programming 2 (1972), S. 262-278.

Geitner, Uwe: Standard-Software: Standard zwischen Himmel und Hölle; Computer Magazin, Heft 2, 11 (1982), S. 67-68.

Gerhart, S.L.: A Unified View of Current Program Testing and Proving; in: Infotech (1977), S. 71-100.

Gernert, Dieter: Eine benutzernahe Programmiersprache für Zwecke des Operations Research; Angewandte Informatik (1976), S. 481-486.

Gewald, Klaus; Haake, Gisela; Pfadler, Werner: Software Engineering - Grundlagen und Technik rationeller Programmentwicklung, 2. Auflage; München, Wien 1979.

Glaser, Horst: Materialbedarfsvorhersagen; in: Kern (1979),
Sp. 1202-1210.

Goos, Gerhard: Hierarchies; in: Bauer (1973), S. 29-46.

Goos, G.; Kastens, U.: Programming Languages and the Design
of Modular Programs; in: Constructing Quality Software,
hrsg. von P.G. Hibbard und S.A. Schuman; Amsterdam, New
York 1978, S. 153-186.

Grochla, Erwin; Wittmann, Waldemar (Hrsg.): Handwörterbuch
der Betriebswirtschaft, zweiter Band; vierte, völlig
neu gestaltete Auflage; Stuttgart 1975.

Grupp, Bruno: Modularprogramme für die Fertigungsindustrie
- Neutrale Beurteilung, Einsatzerfahrungen, Umstel-
lungsprobleme; Berlin, New York 1973.

Günther, Horst: Das Dilemma der Ablaufplanung - Zielver-
träglichkeiten bei der zeitlichen Strukturierung;
Berlin 1971.

Gustavson, Fred G.: Two Fast Algorithms for Sparse Matrices: Multiplication and Permuted Transposition; ACM
Transactions on Mathematical Software 4 (1978), S.
250-269.

Gutenberg, Erich: Grundlagen der Betriebswirtschaftslehre -
Erster Band - Die Produktion, 22. Auflage; Berlin, Heidelberg, New York 1976.

Haehling von Lanzenauer, Christoph: A Production Scheduling
Model by Bivalent Linear Programming; Management
Science 17 (1970), S. 105-111.

Hahn, Dietger: Produktionsverfahren (Produktionstypen); in:
Grochla, Wittmann (1975), Sp. 3156-3164.

Hahn, Dietger; Wagner, Rolf: Informationssysteme für die
Materialwirtschaft; in: Kern (1979), Sp. 783-795.

Halstead, Maurice H.: Advances in Software Science; Advances in Computers 18 (1979), S. 119-172.

Hammer, Helmut: Integrierte Produktionssteuerung mit Modularprogrammen - Erfahrungen - Probleme - Möglichkeiten;
Wiesbaden 1970.

Harris, Paula: Pivot Selection Methods of the Devex LP Code;
Mathematical Programming Study 4, hrsg. von M.L. Balinski
und E. Hellerman; Amsterdam, Oxford 1975, S. 30-57.

Haupt, Reinhard: ABC-Analyse; in Kern (1979), Sp. 1-5.

Hax, Arnoldo C.: Hierarchical Planning Systems - A Production Application; in: Plötzeneder (1977), S. 103-136.

Hax, Arnoldo C.; Meal, Harlan C.: Hierarchical Integration
of Production Planning and Scheduling; in: Logistics,
hrsg. von M.A. Geisler; Amsterdam, Oxford, New York
1975, S. 53-69.

Heinen, Edmund: Das Zielsystem der Unternehmung - Grundlagen betriebswirtschaftlicher Entscheidungen; Wiesbaden 1966.

Heinen, Edmund: Einführung in die Betriebswirtschaftslehre, 7. Auflage; Wiesbaden 1980.

Heß-Kinzer, Dietmar: Produktionsplanung und -steuerung mit EDV; Stuttgart, Wiesbaden 1976.

Heß-Kinzer, Dietmar: Termingrobplanung; in: Kern (1979), Sp. 1979-1992.

Horning, J.J.: Some Desirable Properties of Data Abstraction Facilities; in: ACM (1976), S. 60-62.

Hoss, Klaus: Fertigungsablaufplanung mittels operationsanalytischer Methoden unter besonderer Berücksichtigung des Ablaufplanungsdilemmas in der Werkstattfertigung; Würzburg, Wien 1965.

Hull, T.E.: Hofbauer, J.J.: Language Facilities for Numerical Computation; in: Mathematical Software II, Informal Proceedings of a Conference, Purdue University 1974, S. 1-18.

IBM (Hrsg.): COPICS - Communications Oriented Production Information and Control System - Kapitel 6: Fertigungs- und Kapazitätsplanung; IBM Form E12-1234-0, 1973a.

IBM (Hrsg.): COPICS - Kapitel 7: Auftragsfreigabe; IBM Form E12-1235, 1973b.

IBM (Hrsg.): COPICS - Kapitel 5: Materialplanung und -steuerung; IBM Form E12-1233, 1973c.

IBM (Hrsg.): Capacity Planning and Operation Sequencing System - Extended - Ein Programm für Projektterminierung, Kapazitätsplanung und Ablaufsteuerung in Industriebetrieben; IBM Form GM12-1046-0, 1976.

IBM (Hrsg.): COPICS-Anwendungsbeschreibung - Aktionsorientierte Konstruktions- und Produktionsdatenverwaltung; IBM Form GH12-1270-0, 1978.

IBM (Hrsg.): International Field Program COPICS - Bestandsplanung und Vorhersagen; IBM Form SB12-0131-0, 1980.

IBM (Hrsg.): COPICS Plant Monitoring and Control - COPICS Werkstattsteuerung; IBM Form GT12-2910-0, 1981a.

IBM (Hrsg.): Internationales Feldprogramm IFP COPICS - Customer Order Servicing - Auftragsbearbeitung; IBM Form SB12-0207-0, 1981b.

IBM (Hrsg.): Schule für Fertigungsindustrie: Grundlehrgang Fertigungsindustrie - Merkblätter und Arbeitsmittel; IBM Form R12-1092, ohne Jahresangabe (a).

IBM (Hrsg.): Fertigungsindustrie - Datenbank-Anwendungen für das IBM System /38; IBM Form P12-3067-1, ohne Jahresangabe (b).

Infotech State of the Art Report: Software Reliability -
    Vol. 2: Invited Papers; Maidenhead 1977.

Jacob, Herbert (Hrsg.): Industriebetriebslehre in program-
    mierter Form, Band II - Planung und Planungsrechnungen;
    Wiesbaden 1972.

Jacob, Herbert: Die Planung des Produktions- und Absatzpro-
    gramms; in: Jacob (1972), S. 39-259.

Jacob, Herbert: Konzepte computergestützter Unternehmens-
    planungsmodelle; in: Plötzeneder (1977), S. 15-22.

Jennings, Alan: Matrix Computations for Engineers and
    Scientists; London, New York 1976.

Kargl, Herbert: Wirtschaftlichkeitsrechnungen; in: EDV-
    Leiter Handbuch, hrsg. von K. Hülck u.a.; München 1976,
    S. 537-604.

Kauffmann, Waldemar: INDUSTRIE 80 - Maßgeschneiderte Lösun-
    gen für die Fertigungsindustrie; Datascope 37 (1981),
    S. 30-43.

Kayser, Peter: EDV-gestützte Produktionsprogrammplanung bei
    Auftragsfertigung - Ein Systementwurf für die industri-
    elle Praxis; Berlin 1978.

Kern, Werner: Die Produktionswirtschaft als Erkenntnisbe-
    reich der Betriebswirtschaftslehre; Zeitschrift für
    betriebswirtschaftliche Forschung 28 (1976), S. 756-767.

Kern, Werner (Hrsg.): Handwörterbuch der Produktionswirt-
    schaft; Stuttgart 1979.

Kern, Werner: Produktionsprogramm; in: Kern (1979), Sp.
    1563-1572.

Kernighan, Brian W.: RATFOR - A Preprocessor for a Rational
    FORTRAN; Software - Practice and Experience 5 (1975),
    S. 395-406.

Kernler, Helmut: Fertigungssteuerung mit EDV - Anwendungen
    in Produktion, Lager, Einkauf, Konstruktion und Arbeits-
    vorbereitung; Köln-Braunsfeld 1972.

Kilger, Wolfgang: Optimale Produktions- und Absatzplanung
    - Entscheidungsmodelle für den Produktions- und Absatz-
    bereich industrieller Betriebe; Opladen 1973.

Kilger, Wolfgang: Die Produktionsprogrammplanung mit Hilfe
    der mathematischen Programmierung - kritische Analyse
    der praktischen Anwendungsmöglichkeiten; in: Informa-
    tionssysteme im Produktionsbereich, hrsg. von H.-R.
    Hansen; München, Wien 1975, S. 121-140.

Kimm, Reinhold; Koch, Wilfried, u.a.: Einführung in Soft-
    ware Engineering; Berlin, New York 1979.

Kirsch, Werner; Börsig, Clemens; Englert, Gerhard: Standardisierte Anwendungssoftware in der Praxis - Empirische Grundlagen für Gestaltung und Vertrieb, Beschaffung und Einsatz; Berlin 1979.

Kneip, L.; Scheer, A.-W.; Wittemann, N.: PROMOS - Ein Produktionsplanungs-Modellgenerator-System zur Bestimmung des Primärbedarfs im Rahmen eines PPS-Systems; Veröffentlichungen des Instituts für Wirtschaftsinformatik, Universität des Saarlandes 1981.

van der Knijff, D.J.J.: Software Physics and Program Analysis; The Australian Computer Journal 10 (1978), S. 82-86.

Knuth, Donald E.: The Art of Computer Programming - Volume 1/Fundamental Algorithms, Second Printing; Reading, Menlo Park 1969.

Knuth, Donald, E.: Structured Programming with go to Statements; Computing Surveys 6 (1974), S. 261-301.

Kopetz, Hermann: Software-Zuverlässigkeit; München, Wien 1976.

Koreimann, Dieter S.: Kostenverrechnung für Rechenzentren; Das Rechenzentrum (1978), S. 116-124.

Koster, Cornelis H.A.: Visibility and Types; in: ACM (1976), S. 179-190.

Krallmann, Hermann: Wirtschaftlichkeitsberechnung von CAD/CAM-Systemen; in: Scheer (1979), S. 341-360.

Krallmann, Hermann; Irmler, Egon; Peschke, Helmut: Systemanalyse I; Skript des Fachgebiets Systemanalyse/EDV; Technische Universität Berlin 1980.

Kruschwitz, Lutz: Kritik der Produktionsbegriffe; Betriebswirtschaftliche Forschung und Praxis 26 (1974), S. 242-258.

Kruschwitz, Lutz; Fischer, Joachim: Konflikte zwischen Endwert- und Entnahmemaximierung; Zeitschrift für betriebswirtschaftliche Forschung 30 (1978), S. 752-782.

Kunerth, Walter; Lederer, Klaus G.; Lienert, Johannes: Rechnereinsatz in der Produktion - Stand, Probleme, Entwicklungstendenzen; Berlin, Köln 1976.

Kurbel, Karl: Simultane Produktionsplanung bei mehrstufiger Serienfertigung - Möglichkeiten und Grenzen der Losgrößen-, Reihenfolge- und Terminplanung; Berlin 1978.

Kurbel, Karl: Programmentwicklung - Datenverarbeitung 4; Wiesbaden 1979.

Kurbel, Karl: Programmierstil und Leseschleifen bei sequentiellen Daten; Online (1981), S. 363-366.

Laßmann, Gert: Produktionsplanung; in: Grochla, Wittmann
     (1975), Sp. 3102-3121.

Liskov, Barbara; Snyder, Alan, u.a.: Abstraction Mechanisms
     in CLU; Communications of the ACM 20 (1977), S. 564-576.

MacVeigh, Donal T.: Effect of Data Representation on Cost
     of Sparse Matrix Operations; Acta Informatica 7 (1977),
     S. 361-394.

Manne, Alan S.: On the Job-Shop Scheduling Problem; Opera-
     tions Research 8 (1960), S. 219-223.

Markowitz, Harry M.: The Elimination Form of the Inverse
     and its Application to Linear Programming; Management
     Science 3 (1957), S. 255-269.

Melekian, Norayr: Neue Methoden und Techniken der Program-
     mierung - Teil 7: Methodische Programmentwicklung (2);
     IBM Nachrichten 26 (1976), S. 147-155.

Mensch, Gerhard: Das Trilemma der Ablaufplanung; Zeit-
     schrift für Betriebswirtschaft 42 (1972), S. 77-88.

Mertens, Peter (Hrsg.): Prognoserechnung; Würzburg, Wien
     1973.

Mertens, Peter: Industrielle Datenverarbeitung - Band 1,
     Administrations- und Dispositionssysteme, 3. Auflage;
     Wiesbaden 1978.

Molzberger, Peter: Reflexion zum Thema "Software-Tools";
     in: Software - Moderne Methoden zur Planung, Realisie-
     rung und Kontrolle der Entwicklung, hrsg. von P. Molz-
     berger und H. Schelle; München, Wien 1981, S. 53-86.

Müller, E.F.: Program Testing Tools and their Use; in:
     Infotech (1977), S. 183-216.

Murty, Katta G.: Linear and Combinatorial Programming;
     New York, London 1976.

Muscati, Mustafa: Die zeitliche Optimierung von Objektfol-
     gen bei kontinuierlichen mehrstufigen Prozessen; Zeit-
     schrift für betriebswirtschaftliche Forschung 19 (1967),
     S. 297-305.

Myers, Glenford J.: Software Reliability - Principles and
     Practices; New York, London 1976.

Nassi, I.; Shneiderman, B.: Flowchart Techniques for Struc-
     tured Programming; SIGPLAN Notices 8 (1973), S. 12-26.

Nomina Gesellschaft für Wirtschafts- und Verwaltungsregi-
     ster mbH München (Hrsg.): ISIS Software Report - Com-
     puter-Programme in Deutschland, Österreich, Schweiz;
     2.1 Juli bis Dezember 1980.

Ohse, Dietrich: Algorithmische Aspekte der Inversion dünn-
     besetzter Matrizen - Ein Überblick über den Stand der
     Entwicklung; Arbeitspapiere, Institut für Betriebs-
     wirtschaftslehre, Technische Hochschule Darmstadt 1979.

Ohse, Dietrich: Linear Programming Software; in: Proceed-
     ings in Operations Research 9, hrsg. von J. Schwarze
     u.a.; Würzburg, Wien 1980, S. 539-550.

Orchard-Hays, William: Advanced Linear-Programming Com-
     puting Techniques; New York, San Francisco 1968.

Oßwald, Jürgen: Produktionsplanung bei losweiser Fertigung
     - Operationale Modelle zur simultanen Programm-, Ab-
     lauf- und Losgrößenplanung bei ein- und mehrstufiger
     Produktion; Wiesbaden 1979.

Palme, J.: Machine Efficiency versus Programming Efficien-
     cy; in: Infotech State of the Art Report - Program
     Optimization; Maidenhead 1976, S. 279-289.

Pape, U.: Implementation and Efficiency of Moore-Algorithms
     for the Shortest Route Problem; Mathematical Program-
     ming 7 (1974), S. 212-222.

Parnas, David L.: Information Distribution Aspects of Design
     Methodology; in: Information Processing 71, Volume I -
     Foundations and Systems, hrsg. von C.V. Freiman; Amster-
     dam, London 1972a, S. 339-344.

Parnas, David L.: On the Criteria to Be Used in Decomposing
     Systems into Modules; Communications of the ACM 15
     (1972b), S. 1053-1058.

Parnas, David L.: On a Buzzword: Hierarchical Structure;
     in: Information Processing 74, hrsg. von J.L. Rosen-
     feld; Amsterdam, London 1974, S. 336-339.

Parnas, David L.: Designing Software for Ease of Extension
     and Contraction; IEEE Transactions on Software Engi-
     neering SE-5 (1979), S. 128-138.

Parnas, D.L.; Siewiorek, D.P.: Use of the Concept of Trans-
     parency in the Design of Hierarchically Structured
     Systems; Communications of the ACM 18 (1975), S.401-408.

Plötzeneder, Hans D. (Hrsg.): Computergestützte Unterneh-
     mensplanung - Computer Assisted Corporate Planning;
     Stuttgart, Chicago 1977.

Poole, P.C.; Waite, W.M.: Portability and Adaptability; in:
     Bauer (1973), S. 183-277.

Putnam, Lawrence H.; Wolverton, Ray W. (Hrsg.): Quantita-
     tive Management: Software Cost Estimating - Tutorial
     Compsac 77; IEEE Catalog No. EHO 129-7, New York 1977.

Rechenberg, P.: Daten- und Programmkontrollstrukturen;
    Technischer Bericht 1/77, Lehrkanzel für Informatik,
    Universität Linz 1977.

REFA Verband für Arbeitsstudien: Methodenlehre der Planung
    und Steuerung - Teil 1, Grundlagen; München 1974.

Reichwald, Ralf: Sievi, Christian: Produktionswirtschaft;
    in: Industriebetriebslehre - Entscheidungen im Indu-
    striebetrieb, 5. Auflage, hrsg. von E. Heinen; Wies-
    baden 1976, S. 281-418.

Roberts, K.V.: Program Readability; in: Software Engineer-
    ing - International Computer State of the Art Report;
    Infotech, Maidenhead 1972, S. 495-516.

Roschmann, Karlheinz: Modularprogramme zur Fertigungssteue-
    rung; in: Kern (1979), Sp. 1298-1311.

Ross, Douglas T.; Goodenough, John B.; Irvine, C.A.:
    Software Engineering: Process, Principles, and Goals;
    Computer 8 (1975), S. 17-27.

Rothweiler, Heinrich; Joop, Bernd: MIACS Gesamtorganisation;
    4. völlig neu bearbeitete Auflage; Ref.-Nr. OO.12.080 D,
    1973.

Rowe, Alan J.: Toward a Theory of Scheduling; Journal of
    Industrial Engineering 11 (1960), S. 125-136.

Ruetz, Peter; Schliep, Manfred: BASIS 35 Bausteinsystem für
    integrierte Fertigungssteuerung - Verfahrensübersicht;
    Bestell-Nr. D14/4043 Siemens AG, ohne Jahresangabe.

Ryder, B.G.: The PFORT Verifier; Software - Practice and
    Experience 4 (1974), S. 359-377.

Sabel, Hermann: Programmplanung, kurzfristige; in: Kern
    (1979), Sp. 1686-1700.

Schedl, U.: Erfahrungen beim Einsatz dialogorientierter
    EDV-Standardsysteme für Planungs- und Steuerungszwecke
    in der Fertigungsindustrie; in: Scheer (1979), S.48-65.

Scheer, August-Wilhelm: Produktionsplanung auf der Grund-
    lage einer Datenbank des Fertigungsbereichs; München,
    Wien 1976.

Scheer, August-Wilhelm (Hrsg.): Produktionsplanung und
    -steuerung im Dialog; Würzburg, Wien 1979.

Scheer, August-Wilhelm: Elektronische Datenverarbeitung und
    Operations Research im Produktionsbereich - zum gegen-
    wärtigen Stand von Forschung und Anwendung; OR-Spektrum
    2 (1980), S. 1-22.

Scheer, August-Wilhelm: Ausweg aus der Softwarekrise; Com-
    puter Magazin, Heft 1, 11 (1982), S. 42-44.

Schirmer, Armin: Dynamische Produktionsplanung bei Serien-
    fertigung; Wiesbaden 1980.

Schläger, Werner: Einführung in die Zeitreihenprognose bei saisonalen Bedarfsschwankungen und Vergleich der einzelnen Verfahren; in: Mertens (1973), S. 73-91.

Schmitz, Paul; Schönlein, Alfred: Lineare und linearisierbare Optimierungsmodelle sowie ihre ADV-gestützte Lösung; Braunschweig 1978.

Schneider, Dieter J.G.: Unternehmungsziele und Unternehmungskooperation - Ein Beitrag zur Erklärung kooperativ bedingter Zielvariationen; Wiesbaden 1973.

Schneider, Dieter J.G.: Ziele und Mittel der Betriebswirtschaftslehre; Wiesbaden 1978.

Schnupp, Peter; Floyd, Christiane: Software - Programmentwicklung und Projektorganisation, 2., durchgesehene Auflage; Berlin, New York 1979.

Schröder, Michael: Einführung in die kurzfristige Zeitreihenprognose und Vergleich der einzelnen Verfahren; in: Mertens (1973), S. 21-71.

Schwabe, Daniel; Lucena, Carlos J.: Design and Implementation of Data Abstraction Definition Facility; Software - Practice and Experience 8 (1978), S. 709-719.

Schwarz, Horst: Materialbeschaffung; in: Kern (1979), Sp. 1216-1224.

Schweitzer, Marcell: Methodologische und entscheidungstheoretische Grundlagen der betriebswirtschaftlichen Prozeßstrukturierung; Zeitschrift für betriebswirtschaftliche Forschung 19 (1967), S. 279-296.

Seelbach, Horst: Die Ablaufplanung als Entscheidungsproblem bei mehrfacher Zielsetzung; Arbeitspapier Nr. 7 des Seminars für Allgemeine Betriebswirtschaftslehre und Verkehrsbetriebslehre, Universität Hamburg 1975.

Shankar, K.S.: Tutorial: Data Structures, Types, and Abstractions; Computer 13 (1980), S. 67-77.

Siemens (Hrsg.): PBS 4004 ISI - Industrielles Steuerungs- und Informationssystem - Verfahrensbeschreibung; Bestell-Nr. D14/40297, 1973.

Siemens (Hrsg.): BS 1000 ISI - Industrielles Steuerungs- und Informationssystem, Terminierung - Beschreibung; Programm-Nr. P26484-K5004A, 1975.

Siemens (Hrsg.): Softwareprodukt ISI-IDA - Integriertes Dialogsystem für die Auftragsbearbeitung - Anwendungsbeschreibung; Bestell-Nr. D15/5905-01, 1979.

Siemens (Hrsg.): Basis-Datensystem 6000, SIMAS Systembaustein, Systembeschreibung - Fertigungsdisposition; Bestell-Nr. D41/1110-01, ohne Jahresangabe (a).

Siemens (Hrsg.): KATERM - Kapazitätsplanungs- und Terminierungssystem, ohne Angaben, ohne Jahresangabe (b).

Skutta, Wolfgang: ISI - Industrielles Steuerungs- und In-
    formationssystem, Teil 2: Materialdisposition; Siemens
    Schriftenreihe data praxis, Bestell-Nr. D 14/4709, ohne
    Jahresangabe.

Sperry Rand (Hrsg.): UNIS-Univac-Industrie-System, Lager-
    und Materialwirtschaft mit ALDIN - Einführungsschrift;
    BA 21810, Sulzbach 1972.

Sperry Rand (Hrsg.): UNIS/90-Univac-Industrie-System für
    die SPERRY UNIVAC Serie 90 - Einführungsschrift; BA
    300 00, Sulzbach 1974a.

Sperry Rand (Hrsg.): UNIS/90-Univac-Industrie-System für
    die SPERRY UNIVAC Serie 90 - Termin- und Kapazitäts-
    planung - Einführungsschrift; BA 303 00, Sulzbach 1974b.

Stahlknecht, Peter: Strategien zur Implementierung von OR-
    gestützten Planungsmodellen in der Praxis; Die Be-
    triebswirtschaft 38 (1978), S. 39-50.

Stahlknecht, Peter: Prognosen für den DV-Bereich - Über-
    blick und kritische Betrachtung; Angewandte Informatik
    (1980), S. 133-140.

Steinecke, Volkmar; Seifert, Olaf; Ohse, Dietrich: Lineare
    Planungsmodelle im praktischen Einsatz - Auswertung
    einer Erhebung; DGOR-Schrift Nr. 6, Frankfurt 1973.

Steinke, Dieter: Standard-Anwender-Software - Darstellung
    und Beurteilung kommerzieller Datenverarbeitungspro-
    gramme aus organisatorischer Sicht, 2. Auflage; Berlin
    1980.

Suhl, U.: Implementationstechniken für einen Branch-and-
    Bound-Algorithmus zur Lösung von (0-1)-Programmen; in:
    Proceedings in Operations Research 7, hrsg. von K.
    Brockhoff u.a.; Würzburg, Wien 1978, S. 497-506.

Szyperski, Norbert; Tilemann, Thilo: Ziele, produktions-
    wirtschaftliche; in: Kern (1979), Sp. 2301-2318.

Tanenbaum, Andrew S.; Klint, Paul; Bohm, Wim: Guidelines
    for Software Portability; Software - Practice and Ex-
    perience 8 (1978), S. 681-698.

Thayer, Thomas A.; Lipow, Myron; Nelson, Eldred C.: Soft-
    ware Reliability - A Study of Large Project Reality;
    Amsterdam, New York 1978.

Thesen, Arne: Computer Methods in Operations Research;
    New York, San Francisco 1978.

Traub, J.F.: High Quality Portable Numerical Mathematics
    Software; in: Mathematical Software, hrsg. von J.Rice;
    New York, London 1971, S. 131-139.

Voges, Udo: Quantifizierung der Qualität von Software; in:
    Informatik-Fachberichte, GI - 11. Jahrestagung, hrsg.
    von W. Brauer; Berlin, Heidelberg, New York 1981,
    S. 131-143.

Wagner, Helmut: Vorbereitung der Produktion, dispositive;
    in: Kern (1979), Sp. 2155-2173.

Wagner, Harvey M.; Whitin, Thomson M.: Dynamic Version of
    the Economic Lot Size Model; Management Science 5
    (1958); S. 89-96.

Warnecke, Hans-Jürgen; Kunerth, Walter; Graf, Hartmut:
    Neue Produktionsstrukturen fordern neue organisatori-
    sche Lösungen; Management Zeitschrift io 45 (1976),
    S. 21-26.

Warnecke, Hans-Jürgen; Bullinger, Hans-Jörg; Kolle, Jürgen
    Hans: Strategien der Produktionsplanung und -steuerung
    bei kritischen Situationen; Management Zeitschrift io
    47 (1978), S. 546-553.

Warnecke, H.J.; Bullinger, H.-J.; Lienert, J.: Entwick-
    lungstendenzen des EDV-Einsatzes in der Fertigungssteue-
    rung; in: Scheer (1979), S. 11-25.

Wedekind, Hartmut: Datenorganisation, 3. Auflage; Berlin,
    New York 1975.

Wegbreit, B.: Some Remarks on Software Correctness and
    Program Verification; in: Infotech (1977),S. 397-405.

Weicker, Reinhold: Neuere Konzepte und Entwürfe für Pro-
    grammiersprachen; Informatik-Spektrum 1 (1978), S. 101-
    112.

Wiese, Michael: Wirtschaftlichkeitsbeurteilung EDV-gestütz-
    ter Fertigungssteuerungssysteme; Berlin 1979.

Wirth, Niklaus: Algorithmen und Datenstrukturen; Stuttgart
    1975.

Wolfe, Philip: The Composite Simplex Algorithm; SIAM
    Review 7 (1965), S. 42-54.

Wolverton, Ray W.: The Cost of Developing Large-Scale
    Software; in: Putnam, Wolverton (1977), S. 156-177.

Yourdon, Edward: Techniques of Program Structure and Design;
    Englewood Cliffs 1975.

Zäpfel, Günther: Überlegungen zum Inhalt des Fachs "Produk-
    tionswirtschaftslehre"; Die Betriebswirtschaft 38 (1978),
    S. 403-420.

Zäpfel, Günther: Programmplanung, mittelfristige; in: Kern
    (1979), Sp. 1700-1713.

Zäpfel, Günther: Produktionswirtschaft - Operatives Produk-
    tions-Management; Berlin, New York 1982.

Zimmermann, Gero: Qualitätsmerkmale von Standardsoftware und
    Möglichkeiten ihrer Beurteilung; Online-adl-nachrichten
    (1978), S. 300-303, S. 419-422, S. 504-507.

Zimmermann, Gero: Grundkonzeption einer integrierten, dia-
    logisierten Produktionsplanung und -steuerung, Auf-
    tragsabwicklung und Beschaffung; in: Scheer (1979),
    S. 83-96.

Zimmermann, Walter L.: Datenverarbeitung - Lehrbuch der
    Betriebsinformatik in zwei Bänden; 2. Band, Speiche-
    rung - Verarbeitung - Programmierung; Wiesbaden 1977.

Zimmermann, Walter L.: Zur Verrechnung von DV-Kosten; in:
    Jahrbuch für Betriebswirte, 5. Jahrgang; Stuttgart
    1980, S. 347-355.

SACHREGISTER